普通话与教师口语艺术

PUTONGHUA YU
JIAOSHI KOUYU YISHU

（第二版）

主　编　姜　岚
编　写　杜永俐　郭旭卿
李海英　牟　远
秦凤珍

创于1897 商务印书馆 The Commercial Press

图书在版编目(CIP)数据

普通话与教师口语艺术/姜岚主编;杜永俐等编写.—2版.—北京:商务印书馆,2018(2024.9重印)
ISBN 978-7-100-16387-3

Ⅰ.①普… Ⅱ.①姜…②杜… Ⅲ.①普通话—口语—高等学校—教材②教师—口语—高等学校—教材 Ⅳ.①H193.2

中国版本图书馆CIP数据核字(2018)第157458号

普通话与教师口语艺术
(第二版)
姜 岚 主编
杜永俐等 编写

商 务 印 书 馆 出 版
(北京王府井大街36号 邮政编码100710)
商 务 印 书 馆 发 行
北京市艺辉印刷有限公司印刷
ISBN 978-7-100-16387-3

2018年10月第1版　　开本787×1092 1/16
2024年9月北京第12次印刷　　印张18¾
定价:45.00元

前　言

2001年6月，教育部颁布《基础教育课程改革纲要（试行）》，提出本次课程改革要致力于构建符合素质教育要求的新的基础教育课程体系，确定以学生发展为本的课程目标。在《全日制普通高中语文新课程标准》中提出要根据现代社会人际交往频繁的要求，在口语交际方面要培养学生具有口语交际的基本能力，强调文明交往和合作精神，改变了过去大纲"听"的能力与"说"的能力分离，缺失了双向交流的问题。《全日制普通高中语文新课程标准》把口语交际能力作为素质教育的重要内容。教师是实施新课程改革的主体和关键，新课程改革中强调口语交际能力的培养，也对教师的语言素养和技能提出了更高的要求。

苏联教育家霍姆林斯基在《给教师的建议》中指出："教育的艺术首先包括谈话的艺术。"捷克教育家夸美纽斯在《大教育论》中说："教师的嘴是一个源泉，从那里可以产生知识的溪流。"2004年4月，世界上最大的私立教育测试和测量组织，美国教育考试服务中心（Educational Testing Service，简称ETS），发表了"教师质量的系列报告"。其中第一份报告《教师质量是教育的基础》，对教师的质量做出了界定："优秀的教师培养优秀的学生。这既是教学的基本目的，又是评价教师的基础。ETS超越'内容——教学技能'谁者为王的争论，认为这是一种不恰当的二分法，是一个错误的选择。有效的教学需要四种类型的知识和技能：基本的学术技能、所教学科的内容知识完全、普通的和内容具体的教育学知识、面对面的教学技能。"[①]只有具备这四类知识和技能的教师才能成为优秀的教师。其中"面对面的教学技能"，应该主要是指教师在进行面对面的教学时，与学生对话、讨论、交流与共同探讨中的语言技能。

由此可以看出，教师的语言在教育教学过程中的重要作用，我们也可以说教师的语言素养和技能是教师素质的基本内容，这里的"基本"强调的是教师必备素质的"底线"，达不到这一"底线"要求，就不可能成为一名优秀教师。

普通话是教师语言素养的基础，是一名合格教师必备的基本职业技能。《中华人民共和国教育法》规定："学校及其他教育机构进行教学，应当推广使用全国通用的普通话和规范字。"《中华人民共和国国家通用语言文字法》规定："学校及其他

---

① 郭元婕：《教师质量：美国教育改革的下一个工作重心》，《中国教育报》2007年3月12日。

教育机构以普通话和规范汉字为基本的教育教学用语用字。"《中华人民共和国教师法》则规定，凡在各级各类学校和其他教育机构中从事教育教学工作的教师，必须具备相应教师资格。教师资格是国家对专门从事教育教学工作人员的基本要求，是公民获得教师职位、从事教师工作的必备条件。全国教师资格考试报考条件中明确规定报考者"普通话水平应当达到国家语言文字工作委员会颁布的《普通话水平测试等级标准》二级乙等以上标准，并取得相应等次普通话水平测试等级证书"。把普通话确立为教师的职业语言，意味着所有教师在一切履行教师职责的活动中都必须使用普通话。不仅中小学教师要使用普通话，高等学校的教师也要使用普通话；不仅语文教师要使用普通话，数理化音体美等各科教师也都要使用普通话。

口语艺术是教师语言素养的核心内容，是提高教学效率和教学质量的重要手段。从人与人的关系看，语言是交际方式和交流思想的手段；从人与世界的关系来看，语言是人认识世界的工具，人们既用语言进行思维，又用语言调节行为；从人与文化的关系看，语言是文化信息的载体，是人类保存、传递、领会人类社会历史经验和科学、文化、艺术成就的手段。因此，语言是教师在整个教育教学工作中最主要、最经常的一种手段，是教师"教书育人"的主要媒介。教师的口语表达，从某种意义上说决定着教学效率和教学质量，在课堂上可能会成为启发诱导学生积极思考、学习的"兴奋剂"，也可能成为让学生昏昏欲睡的"催眠曲"。优秀教师的语言表达言之有物、言之有序、言之有理、言之有情，力求准确规范，形象生动，诙谐幽默，富有启发性和趣味性，做到最大限度地调动学生的学习积极性，获得课堂教学效果的最大化。教育教学过程实际上是师生双方共同进行积极思维活动的对话过程，"教师不仅仅是讲述者，其本身也在与学生的对话中接受讲述，而学生在接受讲述的同时，也是讲述者……师生相互讲述，由世界和可认知客体加以调剂"。[①]教师与学生围绕"可认知客体"相互讲述，平等对话，共同探究，在讲述中得到提升，在倾听中获得理解，在对话中拥有平等。语言成为开启智慧之门的钥匙，师生沟通的桥梁。

基于以上对教师素质与教师语言素养的认识，我们编写了这本《普通话与教师口语艺术》教材。在编写过程中，我们注意了以下几个方面的问题：

1. 理论性与可读性

教科书不同于一般的通俗读物，它需要理论上的总结与提升，建构相对完整的理论体系，突出理论体系的科学性、完整性与系统性，注重知识与技能的内在逻辑结构。其中，对于基本概念、基本原理和基本知识结构尤其需要讲清讲透。但讲清讲透并不意味着要面面俱到，事无巨细，而是力求简明扼要，重点突出。为了激发学习者的学习兴趣，我们在编写中尽可能注意增强教材的可读性，语言平易，深入浅出。我们追求的是理论前提下的可读性，可读性基础上的理论性。

---

① Freire, P.(1972) *Pedagogy of the Oppressed*, Harmondsworth: Penguin. p.53，转引自邓友超：《与师生言说有关的三个问题》，《教师教育研究》2005年第1期。

2. 应用性与针对性

本课程是一门学习普通话与教师口语艺术的应用语言学课程，又是一门培养教师口语技能的课程。在教材的编写中我们充分关注内容的应用性与适用性，在“术”的层面上着力突出“有用”的价值追求。同时，我们还力图根据具体的教学对象、不同的方言特点和教学实践过程中的常见问题，在富有针对性的基础上增强应用性和适用性。

3. 实践性与主体性

口语艺术是教师实践性知识的重要方面。实践性知识具有个体性、经验性、情境性和缄默性等特点，实践性知识的获得可以通过观察、模仿、体悟等方式学习并获取有益的知识和信息。因此，实践性知识的获得更多的是依赖于作为主体的学习者的主动建构，外在的情境、协作和对话等是完成学习不可或缺的因素。因此，在内容上我们着力于理论与实践相结合，理论的阐述尽可能结合具体的案例和情境展开。在形式上强调课内与课外相结合，采用课堂教学、课堂训练、课外指导、课外训练、课外活动、课后作业等方式进行。在实践性知识的学习与获取中，突出学习者作为主体的主动建构意义。

4. 继承性与创新性

没有继承就无所谓创新，人类文化是在继承的基础上进行不断的创新。关于普通话与教师口语艺术，此前已有比较多的研究成果，本书是在继承和借鉴已有成果的基础上进行编写的。另外，缺少创新的继承是没有意义的，我们在教材的编写中力图能够比较紧密地结合基础教育改革的现实，对教材的内容体系进行重新建构，努力反映教学理论研究和教学实践领域的最新成果，争取使教材能够在一定程度上使用新材料，借鉴新观点，呈现新思路，展示新面貌。

以上几个方面是我们在教材编写中的目标追求，但是由于水平所限，可能与我们的目标要求相距甚远，书中肯定也会存在一些缺点和错误，恳请大家批评指正。

编　者

2010年7月

目　录

上篇　普通话语音

下篇　教师口语艺术

上　篇

普通话语音

绪　论

【学习目标】

了解汉语规范化与推广普通话的发展历程；理解普通话、教师口语对教师的重要意义；掌握普通话、一般口语与教师口语的关系；了解本课程的性质、任务、内容以及教学方法、原则等。

【引　言】

《中华人民共和国宪法》第十九条规定："国家推广全国通用的普通话。"《中华人民共和国国家通用语言文字法》规定普通话是国家通用语言。作为一名教育工作者，"学好普通话，说好教师口语"是职业所赋予的重要职责。普通话是教师口语的基础，有其独特的发展历史和特点；教师口语是普通话的专业性应用，对于提高全体教师乃至全体国民的语言素质都具有重要意义。本章重在引导学习者热爱祖国语言，努力学好普通话和教师口语，为将来从事教育教学工作打下坚实的基础。

第一节　普通话是教师的职业语言

一、汉语规范化与推广普通话

汉语规范化是指根据汉语的发展规律来确定和推广汉语语音、词汇、语法标准，以便进一步发挥汉语的社会交际作用，促使汉语朝着健康的方向发展。推广普通话是汉语规范化的一项重要内容。

普通话是国家通用语言，它是以北京语音为标准音，以北方话为基础方言，以典范的现代白话文著作为语法规范的现代汉民族共同语。

信息栏0-1

普通话的确定

1955年，“现代汉语规范问题学术会议”召开，确立了普通话的标准，并从语音、词汇、语法三个方面对普通话作了明确界定。

［资料来源］黄伯荣、廖序东主编:《现代汉语》(增订六版)，高等教育出版社2017年，据第10—11页内容整理总结。

纵观汉语的发展历史，汉民族共同语——普通话的形成和发展经历了漫长的历史时期。一方面，汉语自古就存在着较大的方言分歧，直到今天仍然可以分成七大方言，即北方方言、吴方言、闽方言、湘方言、赣方言、粤方言和客家方言。另一方面，汉语早在西周时代就出现了能在各地通用的语言——“雅言”。雅言就是周王的都城镐京话，主要用于当时的官场和社交场合。据《论语·述而》记载:“子所雅言，诗、书、执礼，皆雅言也。”这段文字表明孔子在讲学、诵读和执行典礼时用的都是雅言，而不是孔子的家乡话鲁国方言。

到了汉代，扬雄在《輶轩使者绝代语释别国方言》一书中提到的“通语、凡语、凡通语、通名、四方之通语”，都是指不受方言区域限制的汉民族共同语。汉代以后至宋代，虽然没有指称共同语的一个名词，但共同语是一直存在和使用的，这时产生了大量供填诗作词而用的韵书，比较著名的有隋代陆法言的《切韵》、唐代孙愐的《唐韵》、宋代陈彭年等人的《广韵》等。韵书的作用是正音，正音所用必为通行天下的共同语，而不是一方之言。

元代的民族共同语称为“天下通语”，见于周德清的《中原音韵》。《中原音韵》是根据当时曲作者写词时所用的韵整理出的一个语音系统，而元代的曲词多是用大都音，即今天的北京音为标准写成的。元代著名的杂剧作家关汉卿、马致远、王实甫都是大都人，他们的作品《窦娥冤》《汉宫秋》《西厢记》等都反映的是当时大都话的面貌。

明代以后，汉民族共同语称为“官话”，它最初用于官场，实际上就是当时官吏们在官场所使用的语言。“官话”名称的出现标志着现代汉民族共同语的早期形式初步形成。

清雍正六年（1728）八月，雍正皇帝专门对官员发出一道上谕，要求各级官员在执行公务时须使用官话，不得使用“乡音”。他还下令八年内在不懂官话的地区推行官话，规定不懂官话的人不得参加科举考试。

信息栏0-2

雍正上谕

凡官员有莅民之责，其语言必使人人共晓，然后可以通达民情、熟悉地方事宜而办理无误。是以古者六书之制，必使谐声、会意，娴习语音，皆所以成遵道之风，著同文之治也。朕每引见大小臣工，凡陈奏履历之时，唯有福建、广东两省之人，仍系乡音，不可通晓。夫伊等以现登仕籍之人，经赴部演礼之后，其敷奏对扬，尚有不可通晓之语，则赴任他省，又安能于宣读训谕、审断词讼，皆历历清楚，使小民共知而共解乎？官民上下，语言不通，必致吏胥从中代为传述，于是添饰假借，百弊丛生，而事理之贻误者多矣。且此两省之人，其语言既皆不可通晓，不但伊等历任他省，不能深悉下民之情，即伊等身为编氓，亦必不能明白官长之意，是上下之情，扞格不通，其为不便实甚。但语言自幼习成，骤难改易，必徐加训导，庶几历久可通。应令福建、广东两省督抚，转饬所属各府、州、县有司及教官，遍为传示、多方教导，务期语言明白，使人通晓，不得仍前习为乡音，则伊等将来引见殿陛奏对，可得详明，而出仕地方，民情亦易于通达矣。

［资料来源］商衍鎏著，商志馥校注:《清代科举考试述录及有关著作》，百花文艺出版社2004年版，第341页。

清初在广东、福建等地专门设立了“正音书院”教学官话，从而使官话得以在民间推行和普及。在此之前，汉民族共同语只是事实上存在，并非人为制定并推广的。

1910年，清末资政院议员、近代著名语言学家江谦主张用拼音办法统一语音，并首次正式使用了“国语”一词，以代替“官话”的称呼。1912年，中华民国成立，第三年召开了“读音统一会”，会议提出了“国音推行方法”，议定了拼写国音的字母“注音字母”，并审定了6 500多个汉字的标准音，这标志着汉民族共同语的正式确立和推广。1916年，当时的一些知识分子成立了“国语研究会”，继而又掀起“国语运动”，推广以北京语音为基础音的标准语。

新中国成立后，经过几年的酝酿，1955年在北京举行的“全国文字改革会议”确定以“普通话”作为汉民族共同语的正式名称，同时明确了普通话的含义，制定了具体的推普措施，从而掀起了第一次推普高潮。

1986年，全国语言文字工作会议的召开，标志着推广普通话工作进入了新的历史时期。会议提出新时期推广普通话的工作重点应当放在推行和普及方面，在普及方面应当更积极一些。同时，首次对普通话水平提出三级要求，从而揭开了第二次推普浪潮的序幕。

经过几年的实践和总结，根据形势的要求和工作的进程，1992年国家语言文字工作委员会（下称国家语委）把新时期推广普通话工作的方针及时调整为“大力推行，积极普及，逐步提高”。这一方针既符合实际，又兼顾了普及与提高的要求，极大地促进了推普工作的深入开展，从而使普通话在全国的推广工作进入了一个新的阶段。

1997年12月，第二次全国语言文字工作会议在北京隆重召开，会议提出推广普通话的新世纪目标：2010年以前，要在全国范围内实现普通话初步普及，交际中方言隔阂基本消除，受过中等或中等以上教育的公民具备普通话的应用能力，并在必要的场合自觉地使用普通话，与口语表达关系密切行业的工作人员，其普通话水平达到相应的要求；到21世纪中叶，普通话在全国范围内普及，交际中没有方言隔阂，国民语文素质大幅提高，语言文字的社会应用更加适应社会主义经济、政治、文化建设需要，形成与中等发达国家水平相适应的良好的语言文字环境。当年，国务院总理办公会议还批准：从1998年开始，每年9月第三周为推广普通话宣传周。

2001年1月1日起施行的《中华人民共和国国家通用语言文字法》确立了普通话和规范汉字“国家通用语言文字”的法定地位。《中华人民共和国国家通用语言文字法》的诞生，标志着推广普通话工作从此全面走上法治道路。

进入21世纪，推广普通话工作紧紧抓住三个方面实施，即目标管理和量化评估，开展普通话水平测试，开展全国推广普通话宣传周活动。

讲求语言规范，不但是经济建设的需要，更是社会文明的要求，任何公民都应该争做语言规范的促进派。教师、播音员、节目主持人以及影视演员，更应该义不容辞地担负起规范使用国家通用语言的责任，成为语言规范使用的榜样。

二、普通话是合格教师的基本职业技能

《中华人民共和国教育法》和《中华人民共和国教师法》明确规定，凡在各级各类学校和其他教育机构中从事教育教学工作的教师，必须具备相应教师资格，没有相应教师资格的人员不能聘为教师。教师资格是国家对专门从事教育教学工作人员的基本要求，是公民获得教师职位、从事教师工作的前提条件。全国教师资格考试报考条件中明确规定报考者“普通话水平应当达到国家语言文字工作委员会颁布的《普通话水平测试等级标准》二级乙等以上标准，并取得相应等次普通话水平测试等级证书”。

普通话是一名合格教师必备的基本职业技能。把普通话确立为教师的职业语言，这意味着所有教师在一切履行教师职责的活动中都必须使用普通话。不仅中小学教师要使用普通话，高等学校的教师也要使用普通话；不仅语文教师要使用普通话，数理化音体美等各科教师也都要使用普通话。目前，国家各级教育主管部门采取各种有力措施促进教师普通话水平的提高，比如把普通话水平同师范生能否毕业挂钩，同是否能够从事教师这一职业挂钩，同教师的职称评定挂钩，等等。广大教师应该响应国家的号召，把说一口标准流利的普通话作为自己追求的目标，把使用普通话变成自己的自觉行动，不断提高自己的普通话水平。

首先，“言传身教”是教师教育教学的主要方法和途径，其中又以“言传”为主体。这个“言”就是普通话，一方面要求普通话标准、流利，另一方面，还要话语明确、得体、条理、生动，富有概括力和感染力，能给学生以美的感受。

其次，教师的职责是向学生“传道、授业、解惑”，学生可能来自四面八方，说

着不同的方言，为了保证教学效果，教师必须在教学中使用普通话，让所有学生都听得懂，以保证知识和信息传递的畅通。这既是教学规律的要求，也是教师职业道德的要求。

再次，教师普通话规范能够给学生以良好的示范。学生接受教育长大成人之后都是要走向社会的，语言作为人和人之间最重要的交际工具，要想很好地发挥作用，就必须减少差异，说大家都听得懂的标准语。因此，如果教师自身的普通话标准，就会对学生产生积极的影响，学生就能从中感受到普通话的魅力，从而努力学习和掌握普通话，为今后走向社会、从事各项工作打下良好的语言基础。

此外，教师作为一个整体素质较高的群体，其普通话素养和水平对社会其他人群有着积极的辐射作用。袁贵仁在第六届全国推广普通话宣传周的讲话中指出："我国是一个多民族、多语言、多方言的人口大国，推广全国通用的普通话是一项关系国家统一、民族团结、经济发展和社会进步的基础工程。"因此，教师无论在教育教学过程中，还是在社会生活的方方面面，都是推普的主力军。

因此，不管是从工作的性质还是所肩负的责任来说，教师都应当把普通话作为自己的基本职业技能，努力学好它、说好它。那么教师应该怎样学习和训练普通话呢？这里提几点建议：

第一要勤。就是要勤学、勤讲、勤练。俗话说："一日不练手生，一日不说口生。"语言的学习需要勤学苦练才能有所提高。虽然大家从小就接触普通话，听得懂，也能说一些，但要想说好不容易，一定要经过刻苦的学习和训练才能有所提高。

第二要恒。就是要长期坚持、持之以恒。只有长年坚持不懈，循序渐进地加以训练，才能不断提高普通话水平。同时，教师学习和训练普通话还要克服心理障碍，在课堂以及一切教育教学活动中都要坚持说普通话，不要因为说得不标准就不好意思开口。

第三要听。教师在学习和训练时一方面要多听普通话标准的广播、电视节目和身边普通话说得好的人是如何发音的，另一方面要注意听自己的发音是否规范。通过听，既能够获得正确的发音及训练方法，又能够对自身发音有及时的信息反馈，从而不断发现问题并随时改正失误。

第四要测。教师在学习和训练普通话时还要参加普通话水平测试，同时定期进行自我普通话测试。通过测试可以真正地了解自身运用普通话时存在的缺陷和问题，在今后有针对性地加以校正和训练，不断提高自身的普通话口语表达能力和水平。

第二节　普通话、一般口语与教师口语

语言有口语和书面语两种形式，口语以口耳交际的方式进行交流，书面语以文字的方式记载下来。普通话就是现代汉民族共同语的口语形式，是口语交际的基础。普通话的语音特点有：

1. **有声调**。普通话每个音节都有高低升降的音高变化，也就是声调。声调具有区别意义的作用，同时使语调抑扬顿挫，音节鲜明，具有一种韵律美。

2. **没有复辅音**。普通话音节中没有两个或更多的辅音连在一起出现的现象。有时

音节里也可以没有辅音。

3. **元音占优势**。普通话音节中不能没有元音。音节里的元音最少一个，最多可以有三个。两个或三个元音连在一起形成复元音的情况比较多，因而普通话乐感强，声音悦耳动听。

口语按照不同的角度可以有多种分类：按来源分，可以分为普通话口语和方言口语；按特点分，可以分为一般口语和特殊口语；按职业分，可以分为教师口语、主持口语、外交口语、司法口语、推销口语、导游口语等；另外还可以按年龄、性别、阶层、目的、手段等划分口语类型。

普通话、一般口语和教师口语，都属于语言科学，同时还涉及交际学、公关学、文化学、社会学、民族学、心理学、逻辑学等许多学科。普通话、一般口语和教师口语三者既相互联系又相互区别。

一般口语指人们社会交际中的常用基本口语，包括交谈、发言、朗读、演讲、复述、解说等。特殊口语指带有艺术表演成分的口语形式，如话剧、影视剧里的对白、独白，戏曲里的念白，还有顺口溜、快板儿、儿歌、相声等。一般口语可以根据需要进入不同的职业，成为具有职业特点的职业口语成分，如朗读、演讲等，可以在课堂上使用而成为教学口语的一部分，也可以在法庭上使用而成为司法口语的组成成分。

教师口语也叫教师职业口语，是指教师在一切教育、教学活动中所使用的口头语言。教师口语和一般口语是一般和个别的关系。二者都是人类的言语交际活动，它们的共同点表现在：

1. 以有声语言为主，以体态语为辅进行表达。

2. 现场即时表达。语言需要临时组织，随机转换，富于变化。

3. 会使用口语词，包括惯用语、歇后语、谚语、俗语等，使话语通俗易懂。

4. 多数会使用比喻、拟人、夸张、反问等修辞方式，使语言生动活泼。

教师口语和一般口语的差异主要表现在：

1. 交际目的不同。教师口语的目的重点在于传道、授业、解惑；一般口语的目的在于沟通、了解。

2. 交际对象不同。教师口语的交际对象主要是学生，还有学生家长、同事等，一定都是教育教学活动的参与者；一般口语没有特定的交际对象，主要是根据交际目的而定，可以是任何符合交际需要的人。

3. 交际环境不同。教师口语一定是在教育教学的特定环境中进行的，主要包括课堂、校园、办公室等；一般口语则没有特定的交际环境，在任何环境和场合都能够进行，有时根据需要可以选择一定的环境。

4. 交际内容不同。教师口语主要需要完成教材的讲授和知识的传递，另外就是对学生的教育工作；而一般口语的交际内容比较复杂，有时需要围绕一个主题进行，有时则可以随意而谈。

5. 交际要求不同。教师口语源于一般口语，是一般口语的专业化，因而要求较高，不仅需要具有示范性、针对性、情感性，还要有启发性、教育性、逻辑性、生动性等；而一般口语是教师口语的基础，只要能够顺利完成人们相互之间的交流即可，要求较低。

由上可见，普通话、一般口语和教师口语三者既密切相关，又有区别。一方面标准的普通话能够提升口语表达效果，另一方面，好的口语表达能够促进普通话水平的不断提高。普通话是一般口语、教师口语表达的重要工具，一般口语、教师口语是普通话学习的深入和提高，三者相辅相成，互相促进。

第三节　普通话与教师口语艺术课程概述

一、课程性质及任务

本课程是高等院校教师教育类必修课程。它既是一门学习教师口语理论规律的应用语言学课程，又是一门培养教师口语技能的实践性课程。作为教育基础课的重要组成部分，本课程的任务是：一方面使学生掌握普通话声母、韵母、声调、音节、音变等基础知识，并具备一定的汉语拼音应用能力和正音示范能力；另一方面从实践角度培养学生熟练运用普通话进行教师口语表达和教育教学的能力。普通话口语教学能力包括掌握教学语言的特点，具备良好的语言艺术修养以完成教学任务；掌握声音、节奏、体态语等口语表达的基本技能，能根据教学情况灵活调控响度、亮度、清晰度等；恰当运用语调、重音、停连等技巧；初步掌握教育口语的表达技能，能恰当使用语言以情感人完成群体教育和个别教育任务等，为今后从事各类教育教学工作打下良好的口语基础。

本课程教学目标是：

1. 掌握普通话语音基础知识，了解自身方言的辨正技巧，不断提高普通话口语水平。

2. 掌握普通话水平测试内容及评分要求等知识，普通话口语水平达到国家规定的相应等级并获得证书。

3. 掌握教学口语和教育口语的技巧、方法，能用标准或比较标准的普通话授课、交谈及从事一切教育教学活动。

4. 掌握朗读、演讲、发言、主持等其他教师常用口语的一般技巧和方法。

5. 了解教师口语的风格，避免常见口语失误。

本课程的教学内容分为上、下两编，分别是：

上编，普通话语音：系统介绍普通话语音知识，包括语音性质、语音单位、声母、韵母、声调、音节、音变等；同时介绍普通话水平测试的相关内容和应试技巧。

下编，教师口语艺术：系统介绍教师口语的含义、特点、分类以及声音、节奏、体态语等表达要素；重点介绍课堂教学口语、课外教育口语与其他教师常用口语等知识；同时介绍教师口语的艺术风格及常见失误。

二、课程教学方法及原则

本课程教学形式多样，主要采用课堂教学、课堂训练、课外指导、课外训练、课外活动、课后作业等方式进行。

课堂教学主要以讲授方式开展，注重基本理论知识以及重点、难点的讲解。

课堂训练，主要采用以讲带练、以练为主的方式进行。由于本课程对实践要求较高，所以课堂训练是教学中的一个主要环节。

课外指导，侧重于对学生口语有针对性地辅导、辨正及训练，同时对课堂所讲基础知识进行答疑解惑。

课外训练，主要是指导和布置学生进行自我正音训练和教学口语训练，并进行一些交互训练、集体训练等。

课外活动，主要是鼓励和引导学生积极参与校内外各类演讲、朗读、试讲等比赛，在实战中锻炼和提高教师口语表达能力。

课后作业一般分口头和书面两种方式，以口头作业为主体。

要想说好普通话，使教师口语达到较高的水平，需要坚持以下原则：

1. **理论与实践相结合的原则。**本课程作为一门教师职业技能训练课，离不开理论的指导。任何实践活动没有理论的支持都是盲人摸象，具有不可避免的盲目性和随意性。但是反过来，光有理论也不行。实践是检验真理的唯一标准，任何理论都要接受实践的考验。因此，本课程的学习必须首先基于基础理论知识的掌握，然后再经过科学的实践训练，只有这样才能不断提高自身运用普通话进行教师口语表达的水平，为成为一名合格的人民教师打下良好基础。

2. **统一与分散相结合的原则。**学习和训练既要有统一又要有分散。统一，指统一听课、统一训练，掌握统一的内容和方法。分散，指要指导学生针对自身的口语问题和特点开展个性化的自我学习和自我训练，可以咨询、请教教师，也可以与身边的同学结成“一帮一”互助小组，取长补短，互相学习；但一定要坚持自己的独立训练，只有这样才能不断提高自身的普通话以及教师口语表达水平。

3. **课内外相结合的原则。**口语的学习和提高需要下大工夫，仅依靠课堂的学习和教师的指导性训练是远远不够的，还需要课外大量训练以及第二课堂活动的有力支持。课外训练包括集体训练、小组训练和自我训练，第二课堂活动包括朗读、演讲、辩论、说课、试讲、话剧小品、知识竞赛等各类比赛活动。通过全方位参与各项训练活动，就能够不断提高自身的普通话口语应用能力和水平。

【反思与探究】

一、汉语规范化的历程。

二、为什么说“普通话是合格教师的基本职业技能”？

三、教师应该怎样学习和训练普通话?

四、教师口语和一般口语的关系。

第一章　普通话概说

【学习目标】

了解语音的概念、性质和特点；理解音节、音素、元音、辅音、声母、韵母、声调等语音单位的含义；掌握《汉语拼音方案》的相关知识，使学生具备熟练的汉语拼音读写能力。

【引　言】

语音是语言的物质外壳，熟练地使用一种语言必须要系统掌握它的语音系统。学习一种语言的语音系统，需要具备有关语音的基础知识，了解语音学的基本原理，熟悉语音的主要性质和基本概念，并能进行简要的语音分析。从语言三要素来看，普通话与方言在语音上的差别最大，学习语音知识可以帮助学习者进行自主方言辨正，找到学习普通话语音系统的捷径。

第一节　语音性质和特点

人类语音是横跨物理、生理、心理和社会等界域的一种现象，通过对语音概念的界定，及对其所具有的物理性、生理性和社会性的分析，我们能够较为全面地了解语音所具有的性质和特点。

一、什么是语音

语音是人的发音器官发出的能够表情达意的一种声音。语言是音义结合的符号系统，语言的意义是声音承载的，这种声音就是语音。任何一种语言都是语音、词汇和语法三要素组成的。在三大要素中，语音是语言的物质外壳。由于语言的口语形式是第一性的，而口语的媒介是语音，所以相比词汇和语法来说，语音是第一性的。因此，在教授或学习任何一种语言的过程中，都必须从语音开始。

语音是一种声音，这使得其与自然界其他声音的物理基础相同；同时语音又是一种特殊的声音，与自然界的其他声音不同。首先，语音是由发声器官发出来的，这一点使得语音区别于自然界中的非动物声音；其次，这种声音的特殊性表现在能够表达一定的意义，这使得语音也区别于动物的声音。同时，即使人的发音器官发出的声音，如果不能表达约定俗成的意义也不是语音，如人咳嗽的声音和初生婴儿自然发出的声音等。

二、语音的性质

语音是一种声音，和一般的声音有相同的发音原理，所以语音具有物理属性；语音是人的发音器官发出的，所以语音具有生理属性；因为这种声音能够表情达意，所以语音又具有社会属性。

（一）语音的物理属性

从物理的声学角度分析，语音和其他声音一样都是由于物体的振动而产生的。语音产生于人的声带振动，振动使空气质点发生疏密不同的变化，形成声波后作用于人耳，再由人的听觉神经传达到大脑，就产生了声音的感觉。所以，语音同其他声音一样，具有音高、音长、音强和音色这四个要素。声波的振动有一定的振幅、周期和频率，语音的四个物理要素都要用这三个概念来说明。

1. 音高

音高就是声音的高低，取决于发音体振动的快慢。这种振动快慢就是声波的频率。振动体在单位时间内振动的次数决定了音高的高低。音高在汉语里的作用非常重要，是区别意义的要素。例如普通话中“妈 mā、麻 má、马 mǎ、骂 mà”的不同就是靠音高的变化来加以区别的。

音高有绝对音高和相对音高的区分。音乐中的音高是一种绝对音高；人类语音的音高是一种相对音高。语音的高低跟人声带的长短、厚薄有关。一般情况下，成年男性的声带相对来讲长、厚、松，因此音高要低一些，而儿童和成年女性声带要短一些、薄一些，声音也就高一些。同一个人的不同音高是由控制声带的松紧形成的。

2. 音长

音长就是声音的长短，取决于发音体振动延续时间的长短。声波不断往返振动，振动的时间持续得长，声音就长，反之则短。音长对汉语中的轻声音节有一定的作用，如“聪明”中的“明”，“月亮”中的“亮”，音长读得相对前面的音节要短。音长在有些汉语方言和其他语言中能够区别意义。

3. 音强

音强就是声音的强弱，取决于发音时声波振动幅度的大小。振幅大，声音就强；振幅小，声音就弱。这种声音的强弱是由发音时用力的大小最终造成的：用力大，呼出的气流强，声带振动的幅度就大，声音强；用力小，呼出的气流弱，声带振动的幅度小，声音弱。

在语音学里，声音的强弱往往同轻重音联系在一起。汉语中音强对轻声音节有一定作用，如“星星、我的”前后两个音节在音强方面相比，前一音节强，后一音节弱。

4. 音色

音色也称音质，是声音的特色、本质，取决于音波振动的形式。音波振动形式是由发音体、发音方法和共鸣器的形状决定的。这三个条件只要有一个不同，就会发出不同音色的音。语音中不同音色的音，也取决于这三个发音条件的差异，发音者可以通过控制自己的声带、气流和口腔的形状，来发出各种音色的音。

音色是不同声音能够相互区别的最基本特征。在所有语言中，音色都是区别意义的最重要因素。语音其他的几种物理特征在不同语言中的作用是不同的，如英语中音长、音强能区别意义，在汉语中不能。

（二）语音的生理属性

语音是由人的发音器官发出的，所以语音具有生理属性。生理属性是语音区别于自然界中非动物声音的主要属性之一。了解语音的生理性，一是要了解发音过程，二是要熟悉主要发音器官。

1. 发音过程

世界上所有的声音都是物体振动产生的声波在介质中传递的结果，因此声音的产生离不开振动的动力、振动的源头和振动的共鸣腔。语音说到底也是一种声音，因而也离不开振动的动力、源头和共鸣腔，只不过语音是由人类的发音器官各部分协同动作所产生的。简单地说，就是“肺”这个“动力站”提供的气流经过“气管”这个通道，到达主要发音体“声带”，冲开声带，使之不断颤动，产生声带音，声带音通过喉腔、咽腔、口腔和鼻腔这几个共振腔才传到人的耳朵里，最终形成了我们听到的语音。

2. 主要发音器官

从生理上看，人类并没有专门用来发音的器官，能起发音作用的实际上是呼吸器官和消化器官的一部分。为了便于说明人类的发音机制，我们经常把这些部分统称为发音器官。

语音就是人类调节呼吸器官所产生的气流通过共鸣器官发出的声音。气流通过的部位不同、方式不同，形成的声音也就不同。了解发音器官的构造和各部分在构成语音的过程中的作用，可以直接帮助我们正确发出或辨别各种不同的声音。人类的发音器官可以分为三大部分：呼吸器官、喉头声带与声腔（口腔、鼻腔与咽腔），下面介绍各部分的构造和功能：

（1）呼吸器官

呼吸器官主要包括肺、气管和支气管，是语音的动力源。肺部的收缩和扩张可以产生呼气和吸气的气流变化，这种气流变化不仅为人类的生存提供氧气和二氧化碳的交换，而且为语音的发出提供了振动的动力。世界上多数语言的语音利用呼气作为动力，非洲有些语言还利用吸气发音。

（2）喉头和声带

喉头、声带是语音的主要发音体。喉头由软骨构成，呈圆筒状，上接咽腔，下接气管。

声带在喉头软骨构成的“圆筒”中，是两片富有弹性的唇形肌肉，其前后两端都黏附在软骨上。两片声带之间的空隙叫声门，声门又可以分为音门和气门两部分。肌肉的松弛紧缩和环状软骨的开合回转，可以使声带放松或拉紧，使声门打开或关闭，从而产生不同的气流状态，即从肺呼出的气流通过声门使声带振动发声。因此控制声带的松紧就可以发出高低不同的音来。声带活动示意图如下（见图1–1）：

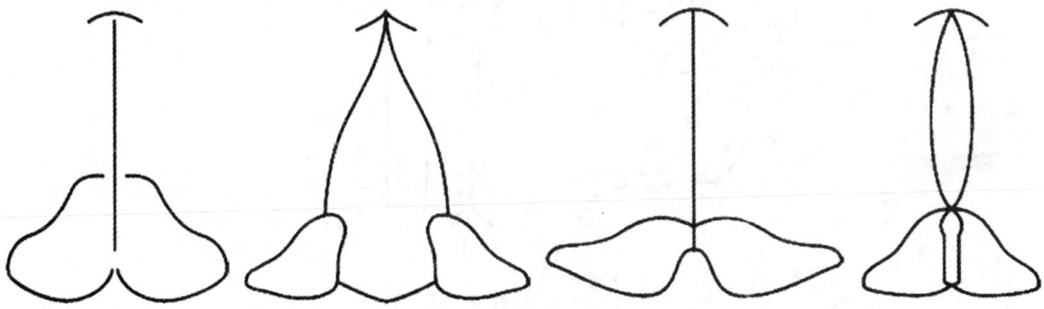

图1–1　声带活动示意图

（3）声腔

声腔包括口腔、鼻腔和咽腔三部分。其中口腔和鼻腔是主要的共鸣腔。

口腔可分为上下两个部分：

口腔的上部包括上唇、上齿、齿龈、硬腭、软腭和小舌。齿龈是上腭前段凸出的部分，硬腭是齿龈之后口腔上壁坚硬的部分，软腭是硬腭后面的柔软部分。软腭后面连接的是小舌，软腭与小舌可以上下移动。

口腔的下部包括下唇、下齿和舌头。舌头是口腔里最重要、最灵活的器官，它可以分为舌尖、舌叶、舌面三部分。舌尖位于舌头的最前端，舌头自然平伸时，舌尖后面与齿龈相对的部分叫舌叶。舌叶之后的部分叫舌面，又可以分为前、中、后三部分。其中相对于硬腭的部分是舌面前和舌面中，相对于软腭的部分是舌面后，舌面后又可以叫舌根。

鼻腔位于口腔的上方，好像一个是楼上，一个是楼下，上腭就是楼板，而软腭带动小舌就像一扇活动的楼门。软腭上升，关闭鼻腔的通道，发出的就是口音；软腭下垂，开放鼻腔的通道，发出的就是鼻音；如果软腭核小舌既不上升也不下垂，发出的就是鼻化音（又叫口鼻音）。

咽腔位于喉头的上面，是一个管状的三岔口，上通鼻腔，前通口腔，下通喉头和食道。

在上述各发音器官中，有些器官如唇、舌、软腭、小舌、声带等是能活动的，称为主动发音器官；有些器官如上齿、齿龈、硬腭等是不能活动的，称为被动发音器官。我们发音的时候，常由主动发音器官向被动发音器官接触或靠近，让气流冲击产生振动而发音。发音器官示意图如下（见图1–2）：

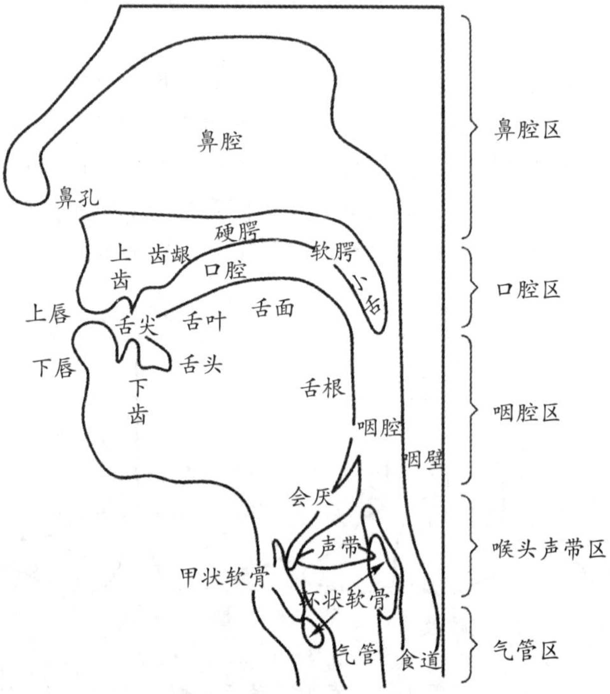

图1–2 发音器官示意图

（三）语音的社会属性

一种语言用什么语音形式去表达什么样的意义，必须是使用该语言的全体成员约定俗成的，所以语音具有社会属性。

把语音当作纯粹的自然物质，从物理学、生理学角度进行分析，可以描述得很精细。可是语音和一般的声音不同，语音能表达一定的意义，语言的这种意义是社会赋予的，是社会属性使语音和自然界的其他声音从根本上区别开来。所以，社会性是语音的根本属性。

语音的社会属性表现在诸多方面。这可以从语音的地方特征和民族特征来看。首先，语音和语义的联系是全社会约定俗成的。声音和意义的对应，本身并无联系。例如，重庆话中的“sīsēng”和普通话中的“shīshēng”意思相同。其次，语音的社会性质还表现在语音的系统性上：各民族或同一民族的不同方言都有自己的语音系统，用什么样的声音作为区别意义的要素，声音如何排列组合都有不同的规定。例如，送气音和不送气这组特征在汉语和英语中的作用是不同的：汉语有b—p、d—t、g—k、j—q、zh—ch、z—c的对立，英语中就没有；又如胶东方言里没有普通话r声母，念成零声母，“热、肉、人、日”等字读音同“夜、幼、银、义”等。

第二节　普通话语音单位

语音学中所涉及的语音单位有很多，我们学习标准普通话经常应用的都是比较基础的概念和单位，唯其基础，更说明了这些语音单位的重要性。

一、音节和音素

1. 音节

音节是语音的基本结构单位，是语流中最自然的语音单位。音节“最自然”的特征从发音和听音两个过程都能体现出来，即人在讲话时，发音器官的肌肉一紧一松地运动，每动作一次就是一个音节；从听感上来说，每个音节都有一个明显的响度中心。一般来讲，一个汉字就是一个音节，如“国（guó）家（jiā）推（tuī）广（guǎng）全（quán）国（guó）通（tōng）用（yòng）的（de）普（pǔ）通（tōng）话（huà）”这句话共有12个字，为12个音节。只有儿化音节例外，儿化音节是两个汉字代表一个音节，如“画儿（huàr）”是一个音节，“老头儿（lǎotóur）”是两个音节。

普通话的音节总数为400个左右，其中最常用的音节是“de、shi、yi、bu、you、zhi、le、ji、zhe、wo、hen、li、ta、dao”等14个。

2. 音素

音素是从音色的角度分析的最小的语音单位。音素是分析音节的结构得到的，是从语音表达和听感上不能再分析的语音成分。汉语的音节中，一般一个字母就是一个音素，只有zh、ch、sh、ng、er例外，是两个字母代表一个音素。汉语的音节可以由一个音素构成，如“阿姨（āyí）”；也可以由两个音素、三个音素或四个音素构成，如“忽视（hūshì）”都是两个音素，“报告（bàogào）”都是三个音素，“窗前（chuāngqián）”都是四个音素。

二、元音和辅音

语言中所有的音素大致可以分为元音和辅音两类。

元音是发音时气流通过咽腔、口腔时不受阻碍而发出的音。元音的基本特征是发音时气流没有阻碍，声带振动，发音器官各个部分均衡紧张。元音的音质差别是发音器官的共鸣腔形状的变化造成的，具体地说，是由于舌的高低、前后以及唇的圆展造成的。

普通话中共有10个元音音素：ɑ、o、e、ê、i、u、ü、-i（前）、-i（后）、er。

辅音是发音时气流通过咽腔、口腔时受到阻碍而发出的音。基本特征是发音时气流一定会受到发音器官的某一部位的阻碍，需要克服这种阻碍才能发出音来。因此，发辅音时发音器官的紧张程度不均衡。辅音的音质差别取决于发音部位和发音方法。

普通话共有22个辅音音素：b、p、m、f、d、t、n、l、g、k、h、j、q、x、z、c、s、zh、ch、sh、r、ng。

元音和辅音最大的区别是发音时气流是否会受到一定的阻碍，具体来说表现在以下几个方面：

第一，发元音时，声带振动，气流通过咽腔、口腔不受任何阻碍；发辅音时，气流要在发音器官中受到一定的阻碍，然后克服阻碍发音。

第二，元音发音时器官各部位保持均衡紧张状态，辅音只有造成阻碍的那部分器官紧张。

第三，元音由口腔呼出的气流量较小，处于和缓状态；辅音气流量相对较大，气流需要克服障碍，通过口腔有一种爆发状态。

第四，元音声带颤动、一般不带噪音成分，声音响度大，可以歌唱；辅音多数发音时声带不颤动，带噪音成分，声音响度小，不能歌唱。

三、声母、韵母、声调

普通话的音节结构可以分为声母、韵母、声调三部分，每一部分都有区别意义的作用。

声母是音节开头的部分，一般是音节开头的辅音。例如音节“反（fǎn）”，开头的辅音f是声母。普通话共有22个声母，其中21个是由辅音来充当的。还有一个是零声母，如果音节不以辅音开头，叫零声母，比如音节“爱（ài）”的声母即为零声母。

韵母是音节中声母后面的部分。例如“学（xué）”“习（xí）”这两个音节的韵母分别是üe和i。普通话共有39个韵母。

声调是音节中有区别意义作用的音高变化，即指一个音节高低升降的音高变化。因为声调贯穿一个字的始终，汉语通常一个汉字就是一个音节，所以声调又称“字调”。普通话共有4个声调：阴平、阳平、上声和去声。例如“中（zhōng）”“华（huá）”“伟（wěi）”“大（dà）”就分别属于阴、阳、上、去四个声调。

四、汉语拼音方案

《汉语拼音方案》是采用世界通用的26个拉丁字母为汉字注音和拼写普通话的方案。它于1958年2月11日经第一届全国人民代表大会第五次会议通过，由国务院发布推行。

信息栏1-1

1977年9月，联合国第三届地名标准化会议通过决议，采用《汉语拼音方案》作为用罗马字母拼写中国地名的国际标准。这是汉语拼音由国家标准成为国际标准的开始。决议的全文如下：

“会议认识到《汉语拼音方案》是中国法定的罗马字母拼音方案，中国已制定了《中国地名汉语拼音字母拼写法》。

注意到《汉语拼音方案》在语言学上是完善的，用于中国地名的罗马字母拼法是最合适的；中国已出版了汉语拼音版《中华人民共和国分省地图集》，《汉语拼音中国地名手册（汉英对照）》等资料；《汉语拼音方案》已得到广泛应用，考虑到在国际上通过适当的过渡时期，采用汉语拼音拼写中国地名是完全可能的。

建议：采用汉语拼音作为中国地名罗马字母拼法的国际标准。”

1982年8月，国家标准化组织（ISO）通过决议，采用《汉语拼音方案》作为在文献中拼写有关中国的专门名词和词语的国际标准。文献工作包容很广，涉及一切用文字表述的信息资料。这是汉语拼音成为更广泛的国际标准的另一个重要的里程碑。

[资料来源] 李乐毅著：《汉语拼音用处多》，语文出版社2000年，第49—50页。

《汉语拼音方案》包括字母表、声母表、韵母表、声调符号和隔音符号五个部分内容。

同过去的注音方法相比，汉语拼音方案有很多优势：符号数目少，基本字母只有26个；采用国际通行的拉丁字母，书写方便，便于国际上交流；字母音素化，用来记录或分析语音准确灵活，便于外国人学习汉语；用于给汉语注音，便于推广普通话。《汉语拼音方案》具体内容如下：

汉语拼音方案

（1958年2月11日第一届全国人民代表大会第五次会议通过）

一 字母表

字母	Aa	Bb	Cc	Dd	Ee	Ff	Gg
名称	ㄚ	ㄅㄝ	ㄘㄝ	ㄉㄝ	ㄜ	ㄝㄈ	ㄍㄝ
	Hh	Ii	Jj	Kk	Ll	Mm	Nn
	ㄏㄚ	ㄧ	ㄐㄧㄝ	ㄎㄝ	ㄝㄌ	ㄝㄇ	ㄋㄝ
	Oo	Pp	Qq	Rr	Ss	Tt	
	ㄛ	ㄆㄝ	ㄑㄧㄡ	ㄚㄦ	ㄝㄙ	ㄊㄝ	
	Uu	Vv	Ww	Xx	Yy	Zz	
	ㄨ	ㄪㄝ	ㄨㄚ	ㄒㄧ	ㄧㄚ	ㄗㄝ	

V只用来拼写外来语、少数民族语言和方言。

字母的手写体依照拉丁字母的一般书写习惯。

二 声母表

b ㄅ玻	p ㄆ坡	m ㄇ摸	f ㄈ佛	d ㄉ得	t ㄊ特	n ㄋ讷	l ㄌ勒
g ㄍ哥	k ㄎ科	h ㄏ喝		j ㄐ基	q ㄑ欺	x ㄒ希	
zh ㄓ知	ch ㄔ蚩	sh ㄕ诗	r ㄖ日	z ㄗ资	c ㄘ雌	s ㄙ思	

在给汉字注音的时候，为了使拼式简短，zh ch sh可以省作ẑ ĉ ŝ。

三 韵母表

	i ㄧ 衣	u ㄨ 乌	ü ㄩ 迂
a ㄚ 啊	ia ㄧㄚ 呀	ua ㄨㄚ 蛙	
o ㄛ 喔		uo ㄨㄛ 窝	
e ㄜ 鹅	ie ㄧㄝ 耶		üe ㄩㄝ 约
ai ㄞ 哀		uai ㄨㄞ 歪	
ei ㄟ 欸		uei ㄨㄟ 威	
ao ㄠ 熬	iao ㄧㄠ 腰		
ou ㄡ 欧	iou ㄧㄡ 忧		
an ㄢ 安	ian ㄧㄢ 烟	uan ㄨㄢ 弯	üan ㄩㄢ 冤
en ㄣ 恩	in ㄧㄣ 因	uen ㄨㄣ 温	ün ㄩㄣ 晕
ang ㄤ 昂	iang ㄧㄤ 央	uang ㄨㄤ 汪	

续表

eng ㄥ　亨的韵母	ing ㄧㄥ　英	ueng ㄨㄥ　翁	
ong （ㄨㄥ）轰的韵母	iong ㄩㄥ　雍		

（1）“知、蚩、诗、日、资、雌、思”等七个音节的韵母用i，即：知、蚩、诗、日、资、雌、思等字拼作zhi，chi，shi，ri，zi，ci，si。

（2）韵母儿写成er，用作韵尾的时候写成r。例如：“儿童”拼作ertong，“花儿”拼作huar。

（3）韵母ㄝ单用的时候写成ê。

（4）i行的韵母，前面没有声母的时候，写成yi（衣），ya（呀），ye（耶），yao（腰），you（忧），yan（烟），yin（因），yang（央），ying（英），yong（雍）。

u行的韵母，前面没有声母的时候，写成wu（乌），wa（蛙），wo（窝），wai（歪），wei（威），wan（弯），wen（温），wang（汪），weng（翁）。

ü行的韵母，前面没有声母的时候，写成yu（迂），yue（约），yuan（冤），yun（晕）；ü上两点省略。

ü行的韵母跟声母j，q，x拼的时候，写成ju（居），qu（区），xu（虚），ü上两点也省略；但是跟声母n，l拼的时候，仍然写成nü（女），lü（吕）。

（5）iou，uei，uen前面加声母的时候，写成iu、ui、un。例如niu（牛），gui（归），lun（论）。

（6）在给汉字注音的时候，为了使拼式简短，ng可以省作ŋ。

四　声调符号

阴平	阳平	上声	去声
ˉ	ˊ	ˇ	ˋ

声调符号标在音节的主要母音上。轻声不标。例如：

妈 mā	麻 má	马 mǎ	骂 mà	吗 ma
（阴平）	（阳平）	（上声）	（去声）	（轻声）

五　隔音符号

a,o,e开头的音节连接在其他音节后面的时候，如果音节的界限发生混淆，用隔音符号（’）隔开，例如：pi’ao（皮袄）。

《汉语拼音方案》推行以来，在汉字注音、统一读音、推广普通话和语文教学等方面发挥了重要的作用。此外，《汉语拼音方案》还可以用来作为我国少数民族创制和改革文字的共同基础，帮助外国人学习汉语，音译人名、地名和科学术语，以及编制索引和代号等等，用途很广泛。同时，《汉语拼音方案》也是用罗马字母拼写中国人名、地名的国际标准。

五、国际音标

国际音标是国际语音学会制定的一套记音符号，从1888年公布以来，曾多次修订。国际音标是国际上最通用的一套记音符号，是用来记录各民族语言的语音的。国际语音学会1886年成立于伦敦，1888年公布这套记音符号，至今已经使用了100多年。

国际音标记音有一定的优势：国际音标贯彻“一个音素一个符号，一个符号一个音素”的原则，符号和音值之间的关系是固定的。一音一符，一符一音，不会发生标音含混的情况；音标的数量众多，又有许多符号做补充，可以精确地记录任何一种语言的音素；音标的字形是在国际通行的拉丁字母的基础上制定的，易于掌握。

国际音标分为宽式音标法与严式音标法。宽式音标法即同一音位的音素变化不论多少个，都只用一个音标来标记的标音法。如/a/音位代表［A］［a］［ɑ］［ε］等几个音素，可以把音标数目限制在有限的范围之内；严式音标法即对一种语言事实存在的每一个音素（不管它们是否属于同一个音位）都用特定的音标加以标记的标音法。如现代汉语中较低的舌面元音可属于同一音位/a/，而用严式音标法标记时，必须分别标为［a］［A］［ɑ］［ε］等。

【反思与探究】

一、什么是语音？语音与自然界的其他声音有何不同？

二、语音四要素是什么？它们在普通话语音系统中各起什么作用？

三、语音的音色是由什么条件决定的？

四、画出发音器官示意图，并在上面标出主要的发音器官。

五、为什么说社会性是语音的根本属性？

六、什么是音素、音节和音位？说明音素和音位的关系。

七、什么是元音和辅音？这两种音素有哪些不同？

八、说明《汉语拼音方案》的主要用途。

九、国际音标有哪些优势？

【训练与提高】

一、分析题。

分析“国家推广全国通用的普通话”这句话共有多少个音节，每个音节各有多少个音素，哪些是元音音素，哪些是辅音音素。

二、诗歌语音训练。

1. 采桑歌	Cǎi Sāng Gē
春日起每早，	Chūnrì qǐ měi zǎo,
采桑惊啼鸟。	Cǎi sāng jīng tí niǎo.
风过扑鼻香，	Fēng guò pūbí xiāng,
花开花落知多少。	Huā kāi huā luò zhī duōshǎo.
2. 锄禾	Chú Hé
锄禾日当午，	Chú hé rì dāng wǔ,
汗滴禾下土。	Hàn dī hé xià tǔ.
谁知盘中餐，	Shuí zhī pán zhōng cān,
粒粒皆辛苦。	Lìlì jiē xīnkǔ.

第二章　声母

【学习目标】

系统掌握普通话声母的分类与发音基础知识，在此基础上准确掌握普通话声母的发音部位和方法；了解普通话和自身方言在声母方面的异同，并会用适合自己的辨正方法和训练方法，努力校正和提高自身普通话声母的音准。

【引　　言】

按照汉语传统语音学分析，普通话的一个音节通常可以分为声、韵、调三个部分，在音节开头的一个部分即为声母。由普通话声母的性质所决定，声母实际是音节与音节之间的分界，所以声母能否正确发音，往往不仅影响人们操讲标准普通话的音准，还影响其语音的清晰度。为了达到真正掌握普通话声母的目的，一方面要借助声母的基础知识熟悉和把握每个声母的标准音，另一方面还需借助普通话和方言知识找到二者之间的对应规律，运用比较的方法，随时进行声母辨正。

第一节 声母发音

真正形成对普通话声母的发音认知，既不能单凭感性认识，也不能空谈理论。要在声母语音知识的指导下，具体掌握每个声母的发音部位和发音方法，同时注意不同声母之间在发音特征上的共性和差异，即在声母语音知识的学习过程中，逐渐形成声母音感。

一、什么是声母

声母是一个音节元音前面的部分，绝大部分为音节开头的辅音。普通话共有22个声母，其中21个为辅音声母，1个为零声母。

21个辅音声母如下：

b [p]	p [p‘]	m [m]	f [f]
d [t]	t [t‘]	n [n]	l [l]
g [k]	k [k‘]	h [x]	
j [tɕ]	q [tɕ‘]	x [ɕ]	
zh [tʂ]	ch [tʂ‘]	sh [ʂ]	r [ʐ]
z [ts]	c [ts‘]	s [s]	

因为分析语音的方法不同，所以我们对汉语音节进行分析时经常会用到两套概念：辅音和元音，声母和韵母。其中辅音和声母的关系比较密切，元音和韵母的关系比较密切。

声母和辅音的分析角度不同。声母是分析音节的结构得到的，辅音是从音质的角度分析出的一类音素。

辅音的范围比声母大：辅音和声母都是22个，但是辅音ng不能做声母。辅音除了做声母外，还可以做韵尾，少量辅音还能够自成音节。

二、声母的分类和发音

不同的声母是由不同的发音部位和发音方法决定的。声母发音的主要特征是气流要受到发音器官的阻碍，所以发音部位是指气流受阻的部位；发音方法包括成阻和除阻的方法、送气不送气以及声带是否颤动等三个方面。声母可按发音部位和发音方法分类。

（一）按发音部位分类

按发音部位分，普通话声母可以分为七类。

1. 双唇音：由上唇和下唇阻塞气流而形成的音，3个：b、p、m。
2. 唇齿音：由上齿和下唇接近阻碍气流而形成的音，1个：f。
3. 舌尖前音：由舌尖抵住或接近齿背阻碍气流而形成的音，3个：z、c、s。
4. 舌尖中音：由舌尖抵住或接近上齿龈阻碍气流而形成的音，4个：d、t、n、l。

5. 舌尖后音：由舌尖抵住或接近硬腭前部阻碍气流而形成的音，4个：zh、ch、sh、r。

6. 舌面音：由舌面抵住或接近硬腭前部阻碍气流而形成的音，3个：j、q、x。

7. 舌根音：由舌根抵住或接近软腭阻碍气流而形成的音，3个：g、k、h。

（二）按发音方法分类

1. 根据构成阻碍和消除阻碍的不同方式，可以把普通话声母分成五类。

（1）塞音。除阻阶段成声。构成阻碍的两个部位完全闭塞，软腭上升，堵塞通向鼻腔的通路，气流经过口腔时冲破阻碍迸裂而出，爆发成声。塞音有6个：b、p、d、t、g、k。

（2）擦音。持阻阶段成声。构成阻碍的两个部位非常接近，留下窄缝，软腭上升，堵塞通向鼻腔的通路，气流经过口腔时从窄缝挤出，摩擦成声。擦音有6个：f、h、x、sh、r、s。

（3）塞擦音。持阻阶段成声。构成阻碍的两个部位完全闭塞。软腭上升，堵塞通向鼻腔的通路，气流经过口腔先把阻塞部位冲开一条窄缝，从窄缝中挤出，摩擦成声。先破裂，后摩擦，结合成一个音。塞擦音有6个：j、q、zh、ch、z、c。

（4）鼻音。持阻阶段成声。口腔里构成阻碍的两个部位完全闭塞，软腭下垂，打开通向鼻腔的通路，气流颤动声带，从鼻腔通过。鼻音有2个：m、n。

（5）边音。持阻阶段成声。舌尖与齿龈相接构成阻碍，舌头两边留有空隙，软腭上升，堵塞通向鼻腔的通路，气流经过口腔，颤动声带，从舌头的两边通过。边音只有1个：l。

2. 普通话声母还可根据发音时声带是否颤动分为以下两类：

（1）清音。声带不颤动，气流较强，发出的音不响亮。共17个：b、p、f、d、t、g、k、h、j、q、x、zh、ch、sh、z、c、s。

（2）浊音。声带颤动，气流较弱，发出的声音比较响亮。共4个：m、n、l、r。

3. 根据发音时气流透出的强弱情况，可以把普通话声母中塞音和塞擦音各分为以下两类：

（1）送气音。发音时，用力喷出一口气。共6个：p、t、k、q、ch、c。

（2）不送气音。发音时，气流微弱较短，自然放出。共6个：b、d、g、j、zh、z。

（三）零声母

零声母是指普通话音节中元音前面没有辅音，这样的音节中的声母称为“零声母”。

除了以上说的21个辅音声母外，普通话还有一些音节不用辅音开头，例如ān(安)、ēn（恩）、áo（熬）、ōu（欧）、áng（昂）等。这样的音节没有声母，可是语言学家从语音的系统性考虑认为它们有声母，不过不是辅音声母，而是特殊的声母，叫作零声母。有了零声母这个概念，我们就可以说普通话里所有的音节都有声母，都可以分为声母和韵母两部分。汉语拼音的y和w只出现在零声母音节的开头，它们的作用主要是使音节界限清楚。例如yī（衣）、yū（迂）、yān（烟）、yuān（冤）、yāng（央）、wāng（汪）、wēng（翁）、yōng（雍）等。

信息栏2-1

零声母

零声母也是一种声母。实验语音学证明，零声母往往也有特定的、具有某些辅音特性的起始方式。普通话零声母可以分为两类，一类是开口呼零声母，一类是非开口呼零声母。

非开口呼零声母，即除开口呼以外的齐齿呼、合口呼、撮口呼三种零声母的起始方式：

齐齿呼零声母音节汉语拼音用隔音字母y开头，由于起始部分没有辅音声母，实际发音带有轻微摩擦，是半元音[j]，半元音仍属辅音类。合口呼零声母音节汉语拼音用隔音字母w开头，实际发音带有轻微摩擦，是半元音[w]或齿唇通音[v]。撮口呼零声母音节汉语拼音用隔音字母y（yu）开头，实际发音带有轻微的摩擦，是半元音[ɥ]。

开口呼零声母汉语拼音字母不表示。不经过专门的语音训练，人们一般感觉不到以ɑ、o、e开头的音节还有微弱的辅音（喉塞音[ʔ]或舌面后浊擦音[ɣ]）存在，因为这些音节开头的辅音成分没有辨义作用，我们可以忽略不计。

［资料来源］国家语言文字工作委员会普通话培训测试中心编制，中华人民共和国教育部语言文字应用管理司组织审定：《普通话水平测试实施纲要》，商务印书馆2004年，第17页。

三、声母发音分析

普通话声母按不同的方法分类可归属于不同类别，但各类别间互相也有概念的交叉现象（见表2–1）：

表2–1 普通话声母总表

发音方法 / 发音部位	塞音		塞擦音		擦音		鼻音	边音
	清音		清音		清音	浊音	浊音	浊音
	不送气	送气	不送气	送气				
双唇音	b	p					m	
唇齿音					f			
舌尖前音			z	c	s			
舌尖中音	d	t					n	l
舌尖后音			zh	ch	sh	r		
舌面音			j	q	x			
舌根音	g	k			h			

辅音声母的发音过程可以分为成阻、持阻和除阻三个阶段：

1. 成阻阶段：发辅音过程的开始阶段，发音当中阻碍作用开始形成，发音器官从静止或其他状态转到发一个辅音时的阻碍状态。

2. 持阻阶段：发辅音过程的中间阶段，就是发音当中阻碍作用的一种持续，即发音器官从开始发音的成阻阶段到最后除阻阶段的中间过程。

3. 除阻阶段：发辅音过程的最后阶段，发音当中，阻碍消除了，发音器官从发辅音时的阻碍状态转到开始的静止状态或其他状态。

依据唇形与舌位的不同，我们可以从以下几个方面对普通话声母发音进行分析（见图2–1）：

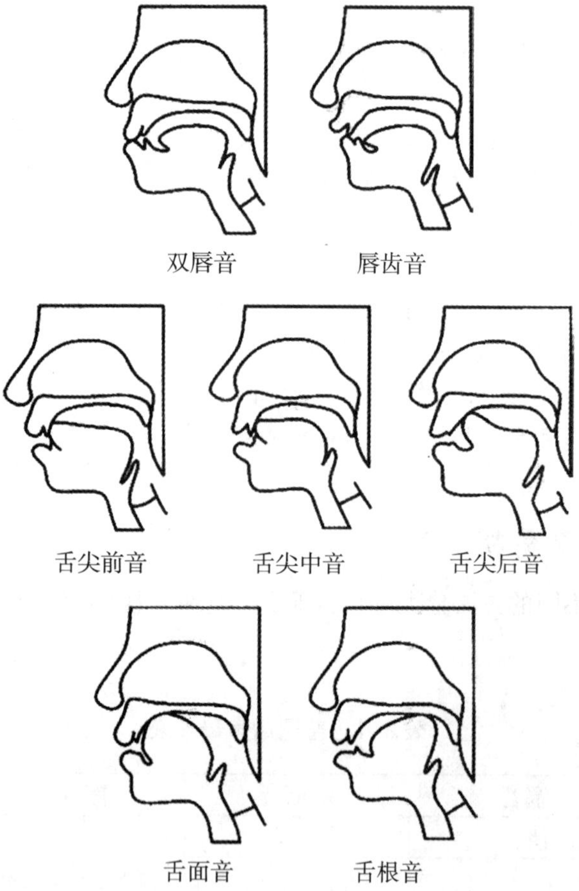

图2–1　各部位声母发音示意图

1. 双唇音

b［p］ 双唇不送气清塞音

发音时，双唇闭合，口腔蓄气，软腭上升，堵塞鼻腔通路，声带不颤动，较弱的气流冲破双唇的阻碍，迸裂而出，爆发成音。例如：

奔波 bēnbō	摆布 bǎibù	宝贝 bǎobèi
标兵 biāobīng	辨别 biànbié	卑鄙 bēibǐ

p［pʻ］ 双唇送气清塞音

发音的状况与b相近，只是发p时有一股较强的气流冲开双唇。例如：

偏僻 piānpì　　匹配 pǐpèi　　拼盘 pīnpán
澎湃 péngpài　　乒乓 pīngpāng　　铺平 pūpíng

m［m］　双唇浊鼻音

发音时，双唇闭合，软腭下降，打开鼻腔通路，气流振动声带从鼻腔通过。例如：

面貌 miànmào　　埋没 máimò　　美妙 měimiào
牧民 mùmín　　麻木 mámù　　明媚 míngmèi

2. 唇齿音

f［f］　唇齿清擦音

发音时，上齿接近下唇，形成窄缝，气流从唇齿间摩擦出来，声带不颤动。例如：

方法 fāngfǎ　　奋发 fènfā　　芬芳 fēnfāng
反复 fǎnfù　　仿佛 fǎngfú　　放飞 fàngfēi

3. 舌尖前音

z［ts］　舌尖前不送气清塞擦音

发音时，舌尖平伸，抵住上齿背，软腭上升，堵塞鼻腔通路，声带不颤动，较弱的气流把阻碍冲开一条窄缝，从窄缝中间挤出，摩擦成声。例如：

造作 zàozuò　　藏族 Zàngzú　　曾祖 zēngzǔ
总则 zǒngzé　　祖宗 zǔzōng　　罪责 zuìzé

c［ts‘］　舌尖前送气清塞擦音

发音和 z 的发音区别不大，不同的地方在于 c 气流较强。例如：

猜测 cāicè　　草丛 cǎocóng　　苍翠 cāngcuì
参差 cēncī　　粗糙 cūcāo　　催促 cuīcù

s［s］　舌尖前清擦音

发音时，舌尖接近上齿背，气流从窄缝中挤出，摩擦成声，声带不颤动。例如：

瑟缩 sèsuō　　思索 sīsuǒ　　四岁 sì suì
松散 sōngsǎn　　诉讼 sùsòng　　速算 sùsuàn

4. 舌尖中音

d［t］　舌尖中不送气清塞音

发音时，舌尖抵住上齿龈，软腭上升，堵塞鼻腔通路，声带不颤动，较弱的气流冲破舌尖的阻碍，迸裂而出，爆发成声。例如：

电灯 diàndēng　　当代 dāngdài　　道德 dàodé
得到 dédào　　等待 děngdài　　奠定 diàndìng

t［t‘］　舌尖中送气清塞音

发音的状况与 d 相近，只是发 t 时气流较强。例如：

淘汰 táotài　　体贴 tǐtiē　　滩涂 tāntú
忐忑 tǎntè　　探讨 tàntǎo　　天堂 tiāntáng

n［n］　舌尖中浊鼻音

发音时，舌尖抵住上齿龈，软腭下降，打开鼻腔通路，气流振动声带，从鼻腔通过。例如：

农奴 nóngnú　　泥泞 nínìng　　牛奶 niúnǎi

南宁 Nánníng　　男女 nánnǚ　　恼怒 nǎonù

l［l］ 舌尖中浊边音

发音时，舌尖抵住上齿龈，软腭上升，堵塞鼻腔通路，气流振动声带，从舌头两边通过。例如：

轮流 lúnliú　　连累 liánlèi　　拉拢 lālǒng

理论 lǐlùn　　流利 liúlì　　嘹亮 liáoliàng

5. **舌尖后音**

zh［tʂ］ 舌尖后不送气清塞擦音

发音时，舌尖上翘，抵住硬腭前部，软腭上升，堵塞鼻腔通路，声带不颤动。较弱的气流先把阻碍冲开一条窄缝，再从窄缝中挤出，摩擦成声。例如：

政治 zhèngzhì　　招展 zhāozhǎn　　主张 zhǔzhāng

辗转 zhǎnzhuǎn　　正直 zhèngzhí　　直至 zhízhì

ch［tʂʻ］ 舌尖后送气清塞擦音

发音的状况与 zh 相近，只是气流较强。例如：

戳穿 chuōchuān　　驰骋 chíchěng　　出产 chūchǎn

车床 chēchuáng　　长城 Chángchéng　　出差 chūchāi

sh［ʂ］ 舌尖后清擦音

发音时，舌尖上翘接近硬腭前部，留出窄缝，气流从缝间挤出，摩擦成声，声带不颤动。例如：

身世 shēnshì　　山水 shānshuǐ　　生疏 shēngshū

上升 shàngshēng　　事实 shìshí　　施舍 shīshě

r［ʐ］ 舌尖后浊擦音

发音状况与 sh 相近，只是声带颤动。例如：

柔软 róuruǎn　　仍然 réngrán　　忍让 rěnràng

荏苒 rěnrǎn　　容忍 róngrěn　　融入 róngrù

6. **舌面音**

j［tɕ］ 舌面不送气清塞擦音

发音时，舌面前部抵住硬腭前部，软腭上升堵塞鼻腔通路，声带不颤动。同时舌尖下垂，较弱的气流把阻碍冲开，形成一条窄缝，气流从窄缝中挤出，摩擦成声。例如：

解决 jiějué　　积极 jījí　　加剧 jiājù

阶级 jiējí　　坚决 jiānjué　　经济 jīngjì

q［tɕʻ］ 舌面送气清塞擦音

发音的状况与 j 相近，只是气流较强。例如：

牵强 qiānqiǎng　　亲切 qīnqiè　　请求 qǐngqiú

亲戚 qīnqi　　崎岖 qíqū　　确切 quèqiè

x［ɕ］ 舌面清擦音

发音时，舌面前部接近硬腭前部，留出窄缝，软腭上升，堵塞鼻腔通路，声带不颤动，气流从窄缝中挤出，摩擦成声。例如：

习性 xíxìng　　形象 xíngxiàng　　虚心 xūxīn

相信 xiāngxìn　　新鲜 xīnxiān　　闲暇 xiánxiá

7. 舌根音

g［k］ 舌根不送气清塞音

发音时，舌根抵住软腭，软腭后部上升，堵塞鼻腔通路，声带不颤动，较弱的气流冲破舌根的阻碍，爆发成声。例如：

骨干 gǔgàn　　桂冠 guìguān　　改革 gǎigé

广告 guǎnggào　　骨骼 gǔgé　　规格 guīgé

k［k‘］ 舌根送气清塞音

发音的状况与g相近，只是气流较强。例如：

开垦 kāikěn　　慷慨 kāngkǎi　　旷课 kuàngkè

宽阔 kuānkuò　　坎坷 kǎnkě　　口渴 kǒukě

h［x］ 舌根清擦音

发音时，舌根接近软腭，中间留出窄缝，软腭上升，堵塞鼻腔通路，声带不颤动，气流从窄缝中摩擦出来发音。例如：

航海 hánghǎi　　辉煌 huīhuáng　　欢呼 huānhū

豪华 háohuá　　呵护 hēhù　　呼唤 hūhuàn

第二节 声母辨正

各地方言的声母和普通话的声母各不相同，所以在学习普通话声母时需要进行对比辨正，在掌握21个辅音声母和零声母的发音原理和发音特征的同时，还应该找到自己母方言声母和普通话声母的对应规律。声母的辨正主要包括两部分内容：

1. 音值的辨正，即要注意发准每一个声母，发音到位，发音方法确切，不能似是而非。

2. 字音的辨正，即要记住每个汉字应该读作什么声母，进一步分清哪些汉字读同一类声母。

声母的音值是由发音部位和发音方法决定的，所以发准声母首先要找准发音部位，如舌尖后音zh、ch、sh、r这一组声母是舌尖翘起抵住或者对准上腭的前半部分发出的音，发音时需要舌头上翘，但要注意上翘的度，既要避免翘的幅度不够，发成接近“舌叶音”（[ʧ][ʧ‘][ʃ]）的音，也不能“矫枉过正”把舌尖用力向后，发成“卷舌音”。

相同发音部位的几个音在发音方法上还有区别，所以要注意声母发音时发音方法上的细微差别。有时发音方法贯彻得不彻底也会导致所发出的声母似是而非，例如汉语西南方言的大部分、西北方言的一部分方言区n［n］、l［l］两个辅音不分，有时把普通话中的这两个声母都发成前一个音或后一个音，有时混用，有时发成了一个介于两者之间的混合音。我们知道，这两个音的发音部位相同，都是舌尖中音，这就需要再从发音方法上加以辨别：这两个音都是浊音，但是n［n］是鼻音，l［l］是边音，如果发n时不带鼻音或者发l时带鼻音，就不准确了。

下面结合各地方言的声母系统，简略比较普通话声母和方言声母，列出以下几组需要重点辨正的声母。对待这些声母，通过对比学习和训练才能发准它们的音值，找准字音。

一、分辨f和h

（一）方言分布

普通话和北方话中的东北、华北官话区，西北官话区及吴方言区能分清f和h，但湘、客家、闽、粤等方言大都不能清楚区分声母f和h，北方方言中的江淮方言及西南方言也存在f和h（或hu）混读的现象。

以上方言中客家方言没有f声母；闽方言是把普通话的f在多数情况下读成b、p或h，湘方言有些地区把f读成hu；而粤方言则相反，把普通话里一些读h的字（大都是和u结合的字，如胡hú、滑huá）的声母也读作f；有些地方还有把f和h两读的，如长沙话。

（二）辨正方法

1. 在学习这两个声母时，首先要弄清f和h的发音，掌握两个声母发音特征的差异：f和h都是清、擦音，区别在于发音部位不同。f是唇齿音，发音时上齿和下唇构成阻碍；h是舌根音，发音时舌根和软腭构成阻碍。

2. 弄清声母f和h相对应的字词。f、h不分的方言区必然会混淆f声母字和h声母字，可以根据偏旁类推字表熟记（见表2–2）：

表2–2　f和h对照辨音字表

f	h
fā 发 fá 伐阀乏罚 fǎ 法砝 fà 发（头发）	huā 花哗 huá 华铧滑划 huà 化画话划桦
fó 佛	huō 豁 huó 活 huǒ 火伙 huò 祸或货霍获
fū 夫 fú 福扶服俘幅芙 fǔ 府俯斧釜腐 fù 父付父富妇赋腹	hū 呼忽乎惚 hú 胡湖葫瑚狐糊弧 hǔ 虎唬琥浒 hù 户沪护互
	huái 怀槐徊 huài 坏

续表

f	h
fēi 飞非菲啡霏 féi 肥淝 fěi 匪悱斐蜚 fèi 废费沸吠	huī 灰挥晖恢辉徽 huí 回茴蛔 huǐ 悔毁 huì 会卉贿汇讳秽彗
fān 帆翻番 fán 繁凡烦蕃 fǎn 反返 fàn 饭贩犯泛范	huān 欢獾 huán 还环寰 huǎn 缓 huàn 患换焕宦幻
fēn 分吩芬纷 fén 焚坟 fěn 粉 fèn 愤份粪奋	hūn 昏婚荤 hún 混魂 hùn 混
fāng 方芳坊 fáng 防妨房肪 fǎng 访仿纺 fàng 放	huāng 慌荒 huáng 皇黄蝗惶潢簧凰 huǎng 恍晃谎 huàng 晃
fēng 封风疯丰锋蜂 féng 冯逢 fěng 讽 fèng 俸奉凤	hōng 轰哄 hóng 洪红弘虹宏 hǒng 哄 hòng 哄（起哄）

（三）f和h对比练习

方fāng地—荒huāng地
防fáng止—黄huáng纸
非凡fēifán—辉煌huīhuáng
公费fèi—工会huì
斧fǔ头—虎hǔ头
附fù注—互hù助
防fáng虫—蝗huáng虫
仿佛fǎngfú—恍惚huǎnghū
飞fēi机—灰huī鸡
奋fèn战—混hùn战
舅父fù—救护hù
复fù员—互hù援

（四）f和h组合练习

发话fāhuà	发慌fāhuāng	反悔fǎnhuǐ	繁华fánhuá
丰厚fēnghòu	复合fùhé	混纺hùnfǎng	后方hòufāng
化肥huàféi	洪峰hóngfēng	画符huàfú	花粉huāfěn

二、分辨n和l

（一）方言分布

在普通话中n和l是两个不同的声母，分得很清楚。北方话中的华北、东北官话区，吴、客家方言中这两个音也是区分意义的。但是北方话中的西南官话、江淮官话及西北方言的部分地区，都是n、l不分的。南方的湘、赣、闽、粤方言等也有大片n、l混读的区域。

在n、l不分的各地区，具体读音的表现也是不同的：有的全读成n，如长沙话常把“男、蓝”都说成nán；有的全读成l，如南昌话把“男、蓝”都说成lán；有的n、l可以自由换读，两可；也有的是在一定条件下区分，如有齐、撮两呼韵母前分，开、合两呼韵母前混的，如宁夏西吉话的n、l只是出现在i、ü的前面才有区别。

（二）辨正方法

1. 学习这两个声母时，首先要弄清n和l的发音，掌握两个声母发音特征的差异：n和l发音部位相同，都是舌尖中音；在发音方法上也有共性，都是浊音，发音时声带颤动。但也有区别：n是鼻音，发音时，气流振动声带，从鼻腔通过；l是边音，发音时，气流振动声带，从舌头两边通过。

由于n发音时，气流从鼻腔通过，所以发出的声音带有“鼻音”；而l在发音时须注意舌头的动作，即在发音前，舌头向上卷，发音时，舌头伸平，不带有鼻音，即使用手捏住鼻子也能发音。

2. 采用试验法区别。

试验一：按照n的发音要求做好发音准备。用拇指和食指捏住鼻孔并试图发n音。如果有很强的憋气的感觉，同时耳朵里有鸣声，说明发音的部位和方法正确。松开拇指和食指，带上元音e或a呼读，n则自然成声；反之则错误。

试验二：按照l的发音要求做好发音准备。用手捂住嘴巴，并试图发l音，如果两腮鼓起并伴有憋气的感觉，同时耳朵并无明显的鸣声，说明符合发音要求；移开手掌，带上元音e或a呼读，l则自然成声。

3. 要弄清声母n和l相对应的字词。

要弄清哪些字词读n或者l声母，可参照偏旁类推字表（见表2-3、表2-4）：

表2-3　n声母偏旁类推字表

偏旁	类推字
那	nǎ 哪；nà 那，娜；nuó 挪
乃	nǎi 乃，奶
奈	nài 奈；nà 捺
南	nán 南，喃，楠；nǎn 蝻
脑	nǎo 恼，瑙，脑

续表

偏旁	类推字
内	nèi 内；nè 讷；nà 呐，衲，钠
尼	ní 尼，泥，呢
倪	ní 倪，霓
念	niǎn 捻；niàn 念
捏	niē 捏；niè 涅
聂	niè 聂，蹑
宁	níng 宁，拧，咛，狞，柠；nìng 宁（宁可），泞
纽	niū 妞；niǔ 扭，纽，钮
农	nóng 农，浓，脓
奴	nú 奴，孥，驽；nǔ 努；nù 怒
诺	nuò 诺；nì 匿
懦	nuò 懦，糯
虐	nüè 虐，疟

表 2–4 l 声母偏旁类推字表

偏旁	类推字
剌	lǎ 喇；lá 剌，là 辣，lài 瘌
腊	là 腊，蜡；liè 猎
赖	lài 赖，癞，籁；lǎn 懒
兰	lán 兰，拦，栏；làn 烂
蓝	lán 蓝，篮；làn 滥
览	lǎn 览，揽，缆，榄
劳	lāo 捞；láo 劳，痨；lào 涝
乐	lè 乐；lì 砾
雷	léi 雷，擂，镭；lěi 蕾
垒	lěi 垒
累	lèi 累；luó 骡，螺
里	lí 厘，狸；lǐ 里，理，鲤；liàng 量
利	lí 梨，犁；lì 利，俐，痢
离	lí 离，篱；li 璃
立	lì 立，粒，笠；lā 拉，垃，啦

续表

偏旁	类推字
厉	lì 厉，励
力	lì 力，荔；liè 劣；lèi 肋；lè 勒
历	lì 历，沥
连	lián 连，莲；liàn 链
廉	lián 廉，濂，镰
脸	liǎn 敛，脸；liàn 殓
炼	liàn 练，炼
恋	liàn 恋；luán 孪，鸾，滦
良	liáng 良，粮；láng 郎，廊，狼，榔，螂；lǎng 朗；làng 浪
梁	liáng 梁，粱
凉	liáng 凉；liàng 谅，晾；lüè 掠
两	liǎng 两，俩（伎俩）；liàng 辆；liǎ 俩
列	liě 咧；liè 列，裂，烈；lì 例
林	lín 林，淋，琳，霖；lán 婪
鳞	lín 嶙，璘，磷，鳞，麟
令	líng 伶，玲，铃，羚，聆，龄；lǐng 岭，领；lìng 令；lěng 冷； lín 邻；lián 怜
菱	líng 凌，陵，菱；léng 棱
留	liū 溜；liú 留，馏，榴，瘤
流	liú 流，琉，硫
柳	liǔ 柳；liáo 聊
龙	lóng 龙，咙，聋，笼；lǒng 陇，垄，拢
隆	lóng 隆，窿，癃
娄	lóu 娄，喽，楼；lǒu 搂，篓；lǚ 缕，屡
鲁	lǔ 鲁，橹
录	lù 录，禄，碌；lǜ 绿，氯
鹿	lù 鹿，辘
路	lù 路，鹭，露
戮	lù 戮；liáo 寥；liǎo 蓼；liào 廖
仑	lūn 抡；lún 仑，伦，沦，囵，轮；lùn 论
罗	luō 啰，luó 罗，逻，萝，锣，箩
洛	luò 洛，落，络，骆；lào 烙，酪；lüè 略

续表

偏旁	类推字
吕	lǚ吕，侣，铝
虑	lǜ虑，滤

（三）n和l对比练习

南nán京—蓝lán鲸　　男nán裤—蓝lán裤
脑nǎo子—老lǎo子　　无奈nài—无赖lài
年nián夜—连lián夜　　留念niàn—留恋liàn
烂泥ní—烂梨lí　　大娘niáng—大梁liáng
水牛niú—水流liú　　牛niú黄—硫liú黄
浓nóng重—隆lóng重　　女nǚ客—旅lǚ客

（四）n和l组合练习

哪里nǎlǐ　　纳凉nàliáng　　奶酪nǎilào　　男女nánnǚ
脑力nǎolì　　恼怒nǎonù　　内涝nèilào　　能耐néngnài
能力nénglì　　呢喃nínán　　牛奶niúnǎi　　扭捏niǔniē
拉力lālì　　来年láinián　　老练lǎoliàn　　老农lǎonóng

三、分辨zh、ch、sh和z、c、s

（一）方言分布

普通话中有两组舌尖清塞擦音、擦音声母：舌尖前音z、c、s和舌尖后音zh、ch、sh，其中zh、ch、sh比较特殊，其他方言中有这一组音的不多。吴、闽、客家、粤方言，还有北方方言的部分地区，都没有zh、ch、sh这套声母，如上海话、苏州话、武汉话、成都话和广州话都把这两套声母混成了一组z、c、s或者接近z、c、s的音。有的地方把普通话读作zh、ch、sh声母的字词分两类，其中一类是z、c、s，如天津话、西安话、银川话等。再如胶东方言也把舌尖后音声母分成两类，除了一部分读成z、c、s，还有的读成舌面音j、q、x或舌叶音［ʧ］［ʧʻ］［ʃ］等。

（二）辨正方法

1. 辨别这两组声母发音特征的差异，掌握正确的发音要领。这两组音都是舌尖清、塞擦音或擦音，但是z、c、s是舌尖前音，发音时舌头前伸抵在或对着上齿背；zh、ch、sh发音时舌头翘起抵在或接近上腭的前半部，在练习发音时要注意舌头伸开、翘起的灵活度。

2. 可采用记少不记多的办法掌握字音。即利用《zh、ch、sh与z、c、s对照辨音字表》（见表2-5），把数量比较少的平舌音z、c、s声母字记熟，容易混淆的其他字词就自然熟悉了。

3. 可利用声韵拼合规律掌握字音。如韵母ua、uai、uang只拼舌尖后音，不拼舌尖前音声母，例如“抓zhuā”“衰shuāi”“床chuáng”。

表2–5 zh、ch、sh与z、c、s对照辨音字表

（说明：数字①是第一声，②是第二声，③是第三声，④是第四声。）

（一）zh与z的辨别

	zh	z
a	④乍	①匝
e	②折 ③者	②责 则
u	③主	②足 ③祖
-i	①只 ②直 ③止 ④至 志	①兹 ③子 ④自
ai	①摘 ②宅 ③窄 ④寨	①哉
ei		②贼
ao	④召	③早 澡 ④造
ou	①州 ②轴 ③帚	①邹 ③走 ④奏
ua	①抓	
uo	②啄	①作 ③左 ④坐 作
ui	①追 ④坠	③嘴 ④最
an	④占	①簪 ②咱 ③攒 ④赞
en	①贞 ③诊	③怎
ang	①章 ③长	①脏 ④葬
eng	①争 ④正	①曾 ④赠
ong	①中	①宗 ③总 ④粽
uan	①专	①钻 ③纂 ④钻（石）
un	③准	①尊
uang	①庄 ④状	

（二）ch与c的辨别

	ch	c
a	①叉 ③衩	①擦
e	①车	④策 册
u	②除 厨 ④畜 矗	①粗 ④卒 猝 簇
-i	②池 ④斥	③此 ④次
ai	①差 拆 ②柴 豺	②才 ③采

续表

	ch	c
ao	①抄 ②潮 巢	①操 ②曹
ou	①抽 ②绸	④凑
uo	①戳 踔④绰 啜 辍 惙	①搓 ④措
uai	③揣 ④踹	
ui	①吹 炊 ②垂	①崔 ④萃
an	③产	①参
en	①琛 嗔 ②辰 ④趁	①参（差）②岑
ang	①昌 ②长 肠 ③场 ④倡	①仓 ②藏
eng	②成 ③骋 ④秤	②曾 层 ④蹭
ong	①冲 ②虫 ③宠	①匆 葱 ②从
uan	①川 ②船 ③喘 ④串 钏	①蹿 ④窜 篡
un	①春	①村 ②存 ③忖 ④寸
uang	①窗 创（伤）②床 ③闯 ④创（造）	

（三）sh与s的辨别

	sh	s
a	①沙	①撒 ③洒 ④卅 萨 飒
e	①奢②舌 ③舍 ④社	④色 啬
u	①叔②孰 ④树	①苏 ②俗 ④素 粟
-i	③史 ④式 士	①司 思 斯 丝 ③死 ④四 寺
ai	①筛 ④晒	①腮 鳃 ④赛
ao	①捎 ②勺 ③少（量）④少（年）哨 绍	①臊 搔 ③扫 嫂④（害）臊
ou	①收 ②熟 ③手 ④受 售	①溲 飕 ③叟 ④嗽
ua	①刷	
uo	①说 ④硕 烁 朔	①缩 唆 ③锁 琐
uai	①衰 ③甩 ④帅 率 蟀	
ui	①谁 ③水④税 睡	①虽 ②绥 ③髓 ④遂
an	①山 ③闪 陕④善 赡 缮	①三 ③散（文）伞 ④散
en	①申	①森
ang	①伤 墒 ③晌 ④尚	①桑 ③嗓 ④丧
eng	①生 笙	①僧

续表

	sh	s
ong		①松 ③悚 ④送 宋
uan	①拴 栓④涮	①酸 ④算 蒜
un	④顺	①孙 ③笋 损
uang	①双 霜③爽	

四、分辨j、q、x，zh、ch、sh，z、c、s和g、k、h

（一）方言分布

普通话是不分尖团音的，但汉语有些方言分尖团音，所以这些方言区的人要发准普通话中的舌面音j、q、x，首先要避免把团音发成尖音。

所谓的“尖音”，即声母z、c、s跟i、ü或以i、ü起头的韵母（即齐齿呼和撮口呼韵母）相拼；“团音”即声母j、q、x跟i、ü或以i、ü起头的韵母相拼。

北方方言、吴方言和湘方言几个方言区中的一些人，常常把j、q、x发成z、c、s，把团音发成尖音。如把“九（jiǔ）”读成ziǔ。这些方言区的人讲普通话时要注意把和齐齿呼、撮口呼韵母相拼的z、c、s声母改成j、q、x。

粤方言、闽方言、湘方言、吴方言区及胶东方言会出现声母zh、ch、sh与j、q、x混用的情况，如把“知道”读成“机道”，“少数”读成“小数”等。这些地区的人要注意在读成zh、ch、sh声母的字词中，划分出普通话为j、q、x声母的一部分，进行改读。

闽、客家和粤方言等把普通话的j、q、x声母字中的一部分读作舌根音g、k、h，如广州话“奇”读［kei］，福州话“技”读［ki］。这些方言区的人要把跟齐齿呼、撮口呼相拼的舌根音改为舌面音j、q、x。同时要注意同本方言系统中已有的塞擦音相区别。例如广东人要注意不能用舌叶音［ʧ］［ʧʻ］［ʃ］去代替。

（二）辨正方法

1. 了解发音特征的差别，掌握j、q、x的发音要领。j、q、x和z、c、s，zh、ch、sh这两组音相比较，相对应的音的发音方法是完全相同的，即都是塞擦音或者擦音，不同在于发音部位：j、q、x是舌面音，另外两组都是舌尖音，发音时舌尖起作用，所以在发舌面音时既要注意用舌面前部抵住或者接近上腭前部，又要控制住舌尖，不让舌尖受力。好的办法是把舌尖放在下齿背上，用舌面发音。

有的人在发j、q、x这组音时，没有发成尖音z、c、s，但是在发音时，成阻、除阻的部位太靠近舌尖，发出的音带有“刺刺”的舌尖音的感觉，属于语音缺陷，也应该予以克服。

2. 要利用《方言尖团音例字表》等，熟悉哪些字在普通话中的声母是j、q、x，注意把读成其他声母的字改读过来。

j、q、x和舌根音g、k、h比较，发音部分和发音方法都不相同，差别较大，关键在于能够区分出哪些字词的声母是j、q、x。

（三）尖团音对比练习

尖~：	饯别 jiànbié	济事 jìshì	嫉妒 jídù
团~：	鉴别 jiànbié	记事 jìshì	极度 jídù
尖~：	蛆虫 qūchóng	晴天 qíngtiān	齐人 Qírén
团~：	驱虫 qūchóng	擎天 qíngtiān	旗人 qírén
尖~：	修养 xiūyǎng	涎水 xiánshuǐ	性子 xìngzi
团~：	休养 xiūyǎng	咸水 xiánshuǐ	杏子 xìngzi
~尖：	国际 guójì	裁剪 cáijiǎn	大奖 dàjiǎng
~团：	国计 guójì	裁减 cáijiǎn	大讲 dàjiǎng
~尖：	洋枪 yángqiāng	后妻 hòuqī	石砌 shíqì
~团：	洋腔 yángqiāng	后期 hòuqī	石器 shíqì
~尖：	欢心 huānxīn	失笑 shīxiào	木箱 mùxiāng
~团：	欢欣 huānxīn	失效 shīxiào	木香 mùxiāng
团尖：	捷径 jiéjìng	香蕉 xiāngjiāo	行迹 xíngjì
尖团：	洁净 jiéjìng	相交 xiāngjiāo	性急 xìngjí
尖尖：	集聚 jíjù	千秋 qiānqiū	绝迹 juéjì
团团：	急剧 jíjù	铅球 qiānqiú	决计 juéjì

（四）j、q、x和zh、ch、sh对比练习

密集 jí—密植 zhí	墨迹 jì—墨汁 zhī	交际 jì—交织 zhī
就 jiù 业—昼 zhòu 夜	浅 qiǎn 明—阐 chǎn 明	砖墙 qiáng—专长 cháng
边际 jì—编制 zhì	获悉 xī—获释 shì	缺席 xí—确实 shí
洗 xǐ 礼—失 shī 礼	详细 xì—翔实 shí	电线 xiàn—电扇 shàn

（五）j、q、x和z、c、s，zh、ch、sh组合练习

缉私 jīsī	集资 jízī	剪除 jiǎnchú	精致 jīngzhì	其次 qícì
趋势 qūshì	习字 xízì	戏词 xìcí	下策 xiàcè	消失 xiāoshī
袖子 xiùzi	资金 zījīn	字迹 zìjì	字据 zìjù	自己 zìjǐ
自觉 zìjué	瓷器 cíqì	刺激 cìjī	此际 cǐjì	思绪 sīxù

五、分辨清音和浊音

（一）方言分布

普通话中浊音声母很少，只有4个：l、m、n、r。塞音和塞擦音都没相对应的浊音，而吴方言和湘方言都有成套的浊声母。例如：[p][t][k]—[b][d][g]；[f][s]

[ɕ] — [v] [z] [ʑ]；[tɕ] [ts] — [dʑ] [dz] 等。一般“皮”“避”不分，“谈”“淡”不分，“晴”“静”不分，“陈”“阵”不分，也就是说这些字在吴方言和湘方言中都读浊音声母。

（二）辨正方法

1. 弄清清、浊音发音特征的差别。清音声母是“不带音”，发音时声带不颤动；浊音声母是“带音”，发音时声带颤动。

2. 利用普通话唯一一组清浊对立声母sh、r体会两类音的发音特点。可把手置放在喉咙处体会：当发r时会有振动感，是浊音；发sh时没有振动感，是清音。

3. 弄清方言中的浊声母字在普通话中属于哪类声母。

4. 把浊音清化。方言中这些浊音声母在普通话里都以声调的不同为条件分别变成相应的送气清声母（平声）和不送气清声母（仄声）。所以浊音清化的基本规律是：

原方言中的平声字改读阳平，声母变送气音，例如：

爬 牌 陪 皮 瓶 盘 盆

原方言中的仄声字改读去声，声母变不送气音，例如：

罢 稗 抱 倍 避 病 办

（三）清浊音对比练习

刨子bàozi—豹子bàozi　　冰冻bīngdòng—冰洞bīngdòng

敬重jìngzhòng—净重jìngzhòng　　狮子shīzi—柿子shìzi

药方yàofāng—药房yàofáng

六、分辨r声母、零声母和l声母

（一）r和l

1. 方言分布

普通话有舌尖后音浊声母r，吴方言、闽方言和北方话中江淮方言、东北方言、华北方言等地的部分地区没有r声母，凡普通话r声母的字，通常读成[l] [z]或i、ü开头的零声母字。如福州话把“绒的”读成lóngde，沈阳话将“人”读成yín。

2. 辨正方法

（1）没有r声母的方言区学习者首先要学会发好r音。从发音部位看，r是舌尖后音，同zh、ch、sh发音部位一样，是由舌尖和硬腭前部构成阻碍而发出的音。从发音方法看，r是浊擦音，发音时，舌尖上翘，对着硬腭前部，舌尖和硬腭间留一小缝，让气流从小缝中磨擦而出，同时声带振动。为找到正确的感觉，可以先发sh音，然后振动声带，即是r的音。

（2）要熟悉r和l发音特征的差异。r和l都是浊音，但发音部位不同，舌尖抵达的位置有前后之别。r的发音部位在硬腭，l的发音部位在齿龈；发音方法也不同，r是擦音，发音除阻时，气流的通道很窄，限于舌尖和硬腭之间的一点点缝隙，磨擦很重；而l是边音，除阻时气流的通道在舌侧两边，很宽松，磨擦不十分明显。

3. r和l对比练习

碧蓝lán—必然rán	阻拦lán—阻燃rán	囚牢láo—求饶ráo
露lòu馅—肉ròu馅	娱乐lè—余热rè	脸liǎn色—染rǎn色
绒róng子—聋lóng子	卤lǔ质—乳rǔ汁	近路lù—进入rù

4. r和l组合练习

日历rìlì	扰乱rǎoluàn	人力rénlì	热浪rèlàng
热烈rèliè	认领rènlǐng	日落rìluò	容量róngliàng
锐利ruìlì	老人lǎorén	来人láirén	例如lìrú

（二）读准零声母字

1. 零声母字在方言中的发音

普通话一部分读零声母的字，如“鹅、爱、欧、袄、安”等在有些方言中读成了带辅音声母的字，大致情况如下：

在读以a、o、e开头的零声母字时，常在前面加舌根鼻音ng，如青岛人将“安”读成ngān；有些方言是加n，如天津话的“爱”读成nài。纠正时，只要把该零声母的字记熟，去掉其前面的鼻音ng或n，直接发元音就可以了。

普通话中韵母是u或者是以u开头的零声母字，有的方言读成了［v］（唇齿浊擦音）声母，如“万、闻、物”等字，在吴方言中读成［v］声母，宁夏话、桂林话都有类似的现象。这只要在发音时注意把双唇拢圆，不要让下唇和上齿接触，就可以改正了。

2. 零声母辨音练习

爱ài心—耐nài心	傲ào气—闹nào气	海岸àn—海难nàn
疑yí心—泥ní心	大义yì—大逆nì	语yǔ序—女nǚ婿
每晚wǎn—美满mǎn	万wàn丈—幔màn帐	余味wèi—愚昧mèi
五味wèi—妩媚mèi	文wén风—门mén风	纹wén路—门mén路

【反思与探究】

一、什么是声母的发音部位？按照发音部位，可以把普通话的声母分为哪几类？

二、什么是声母的发音方法？按照发音方法可以从哪些角度给普通话声母分出哪些类？

三、结合具体例子说明平翘舌音声母的辨正方法主要有哪些。

四、比较说明自己方言中的声母系统与普通话声母的异同。

【训练与提高】

一、分类训练。

（一）唇音。

b	白班 báibān	摆布 bǎibù	版本 bǎnběn	奔波 bēnbō
p	爬坡 pápō	攀爬 pānpá	偏颇 piānpō	批判 pīpàn
m	麻木 mámù	谩骂 mànmà	盲目 mángmù	密码 mìmǎ
f	罚分 fáfēn	反复 fǎnfù	方法 fāngfǎ	粪肥 fènféi
b—p	编排 biānpái	奔跑 bēnpǎo	变频 biànpín	补品 bǔpǐn
b—m	版面 bǎnmiàn	报名 bàomíng	北美 běiměi	部门 bùmén
b—f	部分 bùfen	办法 bànfǎ	备份 bèifèn	拜访 bàifǎng
p—m	片面 piànmiàn	屏幕 píngmù	抛锚 pāomáo	扑灭 pūmiè
p—f	皮肤 pífū	佩服 pèifú	批发 pīfā	贫乏 pínfá
m—p	门票 ménpiào	名牌 míngpái	马匹 mǎpǐ	面庞 miànpáng
m—f	麻风 máfēng	免费 miǎnfèi	民风 mínfēng	满分 mǎnfēn
f—p	发票 fāpiào	肥胖 féipàng	分配 fēnpèi	扶贫 fúpín
f—m	发明 fāmíng	方面 fāngmiàn	烦闷 fánmèn	肥猫 féimāo

（二）舌尖中音。

d	达到 dádào	淡定 dàndìng	当代 dāngdài	地点 dìdiǎn
t	塌台 tātái	探讨 tàntǎo	唐突 tángtū	体贴 tǐtiē
n	奶牛 nǎiniú	难耐 nánnài	男女 nánnǚ	恼怒 nǎonù
	泥泞 nínìng			
l	拉链 lāliàn	拦路 lánlù	理论 lǐlùn	淋漓 línlí
d—t	打听 dǎtīng	蛋挞 dàntǎ	当天 dāngtiān	得体 détǐ
d—n	歹念 dǎiniàn	胆囊 dǎnnáng	当年 dāngnián	岛内 dǎonèi
d—l	大连 Dàlián	淡蓝 dànlán	挡路 dǎnglù	登陆 dēnglù
t—n	体能 tǐnéng	童年 tóngnián	头脑 tóunǎo	鸵鸟 tuóniǎo
t—l	条例 tiáolì	天籁 tiānlài	湍流 tuānliú	特例 tèlì
n—t	难题 nántí	黏土 niántǔ	泥土 nítǔ	农田 nóngtián
n—l	哪里 nǎlǐ	男篮 nánlán	年龄 niánlíng	鸟笼 niǎolóng
l—t	辣汤 làtāng	蓝天 lántiān	浪涛 làngtāo	力图 lìtú
l—n	烂泥 lànní	流年 liúnián	理念 lǐniàn	老农 lǎonóng

（三）舌尖前音。

z	杂志 zázhì	赞助 zànzhù	藏族 zàngzú	自尊 zìzūn
c	擦车 cāchē	残存 cáncún	仓促 cāngcù	磁场 cíchǎng
s	思索 sīsuǒ	三色 sānsè	随俗 suísú	酸涩 suānsè
z—c	杂草 zácǎo	字词 zìcí	左侧 zuǒcè	总裁 zǒngcái

z—s	砸碎 zásuì	赞颂 zànsòng	曾孙 zēngsūn	阻塞 zǔsè
c—s	参赛 cānsài	彩塑 cǎisù	沧桑 cāngsāng	草酸 cǎosuān
s—c	三餐 sāncān	桑蚕 sāngcán	随从 suícóng	素材 sùcái

（四）舌尖后音。

zh	榨汁 zhàzhī	战争 zhànzhēng	长者 zhǎngzhě	蜘蛛 zhīzhū
ch	拆除 chāichú	超出 chāochū	长城 chángchéng	出差 chūchāi
sh	烧水 shāoshuǐ	山水 shānshuǐ	商厦 shāngshà	设施 shèshī
r	扰人 rǎorén	嚷嚷 rāngrang	忍辱 rěnrǔ	仍然 réngrán
zh—ch	诈称 zhàchēng	展出 zhǎnchū	章程 zhāngchéng	支持 zhīchí
zh—sh	扎实 zhāshí	展示 zhǎnshì	掌声 zhǎngshēng	真实 zhēnshí
zh—r	沾惹 zhānrě	丈人 zhàngren	植入 zhírù	阵容 zhènróng
ch—sh	查收 cháshōu	产生 chǎnshēng	尝试 chángshì	车市 chēshì
ch—r	插入 chārù	缠绕 chánrào	怅然 chàngrán	耻辱 chǐrǔ
sh—ch	刹车 shāchē	市场 shìchǎng	商场 shāngchǎng	删除 shānchú
sh—r	商人 shāngrén	摄入 shèrù	生日 shēngrì	殊荣 shūróng
r—ch	热潮 rècháo	人称 rénchēng	日出 rìchū	攘除 rǎngchú
r—sh	日晒 rìshài	燃烧 ránshāo	热水 rèshuǐ	认识 rènshi

（五）舌面音。

j	积极 jījí	家教 jiājiào	简介 jiǎnjiè	降价 jiàngjià
q	祈求 qíqiú	亲情 qīnqíng	清秋 qīngqiū	悄悄 qiāoqiāo
x	细心 xìxīn	谢谢 xièxie	现象 xiànxiàng	详细 xiángxì
j—q	假期 jiàqī	坚强 jiānqiáng	奖券 jiǎngquàn	借钱 jièqián
j—x	继续 jìxù	进行 jìnxíng	惊喜 jīngxǐ	酒席 jiǔxí
q—x	气息 qìxī	洽询 qiàxún	谦逊 qiānxùn	强项 qiángxiàng
x—q	喜庆 xǐqìng	下棋 xiàqí	小巧 xiǎoqiǎo	香气 xiāngqì

（六）舌根音。

g	改革 gǎigé	高贵 gāoguì	尴尬 gāngà	公共 gōnggòng
k	开垦 kāikěn	看客 kànkè	慷慨 kāngkǎi	可靠 kěkào
h	汉化 hànhuà	河海 héhǎi	豪华 háohuá	呵护 hēhù
g—k	感慨 gǎnkǎi	港口 gǎngkǒu	概括 gàikuò	顾客 gùkè
g—h	干旱 gānhàn	港货 gǎnghuò	改行 gǎiháng	根号 gēnhào
k—h	客户 kèhù	垦荒 kěnhuāng	坑害 kēnghài	开会 kāihuì
h—k	航空 hángkōng	好看 hǎokàn	何况 hékuàng	欢快 huānkuài

（七）零声母。

腌臜 āzā	安稳 ānwěn	恩怨 ēnyuàn	爱意 àiyì	遗忘 yíwàng
奥秘 àomì	恶劣 èliè	尔后 ěrhòu	偶尔 ǒu'ěr	老翁 lǎowēng
殷红 yānhóng	沿儿 yánr	疟子 yàozi	抑制 yìzhì	呜咽 wūyè

二、对比训练。

（一）舌尖前音z、c、s和舌尖后音zh、ch、sh。

z—zh	在职zàizhí	杂质zázhì	载重zàizhòng	增长zēngzhǎng
c—ch	财产cáichǎn	操场cāochǎng	餐车cānchē	辞呈cíchéng
s—sh	丧失sàngshī	桑葚sāngshèn	扫射sǎoshè	私塾sīshú
zh—z	渣滓zhāzi	张嘴zhāngzuǐ	种族zhǒngzú	沼泽zhǎozé
ch—c	车次chēcì	唱词chàngcí	纯粹chúncuì	差错chācuò
sh—s	哨所shàosuǒ	山色shānsè	上诉shàngsù	深思shēnsī
z—ch	造成zàochéng	在场zàichǎng	赞成zànchéng	最初zuìchū
z—sh	早上zǎoshàng	暂时zànshí	宰杀zǎishā	增设zēngshè
c—zh	擦撞cāzhuàng	财政cáizhèng	参照cānzhào	沧州Cāngzhōu
c—sh	擦拭cāshì	财税cáishuì	蚕砂cánshā	藏书cángshū
	测试cèshì			
s—zh	撒种sǎzhǒng	色纸sèzhǐ	僧众sēngzhòng	诉状sùzhuàng
s—ch	赛车sàichē	散场sànchǎng	四川Sìchuān	色差sèchā

（二）舌尖前音z、c、s和舌面音j、q、x。

z—j	杂技zájì	暂居zànjū	增加zēngjiā	租金zūjīn
	嘴角zuǐjiǎo			
c—q	彩球cǎiqiú	残缺cánquē	苍穹cāngqióng	粗浅cūqiǎn
s—x	撒下sǎxià	扫兴sǎoxìng	腮腺sāixiàn	苏醒sūxǐng
j—z	夹杂jiāzá	建造jiànzào	讲座jiǎngzuò	巨资jùzī
q—c	其次qícì	钱财qiáncái	强磁qiángcí	切磋qiēcuō
x—s	习俗xísú	遐思xiásī	线索xiànsuǒ	相似xiāngsì
	羞涩xiūsè			

（三）舌尖后音zh、ch、sh和舌面音j、q、x。

zh—j	札记zhájì	占据zhànjù	章节zhāngjié	浙江Zhèjiāng
ch—q	插曲chāqǔ	产权chǎnquán	长裙chángqún	车钱chēqián
sh—x	砂洗shāxǐ	闪现shǎnxiàn	伤心shāngxīn	摄像shèxiàng
j—zh	价值jiàzhí	见证jiànzhèng	奖状jiǎngzhuàng	记者jìzhě
q—ch	汽车qìchē	秦朝Qíncháo	牵扯qiānchě	腔肠qiāngcháng
x—sh	吸收xīshōu	欣赏xīnshǎng	行驶xíngshǐ	侠士xiáshì

（四）边音l和鼻音n。

l—n	来年láinián	老牛lǎoniú	冷暖lěngnuǎn	流年liúnián
n—l	内敛nèiliǎn	哪里nǎlǐ	奶酪nǎilào	男篮nánlán
	努力nǔlì			

（五）擦音f和h。

f—h	返航fǎnháng	肥厚féihòu	防护fánghù	符合fúhé
	绯红fēihóng			

h—f	盒饭 héfàn	海风 hǎifēng	伙房 huǒfáng	豪放 háofàng
	换肤 huànfū			

（六）零声母和r声母、l声母。

r—y	任用 rènyòng	容易 róngyì	日语 rìyǔ	燃油 rányóu
	惹眼 rěyǎn			
y—r	俨然 yǎnrán	依然 yīrán	炎热 yánrè	诱人 yòurén
	雍容 yōngróng			
r—l	人类 rénlèi	容量 róngliàng	热烈 rèliè	扰乱 rǎoluàn
	燃料 ránliào			
l—r	老人 lǎorén	腊肉 làròu	例如 lìrú	凛然 lǐnrán
	鹿茸 lùróng			

第三章　韵母

【学习目标】

准确理解“舌位”“唇形”“开口度”“动程”“复合”的含义；掌握单韵母、复韵母及鼻韵母的发音特点；能够发准39个韵母，并能在语言实践中准确使用。

【引　言】

普通话共有39个韵母，在发音时容易出现单韵母口形变动、复韵母没有动程、鼻韵母没有收尾或分不清前后鼻韵母等问题。因此学习中，必须很好地理解韵母的发音要领，学会鼻辅音韵尾发音，并在语言实践中，找出自己方言与普通话在韵母中的主要差别，有针对性地解决自己的发音问题。

第一节　韵母发音

韵母是音节中不可缺少的组成部分，是整个音节的主干。由于韵母主要由元音构成，而元音的发音特点是响亮悦耳，所以韵母发音准确，可以体现普通话乐音成分大、优美动听的特点。

一、什么是韵母

韵母是汉语音节声母后面的部分。普通话共有39个韵母，其中23个由元音（单元音或复合元音）构成，16个由元音加上鼻辅音韵尾构成。因此，普通话的韵母是由元音或以元音为主要成分构成的。

普通话韵母内部结构比较复杂，汉语传统音韵学根据韵母的发音特点，把韵母分成韵头、韵腹、韵尾三部分。韵母中声音最响亮的是韵腹，它的前面是韵头，后面是韵尾。如：uai、iang都是韵头、韵腹、韵尾俱全的韵母。但不是每个韵母都具备这三个部分，如：ia、uo只有韵头和韵腹；而ei、an只有韵腹和韵尾；单韵母只有韵腹，没有韵头和韵尾。韵母中韵头只能由高元音i、u、ü充当；元音辅音都可以充当韵尾，元音韵尾一般由i、u、o充当，辅音韵尾由n、ng充当；韵腹是韵母的主干，一般由发音最为响亮的元音a、o、e、ê充当。在只有一个元音的韵母里，普通话10个元音都可以充当韵腹。

二、韵母的分类

（一）按音素构成分

1. 单韵母——单元音韵母，由一个元音构成的韵母。普通话共有10个单韵母，它们是a、o、e、ê、i、u、ü、-i（前）、-i（后）、er。

2. 复韵母——复合元音韵母，由两个或三个元音构成的韵母。普通话共有13个复韵母，它们是ai、ei、ao、ou、ia、ie、ua、uo、üe、iao、iou、uai、uei。

3. 鼻韵母——鼻辅音韵母，由元音加上鼻辅音韵尾构成的韵母。普通话共有16个鼻韵母。它们是an、en、in、ün、ian、uan、üan、uen、ang、eng、ing、ong、iang、iong、uang、ueng。

信息栏3-1

韵母也可以按发音特点来定义

单韵母是发音时口形（包括舌位、唇形、开口度）始终不变的韵母。复韵母是发音时唇形、舌位都有变化的韵母，也就是发音时必须要有“动程”（唇形、舌位滑动过程）。鼻韵母发音时由元音的发音状态向鼻辅音过渡，鼻音色彩逐渐增加，直至发音部位闭塞，形成鼻辅音。鼻韵母发音，也必须要有“动程”。

［资料来源］黄伯荣、廖序东:《现代汉语》（增订六版）上册，高等教育出版社2017年版，第45—50页。

（二）按开头元音分

1. 开口呼韵母——指没有韵头，韵腹不是i、u、ü的韵母。普通话有15个开口呼韵母，它们是：a、o、e、ê、-i（前）、-i（后）、er、ai、ei、ao、ou、an、en、ang、eng。

2. 齐齿呼韵母——指韵头或韵腹是i的韵母。普通话共有9个齐齿呼韵母，它们是：i、ia、ie、iao、iou、ian、in、iang、ing。

3. 合口呼韵母——指韵头或韵腹是u的韵母。普通话共有10个合口呼韵母，它们是：u、ua、uo、uai、uei、uan、uen、uang、ueng、ong。

4. 撮口呼韵母——指韵头或韵腹是ü的韵母。普通话有5个撮口呼韵母，它们是：ü、üe、ün、üan、iong。①

信息栏3-2

四　呼

“四呼”是我国传统语言学上的术语。音韵学家按开头元音的发音口形，把韵母分为开口呼，齐齿呼，合口呼，撮口呼四类，简称四呼。

1. 开口呼：发音初始，口腔开度较大，所以叫开口呼。
2. 齐齿呼：发音初始，上下齿几乎是对齐的，所以叫齐齿呼。
3. 合口呼：发音初始，双唇合拢，呈圆形，所以叫合口呼。
4. 撮口呼：发音初始，双唇撮拢，呈圆形，所以叫撮口呼。

［资料来源］华语网：http：//www.thn21.com/base/ying/10695.html。

根据上述分类，我们列出《普通话韵母总表》（见表3-1），从表中可以清楚地看出单韵母、复韵母、鼻韵母各有哪些韵母，开口呼、齐齿呼、合口呼、撮口呼各有哪些韵母。

表3-1　普通话韵母总表

按口形分 韵母 按结构分	开口呼	齐齿呼	合口呼	撮口呼	按口形分 韵母 按韵尾分
单韵母	-i（前） -i（后）	i	u	ü	无韵尾韵母
	a				

① ong放在合口呼、iong放在撮口呼，是按它们的实际读音排列的。它们的实际读音是：ung、üng。

续表

按结构分 \ 韵母 \ 按口形分	开口呼	齐齿呼	合口呼	撮口呼	按口形分 \ 韵母 \ 按韵尾分
单韵母	o				无韵尾韵母
	e				
	er				
	ê				
复韵母		ia	ua		
			uo		
		ie		üe	
	ai		uai		元音韵尾韵母
	ei		uei		
	ao	iao			
	ou	iou			
鼻韵母	an	ian	uan	üan	鼻音韵尾韵母
	en	in	uen	ün	
	ang	iang	uang		
	eng	ing	ueng		
			ong	iong	

三、韵母的发音

（一）单韵母

单韵母是由一个元音构成的韵母。因此，单韵母的发音就是单元音的发音。而单元音的发音具有元音发音的一般特点：发音时声带振动，气流通过口腔并受到口腔形状（即舌位和唇形）的影响，从而形成不同音色。因此单韵母（单元音）的发音主要受以下三个方面的影响：

第一，舌位的前后——指舌头的前伸或后缩。舌位前指舌头前伸，舌面前部隆起，发出的音是前元音；舌位后指舌头后缩，舌面后部隆起，发出的音是后元音；舌头处于自然状态，舌面中央隆起，发出的音为央元音。

第二，舌位的高低——指舌面和上腭之间距离的远近。距离最近时发出的音是高元音；距离最远发出的音是低元音；距离较近时发出的音是半高元音；距离较远发出的音是半低元音。因此，舌位的高低一般分为高、半高、半低、低四度。

第三，唇形的圆展——指嘴唇形状的变化状态，一般分为圆唇、不圆唇两种。嘴唇拢圆，发出的音是圆唇元音；嘴唇向两边展开或处于自然状态，发出的音是不圆唇元音。

普通话共有10个单韵母，根据发音时是舌面还是舌尖（或卷舌）的活动来改变口腔的形状，可以把单元音韵母分成舌面单韵母、舌尖单韵母和卷舌单韵母三类。

舌面单韵母是发音时舌面起主要作用的韵母，有a、o、e、ê、i、u、ü七个；舌尖单韵母是发音时舌尖起主要作用的韵母，有-i（前）、-i（后）两个；卷舌单韵母是发音时伴有卷舌动作的韵母，只有er一个。

普通话10个单韵母发音的共同特点是：发音时口腔的舌位、唇形自始至终保持不变，气流不中断，音色单一。舌面单韵母的发音情况可以用下面的舌位唇形（见图3-1）来表示。

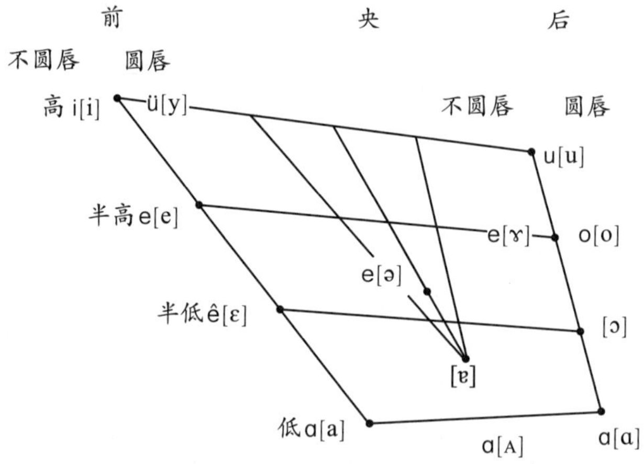

图3-1 舌面元音舌位唇形图

图中四条横线，分别表示舌位的高低和开口度的大小，即高（闭）、半高（半闭）、半低（半开）、低（开）；图中央三条斜线表示舌位的前、央、后；前后两条斜线左边的元音是不圆唇音，右边的元音是圆唇音。下面是各个元音（单韵母）发音状态的描写。

1. **舌面单韵母：**ɑ、o、e、ê、i、u、ü

ɑ：舌面央低不圆唇（自然唇）元音。发音时，口大开，舌位低，舌头居中（不前不后），唇形自然，声带振动。例如：

发达 fādá　　麻辣 málà　　哪怕 nǎpà

o：舌面后半高圆唇元音。发音时，口半开，舌头后缩，舌位半高，唇拢圆，声带振动。例如：

磨墨 mómò　　磨破 mópò　　饽饽 bōbo

e：舌面后半高不圆唇元音。发音时，口半开，舌头后缩，舌位半高，唇自然展开，声带振动。例如：

特色 tèsè　　折合 zhéhé　　色泽 sèzé

ê：舌面前半低不圆唇元音。发音时，口半开，舌头前伸，舌位半低，嘴角向两边展开，声带振动。例如：

解决 jiějué　　节约 jiéyuē　　缺略 quēlüè

信息栏3-3

ê的主要作用

ê一般不单独使用（除一个叹词"欸"外）。其主要用途是与i、ü结合构成复韵母ie、üe。构成复韵母后要把符号"^"去掉。由于i、ü不同单韵母e结合，所以，e、ê不会相混。

［资料来源］杨秋泽主编:《现代汉语》，齐鲁书社2006年，第25页。

i：舌面前高不圆唇元音。发音时，上下牙齿接近，唇形呈扁平状，舌尖前伸抵住下齿背，舌面前部上升接近硬腭，但不摩擦，声带振动。例如：

立即 lìjí　　戏迷 xìmí　　礼仪 lǐyí

u：舌面后高圆唇元音。发音时，嘴唇拢圆，留一小孔，舌头后缩，使舌根尽量接近软腭，声带振动。例如：

鼓舞 gǔwǔ　　瀑布 pùbù　　吐露 tǔlù

ü：舌面前高圆唇元音。发音时，嘴唇拢圆，留一小孔，舌头前伸抵住下齿背，舌头前部上升接近硬腭，声带振动。例如：

居于 jūyú　　序曲 xùqǔ　　曲剧 qǔjù

2. 舌尖单韵母：-i（前）和-i（后）

普通话语音中有两个舌尖元音，一个是zi、ci、si音节中的元音，叫舌尖前元音韵母；一个是zhi、chi、shi、ri中的元音，叫舌尖后元音韵母。《汉语拼音方案》拼写时，都用i表示。为了便于区分它们，我们一般写作-i（前）、-i（后）或-i［ɿ］、-i［ʅ］。

-i（前）：舌尖前高不圆唇元音。发音时，舌尖前伸，靠近上齿背，留出窄缝，气流通过时不发生摩擦，嘴唇向左右展开，声带振动。［注：发-i（前）时，可以把zi音节拉长，取其延长音即是。］例如：

字词 zìcí　　嗣子 sìzǐ　　自私 zìsī

-i（后）：舌尖后高不圆唇元音。发音时，舌尖后缩并翘起，对着硬腭前部，留出窄缝，气流通过时不发生摩擦，嘴唇向左右展开，声带振动。［注：发-i（后）时，可以把shi音节拉长，取其延长音即是。］例如：

实施 shíshī　　市尺 shìchǐ　　日食 rìshí

信息栏3-4

i、-i（前）、-i（后）的使用

《汉语拼音方案》中，i代表了三个不同的元音，却不会发生混淆。因为它们出现的条件不同，分工明确。舌面元音韵母i不出现在zh、ch、sh、r、z、c、s之后，只与其他辅音声母相拼；舌尖元音韵母-i（前）只出现在z、c、s之后，不与其他辅音声母相拼；舌尖后元音韵母-i（后）只出现在zh、ch、sh、r之后，不与其他辅音声母相拼。

［资料来源］杨秋泽主编:《现代汉语》，齐鲁书社2006年，第26页。

3. **卷舌单韵母：er**

普通话只有一个卷舌韵母er。《汉语拼音方案》用两个字母表示这一个音素，说明er中的r不代表一个音素，只代表一个卷舌动作的符号，告诉人们，发央e时要同时卷舌，所以，er虽然用两个字母表示，但只有一个音素，仍是单元音韵母。普通话中，er不与声母相拼，只能独立成为一个音节。由er直接读成的汉字只有“儿、而、耳、尔、饵、迩、二、贰”等少数几个常用的字。er的另一个作用是附在一个音节后面，使那个音节末尾带上卷舌动作，形成儿化音节。

er：卷舌央中不圆唇元音。发音时，舌面和舌尖同时起作用，舌面升至中间高度，舌位处在不高不低不前不后的位置，发央e［ə］的同时，舌尖向硬腭卷起。例如：

耳坠儿ěrzhuìr　　二胡èrhú　　女儿nǚ'ér

综上所述，单元音韵母分类情况可见下表（表3–2）：

表3–2　单元音韵母分类表

元音类别 / 舌位前后 / 是否圆唇 / 舌位高低	舌面元音					舌尖元音		卷舌元音
	前		央	后		前	后	
	不圆	圆	不圆	不圆	圆	不圆	不圆	不圆
高	i	u			u	–i（前）	–i（后）	
半高				e	o			
中								er
半低	ê							
低			a					

（二）复韵母

复韵母是由两到三个元音复合而成的韵母，所以它的发音特点与单韵母的发音特点绝然不同。我们知道，单韵母发音时，要保持唇形和舌位自始至终不发生变化，而复韵母发音过程中，舌位和唇形要连续移动变化，我们把这种舌位移动的过程，叫“动程”。复韵母的发音动程是复韵母的训练重点。复韵母的发音特点有两个：

第一，由于复韵母并不是几个单元音的简单相加，而是几个单元音复合在一起，所以复韵母发音时，舌头应由一个单元音的发音状态向另一个单元音的发音状态过渡，口形和舌位都要发生相应的变动（即要有“动程”），而且这种变动是逐渐滑动，气流不能中断，听起来像一个浑然的整体。

第二，由于每个元音在复韵母整体中的分量不同，所以几个元音中只有一个是这个复韵母的重心，这个元音叫主要元音（也叫韵腹）。这个主要元音发音时比较响亮、清晰，占得时间也长些，读起来也重些。其他的元音（即韵头和韵尾）发音则比较轻短、模糊。

普通话的13个复韵母，根据韵腹的位置不同，可以分为前响复韵母、后响复韵母和中响复韵母三类。每类及每个复韵母的具体发音情况如下：

1. **前响复韵母**：ai、ei、ao、ou

前响复韵母是韵腹在前，韵尾在后的复韵母，其发音共同点是：前一个元音响亮清晰，后一个元音轻短模糊（只表示舌位滑动的方向），口形由大逐渐到小。例如：

ai	彩排 cǎipái	晒台 shàitái	开采 kāicǎi
ei	黑莓 hēiméi	肥美 féiměi	蓓蕾 bèilěi
ao	操劳 cāoláo	刨刀 bàodāo	草帽 cǎomào
ou	收购 shōugòu	喉头 hóutóu	抖擞 dǒusǒu

2. **后响复韵母**：ia、ie、ua、uo、üe

后响复韵母是韵头在前，韵腹在后的复韵母。其发音共同点是：前一个元音轻短（只表示舌位移动的起点），后一个元音响亮清晰，口形由小逐渐到大。例如：

ia	加压 jiāyā	下家 xiàjiā	假牙 jiǎyá
ie	歇业 xiēyè	趔趄 lièqie	贴切 tiēqiè
ua	花褂 huāguà	耍滑 shuǎhuá	花袜 huāwà
uo	硕果 shuòguǒ	活捉 huózhuō	懦弱 nuòruò
üe	约略 yuēlüè	雀跃 quèyuè	绝学 juéxué

3. **中响复韵母**：iao、iou、uai、uei

中响复韵母是由三个元音组成的复韵母，这三个元音分别是韵头、韵腹和韵尾。（所以中响复韵母也可以叫作韵腹居中的复韵母。）中响复韵母发音的共同点是：开头的元音轻短（表示舌位移动的起点），中间的元音发音清晰响亮，结尾的元音发音模糊（只表示舌位滑动的方向），口形先由小到大，再由大到小。例如：

iao	飘摇 piāoyáo	调教 tiáojiào	小巧 xiǎoqiǎo
iou	悠久 yōujiǔ	求救 qiújiù	牛油 niúyóu
uai	怀揣 huáichuāi	外踝 wàihuái	摔坏 shuāihuài
uei	垂危 chuíwēi	追随 zhuīsuí	碎嘴 suìzuǐ

信息栏3-5

iou、uei、uen 拼写的规定

《汉语拼音方案》规定，iou、uei、uen 前面加声母的时候，写成 iu、ui、un。如：niu（牛），gui（归），lun（论）。

［资料来源］教育部语言文字信息管理司组编：《常用语言文字规范手册》，商务印书馆2016年，第8页。

（三）鼻韵母

鼻韵母是由一个或两个元音加上一个鼻辅音韵尾（n或ng）构成的韵母。它的发音特点与复韵母相似，必须要有舌位移动的过程，即“动程”，只不过由元音的舌位唇形向鼻辅音滑动，以鼻辅音收尾。其发音特点是：

第一，元音音素同辅音韵尾之间是复合关系，不是简单的相加，在发音过程中，由元音的发音状态向鼻辅音的发音状态过渡，鼻音色彩逐渐加重，最后阻碍部位完全闭合，形成鼻辅音。

第二，做韵尾的鼻辅音和做声母的鼻辅音发音特点略有不同。做声母的鼻辅音有成阻、持阻、除阻三个阶段，除阻阶段破裂发音；而做韵尾的鼻辅音，只有成阻、持阻两个阶段，是成阻与持阻阶段发音，没有除阻阶段的破裂发音。

普通话只有两个辅音韵尾n和ng，所以普通话的16个鼻韵母按照韵尾的不同可以分为两类：以辅音n做韵尾的叫前鼻韵母，以辅音ng做韵尾的叫后鼻韵母。每类及每个鼻韵母的具体发音如下：

1. **前鼻韵母：**an、en、in、ün、ian、uan、üan、uen

an、en、in、ün四个韵母都是由一个元音（韵腹）加上一个鼻辅音（韵尾）n构成的二合音。它们发音的共同点是：先发元音（韵腹），紧接着软腭下垂，打开鼻腔通路，舌尖逐渐上移，抵住上齿龈发n音，并使鼻音色彩逐渐加重，待整个韵母发音完毕后，再解除阻碍。例如：

an	安然 ānrán	难堪 nánkān	惨淡 cǎndàn
en	人参 rénshēn	门诊 ménzhěn	沉闷 chénmèn
in	濒临 bīnlín	金印 jīnyìn	音频 yīnpín
ün	均匀 jūnyún	军训 jūnxùn	逡巡 qūnxún

ian、uan、üan、uen四个韵母都是由两个元音（韵头和韵腹）加上一个鼻辅音（韵尾）n构成的三合音。它们发音的共同点是：先发前面轻而短的元音（韵头），再滑到中间较响亮的主要元音（韵腹），紧接着软腭下垂，打开鼻腔通路，舌尖逐渐上移，抵住上齿龈发n音，并使鼻音色彩逐渐加重，待整个韵母发音完毕后，再解除阻碍。例如：

ian	边沿 biānyán	垫肩 diànjiān	天仙 tiānxiān
uan	传唤 chánhuàn	贯穿 guànchuān	万贯 wànguàn
üan	轩辕 xuānyuán	渊源 yuānyuán	圆圈 yuánquān
uen	温存 wēncún	混沌 hùndùn	春笋 chūnsǔn

2. **后鼻韵母：**ang、eng、ing、ong、iong、iang、uang、ueng

ang、eng、ing、ong、iong五个韵母都是由一个元音（韵腹）加上一个鼻辅音（韵尾）ng构成的二合音。它们发音的共同点是：先发元音（韵腹），紧接着软腭下垂，打开鼻腔通路，舌根逐渐上移，抵住软腭发ng音，气流从鼻腔出来，并使鼻音色彩逐渐加重，待整个韵母发音完毕后，再解除阻碍。例如：

ang	苍茫 cāngmáng	厂房 chǎngfáng	上当 shàngdàng
eng	更生 gēngshēng	蒸腾 zhēngténg	承蒙 chéngméng
ing	宁静 níngjìng	冰凌 bīnglíng	评定 píngdìng
ong	龙宫 lónggōng	通红 tōnghóng	轰动 hōngdòng
iong	汹涌 xiōngyǒng	炯炯 jiǒngjiǒng	穷凶 qióngxiōng

iang、uang、ueng三个韵母都是由两个元音（韵头和韵腹）加上一个鼻辅音（韵尾）ng构成的三合元音。它们发音的共同点是：先发前面轻而短的元音（韵头），再滑到中间发较响亮的主要元音（韵腹），紧接着软腭下垂，打开鼻腔通路，舌根逐渐上移，抵住软腭发ng音，气流从鼻腔出来，并使鼻音色彩逐渐加重，待整个韵母发音完毕后，

再解除阻碍。例如：

iang 洋腔yángqiāng 将养jiāngyǎng 响亮xiǎngliàng
uang 装潢zhuānghuáng 狂妄kuángwàng 窗框chuāngkuàng
ueng 老翁lǎowēng 水瓮shuǐwèng 蓊郁wěngyù

第二节 韵母辨正

方言韵母和普通话韵母存在着许多差异，比如有的韵母方言中有，普通话中没有；有的韵母普通话中有，而方言中没有；还有的方言一个韵母对应普通话两个或更多的韵母；或者是方言的多个韵母，相当于普通话的一个韵母，等等。以上这些问题，是由于方言语音系统自身发展的不同规律造成的。在学习中，我们要认真辨析，重点把握。下面对韵母发音的几个主要问题进行辨正。

一、单韵母的辨正

1. ɑ的发音问题及纠正方法

ɑ的发音不是难点，但受方言影响，南方方言区会出现舌位偏前，发成前ɑ［a］的情况；而某些北方方言区则会出现舌位偏后，发成后ɑ［ɑ］的情况。发音方法指导：注意体会发音时舌尖的位置。如果舌尖完全抵实下齿背，容易出现舌位偏前的情况；而舌尖后缩，离开下齿背，容易出现舌位偏后的情况。正确的发音应该是舌尖大约可以触及下齿背，舌面中后部适当隆起。

2. o的发音问题及纠正方法

o的发音容易出现三个问题：（1）舌位较高，发成［o］；或舌位较低，发成［ɔ］。纠正方法：可以采用“析出法”，从复韵母uo出发，当韵头u滑过之后，停留在o的舌位和唇形上，不要动，稍停顿一下，接着再发音，便得到纯粹的单元音o了。（2）舌位出现动程，或发成ou或发成uo。纠正方法：找准发音位置，舌位和唇形就不要再动了，直至发音结束。（3）o发成e，特别是bo、po、mo、fo读成be、pe、me、fe，实际上，bo、po、mo、fo是buo、puo、muo、fuo的省写。纠正方法：发音时要注意发好韵头u，并保持从声母到韵母的圆唇唇形。

3. e的发音问题及纠正方法

e的发音容易出现三个问题：（1）舌位过高接近后高元音［ɯ］。纠正方法：要加大开口度，上下齿之间要有能容得下一个小指的距离，同时舌位也随之向下降。（2）舌位偏前，甚至接近前元音区。纠正方法：一是利用ge、ke、he训练。声母g、k、h是舌根音，可以尽量引导e的舌位向后移。二是利用单元音o是圆唇后元音的条件进行引导。由于生理的缘故，当发圆唇音的时候，舌位容易后移。e与o的舌位相同，先发一个o，利用圆唇音舌头尽量后缩，固定舌位后慢慢将双唇向左右展开，便发出准确的e了。发音过程中要避免过于紧张，不要产生摩擦。（3）把e韵母的一些字读成o或uo韵母的字。纠正方法：先掌握这三个韵母的准确发音，再注意掌握拼合规律。如o韵母只跟唇音声母相拼，而e和uo韵母则恰恰相反，不跟唇音声母相拼。此外，还要弄清楚哪些字的韵母是e，哪些字的韵母是o和uo。

4. ê的发音问题及纠正方法

ê发音中受方言的影响，容易出现以下偏差：（1）舌位偏高，开口度太小，发成前半高不圆唇元音［e］。纠正方法：发音的时候，一定要把舌位适当降低，开口度适当加大。（2）舌位偏低，开口度比前半低不圆唇元音［ɛ］的开口度还大，成了［æ］。纠正方法：可以采用“析出法”训练，即用韵母ie（或者音节ye，汉字“耶”“爷”等）引导，从i出发，当舌位滑动到ê时适当延长，保持住舌位和唇形，稍停之后再继续发音，便得到ê这个音。注意要用阴平或阳平训练，这种方法对纠正舌位低，开口度大的偏差有明显效果。（3）ê发成复合元音ei或ɑi。纠正方法：要在找准舌位的同时，特别注意舌位不能移动。

5. 发准卷舌韵母er

er是学习普通话的难点之一。《汉语拼音方案》用两个字母描写卷舌元音er，其实r并不发音，它不代表独立的音素，只表示一个卷舌动作。er的发音是在发央［ə］的基础上，同时卷舌发出的，是舌尖舌面同时起作用。发音指导：尽管把er看作是一个整体的单元音，但发音训练时，我们不妨把它分成e和r两部分，先发一个舌面中部微微隆起的央元音［ə］，（轻声音节中的de、le就是这个音），然后，再加上一个卷舌动作。这是夸张过渡的方法，发音有些生硬，但便于体会。开始时，前后部分有明显衔接的痕迹，要逐步缩短这个距离，使e和r连紧，最后成为一个整体。

6. 舌尖韵母-i（前）、-i（后）准确发音指导

普通话舌尖元音都是不圆唇的，它们作为普通话的两个单韵母，我们应该学会单独发音（小学汉语拼音教学，舌尖元音不分析出来单独教学）。发音指导：舌尖前元音先用音节zi进行引导，而舌尖后元音可用音节zhi进行引导。发完音节后，继续延长发音，同时颤动声带，消除摩擦，就发成标准的舌尖元音了。（问题：r和-i（后）的发音有何不同？）

7. i和ü的分辨

有些方言，没有撮口呼韵母，i和ü都念成i。发音指导：（1）不习惯发ü的人，可用唇形变化的办法来练习。先展开嘴唇发i，舌位不动，慢慢把嘴唇拢圆，就能发出ü来了。（2）学会ü的发音后，还要进一步记住哪些韵母是i开头的，哪些韵母是ü开头的。

二、复韵母和鼻韵母的辨正

1. 注意复韵母的动程

复韵母在发音时，唇形、舌位必须有一个逐渐变化移动的过程，这个变化过程，我们叫作动程。有许多方言区复韵母的发音均存在动程不明显的现象。一般说来，许多二合元音常常发得近似单韵母。如ɑi发得像单元音［ɛ］或［æ］，ei发得像单元音［e］，把ɑo发得像单元音［ɔ］，把ou发得像［o］等等。而三合的复韵母则常常被“压缩”掉某个元音，发得近似二合复韵母。如iɑo发得像［iɔ］，iou发得像［iu］，uɑi发得像［uɛ］，uei发得像［ue］等等。发音指导：（1）发音时，一定要掌握好韵腹的舌位。如ɑi中的ɑ是个前ɑ［a］，发音时要舌尖抵住下齿背，舌面前部隆起，舌位不要靠后，一定要降到“前低”的位置。（2）开头或收尾的元音，不要发得过于突出，相对于韵腹来说，必须发得轻短模糊，舌位比发单元音时要低。（3）要掌握好复合元音的发音要领。复合元音发音时都是从一个元音的舌位唇形向另一个元音的舌位唇形滑动。发音训练时，为了充分体会舌位移动的过程，移动幅度可以适当加大，滑动速度可以适当放慢。

2. ie和üe的分辨

ie和üe都是后响复韵母，由前单元音复合而成，发音时都是由前高元音开始，到前半低元音ê止。两者不同的是ie的起点元音是不圆唇的i，而üe的起点元音是圆唇的ü。发音常见问题有二：（1）止点元音的舌位偏高，从前高元音只降到前半高元音［e］。（2）止点元音舌位后移，接近后半高元音［e］，有的还在üe的ê上带有圆唇。发音指导：（1）若止点元音舌位偏高，纠正时就要打开下颌，自然降低舌位，但舌尖不要离开下齿背。（2）若止点元音舌位后移，纠正时，舌头始终不要离开下齿背，舌头不要后缩，注意唇形一定要展开。

3. 鼻韵母的动程和鼻音尾的到位问题

我们知道，普通话鼻韵母是元音和鼻辅音复合而成的韵母，因此，在鼻韵母的发音过程中，一方面要把握好元音音素到辅音音素的过渡，显示出舌位、唇形的变化过程；另一方面要注意鼻韵母一定要以鼻音韵尾收尾。这就要求不论是n韵尾还是ng韵尾都必须到位，否则就无法发好鼻韵母。可是有的方言却把鼻韵母读成鼻化音，发前鼻韵母时，发完主要元音后，舌尖没有快速向上抵住上齿龈，没把鼻音尾n发完整。而发后鼻韵母时，舌根没迅速接触软腭，没有把鼻音尾ng发完整。发音指导：（1）在前鼻韵母的发音过程中，当发完主要元音后，要快速把软腭降下来，打开鼻腔通路，并快速把舌尖抵住上齿龈发好n，整个韵母发音完毕后才除阻。（2）在后鼻韵母的发音过程中，当发完主要元音后，要快速把软腭降下来，打开鼻腔通路，并快速把舌根抵住软腭发好ng，等整个韵母发音完毕才除阻。（3）为了发准鼻韵尾，刚开始练习时，可以把前后鼻音尾适当延长，找到发鼻音的感觉。

4. 分辨鼻音尾韵母

有些方言分不清“民”和“名”、“陈”和“程”，发成相同的音，是前鼻韵尾n和后鼻韵尾ng相混所致。这种混同现象多数表现为en和eng、in和ing不分。发音指导：（1）要发准n和ng这两个鼻音韵尾。练习发韵尾n时，舌尖要轻轻抵住上齿龈，练习发韵尾ng时，舌根要轻轻抵住软腭，除阻时都不发音。先一个一个把n和ng练准确，再交替练习。（2）掌握韵尾的正确发音后，还要记住各种鼻音韵尾的例字，然后进一步记住普通话此类常用字的读音。

5. 分辨eng和ong

不少方言区的人把“风（fēng）”读成fong，也有的方言区把eng和ong混读，或都读成eng，或都读成ong。发音指导：（1）要掌握eng和ong的准确发音，记字音时再记住一条规律，即韵母ong不能拼唇音声母b、p、m、f，遇到ong与唇音声母相拼，一律改读为eng就行了。（2）要把握特定的eng、ong拼合规律进行类推，记住常用的音节到底是eng还是ong。

6. 避免丢失韵头u

有些方言区的人在发音时，往往合口呼的韵母读成开口呼，如把“对（duì）”读成dèi，把“端（duān）”读成dān。发音指导：（1）要学好有韵头的韵母的发音，弄清字音的韵母有无u韵头。（2）要记住相关拼合规律：如普通话唇音声母n、l跟ei韵母相拼，而其他声母则跟uei韵母相拼，只有极个别例外；再如普通话舌尖前音声母只跟uei韵母相拼，不跟ei韵母相拼（“贼”字例外）。

【反思与探究】

一、按照结构及“四呼”给39个韵母分类。

二、一个完整的韵母分为几部分？韵母不可缺少的组成部分是什么？

三、元音的发音受哪几个因素的影响？绘制元音舌位图，标出普通话七个舌面元音的位置，并准确描述七个舌面元音的发音情况。

四、根据所提供的发音条件，在括号内写出相应的单韵母。

1. 舌面后高圆唇单韵母 （ ）
2. 舌面前半低不圆单韵母 （ ）
3. 舌面央低不圆唇单韵母 （ ）
4. 舌尖前高不圆唇单韵母 （ ）
5. 舌面前高圆唇单韵母 （ ）
6. 舌面后半高不圆唇单韵母 （ ）
7. 卷舌央中不圆唇单韵母 （ ）

五、声母r和韵母-i（后）的发音有什么不同？

六、简要说明单韵母、复韵母发音的不同点。

七、复韵母、鼻韵母发音的相同点和不同点是什么？

八、在发音上如何区分带有n和ng的韵母？

九、举例说明所在的方言区在韵母的发音上与普通话有哪些相同点和不同点。

十、下面每组字，在你的方言里是否同音？请你给每个字注音并朗读。

1.	邓	疼	能	棱	庚	赠	横	证	撑	僧
	动	同	农	聋	公	纵	红	仲	冲	松
2.	赞	灿	三	单	摊	岚	潭	淡	烂	战
	攥	窜	酸	端	湍	峦	团	断	乱	赚
3.	里	你	饥	移	起	细	气			
	旅	女	居	鱼	曲	序	去			
4.	兴	英	晴	景	兵	静	平	清	星	硬
	凶	庸	琼	炯	宾	近	贫	亲	心	印
5.	改	派	拜	考	稻	牢	脚			
	给	配	背	扣	豆	楼	九			
6.	反	寒	潭	申	真	陈	人			
	访	航	塘	声	争	程	仍			

十一、指出下列词语的韵母。

呼吸 迟到 基本 灯塔 挖去 抵押 次序 袋子 播音 陡坡

灯笼 诚恳 语句 安然 弱点 摇曳 亲近 情景 钻探 接洽

【训练与提高】

一、分类练习。

（一）单韵母练习。

a	大厦	沙发	喇叭	大妈	拉杂
o	薄膜	默默	伯伯	婆婆	泼墨
e	苛刻	割舍	隔阂	褐色	合格
i	汽笛	利息	笔记	地理	题意
u	哺乳	复古	初步	露珠	父母
ü	聚居	吕剧	区域	女婿	须臾
-i（前）	私自	此次	子嗣	赐死	次子
-i（后）	实施	实质	值日	制止	只是
er	而且	从而	幼儿	饵料	遐迩

（二）复韵母练习。

ai	爱戴	百态	灾害	拍卖	采摘
ei	黑煤	飞贼	贝类	配备	非得
ao	草稿	祷告	牢靠	号啕	吵闹
ou	绸缪	丑陋	漏斗	走狗	守候
ia	掐架	下嫁	恰恰	压价	下牙
ie	节烈	斜街	揭帖	铁屑	结业
ua	挂画	花瓜	花袜	唰唰	爪哇
uo	国货	啰唆	蹉跎	堕落	陀螺
üe	缺血	雪月	月月	决绝	缺略
iao	标调	渺小	缥缈	萧条	巧妙
iou	绣球	旧友	流油	久留	球友
uai	衰败	外快	乖乖	甩卖	快快
uei	尾随	追悔	汇兑	回归	罪魁

（三）鼻韵母练习。

an	栏杆	办案	勘探	翻版	灿烂
en	深沉	振奋	本人	根本	认真
in	殷勤	引进	贫民	亲近	民心
ün	菌群	循循	寻衅	芸芸	熏晕
ian	咽炎	眼睑	变迁	艰险	边沿
üan	涓涓	源泉	全权	圆全	全员
uan	婉转	万端	软缎	宦官	专断

uen	孙村	论文	温顺	昆仑	困顿
ang	帮忙	长廊	当场	沧桑	方丈
eng	乘风	逞能	更正	风声	争胜
ing	叮咛	并行	惊醒	英明	聆听
ong	动工	空洞	从容	洪钟	工农
iang	洋相	湘江	踉跄	向阳	亮相
iong	茕茕	熊熊	雍容	穹隆	芎䓖
uang	网状	双亡	双簧	矿床	状况
ueng	嗡嗡	翁仲	瓮城	鞥靴	蕹菜

二、对比练习。

（一）对比朗读下列各组韵母，注意发音的区别。

1. uo—o—ou	2. ie—üe—ê	3. ei—uei
4. ê—ei—ai	5. ê—ai—ei	6. o—ao—iao
7. ai—iao—iou	8. ou—iou—ao	9. an—uan—üan
10. in—en—un—ün	11. i—in—ing	12. ing—ong—iong
13. eng—ueng—ong	14. en—eng—ong	15. ian—iang—iong

（二）相近韵母词语练习。

1. i—ü	分期—分区	容易—荣誉	季节—聚结	适宜—适于
2. ie—üe	每夜—每月	协会—学会	夜色—月色	鞋业—学业
3. ai—ei	来电—雷电	分派—分配	卖力—魅力	埋头—眉头
4. ao—ou	稻子—豆子	考试—口试	病号—病后	高洁—勾结
5. ua—uo	挂着—过着	滑动—活动	抓住—捉住	国画—国货
6. iao—iou	消息—休息	铁桥—铁球	求教—求救	摇动—游动
7. uai—uei	怪人—贵人	外来—未来	拐子—鬼子	怀乡—回乡
8. an—ang	烂漫—浪漫	反问—访问	开饭—开放	安然—昂然
9. en—eng	陈旧—成就	申明—声明	木盆—木棚	清真—清蒸
10. in—ing	心境—行径	人民—人名	信服—幸福	频繁—平凡
11. ian—iang	险象—想象	简历—奖励	浅显—抢险	老年—老娘
12. uan—uang	机关—激光	专车—装车	大碗—大网	木船—木床
13. uen—ong	依存—依从	春风—冲锋	吞并—通病	轮子—笼子
14. ün—iong	运费—用费	晕车—用车	因循—英雄	群雄—穷凶
15. in—ün	白银—白云	通信—通讯	音信—音讯	殷勤—因循
16. ian—üan	颜料—原料	咽气—怨气	方言—方圆	眼见—远见
17. an—en	翻身—分身	遗憾—遗恨	盘子—盆子	板子—本子
18. ang—eng	长度—程度	商人—生人	东方—东风	长工—成功
19. ian—in	践行—进行	颜色—银色	前人—秦人	剑心—尽心
20. iang—ing	明亮—明令	粮食—零食	枪弹—氢弹	粮饷—领饷
21. an—uan	丹阳—端阳	胆小—短小	弹片—断片	山岚—山峦

22. eng—ong　征程—忠诚　更正—公正　登山—东山　横线—红线

三、辨正练习。

1. 读准e、o、uo。

厕所　车祸　恶魔　隔膜　合作　刻薄　勒索　折磨

摹刻　说和　驼色　着色　灼热　我国　胳膊　磕破

2. 读准i、ü。

继续　纪律　谜语　体育　例句　地域　履历　语气

距离　曲艺　具体　预习　玉米　雨衣　聚齐　曲奇

3. 读准ia、ua。

佳话　胯下　华夏　花架　抓瞎　画家　瞎话　掐花

花甲　夏娃　刷牙　压垮　牙花　鸭爪　下滑　家鸭

4. 读准ie、üe。

解决　协约　解穴　谢绝　劫掠　学界　略写　血液

确切　借阅　越野　缺页　节约　孑孓　学业　贴切

5. 读准ao、ou、iao、iou。

交流　娇羞　料酒　操守　遭受　表舅　牛角　求教

袖标　邮票　有效　幼苗　澳洲　教授　疗效　招收

叫嚣　拗口　酒窖　口头　号召　寿桃　嘲笑　周游

绸缪　娇柔　妖娆　骚扰　消瘦　稻草　投靠　周到

6. 读准ai、ei、uai、uei。

怪罪　快慰　快嘴　衰退　衰微　外汇　鬼怪　毁坏

对踹　暧昧　开采　塞外　黑灰　飞贼　摔坏　归来

怀揣　淮海　推诿　择菜　崔嵬　对垒　晒台　会费

奶水　悔改　追尾　醉鬼　摧毁　累赘　垂危　水位

7. 读准an、ian、uan、üan。

鞍前　安检　搬迁　盘缠　满贯　帆船　弹丸　甘泉

勘探　寒暄　沾染　战舰　断箭　潸然　散漫　边缘

蹁跹　缠绵　填满　难缠　泛滥　鲜艳　断弦　渊源

乱翻　赚钱　传染　绵软　篡权　酸软　团圆　卷烟

8. 读准ang、iang、uang。

芳香　羊肠　上岗　相仿　康庄　上网　航向　肮脏

厢房　榜样　党章　仰望　汪洋　闯将　强壮　向往

江洋　昂扬　光芒　阳刚　妄想　装相　帮腔　奖项

畅想　双向　阳光　莽撞　猖狂　广场　抢光　糖浆

9. 读准en、eng。

真诚　本能　深层　奔腾　神圣　文风　纷争　门缝

分封　真正　登门　承认　诚恳　风尘　缝纫　能人

10. 读准in、ing。

禁令	民警	品行	聘请	新型	尽情	心灵	拼命
金星	新颖	心境	尽兴	灵敏	清新	挺进	迎新

11. 读准uen、ueng、ong。

稳重	滚动	顺从	昆虫	滚筒	混同	尊重	温顺
通红	动容	铁瓮	翁婿	铜钟	农村	中文	重孙
公文	共存	通顺	红润	馄饨	渔翁	冲动	涌动

12. 读准in、ün、ong、iong。

功勋	军用	群雄	拥军	雄峻	氤氲	音容	运用
穷尽	雄心	佣工	禁军	琴韵	新军	云锦	音讯

四、绕口令练习（注意读清读准提示的韵母）。

1. 初八十八二十八，八个小孩儿把萝卜拔。
你也拔，我也拔，看谁拔得多，看谁拔得大。
你拔得不多个儿不小，我拔得不少个儿不大。
一个萝卜一个坑儿，算算多少用车拉，
一个加俩，俩加仨，七十二个加十八，
拿个算盘打一打，一百差俩九十八。（a、ia）
2. 要说“尔”专说“尔”，马尔代夫，喀布尔，
阿尔巴尼亚，扎伊尔，卡塔尔，尼泊尔，
贝尔格莱德，安道尔，萨尔瓦多，伯尼尔，
利伯维尔，班珠尔，厄瓜多尔，塞舌尔，
哈密尔顿，尼日尔，圣彼埃尔，巴斯特尔，
塞内加尔的达喀尔，阿尔及利亚的阿尔及尔。（er）
3. 打南坡走来个老婆婆，两手托着两笸箩。
左手托着的笸箩装的是菠萝，右手托着的笸箩装的是萝卜。
你说说，是老婆婆左手托着的笸箩装的菠萝多，
还是老婆婆右手托着的笸箩装的萝卜多？
说得对送你一笸箩菠萝，说不对不给菠萝也不给萝卜，
罚你替老婆婆把装菠萝的笸箩和装萝卜的笸箩送到大北坡。（o、uo）
4. 太阳从西往东落，听我唱个颠倒歌。
天上打雷没有响，地下石头滚上坡。
江里骆驼会下蛋，山上鲤鱼搭成窝。
腊月炎热直流汗，六月寒冷打哆嗦。
妹照镜子头梳手，门外口袋把驴驮。（e、o、uo、ou）
5. 梁上两对倒吊鸟，泥里两对鸟倒吊，
可怜梁上的两对倒吊鸟，惦着泥里的两对鸟倒吊，
可怜泥里的两对鸟倒吊，也惦着梁上的两对倒吊鸟。（ao、iao）

6. 北边来了一个瘸子，背着一捆橛子。
南边来了一个瘸子，背着一筐茄子。
背橛子的瘸子打了背茄子的瘸子一橛子，
背茄子的瘸子打了背橛子的瘸子一茄子。（ie、üe）
7. 一个半罐是半罐，两个半罐是一罐；
三个半罐是一罐半，四个半罐是两罐；
五个半罐是两罐半，六个半罐是三满罐；
七个、八个、九个半罐，请你算算是多少罐。（an、uan）
8. 陈是陈，程是程，
姓陈不能说成姓程，
姓程也不能说成姓陈。
禾旁是程，耳朵是陈。
程陈不分，就会认错人。（en、eng）
9. 小王和小黄，一块画凤凰。小王画黄凤凰，小黄画红凤凰，
红凤凰黄凤凰，只只画成活凤凰，望着小王和小黄。（uang）
10. 青松岭，青松顶，青松顶停蜻蜓静，
蜻蜓静，蜻蜓停，蜻蜓静停青松顶。（ing、ong）

五、诗歌练习（注意提示的韵脚）。

1. 古体诗。

（1）江雪

柳宗元

千山鸟飞绝，万径人踪灭。
孤舟蓑笠翁，独钓寒江雪。（ie、üe）

（2）绝句

杜 甫

江碧鸟逾白，山青花欲燃。
今春看又过，何日是归年。（an、ian）

（3）泊秦淮

杜 牧

烟笼寒水月笼沙，夜泊秦淮近酒家。
商女不知亡国恨，隔江犹唱《后庭花》。（ia、ua）

（4）凉州词

王 翰

葡萄美酒夜光杯，欲饮琵琶马上催。

醉卧沙场君莫笑，古来征战几人回？（ei、uei）

2. 现代诗。

（1）他在长白巅，他在扬子源（yuan）。
乌鸦飞不到，泉韵响人间（jian）。
他在娄山关（guan），他在黄埔滩（tan）。
金鹏展翅处，回首百战酣（han）。
东风！红旗！朝霞似锦（jin）……
大道！青天！鲜花如云（yun）……
听马蹄踏踏，看车轮滚滚（gun）……
这是在哪里啊？——在中国！
这是什么人啊？——是我们（men）！

（2）云中的神啊，雾中的仙（xian），
神姿仙态桂林的山（shan）！
情一样深啊，梦一样美（mei），
如情似梦漓江的水（shui）！
水几重啊，山几重（chong）？
水绕山环桂林城（cheng）……
是山城啊，是水城（cheng）？
都在青山绿水中（zhong）……
啊！此山此水入胸怀（huai），
此时此身何处来（lai）？
……黄河的浪涛塞外的风（feng），
此来关山万千重（chong）。
马鞍上梦见沙盘上画（hua）：
“桂林山水甲天下（xia）”……
啊！是梦境呵，是仙境（jing）？
此时身在独秀峰（feng）！
心是醉啊，还是醒（xing）？
水迎山接如画屏（ping）！
画中画——漓江照我身千影（ying），
歌中歌——山山应我响回声（sheng）……

六、三句半练习（注意韵母的变化）。

教师联欢

又是一年春来到，二楼大厅好热闹，教师联欢，特好。
先夸咱们好领导，遇到问题随时到，指挥若定，重要。
学校发展装心间，教育教学创新篇，开拓进取，争先。
安全教育时时讲，德育美育抓不放，落实得好，夸奖。

新年又有新气象，领导处处做榜样，身先士卒，好棒。
再夸老师学问高，千次万次问不倒，只要你学，猛教。
一心扑在教学上，个人得失一边放，没事运动，真爽。
送走学生一届届，黑发渐少白发生，无私奉献，荣光。
教师节收到鲜花，新年到又有祝愿，桃李芳香，美满。
校长心中装教师，教师心中有学生，爱满校园，甘甜。

第四章　声调

【学习目标】

掌握普通话声调的性质、作用以及调值、调类等基础知识；了解古今调类的差异；了解普通话和自己所说方言在声调方面的异同，掌握适合自己的辨正方法和训练方法，争取发准所有普通话字调。

【引　言】

汉语是有声调的语言，声调在汉语里有着十分重要的作用。在学说普通话的过程中，声调是最大的难点。本章主要针对学生在声调学习中容易出现的问题，重点介绍了声调的发音方法和辨正规律，同时概述了古今声调演变规律，希望能对大家正确读好普通话声调提供帮助。

第一节 声调概说

一、声调的性质和作用

汉语属于汉藏语系，它在语音上的重要特点是每个音节都有一个能区别意义的声调。声调是发音时能够区别意义的音节的高低升降变化。汉语的一个音节一般就是一个汉字，所以声调也叫字调。声调和韵腹一样是构成音节必不可少的成分。声调存在于一个音节的内部，而不是语句中由于语气和情感不同而引起的声音高低。

声调与音高、音长都有关，但主要还是音高变化现象。在发音过程中，人可以随时控制和调节声带的松紧。声带振动得快慢前后一样，就是平调；振动先慢后快，声调由低到高，就形成升调；振动先快后慢，声调由高到低，就形成降调；振动先慢后快再慢，或先快后慢再快，声调就先升后降，或由降到升，就形成曲折调。这样造成了种种不同的音高变化，也就形成了不同的声调。

声调的音高和音乐中的音高是有区别的。音乐中的音高属于绝对音高。绝对音高是指由声音振动频率的绝对数值所表示出的音高。在音乐里，C大调的1（do），不管谁来唱，也不管用什么乐器来演奏，音高都是一样的。绝对音高在语言里没有区别意义的作用。声调的音高是相对音高，它不要求音高频率的绝对值。因为人与人的嗓音高低是不一样的，这种高低叫音域，男性与女性的"音域"是不同的，同性别人群中，音域的宽窄也有差别。女人和儿童由于声带比成年男子短、窄、薄一些，所以她们的声调音高要高一些；成年男子、老人的声带长而且松，所以他们的声调音高要低一些；同一个人情绪紧张激动时，声带会控制得紧一些，所以这时他的声调音高要比平时情绪平静时高一些。由于人的嗓音高低各不相同，声调高低并不是要求人人都发得同样高，因为那对字义的表达是毫无意义的。用普通话读"我"，不管男女老幼读它意义都不会发生变化，还是"我"的意思。因此，我们要在个人有限的音域范围内做到声调高低升降的有序变化，这样我们就能更好地掌握声调，并利用声调练习发音、纠正发音，使自己的发音更符合普通话的标准。

声调贯穿于整个音节的始终，是汉语音节中不可缺少的组成部分，它同声母、韵母一样具有区别意义的作用。例如"mā妈、má麻、mǎ马、mà骂"四个音节，声母和韵母完全相同，但意义却不相同，这就是由于声调的不同造成的。如果说话时没有声调，就无法准确表达汉语的意义，也不能完整标注汉语的语音。相同的声母、韵母组合在一起，可以因为声调的不同而表示不同的意思。下面四句话中，因为声调不同才能把"烟、盐、琰、砚"这四个字区分出来，别人才能了解你要买的东西是什么。

Wǒ mǎi yān. Wǒ mǎi yán. Wǒ mǎi yǎn. Wǒ mǎi yàn.

我 买 烟。 我 买 盐。 我 买 琰。 我 买 砚。

二、调值和调类

掌握普通话的声调，可以从调值和调类两个方面入手。

（一）调值

调值又叫调型，指声调高低、升降、曲直的变化形式，也就是声调的实际读法。

信息栏4-1

我国古代对调值的描写

明代真空和尚在《玉钥匙歌诀》中描述："平声平道莫低昂，上声高呼猛烈强，去声分明哀远道，入声短促急收藏。"

［资料来源］唐作藩：《音韵学教程》（第五版），北京大学出版社2016年，第49页。

调值的描写一直是一个困扰人们的问题。今天所能见到的我国古代对调值的描写虽然可以帮助我们大致了解古代四声调值的概貌，但失之空灵，无法一一落实。所以古代音韵学上只讲调类，不讲调值。直到20世纪20年代，著名的语言学家赵元任先生发明了"五度标记法"以后，才使调值的描写走上了科学的轨道。

五度标记法的制作原理是：建立一个坐标，用纵轴表示音高，用横轴表示音长。把纵轴等分成四格五个调域，分别用1、2、3、4、5来表示，即把声调的调值分为五度，其中1表示音高最低，2表示次低，3表示中，4表示次高，5表示最高。这五度的区别没有绝对频率值，只表示相对的高低不同。一个音如果又高又平，就是由5度到5度，可以简单地标记为55，是高平调；如果从最低升到最高，就是由1度升到5度，标记为15，是低升调；如果由最高降到最低，就是由5度降到1度，标记为51，是全降调。我们以ba这个音节为例："八"，读起来高而平，是高平调，调值标记为55；"拔"，读起来由中逐渐升高，是中升调，调值标记为35；"把"，读起来由次低降到低再升至次高，是降升调，调值标记为214；"罢"，读起来由最高降到最低，是全降调，调值标记为51。普通话的四种调值用五度标记法图示如下（见图4-1）：

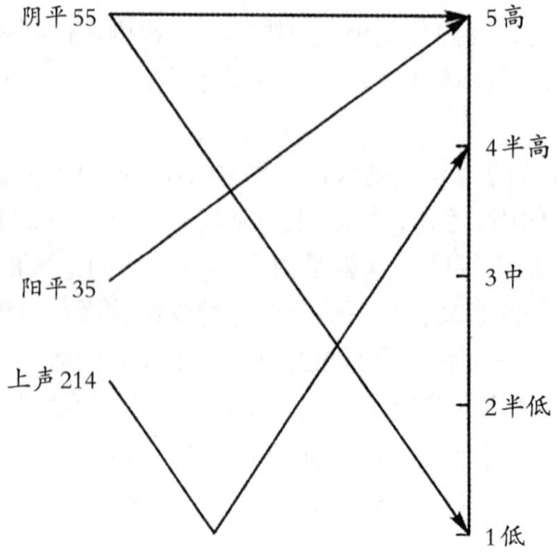

图4-1　五度标记法

上声声调的调值标记为214，从图4–1看，好像后半部分14段比较长，这是受了线条位置的局限。实际发音时下降的21部分较短，中间拉平的1部分较长，上升的14很短促，声音稍扬即止。按照实际发音，上声调值应理解为2114更确切些。

普通话四个声调的调值，只是示意标记，在实际发音过程中每个字的声调都不可能拉得像图4–1那样直，而是存在着一些细小的起伏。

（二）调类

调类指声调的类别，就是把调值相同的音归纳在一起建立起来的声调类别。例如：普通话的“去、大、碰、档、汉”调值相同，都是由5度降到1度，就属于同一个调类。一种语言中有几种调值，就有几个调类。普通话一共有1 200多个带调音节，这些音节单念时只有四种调值，因此普通话就有四个调类名称：阴平、阳平、上声、去声。

阴平，又称第一声，调值55，高平调，用“ˉ”表示。

阳平，又称第二声，调值35，中升调，用“ˊ”表示。

上声，又称第三声。调值214，低降升调，用“ˇ”表示。

去声，又称第四声，调值51，全降调，用“ˋ”表示。

需要注意的是：上声是个音长相对较长的曲折调型，在实际语流中其调值往往发不完整，只有单独发一个上声字，或者上声字处在词语或句子末尾时才会发出完整的214调值。

有人经常会问，轻声是不是普通话的第五种声调种类呢？

普通话语音里有些音节读轻声。轻声是一种又轻又短、比较模糊的调子，听上去和阴平、阳平、上声、去声的调值都不相同，但切不可把轻声当作四声以外的第五种声调。因为凡是读轻声的字都是在一定的语言环境里才读轻声，而它们作为单字出现时都有自己的声调。例如：

点心 diǎnxin　真心 zhēnxīn　同一个“心”，前一个读轻声，后一个读原有声调阴平。

事情 shìqing　同情 tóngqíng　同一个“情”，前一个读轻声，后一个读原有声调阳平。

椅子 yǐzi　孔子 Kǒngzǐ　同一个“子”，前一个读轻声，后一个读原有的声调上声。

膏药 gāoyao　制药 zhìyào　同一个“药”，前一个读轻声，后一个读原有的声调去声。

从上例可以看出，普通话中阴、阳、上、去四个声调的字，在一定的语言环境里都可以变读为轻声，这只是由于口语表达需要而产生的音变现象。当同一个轻声音节处在不同声调的音节后面时，它的读音虽然都是轻短模糊的，但是却仍然有音高的差别。例如“珠子 zhūzi、竹子 zhúzi、主子 zhǔzi、柱子 zhùzi”这四个轻声词中都有轻声音节 zi，但这四个 zi 的实际读音有着音高上的细微差别。物理实验证明，轻声音节如果在上声音节后面，其音高会略高于在其他三种声调后面；而在去声音节后面的轻声音高最低；在阴平音节后面的轻声音高属于半低调，在阳平音节后面的轻声音高属于中调。

从上例可以看出，同一个字读轻声后没有固定的调值，而是要受限于前面音节的调值，这就说明轻声本身没有独立的调值。因此轻声不能成为阴平、阳平、上声、去声以外的第五种调类，轻声只是一种音变现象。

三、古今声调演变规律

今天普通话的四个声调是由古代演变而来的。古代汉语的声调也有四个，叫作平声、上声、去声、入声。古代四声的高低升降形状是怎样的，现在已经不能详细知道了。依照传统的说法，平声应该是一个中平调，上声应该是一个升调，去声应该是一个降调，入声应该是一个短调。汉魏以后，由于反切的应用，学者们渐渐意识到汉语的语音中有声调这一因素。不过把古汉语声调归为四类，是到了齐、梁的时候才完成的。

那么什么是入声呢？入声发音很短促，就像喉咙被阻塞了一下。在闽南语和粤语中，至今还完整地保留着入声调。普通话中，入声已经消失。一部分古入声字变成了现在的上声、去声字；另有一部分古入声字在普通话中却变成了平声字（阴平或阳平）。现代汉语普通话和各方言的调类都是从古代的四声演变来的，在演变的过程中有分有合，形成非常复杂的局面。

从古代四声到现代四声，其演变主要有以下规律：平分阴阳、浊上归去、入派四声。这里先介绍几组概念：

清浊：所谓“清”，指声母是清辅音，发音时声带不振动；所谓“浊”，指声母是浊辅音，发音时声带振动。古汉语中浊辅音声母相当多，其又可以分为全浊和次浊两类，全浊声母是指声带振动的塞音、塞擦音、擦音；次浊声母指声带振动的鼻音和边音以及零声母。

阴阳：由于声母的清浊跟声调有着密切关系，所以传统音韵学把清辅音声母的声调叫作“阴平、阴上、阴去、阴入”，而把浊辅音声母的声调叫作“阳平、阳上、阳去、阳入”。阴调和阳调，就是依据声母的清浊划分的。

（一）古今声调演变规律

1. 平分阴阳

是指古代的平声字在现代汉语普通话中分化成阴平和阳平两类。规律是：古代的全清、次清声母平声字即阴平字，现代汉语演变为阴平字；古代的全浊、次浊声母平声字即阳平字，现代汉语演变为阳平字。例如：全清古声母平声字“当”，次清古声母平声字“康”，今读阴平。全浊古声母平声字“堂”，次浊古声母平声字“郎”，今读阳平。因此，我们可以说普通话声调里的阴平和阳平分别来自古汉语的阴平和阳平，例如公司、高升、飞机（古阴平，现阴平）；人才、黄河、和平（古阳平，现阳平）。

2. 浊上归去

普通话声调里的阴平和阳平分别来自古汉语的阴平和阳平，古汉语的阴去和阳去在普通话里已经合为一类，就叫去声，例如报告、贡献、再见（古阴去，现去声）；现代、坐垫、步骤（古阳去，现去声）。古上声分为阴上和阳上，阴上发展到现在仍为上声；阳上分为全浊阳上和次浊阳上，次浊阳上也仍为上声，只有全浊阳上发生了变化，归为去声，所以“浊上归去”的确切内容是指全浊阳上变为去声，例如水果、展览（古阴上，现上声）；买米、冷雨（古次浊阳上，现上声）；动荡、近似（古全浊阳上，现去声）。

3. **入派四声**

古汉语的入声在现代汉语各方言中的情况并不完全一致，南方诸方言至今还完整地保留着入声，而北方方言中则基本消失了，只有局部地区还保留着。在以北京语音为标准音的普通话里，古汉语阳入的演变比较有规律，具体规律如下：第一，古全浊入声一般归为阳平，如：杂、学、别。第二，古次浊入声归为去声，如：木、麦、逆。第三，阴入声分别归入阴平、阳平、上声、去声，无明显规律，如：失、惜、说（现代阴平）；识、即、竹（现代阳平）；尺、匹、百（现代上声）；式、切、各（现代去声）。

古今声调演变口诀

清平是阴浊平阳，去声守旧不变腔。上声多数读原调，惟独全浊变去向。
次浊入声变成去，全浊入声变成阳。清母入声最难辨，阴阳上去到处藏。

（二）熟记窍门辨别入声字

1. 由鼻辅音n、ng充当韵尾的字一般不是入声字，例如：安、盆、甘、灯。
2. 由元音i、u充当韵尾的字一般不是入声字，例如：开、飞、推、头、有。
3. 由浊辅音m、n、l、r充当声母的阴平、阳平、上声声调的字一般不是入声字，例如：谜、脑、捞、然。
4. 由舌尖前单韵母-i（前）充当韵母的字不是入声字，例如：姿、疵、斯。
5. er韵母自成音节的字不是入声字，例如：儿、尔、耳、饵、二。
6. 由uei韵母充当韵母的字不是入声字。例如：威、微、辉、规、推。
7. 唇齿音f拼单韵母a、o的字大都是入声字，例如：

fa：发 法 罚 乏　　fo：佛

8. 由不送气塞音和塞擦音b、d、g、j、zh、z充当声母读阳平调的字是入声字：

b：拔 跋 白 百 别 蹩 脖 柏 伯 勃 渤 博 驳 帛 薄 泊 铂 雹
d：答 达 得 笛 敌 嫡 镝 翟 迭 叠 碟 蝶 独 读 牍 毒 夺 铎 渎 椟
g：格 阁 蛤 胳 革 隔 膈 葛 国 掴 虢
j：及 级 极 吉 急 击 即 疾 集 洁 结 杰 竭 节 捷 局 菊 决 诀 觉 绝
zh：札 铡 宅 著 折 哲 蜇 轴 竺 烛 筑 逐 酌 琢 啄 直 值 殖 执 侄 职
z：杂 匝 砸 凿 则 择 泽 责 啧 贼 足 卒 族 镞 昨

9. 舌尖中音声母d、t、l和舌尖前音声母z、c、s拼e韵母的字是入声字：

d：得德　　t：特　　l：勒乐
z：则择泽责　　c：侧测厕册　　s：色塞瑟涩

10. 双唇音声母b、p、m和舌尖中音声母d、t、n、l拼ie韵母的字一般是入声字，只有“爹”字例外。例如：

b：鳖憋别瘪蹩　　p：撇瞥　　m：灭蔑篾
d：碟蝶牒跌迭叠谍　　t：帖贴铁　　n：聂蹑涅啮捏
l：列冽烈洌猎

11. 舌根音声母k、舌尖后音声母zh、ch、sh、r拼uo韵母的字一般是入声字，例如：

k：阔括廓扩　　zh：桌捉著酌灼浊镯琢啄涿濯擢卓焯倬拙茁

ch：戳绰啜辍龊踔　　sh：说硕妁朔烁铄　　r：若偌弱

12. 由üe充当韵母的字一般是入声字，只有"嗟、瘸、靴"三个字例外。例如：

yue：曰约哕月悦阅越跃粤岳　　nüe：虐疟

jue：噘撅决抉倔掘崛角蕨橛蹶獗珏孓觉爵嚼绝　　lüe：略掠

que：缺阙却确榷阕鹊雀　　xue：薛穴学雪血削靴谑

13. d、g、h、z声母与韵母ei相拼的字是入声字，例如：得、给、黑、贼。

以上几条基本可以用来辨认入声字。至于个别例外，那是语音演变的特殊现象，不能用它来否定基本音韵的规律。

四、普通话的声调

普通话的声调有四种基本调类（见表4-1），按照汉语语音学传统说法就是阴平、阳平、上声、去声，也可以用俗称来表示，即第一声、第二声、第三声、第四声，统称"四声"。

表4-1　普通话声调

调类	调值	调型	调值描写口诀	调号	例字
阴平调	55	高平调	起音高高一路平	ˉ	光
阳平调	35	中升调	由中到高往上升	ˊ	明
上声调	214	降升调	先降后升曲折起	ˇ	磊
去声调	51	全降调	高起猛降到底层	ˋ	落

（一）普通话声调的发音要领

1. 阴平

普通话中阴平的调值为55，属于高平调，因此要读得高而平，要在相对高的音调上均匀、平直地进行。每个人要根据自己的自然声区来确定自己的阴平调，既不要太高，也不要太低。太高则声带吃力，太低则上声、去声无法发音，要以自己感觉舒服、别人听起来自然为准。阴平有为其他三个声调定高低的作用，如果阴平调值掌握不好，会影响其他声调的发音。如果是两个阴平字连在一起构成一个词，读的时候要把前一个稍微降一点，后边的不变，保持5度。例如：

巴　冰　憋　边　歌　机　师　篇　崩　家　加　先　通　妞　捞

章　光　千　咪　包　拼　单　帮　声　仙　纠　颇　春　汪　央

阴阴：安家　磋商　操心　公司　江山　倾听　参加　交通　播音

切磋　丰收　香蕉　阶梯　咖啡　珍惜　丁香　发声　高温

阳阴：搏击　服装　财经　营销　曾经　房间　湖泊　承包　灵芝

滑冰　熊猫　民歌　革新　国家　流星　提高　明珠　杰出

上阴：北方　短缺　凯歌　萎缩　写生　统一　导师　耳机　美观

果汁　古筝　解说　体操　已经　火车　祖先　指挥　武装

去阴：拜托　冠军　构思　内科　召开　卫生　细胞　梦乡　配方
　　　绣花　健康　退休　贵宾　竞争　正规　募捐　挂失　寄托

2. 阳平

普通话中阳平的调值是35，属于中升调。发音时，声音从不高不低的中音区起音，逐渐升高到最高点停止。类似于二胡、小提琴等弦乐演奏中的滑音，不能像键盘类乐器那样按键跃进。如果两个阳平音节相连，要注意前面的阳平音节不能带拐弯，后面的阳平音节要把调值上扬到位。例如：

麻　白　团　图　别　霞　贫　年　旁　求　平　零　苗　挠　柴
贤　梅　红　流　毛　严　良　节　盟　值　鼻　洋　雄　蝶　芸

阴阳：安宁　苍白　超级　车轮　端详　歌谣　钢琴　春游　突然
　　　基层　分歧　飞行　挖掘　光临　规模　官僚　出席　猜谜
阳阳：灵活　厨房　翱翔　年龄　蝴蝶　频繁　直达　航行　儿童
　　　团结　国防　模型　联合　宏图　临时　和平　辞职　豪华
上阳：选拔　友情　委员　楷模　草莓　组合　舞台　品尝　海洋
　　　解答　警察　指南　饮食　永恒　署名　旅游　偶然　体裁
去阳：杜绝　善良　剩余　少年　市民　幸福　用途　纵横　发廊
　　　月球　素描　混淆　动摇　沸腾　特长　著名　既然　范围

3. 上声

普通话中上声的调值是214，属于曲折调。发音时，要先降再平后升，而且下降和上升的部分都较短，中间拉平的部分较长。上声调发音非常讲究气息和声带的配合。正确的方法是在21下行段放松声带，14上行段再将声带扯紧，同时收小腹，气息往上顶，声音仿佛在同一直径的管子内行走，无论高度怎样变化，宽度始终保持一致。虽然在朗读和说话中，上声的基本调值出现的机会很少，经常出现的是变化之后的调值，但是基本调值是变化的基础，掌握了基本调值才能掌握它的变化，所以首先应读准上声的本调。很多人容易把出现在词语末尾的上声读成半上调，丢失了上扬部分，而词末尾的上声是不变调的。因此，在读词语时一定要注意把词末尾的上声读到位。例如：

马　比　赌　赏　保　甲　品　显　桶　美　海　悯　磊　饺　汝
选　好　走　楚　主　爽　柳　捕　摆　秒　讲　喘　柄　枉　远

阴上：冬笋　清早　插曲　屈辱　花圃　光彩　歌咏　倾吐　粗犷
　　　安稳　斑马　充满　叮嘱　颁奖　金属　吸吮　签署　缩小
阳上：传统　晴朗　联想　狭窄　成果　持久　和解　着想　集体
　　　博览　垂柳　和蔼　良好　啤酒　迟缓　存款　灵感　民主
去上：市场　报纸　摄影　饲养　占领　驾驶　购买　鉴赏　伴侣
　　　淡雅　夜晚　对比　代表　汉语　矿井　翅膀　恪守　画展

4. 去声

普通话中去声的调值是51，属于全降调。发音时，要从上到下一气贯通，直线行走，不要拐弯。去声音节作为重音读或说的时候容易出现“劈音”现象，这是由于气息过于放松，到了失去控制的程度，而声带配合不及造成的。“劈音”在朗诵、演讲时尤其容易出现，听觉效果很不好。为了避免出现这种状况，去声音节发音时要注意气息的调节，发去声时气息虽然总体上呈下滑放松的趋势，但滑下来时气息还要“托”着点。例如：

店 句 义 话 念 遇 附 办 变 放 盖 动 换 绢 状

档 对 备 路 重 信 静 略 月 像 叶 触 乐 袜 韵

阴去：抽象 污蔑 欢乐 师范 丰硕 拼命 专利 兴旺 推测

生态 宽大 圈套 摘要 申办 歼灭 开放 消费 舒畅

阳去：裁判 程序 筹备 答谢 别墅 查阅 回忆 结束 屏幕

国庆 寒假 名贵 零售 鸿雁 核算 狭隘 防疫 权益

上去：百货 角落 紧迫 火箭 姐妹 考试 软件 审计 岗位

琐碎 轨道 访问 海燕 朗诵 陡峭 讲座 宝贵 腐烂

去去：暗示 奥秘 倡议 创业 戏剧 缔造 刺绣 世界 竞赛

覆盖 辩证 地震 固定 赤道 降落 示范 变质 害怕

声调发音口诀

阴平高高莫下降，气息均衡不紧张。
阳平中起向上扬，气息先弱逐渐强。
上声先降再平升，降短平长后上扬。
去声高起直下降，强起到弱气通畅。

为了发准阴平、阳平、上声、去声四种声调，建议大家进行单音节的夸张四声练习，并用相应的调型手势加以辅助，同时结合气息的运用。发音时要仔细体会气息的运动，尤其是用夸张的上声体会气息下沉、上顶较为明显。阴平练习时注意气息要平稳；阳平上升时气要拉住，这时口腔要立起，力度要加强，避免高音窄、挤，出现破裂音；去声下降时，气要托住，口腔要有控制，避免出现“劈音”。

夸张的四声声调练习：

堪kān 摸mō 趴pā 呸pēi 瞥piē 阡qiān 娑suō 绦tāo 偎wēi

闻wén 袭xí 淆xiáo 檐yán 邮yóu 砸zá 哲zhé 璇xuán 吾wú

姥lǎo 雨yǔ 顷qǐng 紫zǐ 辅fǔ 鼎dǐng 有yǒu 卵luǎn 解jiě

褪tuì 溯sù 狩shòu 润rùn 阕què 粕pò 懦nuò 幂mì 劣liè

（二）四声练习

这个练习需要反复练习多次，可以用快吸气来练，也可以用慢吸气来练，字音要清楚准确，也可以逐渐改变声音的高低、强弱、快慢并调节好气息。

下面是普通话同声韵音节，每组均按四声顺序排列。

1. 双唇音

八拔把罢（ba） 掰白百拜（bai） 包雹宝报（bao） 崩甭绷蹦（beng）

逼鼻笔必（bi） 鳖别瘪别（bie） 波博跛擘（bo） 逋醭补部（bu）

拍牌迫派（pai） 乓旁榜胖（pang） 抛袍跑泡（pao） 烹彭捧碰（peng）

批皮匹僻（pi） 篇骈谝骗（pian） 飘瓢瞟票（piao） 拼频品聘（pin）

坡婆叵破（po） 扑葡谱瀑（pu） 妈麻马骂（ma） 颟蛮满慢（man）
猫毛卯冒（mao） 蒙盟猛梦（meng） 眯迷米密（mi） 喵苗秒妙（miao）
摸魔抹莫（mo）

2. **唇齿音**

发罚法珐（fa） 帆凡反饭（fan） 方房访放（fang） 非肥斐费（fei）
分焚粉份（fen） 峰冯讽凤（feng） 夫福辅附（fu）

3. **舌尖中音**

搭达打大（da） 刀捯导到（dao） 低迪抵第（di）
嘟读赌渡（du） 多夺躲剁（duo） 胎台呔太（tai）
滩谭坦探（tan） 汤唐淌烫（tang） 涛逃讨套（tao）
踢提体替（ti） 天田舔掭（tian） 佻条窕跳（tiao）
听停挺梃（ting） 通同统痛（tong） 偷投敨透（tou）
突图土兔（tu） 湍团疃彖（tuan） 推颓腿退（tui）
托驮妥唾（tuo） 那拿哪纳（na） 囡南赧难（nan）
囊馕攮齉（nang） 孬挠脑闹（nao） 妮尼拟逆（ni）
蔫年捻念（nian） 妞牛扭拗（niu） 垃旯喇辣（la）
啷狼朗浪（lang） 捞劳姥涝（lao） 勒雷蕾类（lei）
哩离里力（li） 撩聊了料（liao） 拎林凛赁（lin）
熘刘柳遛（liu） 搂楼篓漏（lou） 捋罗裸洛（luo）

4. **舌根音**

歌格葛各（ge） 跟哏艮亘（gen） 郭国果过（guo）
科咳渴课（ke） 匡狂夼矿（kuang） 亏奎傀愧（kui）
嗨孩海骇（hai） 憨含喊汉（han） 蒿豪好浩（hao）
烘虹哄讧（hong） 齁侯吼后（hou） 忽胡虎户（hu）
欢环缓换（huan） 慌黄谎晃（huang） 辉回毁汇（hui）
豁活火货（huo）

5. **舌面音**

机即脊记（ji） 加颊假价（jia） 胶嚼脚较（jiao）
接节解借（jie） 鞠局举剧（ju） 撅掘蹶倔（jue）
七齐起气（qi） 千前浅嵌（qian） 枪墙抢呛（qiang）
敲桥巧窍（qiao） 切茄且窃（qie） 亲秦寝沁（qin）
轻晴请庆（qing） 趋渠娶去（qu） 悛全犬劝（quan）
希习喜隙（xi） 先贤显现（xian） 香祥想像（xiang）
消淆晓笑（xiao） 些鞋写谢（xie） 星型醒幸（xing）
须徐许旭（xu） 轩玄选炫（xuan） 薛学雪谑（xue）

6. **舌尖后音**

渣闸眨炸（zha） 摘宅窄债（zhai） 招着找照（zhao）
知值纸质（zhi） 周轴肘皱（zhou） 猪竹主住（zhu）
插茶衩岔（cha） 掺馋产颤（chan） 昌常厂唱（chang）

嗔晨碜趁（chen） 撑成逞秤（cheng） 吃持尺赤（chi）
充虫宠铳（chong） 抽愁丑臭（chou） 出除储触（chu）
穿船喘串（chuan） 窗床闯怆（chuang） 杀啥傻煞（sha）
烧勺少邵（shao） 赊佘舍设（she） 深神沈甚（shen）
生绳省圣（sheng） 师时史是（shi） 收熟首受（shou）
输赎署树（shu） 嚷瓤攘让（rang）

7. **舌尖前音**

簪咱攒赞（zan） 遭凿澡燥（zao） 嘬昨佐坐（zuo）
猜财彩菜（cai） 疵词此刺（ci） 村存忖寸（cun）
搓痤脞错（cuo） 虽遂髓岁（sui）

第二节 声调辨正

汉语的声调具有区别意义的作用，声调错误是造成歧义的重要原因之一。方言与普通话的声调差异很大。就调类而言，普通话有四个调类，而各地方言的调类数目各不相同。北方方言声调一般较少，大约3—5个，多数是4个。南方方言声调较多，多数在5个以上，有的甚至更多，例如临川方言有7个声调，绍兴方言有8个声调，广西博白方言高达10个声调。北方方言一般无入声调，绝大多数南方方言都有入声调，并且比较完整地保留了中古汉语的调类，不少南方方言的平、上、去、入都分阴调和阳调。

要学好普通话，了解自己的方言与普通话之间的声调差别是非常重要的。训练时，首先必须把普通话的四种声调读好，然后再记住自己方言里读某种声调的字在普通话里应该读哪种声调。方言与普通话之间声调虽然有很大差别，但它们都是从古代声调演变而来的，它们之间有着内在的联系，是有规律可循的。

因此，方言区的人学习普通话声调，只要弄清自己方言调类、调值与普通话的调类、调值之间的对应关系，就可以进行类推，不必一个字一个字地死记硬背。这样能最快、最有效地纠正不正确的发音。

信息栏4-2

声调的地位

声调是辨别普通话与方言以及不同方言之间的基本标志，是一个人的语音面貌。调值到位了，哪怕声母、韵母的发音还存在不少问题，由于语流上下的帮助，其他方言区的人也能大致听懂你的意思，就是说人们就承认你说的是普通话。反过来，北方话广大地区，特别是东北、内蒙古东部、河北、天津等地方的方言比较好懂，但是由于调值不是普通话的调值，我们只能说那是方言，不是普通话。

［资料来源］孙瑞颖、孔祥伟、冷妍:《浅谈声调在普通话测试中的作用》,《吉林工程技术师范学院学报（教育研究版）》2003年第8期，第58页。

声调在实际运用中的主要发音错误表现在以下两个方面：

一是本来就不知道这个字在普通话里应该读哪个声调，经常会发生因为一个字读错而牵连一系列字的声调错误。解决的办法是：首先弄清本地方言声调的调值和调类，然后与普通话进行比较，找出对应关系，以此类推，逐步掌握其中的规律。当然，个别例外的字还需要借助字典等工具书查出正确读音。

二是明明知道这个字的普通话声调，却因为自己方言里没有这种调值，或调值变化幅度没有那么大而导致读不准。这就需要在教师的指导下运用夸张普通话四种声调调型的方法来训练，即进行单音节字的声调发音练习时，借助手势模拟出阴平、阳平、上声、去声四种声调的调型，提醒自己声调上升或下降的幅度，以此来帮助自己读准调值。解决声调发音错误不能仅仅死记书本上的理论知识，而是要勤学苦练，这样才能读得标准。

从汉语方言声调对照表中（见表4–2），我们可以大致了解各大方言区声调变化的情况。

一、阴平调的辨正

虽然各方言区基本上都有阴平声调，但是很多人在读阴平调时往往会出现调值不够高的缺陷。普通话的阴平调调值是55，是最高的，但是往往有人读成44、33、22甚至是11。这样听起来很不和谐，而且容易导致其他声调发音错误。有些人阴平读得过低，就会造成去声降不下来，阳平高不上去的毛病。

练习阴平调，注意肌肉要始终保持紧张状态，起音高并且保持平稳。可先用单韵母读出高、中、低三种不同的平调，体会发高音时声带拉紧，发低音时声带放松的不同感觉，找出发高平调的准确声带位置，然后进行强化练习。还可以用阳平调的字同阴平调的字连起来读，借助阳平调上升的高点来帮助阴平调提高起点。

1. 单字练习

刮 官 归 郭 轰 忽 花 欢 辉 昏 机 加 兼 交 街 金

缺 扔 腮 沙 删 商 烧 声 诗 输 衰 思 虽 孙 它 摊

2. 词语练习

阴＋阴 优先 鲜花 丰收 端庄 江山 诗歌 飞机 增加 拥军 冰山

西安 八仙 孤单 悲观 秋分 交通 粗心 纷争 千金 铺张

阳＋阴 国歌 联欢 革新 南方 群居 农村 浮夸 昙花 腾空 黄金

提高 滑冰 萌生 财经 来宾 评优 前锋 栏杆 崂山 离析

二、阳平调的辨正

普通话的阳平调调值是35，有的方言区读成高平调，有的读成降调，还有的没有阳平调，比如山东烟台方言。多数人读不好这个调值，表现为高音升不上去，主要原因是起点太高，声带已相当紧了，无法再紧，音高也就不能再升。纠正的方法是：先设法把声带放松，然后再拉紧。可以先读一个去声，把声带放松，紧接着读一个升调，这样就可以读出接近阳平的调值。多读去声和阳平相连的词语，有助于练好阳平调。

表 4–2　汉语方言声调对照表

方言区	古调类	平声		上声			去声		入声				声调数
	例字	天	平	古	老	近	放	大	急	各	六	杂	
	地名	调值和调类											
北方方言区	普通话	阴平 55	阳平 35	上声 214			去声 51		入声分别归阴、阳、上、去				4
	南京	阴平 31	阳平 13	上声 22			去声 44		入声 5				5
	汉口	阴平 55	阳平 312	上声 42			去声 35		入声归阳平				4
	济南	阴平 213	阳平 42	上声 55			去声 31		入声分别归阴、阳、去				4
	沈阳	阴平 44	阳平 35	上声 213			去声 41		入声分别归阴、阳、去				4
	兰州	阴平 53	阳平 31	上声 42			去声 24		入声归去声			归阳平	4
	成都	阴平 44	阳平 41	上声 52			去声 13		入声归阳平				4
	滦县	平声 11		上声 213			去声 55		入声分别归平、上、去				3
吴方言区	苏州	阴平 44	阳平 13	上声 52	归阳去	阴去 412	阳去 31		阴入 5		阳入 2		7
	绍兴	阴平 41	阳平 15	阴上 55	阳上 22	阴去 44	阳去 31		阴入 5		阳入 32		8
	上海	阴平 54	阳平 24	上声 33		归上声	归阳平		阴入 5		阳入 2		5
湘方言区	长沙	阴平 33	阳平 13	上声 41		阴去 45	阳去 21		入声 24				6
赣方言区	南昌	阴平 42	阳平 24	上声 213		阳去 55	阴去 31		入声 5				6
客家方言区	梅县	阴平 44	阳平 11	上声 31		去声 42			阴入 21		阳入 4		6
闽方言区	福州	阴平 44	阳平 52	上声 31		阳去 242	阴去 213	阳去 242	阴入 23		阳入 4		7
	厦门	阴平 55	阳平 24	上声 51		阳去 33	阴去 11	阳去 33	阴入 32		阳入 5		7
粤方言区	广州	阴平 5553	阳平 2111	阴上 35	阳上 13		阴去 33	阳去 22	上阴入 55	上阴入 33	阳入 22		9
	玉林	阴平 54	阳平 32	阴上 33	阴上 23		阴去 52	阳去 21	上阴入 55	上阴入 33	上阳入 12	下阳入 11	10

1. **单字练习**

皑 昂 鳌 拔 别 博 才 常 陈 抬 持 崇 愁 存 达 德
烦 谈 格 国 孩 航 颊 节 劳 罗 麻 揶 牌 填 彭 蜷

2. **词语练习**

阳+阳 直达 滑翔 儿童 团结 人民 模型 学习 联合 驰名 临时
吉祥 灵活 豪华 南极 峨眉 柴油 宏图 厨房 池塘 繁荣
去+阳 自然 化学 措辞 特别 电台 会谈 矿藏 桂圆 数学 纵横
住房 范畴 牧童 用途 教条 晒台 湛蓝 盛名 劲敌 季节

三、上声调的辨正

普通话上声调值是214，实际发音的调值可以记为2114。读上声时存在的主要问题是起点高，降不下来，给人的感觉是拐弯不够大；也有的人虽有拐弯，但前面降平的部分太短，后面上升的部分太长；还有的人在上升到高点后又降下来，这样就拐了两道弯，或者是结尾上升的部分极短，读成半降调。上声在单念或在词末、句末时不变调，所以应当把调值读完全。

练习上声声调时，首先应设法把声带放松，使声调的起点降低，并尽量把低音部分拖长。可以先读一个去声，以帮助放松声带和增加前半段的长度，气流不中断，紧接着念个短促的升调，就能读出比较正确的上声了。

1. **单字练习**

仅 稳 好 老 理 表 缴 有 女 等 选 举 坦 洒 蒋 笔
摆 品 猛 秒 朗 腿 赌 挺 脑 毁 犬 写 沈 左 组 走

2. **词语练习**

去+上 酷暑 信仰 电影 探险 质朴 阅览 幸好 号角 创举 物体
鉴赏 驾驶 彻底 盥洗 怪癖 供品 亘古 骆脚 杠杆 隶属

四、去声调的辨正

普通话的去声调调值是51，多数人读去声时不感到困难，少数人降不下去。可以用阴平带去声的方法来练习，即先发一个阴平，使声带拉紧，再在阴平的高度上尽量把声带放松，就能读出全降调的去声了。因此多读阴平和去声相连的词语，有助于读好去声。

1. **单字练习**

按 懊 霸 拜 恻 赐 旦 恫 遏 吠 剑 骇 剂 炕 镣 禄
衮 昧 嫩 畔 砌 榷 绕 弱 偌 飒 涩 赡 慑 渗 涮 位

2. **词语练习**

去+去 日月 大厦 破例 庆贺 宴会 画像 再见 示范 传记 放假
控制 日益 建造 烙印 毕业 背诵 绿化 任命 覆盖 地窖
阴+去 发动 工作 声调 庄重 播送 音乐 规范 通信 绅士 拘束
单位 希望 欢乐 遵照 机遇 糟粕 恢复 消灭 商店 勘误

声调的发音是否准确是衡量普通话是否标准的一个重要指标，练习者一定要注意准确发好不同语境中的每个汉字。平时要多进行强化练习，以期达到声调运用自如。

【反思与探究】

一、举例说明声调的作用。

二、什么是调值、调类？二者的关系如何？请举例说明。

三、找一段话并用五度标记法标记普通话的声调。

四、简述古今声调演变规律。

五、比较自己的方言和普通话的调值、调类的异同，寻找其中的对应关系。

六、找出自己的声调发音存在的问题，举例说明其改正方法。

七、用夸张四声练习法正确朗读普通话同声韵音节。要求阴平气息平稳、气势平均不紧张；阳平气息弱起逐渐强；上声降短平长快上扬；去声强起到弱气通畅。

【训练与提高】

一、下列词语都是古入声字，先给它们注音标调，再比较一下这些音节的普通话读音和你的方言读音有无差异，总结出其中的规律。

剥削	密集	接触	束缚	答复	漆黑	策略	祝福	食物	直接
拍摄	独立	陆续	复习	掠夺	雪白	卓越	目录	薄弱	逼迫

二、词语朗读练习。

（一）双音节词语练习。

1. 阴阴	参加	创伤	播音	工兵	拥军	丰收	终身	磋商	车间	纱窗
	波涛	炊烟	鲜花	班车	青天	吸烟	光纤	端庄	欢呼	压缩
2. 阴阳	脂肪	蹉跎	端详	青年	非常	科学	丘陵	方言	单纯	忠诚
	公仆	编排	积极	发明	出国	签名	安全	峰峦	兴亡	车轮
3. 阴上	签署	根本	方法	标点	温暖	倾吐	深浅	餐饮	喷涌	飘洒
	松果	篝火	歌咏	光彩	发展	班长	枢纽	灯塔	生产	拘谨
4. 阴去	激励	波浪	机智	尖锐	清脆	师范	颁布	侵占	沙漠	幽默
	督促	压迫	脱落	拍摄	霜冻	坚毅	青睐	圈套	租赁	精确
5. 阳阴	联欢	革新	南方	群居	农村	节约	学说	节拍	营私	原封
	乾坤	容积	提高	流通	湖泊	投标	民歌	零星	黄昏	服装
6. 阳阳	滑翔	重逢	团结	人群	蓬勃	平时	轮流	原则	遨游	城楼
	格言	宏图	和平	丛林	时髦	赔偿	频繁	嘈杂	茫然	螺旋

7. 阳上	褴褛	滑雪	平等	拂晓	尘土	明显	晴朗	诚恳	而且	雷雨
	怜悯	模仿	廉耻	良好	明显	城府	疗养	祈祷	长久	存款
8. 阳去	辽阔	模范	林业	盘踞	讹诈	跋涉	决策	农谚	裁断	离散
	泊位	陶醉	膨胀	屏幕	权益	渠道	零售	凭证	愚昧	疗效
9. 上阴	点滴	酒精	启发	理亏	小说	底边	等差	点拨	崭新	表彰
	掌声	法医	演出	冷敷	取消	缆车	拐弯	海滩	美观	感激
10. 上阳	普及	反常	谴责	考察	朗读	版图	保持	彩虹	敏捷	满怀
	起航	网罗	领衔	党员	走穴	警觉	否决	海拔	旅游	抢劫
11. 上上	窈窕	抢险	死板	乞讨	所以	爽朗	海选	拱手	理解	反省
	打扫	本领	短跑	脸谱	鲁莽	玛瑙	索引	辅佐	荏苒	土壤
12. 上去	使命	哺育	阐述	翡翠	紧凑	体验	辱骂	脊背	左右	枉费
	火箭	腐烂	罕见	点缀	沮丧	纽带	姐妹	陡峭	手段	缓慢
13. 去阴	玷污	入侵	彗星	递增	下乡	拜托	象征	大家	矿灯	物资
	构思	畅通	废墟	复兴	簇新	诞生	乐章	辣椒	复苏	目光
14. 去阳	缔结	试行	热忱	浩劫	浪潮	序言	立即	富饶	盎然	措辞
	会谈	问题	地图	素描	范畴	树林	政权	目前	要闻	剩余
15. 去上	碧海	器皿	认可	候补	震耳	妇女	物理	驻守	剧本	跳伞
	外景	汉语	阅览	喝彩	密码	敬礼	赡养	鉴赏	获取	默许
16. 去去	兑现	破例	叶脉	宴会	画像	荡漾	寂寞	陆续	护照	浪漫
	气概	快报	致意	慰藉	降落	杜撰	恫吓	默契	缔造	顾虑

（二）三音节词语练习。

1. 阴阴阴	公积金	攀高枝	咖啡因	高中生	垃圾箱	新加坡
	歼击机	丁香花	金沙江	青春期	超声波	机关枪
2. 阳阳阳	独龙族	猕猴桃	文言文	儿童团	形容词	重阳节
	泥石流	牙龈炎	蓬莱阁	浏阳河	同龄人	亡国奴
3. 去去去	电视剧	奥运会	注射器	信号弹	俱乐部	备忘录
	毕业证	现代化	介绍信	录像带	对抗赛	运动会
4. 综合	锦标赛	派出所	普通话	机械化	积极性	世博会
	寄生虫	太阳能	温度计	直辖市	人民币	消费者

（三）四音节词语练习。

1. 阴阳上去	心直口快	兵强马壮	花团锦簇	雕虫小技	幡然醒悟
2. 去上阳阴	破釜沉舟	告老还乡	地广人稀	弄假成真	握手言欢
3. 阴阴阳阳	悲欢离合	先声夺人	姗姗来迟	初出茅庐	丰衣足食
4. 阴阴上上	欢欣鼓舞	高瞻远瞩	翻江倒海	刀山火海	千疮百孔
5. 阴阴去去	津津乐道	方兴未艾	风餐露宿	根深蒂固	光天化日
6. 阳阳去去	陈词滥调	垂头丧气	穷途末路	蓬头垢面	循循善诱
7. 去去阴阴	暗送秋波	病入膏肓	费尽心机	利欲熏心	后顾之忧
8. 去去阳阳	世态炎凉	后继无人	料事如神	壮志凌云	气贯长虹

三、下面这段文言文的作者是语言学大师赵元任先生。全文是用九十六个声调不同的shi音节写成的，但意思清晰明了。试读这篇文章，理解它的意思，体会汉语声调的魅力。

施氏食狮史

石室诗士施氏，嗜狮，誓食十狮。施氏时时适市视狮。十时，适十狮适市。是时，适施氏适市。氏视是十狮，恃矢势，使是十狮逝世。氏拾是十狮尸，适石室。石室湿，氏使侍拭石室。石室拭，氏始试食是十狮。食时，始识是十狮，实十石狮尸。试释是事。

四、利用自己总结出的家乡话与普通话的调值、调类之间的对应关系，读准下列汉字的声调，并标注出来。

巴 罢 鼻 笔 编 变 补 掰 弥 博 钵 杯 被 甭 彪 爬 叵 匹 谱 牌
弩 蔫 卤 抡 苟 轨 傀 颊 较 昕 逊 召 豺 掺 尚 凿 缩 韦 垣 抛

五、声调对比练习。

1. 阴平与阳平对比练习。

掰bāi开—白bái痴　书包bāo—冰雹báo　火锅guō—全国guó
抽chōu丝—愁chóu思　山川chuān—轮船chuán　猎枪qiāng—列强qiáng

2. 阳平与上声对比练习。

小乔qiáo—小巧qiǎo　返回huí—反悔huǐ　老胡hú—老虎hǔ
牧童tóng—木桶tǒng　大学xué—大雪xuě　战国guó—战果guǒ

3. 阳平与去声对比练习。

壶hú口—户hù口　正直zhí—政治zhì　协xié议—谢xiè意
同情qíng—同庆qìng　新奇qí—心气qì　作词cí—座次cì

4. 仿照上面的形式，给声韵相同的字标注声调，然后准确朗读。

间隙—见习　歼击—见机　矫正—校正　汽笛—启迪
劝解—劝戒　儒教—乳胶　展览—湛蓝　题材—体裁
医务—遗物　整洁—政界　事实—实施—史诗
政变—争辩—整编　估计—古迹—顾及　见解—间接—简洁
岩石—演示—掩饰　地址—地质—抵制

六、声调辅助练习。

1. 以阳辅阴词语练习。

梨花　农村　镰刀　箩筐　河山　罗圈　国歌　提纲　学说　浑身
违约　房间　回收　长征　晴天　红军　肥差　伏兵　活塞　儿孙

2. 以去辅阳词语练习。

政权　秘笈　掠夺　祝福　越级　确实　克服　阅读　斥责　恶毒
列席　树林　顺从　配合　聚集　种植　教程　玉石　畅谈　继承

3. 以去辅上词语练习。

劝阻　烈属　刺耳　乐曲　壁虎　购买　教养　絮语　敬礼　呐喊

懊悔　字典　默写　汽艇　露骨　骏马　奋勇　费解　伎俩　尚且

4. 以阴辅去词语练习。

灾害　拍摄　霹雳　督促　歌剧　接受　推荐　交换　谦逊　悲愤
希望　深夜　宾客　恭贺　淹没　欢送　鲜血　交涉　幽静　捐献

七、朗读下列绕口令，注意体会声调的变化。

1. 耕地要用犁，口渴要吃李。
李子掉下地，沾了一身泥。
不要怕李脏，只需洗掉泥。
2. 老师老是叫老史捞石，老史老是没去捞石，
老史老是骗老师，老师老是说老史不老实。
3. 峰上有蜂，峰上蜂飞蜂蜇凤；
风中有凤，风中凤飞凤斗蜂。
不知到底是峰上蜂蜇凤，还是风中凤斗蜂。
4. 朱家一株竹，竹笋初长出，
朱叔处处锄，锄出笋来煮，
锄完不再出，朱叔没笋煮，竹株又干枯。

八、读幽默故事，读准声调，读完后说说你的感受。

1. 一次语文课上，老师解释“惊惶失措”“不知所云”“如释重负”“一如既往”四个成语。恰巧，某学生趴在桌上正在呼呼大睡。老师一拍桌子，该生顿时坐起来，拿起书便看。老师说：“这便是惊惶失措。”接着，老师让他回答问题，他站起来支支吾吾了半天。这时老师说：“这便是不知所云。请坐！”这位同学长长地舒了一口气坐下了。老师又说：“这便是如释重负。”等老师走向讲台，那同学又趴下睡觉。老师猛一转身，指着他说：“这便是一如既往。”

2. 一日，一东北男生和一甘肃男生去买方便面，东北男生自言自语道：“整个啥味儿的呢？红烧排骨的吧！”甘肃男生好奇地问：“什么叫整？”东北男生答：“吃呗，整就是吃的意思。”傍晚，二人同去卫生间，碰巧卫生间下水道堵了，污水遍地，惨不忍睹。东北男生一看，大怒：“这可咋整啊？”话音未落，后面的甘肃男生面如土色，干呕不止……

第五章　音节

【学习目标】

掌握音节的拼读、拼写、拼合规律等知识；掌握汉语拼音正词法的主要规则；具备熟练的汉语拼音拼读、拼写能力。

【引　言】

我们说话时发音器官的肌肉总是交替地一紧一松，因而在人们的听觉上形成一个个语音片段，这就是音节。汉语中每个音节由声母、韵母和声调三个部分组成。本章着重介绍音节结构以及音节拼读、拼写知识，其中音节结构分析和音节拼写有一定难度，希望大家在学习这两节内容时加倍努力。

第一节 音节结构

一、什么是音节

音节是听觉上能够自然分辨出来的最小语音单位，也是最自然的语音单位。当我们听到“chūntiān de jiǎobù yuè lái yuè jìn le”这样一段声音，很自然地就会把它们划分成十个音段，也就是十个音节，写出来就是十个汉字“春天的脚步越来越近了”。音节是由一个或几个音素按照一定的规律组合而成的，如qiǎn这个音节就是由q、i、a、n这四个音素构成的。

普通话里，通常一个汉字就是一个音节，例如“请说普通话”，五个汉字就是五个音节。只有儿化音节例外，如“花儿”是两个汉字，读出来却是一个音节huār。因此儿化音节就是用两个汉字表示一个音节。

二、普通话音节结构的特点

普通话音节可以分为声母、韵母和声调三个部分，其中韵母部分最复杂。一个韵母最少有一个音素，最多有三个音素。在由三个音素构成的韵母中，发音最响亮的音素叫韵腹，也叫主要元音；韵腹前面的音素叫韵头，也叫介音；韵腹后面的音素叫韵尾。韵腹是韵母中不可缺少的成分，韵头和韵尾可以有，也可以没有。结构最复杂的音节包括声母、韵头、韵腹、韵尾、声调五个组成部分，而结构最简单的音节，只包括韵腹和声调两个部分。因此，普通话音节具有以下特点：

1. 韵腹和声调是构成音节必不可少的组成部分。一个音节可以没有声母（零声母音节），如“阿姨āyí”；也可以没有韵头、韵尾，如“顾客gùkè”，但必须要有韵腹和声调。韵腹都由元音充当。普通话里，每个单元音都可以充当韵腹，如果韵母中有两个或三个元音时，就由其中开口度较大、舌位较低、发音较响亮的元音充当韵腹。韵头只能由高元音i、u、ü充当，韵尾可以由元音i、u或由鼻辅音n、ng充当。

2. 一个音节最多由四个音素组合而成，如“窗chuāng”由ch、u、a、ng四个音素组合而成；最少由一个音素构成，如“啊ā”由一个音素a构成。

3. 每个音节中必须有元音音素，最少一个，最多三个，而且这三个元音可以连续排列，分别充当韵母的韵头、韵腹和韵尾。辅音音素只出现在音节的开头（做声母）或末尾（做韵尾）。普通话音节中没有辅音相连的情况。

4. 音节界限分明，节律感强。汉语的音节一般都是由声母、韵母、声调三部分组成，声母在前，韵母紧随其后，再加上一个贯穿整个音节的声调，便有了鲜明的音节界限。

5. 声调抑扬顿挫，富于音乐性。普通话声调高低变化分明，高、扬、转、降区分明显，听起来就像音乐一样动听。

以上所说的是普通话音节的基本结构特点。在普通话里，有几个特殊的音节是由辅音构成的，如“hm（噷）、hng（哼）、m（姆）、ng（嗯）”，其中m、ng是单辅音，hm、hng是由两个辅音拼合而成的，它们接近口语中的实际发音，这些只不过是普通话里的特殊现象而已。

三、音节结构分析

根据普通话音节结构的特点，结合上述分析，我们可以将普通话音节结构的基本构成情况列成下表（见表5–1）：

表5–1 普通话音节结构表

例字	声母	韵母			声调
		韵头	韵腹	韵尾	
儿 ér			er		阳平
雨 yǔ			ü		上声
窝 wō		u	o		阴平
爱 ài			ɑ	i	去声
由 yóu		i	o	u	阳平
贵 guì	g	u	e	i	去声
决 jué	j	ü	ê		阳平
鞋 xié	x	i	ê		阳平
字 zì	z		–i（前）		去声
吃 chī	ch		–i（后）		阴平
亲 qīn	q		i	n	阴平
以 yǐ			i		上声
双 shuāng	sh	u	ɑ	ng	阴平
翁 wēng		u	e	ng	阴平
用 yòng			ü	ng	去声

为了便于看清音节的组成部分，分析音节结构时一律不采用省略式和改写式，也就是要把拼写时省略和改写的音素全部还原分析。另外，在分析音节结构时还应该注意：

1. zh、ch、sh、ng、er是两个字母表示一个音素，不能再切分。

2. y、w不是声母。当y、w出现在一个音节的开头时，这个音节一定是零声母音节。零声母音节应该先正确地写出韵母原形再做进一步分析，如：yīn因→in，yān烟→ian；yuǎn远→üan；wū屋→u，wā挖→ua。

3. 省略的字母要恢复原形。iou、uei、uen在与辅音声母相拼时，韵腹被省略掉，写成iu、ui、un；撮口呼韵母在与j、q、x声母相拼时，省略了ü上两点，写成u；如果声调符号恰巧标在i上，i上的点也要被省略掉。在音节结构分析时，省略的部分都要恢复原形。

4. ie、üe的韵腹是ê，应该写准确，不要写成e。

5. in只有两个音素，不是ien的省写。

6. 字母i代表三个音素。跟在z、c、s声母后面的是舌尖前高元音-i（前）；跟在zh、ch、sh、r声母后面的是舌尖后高元音-i（后），要注意这两个音素的正确书写。在其他情况下是舌面前高元音i。

第二节 音节拼合

普通话中声母、韵母、声调的拼合有一定的规律性。其中声母与韵母的拼合规律最为明显。声母和声调的拼合也有一些可循的规律。掌握这些规律，可以给我们的拼读带来方便，避免拼读拼写出现差错。

一、声母和韵母的拼合

普通话有22个声母（21个辅音声母加上零声母）、39个韵母，照理说可能构成的音节数目应该有800多个，但实际上构成的音节只有400多个，可见声母和韵母的拼合是有限制的，这种限制就集中体现在声母和韵母的拼合关系上。

普通话声母和韵母的拼合有比较强的规律性。普通话声母和韵母的拼合规律主要表现在声母的发音部位和韵母四呼的关系上。

我们把声母按照发音部位划分为七类，它们跟韵母的拼合关系可以按照韵母开头字母的不同情况列表如下（见表5-2），从中能够大体上看出普通话声韵拼合的总体规律。

表5-2 普通话声母韵母拼合关系简表

声韵拼合情况 韵母 / 声母		开口呼	齐齿呼 i行韵母	合口呼 u行韵母	撮口呼 ü 行韵母
双唇音	b、p、m	有	有	有（只限u）	无
唇齿音	f	有	无	有（只限u）	无
舌尖中音	d、t	有	有	有	无
	n、l	有	有	有	有
舌根音	g、k、h	有	无	有	无
舌面音	j、q、x	无	有	无	有
舌尖后音	zh、ch、sh、r	有	无	有	无
舌尖前音	z、c、s	有	无	有	无
零声母		有	有	有	有

表中竖列的声母按发音部位排列，横行的韵母按开、齐、合、撮四呼排列，同“呼”的韵母和声母拼合的情况基本相同。从上面的简表中我们至少可以得到下列普通话声韵拼合规律：

1. 双唇音b、p、m和舌尖中音d、t能和开口呼、齐齿呼、合口呼韵母相拼（b、p、m和合口呼相拼仅限于u），不能和撮口呼韵母相拼。

2. 舌根音g、k、h，舌尖后音zh、ch、sh、r，舌尖前音z、c、s这三组声母能和开口呼、合口呼韵母相拼，不能和齐齿呼、撮口呼韵母相拼。

3. 舌面音j、q、x只能和齐齿呼、撮口呼韵母相拼，不能和开口呼、合口呼韵母相拼。

4. 舌尖中音n、l以及零声母和开齐合撮四呼都能相拼。

需要指出的是，上述的规律并不是绝对的。所谓不能相拼，指某一类声母与某一类韵母全部不能拼，而且没有例外；能相拼，则并非全部能相拼，而是存在特殊情况。例如b、p、m、f能够与开口呼韵母相拼，但-i（前）、-i（后）、e、ê、er等开口呼韵母却不能与之相拼；n、l能够与四呼韵母都相拼，但是与-i（前）、-i（后）、o、e、ê、er、iong、ua、uai、uei、uang、ueng、üan、ün等韵母却不能拼；四呼的韵母都可以成为零声母音节，但-i（前）、-i（后）、ong却是例外，这几个韵母都不能够自成音节；另外，o只能与b、p、m、f相拼，ê、er、ueng不与任何辅音声母相拼，-i（前）不与除舌尖前音z、c、s以外的其他声母相拼，-i（后）不与除舌尖后音zh、ch、sh、r以外的其他声母相拼。

依据表5-3，我们可以进一步了解普通话音节变化情况。

表5-3　普通话音节表

韵母＼声母		b	p	m	f	d	t	n	l	g	k	h	j	q	x	zh	ch	sh	r	z	c	s	零
开口呼	a	八	趴	妈	罚	大	塔	拿	辣	尬	咔	哈				炸	茶	杀		杂	擦	萨	啊
	o	波	破	莫	佛																		喔
	e			么		德	特	讷	乐	歌	科	喝				者	车	设	热	则	测	色	鹅
	ê																						欸
	er																						儿
	–i（前）																			字	词	四	
	–i（后）															指	吃	食	日				
	ai	白	牌	买		带	台	奶	来	该	开	海				摘	拆	晒		在	菜	赛	爱
	ei	被	陪	美	非	得	忒	内	类	给	尅	黑								贼			诶
	ao	包	跑	毛		到	套	闹	捞	高	靠	好				招	超	烧	饶	早	曹	嫂	袄
	ou		剖	某	否	豆	投	耨	楼	够	口	后				周	抽	收	肉	走	凑	搜	欧
	an	版	盘	慢	饭	但	谈	难	蓝	感	看	汉				站	产	山	然	赞	惨	伞	安
	en	笨	盆	门	分	扽		嫩		跟	肯	很				真	晨	神	人	怎	岑	森	恩
	ang	帮	旁	忙	方	当	汤	馕	狼	刚	抗	航				张	唱	伤	让	葬	仓	桑	昂
	eng	崩	碰	梦	峰	等	疼	能	冷	耕	坑	恒				正	成	生	仍	增	层	僧	鞥
齐齿呼	i	笔	皮	米		第	提	你	例				记	其	喜								衣
	ia								俩				加	恰	霞								亚
	ie	别	瞥	灭		跌	贴	捏	列				接	且	鞋								也
	iao	表	票	秒		掉	条	鸟	聊				较	桥	小								药

续表

韵母＼声母		b	p	m	f	d	t	n	l	g	k	h	j	q	x	zh	ch	sh	r	z	c	s	零
齐齿呼	iou					丢		牛	刘				就	秋	修								有
	ian	变	骗	棉		点	天	年	练				建	前	先								烟
	in	宾	拼	民				您	林				进	亲	心								因
	iang							娘	梁				姜	墙	想								阳
	ing	并	平	名		定	听	凝	零				经	请	型								英
合口呼	u	不	普	木	福	读	图	努	路	股	哭	胡				主	出	树	如	族	粗	素	无
	ua									瓜	夸	话				抓	欻	刷					挖
	uo									郭	扩	或				桌	戳	说	若	坐	错	锁	我
	uai									乖	快	坏				拽	踹	甩					外
	uei					对	腿			贵	亏	会				追	吹	睡	瑞	最	催	随	未
	uan					短	团	暖	乱	管	款	换				专	传	栓	软	钻	窜	算	玩
	uen					吨	吞		论	滚	困	昏				准	纯	吮	润	尊	村	笋	问
	uang									光	狂	黄				装	窗	爽					网
	ueng																						翁
	ong					董	同	农	龙	工	空	虹				中	充		荣	总	葱	松	
撮口呼	ü							女	吕				剧	去	旭								鱼
	üe							虐	略				决	缺	雪								月
	üan												娟	全	选								原
	ün												均	群	寻								云
	iong												窘	穷	胸								用

根据上表，从四呼的角度还可以归纳出下列几条规律：

1. 开口呼包含音节数目最多，几乎占普通话音节的一半；舌面音声母j、q、x不同开口呼韵母相拼；舌尖元音-i（前）、-i（后）属开口呼音节，只同舌尖前音声母z、c、s和舌尖后音声母zh、ch、sh、r相拼；er独立自成音节，不和任何声母相拼。

2. 齐齿呼韵母不同舌尖前音声母z、c、s，舌尖后音声母zh、ch、sh、r，舌面音声母g、k、h和唇齿音声母f相拼；韵母ia、iang不同双唇音声母b、p、m，舌尖中音声母d、t、n、l相拼；声母d、t不同韵母in相拼。

3. 合口呼韵母不同舌面音声母j、q、x相拼；舌尖中音声母d、t、n、l，舌尖前音声母z、c、s都不同韵母ua、uai、uang相拼；ueng只能独立成音节，不同任何辅音声母相拼；ong只能前拼辅音声母，不能独立构成音节。

4. 撮口呼包含音节最少；辅音声母同撮口呼韵母相拼的只有j、q、x、n、l；声母n、l只同韵母ü、üe相拼，不同韵母üan、ün相拼。

二、声母和声调的拼合

1. 普通话里送气的塞音和塞擦音p、t、k、q、ch、c充当声母的字四种声调都有，但阳平调稍多。

2. 普通话里不送气的塞音和塞擦音声母b、d、g、zh、j、z同鼻韵母相拼基本没有阳平调的字，例外的只有“béng甭、gén哏”等少数几个字；同其他非鼻韵母相拼时，则有阳平字。

3. 普通话里m、n、l、r四个浊辅音充当声母的字阴平声调很少，常用汉字中有“妈、猫、咪、喵、摸、妮、拈、蔫、捏、妞、拉、啦、垃、捞、熘、扔”等。

三、常见失误辨正

掌握了普通话声母、韵母和声调的拼合规律可以帮助我们避免拼读和拼写上的一些错误。例如：知道j、q、x不能和开口呼韵母相拼，就不会把“尖jiān”误拼为jān；知道b、p、m、f和合口呼韵母相拼只限于韵母u，就不会把“波bō”误拼为buō。掌握普通话声母、韵母和声调的拼合规律，还可以帮助我们纠正方言中某些成类的错误：

1. 不要把bo、po、mo、fo读成be、pe、me、fe。普通话里双唇音b、p、m和唇齿音f只拼圆唇韵母o，不拼展唇韵母e。

2. 不要把beng、peng、meng、feng读成bong、pong、mong、fong。普通话的b、p、m、f不能和ong韵母相拼。

3. 不要把fei读成fi。普通话里f声母不能跟齐齿呼韵母相拼。

4. 不要把ji、qi、xi读成gi、ki、hi。普通话的g、k、h声母不能和齐齿呼韵母相拼。

存在上述错误的人学习普通话时，应该把这些错误改正过来，这样有助于说好普通话。

第三节 音节拼读

一、拼读的含义

把声母和带声调的韵母一口气快速连读成一个字音，这就是拼读。拼读是把音节的拼音字母书写形式还原为音节的声音形式的过程。拼读是通过拼读者的发音来实现的。音节的拼读习惯上叫拼音，就是要把声母、韵母、声调有机地组合成音节。要想使音节拼读准确，除了把声母、韵母、声调自身读准，还要注意拼读的要领和拼读的方法。

二、拼读的要领

1. 声母要用本音，发音部位要正确。对于缺乏拼音习惯、用声母本音拼读有困难的人，可采用过渡办法，先尽量把声母的呼读音发得又轻又短，使附加的元音减弱，再通过反复练习，逐步把附加的元音甩掉。

2. 读准韵母。发音时，单韵母要保持住发音时的舌位及唇形不变，否则容易出现归音不到位的现象；复韵母和鼻韵母发音时，一是要注意体现动程，二是要注意读成一个整体。有韵头的音节，要注意韵头读得轻、短，但不能丢失韵头；有鼻辅音韵尾的音节要注意把韵尾读到位，防止出现鼻化元音。

3. 拼读音节时速度要快，声母和韵母之间要一气读成，不要停顿，气流不要中断。

三、拼读的方法

拼读的方法主要有四种：

1. **两拼法**。将声母、韵母两部分拼成音节的方法，拼读时将韵母当成一个整体。这种拼读方法的训练要领是："前音（指声母）轻短后音（指韵母）重，两音相连猛一碰。"拼读时把声母读得轻短一些，韵母读得重一些，韵母要作为一个整体，不管其内部结构如何都不分开读，如：c–ǎi→cǎi彩，x–iá→xiá霞。

2. **三拼法**。又叫三拼连读法，是把音节分成声母、韵头（介音）、韵身（韵母除去韵头所剩余的部分）三部分连读拼音的方法。这种方法只能用于有韵头的音节。三拼法的拼读要领是："声短介快韵腹响，三音连读很顺当。"即声母读本音，声母和韵头读得要短，韵腹读得要响亮，这样快速连读气流不中断，就可以拼成一个完整的音节。例如：x（声母）–i（韵头）–ǎng（韵身）→xiǎng响。

信息栏5-1

小学汉语拼音教学

小学汉语拼音教学采用三拼法拼读音节，可以省教ia、iao、ian、iang、iong、ua、uo、uai、uan、uang、üan11个有韵头的韵母，减轻小学生的负担。

［资料来源］人民教育出版社小学语文室：《小学语文教学法》，人民教育出版社1999年，第55页。

3. **声介合拼法**。即把声母和介音（韵头）i、u、ü看成一个整体，直接和后面的韵身进行拼音，这种方法也只能用于有韵头的音节，如：bi-àn→biàn变。

需要注意的是：ie、üe、iou、uei、uen、ueng虽然有韵头，却不能用三拼法和声介合拼法拼读。因为ie、üe的韵腹是ê不是e；iou、uei、uen在小学汉语拼音教学中教的是省写形式iu、ui、un；小学汉语拼音教学中把y、w当声母教，因此省略ueng韵母，只教eng韵母，而在普通话里ueng韵母只能自成音节，写成weng，不具备三拼法和声介合拼法的条件。如果用三拼法或声介合拼法拼读ie、üe、iou、uei、uen韵母的字，就需要给小学生讲单韵母ê以及ie、üe的原型，还需要讲iu、ui、un的原型是iou、uei、uen，这样就谈不上减轻小学生的负担了。

4. **直呼法**。直呼法又叫直呼音节，就是对一个音节不再进行拼读而直接读出字音的方法，如看到xiǎng，就直接读出“想”，不再使用以上方法拼读，这样才算是掌握了拼音这个工具，运用起来才会得心应手。

直呼音节要求阅读纯拼音读物的速度要像阅读汉字读物的速度一样。怎样才能达到这样的要求呢？除了反复练习之外，还必须有恰当的能培养直呼音节能力的科学方法。我们可以通过下列三种方法练习直呼音节：

（1）支架法。要领是“声母支好架，声韵同时发”。也就是先摆好发声母的口形，紧接着用声母的本音连读带调韵母，一口气呼出音节。

（2）暗拼急读法。是初学直呼时向“支架法”过渡的办法。就是看到一个音节时，先看准音节的声母、韵母、声调，但嘴上不读出来，而是先在心里拼准后，再快速直接读出音节。

（3）整体认读法。这种方法类似读“整体认读音节”，像认读汉字一样，直接认读一个个音节。

信息栏5-2

整体认读音节

整体认读音节就是不采取拼读的办法，而是把音节作为一个整体来记认。这是在小学汉语拼音教学中，为了减轻小学生的负担而采取的变通的教法，一共有zhi、chi、shi、ri、zi、ci、si、ye、yi、yin、ying、wu、yu、yue、yun、yuan16个整体认读音节。前7个音节是因为舌尖韵母发音较难，整体认读可以减少发音上的难度；后9个是因为y、w当做声母以后，这些音节不便于拼音，所以也作为整体记认。

［资料来源］龙文希：《小学语文课程标准与教材内容读本》，东北师范大学出版社2006年，第163页。

拼音是一种技能，仅仅知道方法是不够的，必须通过大量的练习，才能熟练地掌握。首先要利用以上方法熟读400多个基本音节，然后逐渐进行纯拼音文字的扫读，由易到难，循序渐进。

四、定调法

进行音节拼读还要学会确定声调。怎样给音节定调呢？常用方法有三种：

1. **数调法**。先把声母和韵母拼合在一起，然后按照阴平、阳平、上声、去声的顺序逐个数，直到数到要读的声调为止。例如dà，先拼读出这个音节的阴平调dā，然后依照顺序数调，阳平调dá，上声调dǎ，去声调dà，那么dà就是要读的调。

2. **韵母定调法**。先确定韵母的声调，用声母和带声调的韵母相拼，直接读出音节的声调。例如qiáng，拼读时不用数调，直接用声母q和阳平调的韵母iáng相拼，读出qiáng。

3. **音节定调法**。先把声母和韵母拼合在一起，不带声调，最后读出的是带调的音节。例如：j–iao→jiāo、k–uang→kuáng、b–a→bǎ、g–ui→guì。

第四节　音节拼写

所谓拼写就是指用汉语拼音按照一定的规则拼写现代汉语普通话的音节。正确拼写离不开《汉语拼音方案》和《汉语拼音正词法基本规则》。

一、拼写的要领

1. 拼写时，连写要连贯，分写要分界清楚；不要连写松松垮垮，分写又距离太近，使人难以分辨到底是分写还是连写。

2. 字母的大小写要区别显著。特别是大小写同形或十分接近的一些字母，手写时，大写应该大一些、明显些，例如Z和z，C和c，S和s，W和w，U和u，X和x，J和j，Y和y等。

3. 使用计算机录入时，字母要使用汉语拼音的书写形式，不要使用英文字母的书写形式。例如字母ɑ不要录入为a，ɡ不要录入为g。

二、汉语拼音的音节拼写规则

使用汉语拼音拼写普通话音节时，要熟练掌握拼写规则，避免出现拼写错误。掌握拼写规则要注意以下几个方面：

1. **y、w的使用**

《汉语拼写方案》中的字母y和w的性质可以从以下两个方面来认识：

第一，y、w是半元音字母。它们具有元音的特点，但又有轻微的摩擦，所以称之为半元音；第二，y、w在音节开头使用，主要是使音节界限更加清晰，方便识读。例如zhānguàng容易拼读成zhān guàng，使用y、w后（zhāngwàng）就不会出现这样的误读。

y和w的使用涉及i行韵母（齐齿呼韵母）、u行韵母（合口呼韵母）和ü行韵母（撮口呼韵母），其使用规则可以概括为加写和改写两个方面。

零声母音节中，如果韵头是i、u（韵母有2个或3个元音音素），则把i改写为y，把u改写为w。例如：i行韵母ia、ie、iao、iou、ian、iang、iong要写成ya、ye、yao、you、yan、yang、yong；u行韵母ua、uo、uai、uei、uan、uen、uang、ueng要写成wa、wo、wai、wei、wan、wen、wang、weng。如果韵腹是i、u（韵母只有1个元音音素），则在韵母前加写y和w，例如i→yi、in→yin、ing→ying、u→wu。ü行韵母自成音节一律在ü前加写y，同时省掉ü上的两点，例如ü→yu、üe→yue、üan→yuan、ün→yun。

2. 韵母iou、uei、uen的省写

iou、uei、uen这三个韵母的完整拼写形式在实际运用中永远不会出现，因为在给汉字注音拼写出音节时，这三个韵母无论以何种身份出现，根据《汉语拼音方案》的拼写规则，都要发生变化，而不是直接使用。第一，它们同辅音声母相拼时，要省略韵腹o和e，写作iu、ui、un，例如jiu、tui、zhun。韵腹省略后，声调符号的位置要做相应的调整。iou和uei省略韵腹后，声调符号要标写在后一个元音上面（i、u并列标在后），例如liúshuǐ（流水）；uen省略主要元音后变成un，只剩下u一个元音，所以声调符号直接标写在元音u上面，例如Kūnlún（昆仑）。第二，它们自成音节时，也就是不同辅音声母相拼时，因为它们是以i、u开头的音节，按照i行韵母和u行韵母拼写规则要求，这三个韵母要分别写作you、wei、wen，即iou要将i改写成y，uei和uen要将u改写成w，这里与y和w的使用规则保持一致。

3. ü上两点的省略

ü行韵母只有ü、üe、üan、ün四个。字母ü在拼写为音节时，多数情况下要省掉ü上两点改为用字母u表示。具体说，《汉语拼音方案》韵母表中ü行这四个韵母在拼写中有三种情况：

保持原形不变。当这四个韵母与辅音声母n和l相拼时，ü上面的两点不能省略，因为这两个声母同时也可以和u行的韵母相拼，所以如果把ü上两点省略了，ü和u就无法区分了。例如：lǜ（律）不能省写ü上两点为lù，这样就与“路”混淆了。

省略ü上两点。这四个韵母和辅音声母j、q、x相拼时，ü上面的两点要省略。例如qǘnjǖ（群居）要省写为qúnjū。这里之所以能够省略，不会和字母u相混，是因为以字母u开头的合口呼韵母绝对不会和声母j、q、x相拼。所以，j、q、x后面出现的元音u，一定是元音ü省掉两点改写而成的，不会误解为u。

省略ü上两点，前面加写y。ü行韵母自成音节时，ü上两点要省略，同时要在前面加写y。例如：ǜn ǜ（孕育）要写作yùnyù，üè üán（月圆）要写作yuèyuán。

4. 隔音符号的使用

普通话音节多数是有辅音声母的音节。汉语拼音音节的拼读习惯是，辅音字母总是跟后边的元音拼合成音节，例如shāngē只能读成shān gē（山歌）。只有在后边没有元音的情况下，辅音字母才跟前边的音素拼合，例如shāng（商）。这样，辅音声母就起了标明音节界限的作用。以 i 、u、ü开头的韵母自成音节构成的零声母音节使用y、w标明音节界限。剩下的还有以a、o、e开头的韵母自成音节构成的零声母音节，连写时容易和前边音节的界限发生混淆。有以下三种情况：

第一种是和前边以n、ng收尾的音节相连，如果不用符号隔开，前一音节最后一个字母n、ng会被误认成后一个音节的声母。例如：“翻案”（fān àn）被读成“发难”（fā nàn），“档案”（dàng àn）被念成“单干”（dān gàn）。

第二种是和前边以i、u、ü收尾的音节相连，如果不用符号隔开，两个音节常常被误认成一个音节。例如："饥饿"（jī è）会被读成"借"（jiè），"酷爱"（kù ài）会被读成"快"（kuài），"皮袄"（pí ǎo）会被读成"瞟"（piǎo）。

第三种是和i、u、ü以外的其他元音收尾的音节相连，不用符号隔开，虽不至于被误读成一个音节，但是元音相连，视觉上难以产生清晰的印象，给阅读带来困难。例如"花袄"（huāǎo）、"海鸥"（hǎiōu）。

为了解决这些问题，《汉语拼音方案》规定："a，o，e开头的音节连接在其他音节后面的时候，如果音节的界限发生混淆，用隔音符号（'）隔开。"我们在实际使用时，为了避免出现上述的第三种情况，一般规定：凡是a、o、e开头的音节连接在其他音节后面的时候，不管音节界限是否发生混淆，一律用隔音符号（'）隔开，隔音符号标在音节开头字母a、o、e的左上方。例如：hé'ǎi（和蔼），yòu'ér（幼儿），mián'ǎo（棉袄），tiān'é（天鹅），dī'àn（堤岸），fāng'àn（方案），kù'ài（酷爱）。

关于隔音符号的使用，还必须注意以下两点：第一，以a、o、e开头的零声母音节只有连写在别的音节后面时才用隔音符号。如果是在一个词的开头，就不存在音节界限不清的问题，也就不能使用隔音符号，例如ànzhào（按照）。第二，有辅音声母的音节和使用了y、w的音节，前边都不能用隔音符号，要防止隔音符号的滥用。

5. 标调法

标注声调符号要注意几点：

声调符号要标在韵腹（主要元音）上面，例如：fān（翻）、jié（杰）、lǚ（吕）、dì（地）。iou与辅音声母相拼时省略韵腹拼写作iu，uei与辅音声母相拼时省略韵腹后拼写作ui，声调符号标在后一个元音上，例如niú（牛）、huǐ（毁）。

声调变化一律标原调，不标变调，例如："一""不"在不同声调的音节前面会发生不同的变调，在注音时只标原调，不标变调。但在语音教学时，可以根据需要灵活处理。

轻声音节不标调号。例如dòufu（豆腐）、méimao（眉毛）、duìwu（队伍）。

调号标在i上时，省略i上的点。例如jī（鸡）、lì（立）、qí（其）。

信息栏5-3

标调口诀

有a莫放过，没a找o、e，
i、u并列标在后，单个韵母不用说，
i上标调把点去，轻声不标就空着。

现代汉语的汉语拼音拼写依据《汉语拼音正词法基本规则》，具体内容如下：

汉语拼音正词法基本规则（节录）

5 总则

5.1 拼写普通话基本上以词为书写单位。例如：

rén（人）
hǎo（好）
sān（三）
hěn（很）
hé（和）
ā（啊）
fúróng（芙蓉）
māma（妈妈）
yuèdú（阅读）
zhòngshì（重视）
niánqīng（年轻）
shìwēi（示威）
chuánzhī（船只）
fēicháng（非常）
āiyā（哎呀）
túshūguǎn（图书馆）
pǎo（跑）
nǐ（你）
gè（个）
bǎ（把）
de（的）
pēng（砰）
qiǎokèlì（巧克力）
péngyou（朋友）
wǎnhuì（晚会）
dìzhèn（地震）
qiānmíng（签名）
niǔzhuǎn（扭转）
dànshì（但是）
dīngdōng（叮咚）
diànshìjī（电视机）

5.2 表示一个整体概念的双音节和三音节结构，连写。例如：

quánguó（全国）
dǎnxiǎo（胆小）
gōngguān（公关）
àiniǎozhōu（爱鸟周）
èzuòjù（恶作剧）
yīdāoqiē（一刀切）
chīdexiāo（吃得消）
zǒulái（走来）
huánbǎo（环保）
chángyòngcí（常用词）
yǎnzhōngdīng（眼中钉）
pòtiānhuāng（破天荒）
duìbuqǐ（对不起）

5.3 四音节及四音节以上表示一个整体概念的名称，按词或语节（词语内部由语音停顿而划分成的片段）分写，不能按词或语节划分的，全都连写。例如：

wúfèng gāngguǎn（无缝钢管）
huánjìng bǎohù guīhuà（环境保护规划）
jīngtǐguǎn gōnglǜ fàngdàqì（晶体管功率放大器）
Zhōnghuá Rénmín Gònghéguó（中华人民共和国）

Zhōngguó Shèhuì Kēxuéyuàn（中国社会科学院）
yánjiūshēngyuàn（研究生院）
hóngshízìhuì（红十字会）
yúxīngcǎosù（鱼腥草素）
gāoměngsuānjiǎ（高锰酸钾）
gǔshēngwùxuéjiā（古生物学家）

5.4 单音节词重叠，连写；双音节词重叠，分写。例如：

rénrén（人人）
kànkan（看看）
dàdà（大大）
gègè（个个）
yánjiū yánjiū（研究研究）
xuěbái xuěbái（雪白雪白）
niánnián（年年）
shuōshuo（说说）
hónghóng de（红红的）
tiáotiáo（条条）
shāngliang shāngliang（商量商量）
tōnghóng tōnghóng（通红通红）

重叠并列即AABB式结构，连写。例如：

láiláiwǎngwǎng（来来往往）
shuōshuōxiàoxiào（说说笑笑）
qīngqīngchǔchǔ（清清楚楚）
wānwānqūqū（弯弯曲曲）
fāngfāngmiànmiàn（方方面面）
qiānqiānwànwàn（千千万万）

5.5 单音节前附成分（副、总、非、反、超、老、阿、可、无、半等）或单音节后附成分（子、儿、头、性、者、员、家、手、化、们等）与其他词语，连写。例如：

fùbùzhǎng（副部长）
fùzǒnggōngchéngshī（副总工程师）
fēiyèwù rényuán（非业务人员）
chāoshēngbō（超声波）
āyí（阿姨）
wútiáojiàn（无条件）
zhuōzi（桌子）
quántou（拳头）
shǒugōngyèzhě（手工业者）
yìshùjiā（艺术家）
xiàndàihuà（现代化）
zǒnggōngchéngshī（总工程师）
fēijīnshǔ（非金属）
fǎndàndào dǎodàn（反弹道导弹）
lǎohǔ（老虎）
kěnì fǎnyìng（可逆反应）
bàndǎotǐ（半导体）
jīnr（今儿）
kēxuéxìng（科学性）
chéngwùyuán（乘务员）
tuōlājīshǒu（拖拉机手）
háizimen（孩子们）

5.6 为了便于阅读和理解，在某些并列的词、语素之间或某些缩略语当中可用连接号。例如：

bā-jiǔ tiān（八九天）
rén-jī duìhuà（人机对话）
shíqī-bā suì（十七八岁）
zhōng-xiǎoxué（中小学）

lù-hǎi-kōngjūn（陆海空军）
biànzhèng-wéiwùzhǔyì（辩证唯物主义）
Cháng-Sānjiǎo（长三角［长江三角洲］）
Hù-Níng-Háng Dìqū（沪宁杭地区）
Zhè-Gàn Xiàn（浙赣线）
Jīng-Zàng Gāosù Gōnglù（京藏高速公路）

6　基本规则

6.1　分词连写规则

6.1.1　名词

6.1.1.1　名词与后面的方位词，分写。例如：

shān shàng（山上）
shù xià（树下）
mén wài（门外）
mén wàimian（门外面）
hé li（河里）
hé lǐmian（河里面）
huǒchē shàngmian（火车上面）
xuéxiào pángbiān（学校旁边）
Yǒngdìng Hé shàng（永定河上）
Huáng Hé yǐnán（黄河以南）

6.1.1.2　名词与后面的方位词已经成词的，连写。例如：

tiānshang（天上）
dìxia（地下）
kōngzhōng（空中）
hǎiwài（海外）

6.1.2　动词

6.1.2.1　动词与后面的动态助词“着”“了”“过”，连写。例如：

kànzhe（看着）
tǎolùn bìng tōngguòle（讨论并通过了）
jìnxíngguo（进行过）

6.1.2.2　句末的“了”兼做语气助词，分写。例如：

Zhè běn shū wǒ kàn le.（这本书我看了。）

6.1.2.3　动词与所带的宾语，分写。例如：

kàn xìn（看信）
chī yú（吃鱼）
kā wánxiào（开玩笑）
jiāo liú jīngyàn（交流经验）

动宾式合成词中间插入其他成分的，分写。例如：

jūle yī gè gōng（鞠了一个躬）
lǐguo sān cì fā（理过三次发）

6.1.2.4　动词（或形容词）与后面的补语，两者都是单音节的，连写；其余情况，分写。例如：

gǎohuài（搞坏）
dǎsǐ（打死）
shútòu（熟透）
jiànchéng（建成［楼房］）
huàwéi（化为［蒸汽］）
dàngzuò（当作［笑话］）

zǒu jìnlái（走进来） zhěnglǐ hǎo（整理好）
jiànshè chéng（建设成［公园］） gǎixiě wéi（改写为［剧本］）

6.1.3 形容词

6.1.3.1 单音节形容词与用来表示形容词生动形式的前附成分或后附成分，连写。例如：

mēngmēngliàng（蒙蒙亮） liàngtángtáng（亮堂堂）
hēigulōngdōng（黑咕隆咚）

6.1.3.2 形容词与后面的“些”“一些”“点儿”“一点儿”，分写。例如：

dà xiē（大些） dà yīxiē（大一些）
kuài diǎnr（快点儿） kuài yīdiǎnr（快一点儿）

6.1.4 代词

6.1.4.1 人称代词、疑问代词与其他词语，分写。例如：

Wǒ ài Zhōngguó.（我爱中国。）
Tāmen huílái le.（他们回来了。）
Shéi shuō de?（谁说的？） Qù nǎlǐ?（去哪里？）

6.1.4.2 指示代词“这”“那”，疑问代词“哪”与后面的名词或量词，分写。例如：

zhè rén（这人） nà cì huìyì（那次会议）
zhè zhī chuán（这只船） nǎ zhāng bàozhǐ（哪张报纸）

指示代词“这”“那”，疑问代词“哪”与后面的“点儿”“般”“边”“时”“会儿”，连写。例如：

zhèdiǎnr（这点儿） zhèbān（这般）
zhèbiān（这边） nàshí（那时）
nàhuìr（那会儿）

6.1.4.3 “各”“每”“某”“本”“该”“我”“你”等和后面的名词或量词，分写。例如：

gè guó（各国） gè rén（各人）
gè xuékē（各学科） měi nián（每年）
měi cì（每次） mǒu rén（某人）
mǒu gōngchǎng（某工厂） běn shì（本市）
běn bùmén（本部门） gāi kān（该刊）
gāi gōngsī（该公司） wǒ xiào（我校）
nǐ dānwèi（你单位）

6.1.5 数词和量词

6.1.5.1 汉字数字用汉语拼音拼写，阿拉伯数字则仍保留阿拉伯数字写法。例如：

èr líng líng bā nián（二〇〇八年） èr fēn zhī yī（二分之一）

wǔ yòu sì fēn zhī sān（五又四分之三）　sān diǎn yī sì yī liù（三点一四一六）
líng diǎn liù yī bā（零点六一八）　635 fēnjī（635分机）

6.1.5.2　十一到九十九之间的整数，连写。例如：

shíyī（十一）　shíwǔ（十五）
sānshísān（三十三）　jiǔshíjiǔ（九十九）

6.1.5.3　“百”“千”“万”“亿”与前面的个位数，连写；“万”“亿”与前面的十位以上的数，分写，当前面的数词为“十”时，也可连写。例如：

shí yì líng qīwàn èrqiān sānbǎi wǔshíliù/ shíyì líng qīwàn èrqiān sānbǎi wǔshíliù
（十亿零七万二千三百五十六）
liùshísān yì qīqiān èrbǎi liùshíbā wàn sìqiān líng jiǔshíwǔ
（六十三亿七千二百六十八万四千零九十五）

6.1.5.4　数词与前面表示序数的“第”中间，加连接号。例如：

dì-yī（第一）　dì-shísān（第十三）
dì-èrshíbā（第二十八）　dì-sānbǎi wǔshíliù（第三百五十六）
数词（限于“一”至“十”）与前面表示序数的“初”，连写。例如：
chūyī（初一）　chūshí（初十）

6.1.5.5　代表月日的数词，中间加连接号。例如：

wǔ-sì（五四）　yīèr-jiǔ（一二·九）

6.1.5.6　数词与量词，分写。例如：

liǎng gè rén（两个人）　yī dà wǎn fàn（一大碗饭）
liǎng jiān bàn wūzi（两间半屋子）　kàn liǎng biàn（看两遍）
数词、量词与表示约数的“多”“来”“几”，分写。例如：
yībǎi duō gè（一百多个）　shí lái wàn rén（十来万人）
jǐ jiā rén（几家人）　jǐ tiān gōngfu（几天工夫）
“十几”“几十”连写。例如：
shíjǐ gè rén（十几个人）　jǐshí gēn gāngguǎn（几十根钢管）
两个邻近的数字或表位数的单位并列表示约数，中间加连接号。例如：
sān-wǔ tiān（三五天）　qī-bā gè（七八个）
yì-wàn nián（亿万年）　qiān-bǎi cì（千百次）

6.1.6　副词

副词与后面的词语，分写。例如：
hěn hǎo（很好）　dōu lái（都来）
gèng měi（更美）　zuì dà（最大）
bù lái（不来）　bù hěn hǎo（不很好）

gānggāng zǒu（刚刚走） fēicháng kuài（非常快）
shífēn gǎndòng（十分感动）

6.1.7 介词

介词与后面的其他词语，分写。例如：
zài qiánmiàn zǒu（在前面走）
xiàng dōngbiān qù（向东边去）
wèi rénmín fúwù（为人民服务）
cóng zuótiān qǐ（从昨天起）
bèi xuǎnwéi dàibiǎo（被选为代表）
shēng yú 1940 nián（生于1940年）
guānyú zhège wèntí（关于这个问题）
cháozhe xiàbian kàn（朝着下边看）

6.1.8 连词

连词与其他词语，分写。例如：
gōngrén hé nóngmín（工人和农民）
tóngyì bìng yōnghù（同意并拥护）
guāngróng ér jiānjù（光荣而艰巨）
bùdàn kuài érqiě hǎo（不但快而且好）
Nǐ lái háishi bù lái?（你来还是不来？）
Rúguǒ xià dàyǔ，bǐsài jiù tuīchí.（如果下大雨，比赛就推迟。）

6.1.9. 助词

6.1.9.1 结构助词“的”“地”“得”“之”“所”等与其他词语，分写。其中，“的”“地”“得”前面的词是单词音节的，也可连写。例如：
dàdì de nǚ'ér（大地的女儿）
Zhè shì wǒ de shū. / Zhè shì wǒde shū.（这是我的书。）
Wǒmen guòzhe xìngfú de shēnghuó.（我们过着幸福的生活。）
Shāngdiàn li bǎimǎnle chī de，chuān de，yòng de. / Shāngdiàn li bǎimǎnle chīde，chuānde，yòngde.（商店里摆满了吃的、穿的、用的。）
mài qīngcài luóbo de（卖青菜萝卜的）
Tā zài dàjiē shang mànman de zǒu.（他在大街上慢慢地走。）
Tǎnbái de gàosu nǐ ba.（坦白地告诉你吧。）
Tā yī bù yī gè jiǎoyìnr de gōngzuòzhe.（他一步一个脚印$_{儿}$地工作着。）
dǎsǎo de gānjìng（打扫得干净）
xiě de bù hǎo/ xiěde bù hǎo（写得不好）
hóng de hěn/ hóngde hěn（红得很）
lěng de fādǒu/ lěngde fādǒu（冷得发抖）
shàonián zhī jiā（少年之家）

zuì fādá de guójiā zhī yī（最发达的国家之一）
jù wǒ suǒ zhī（据我所知）
bèi yīngxióng de shìjì suo gǎndòng（被英雄的事迹所感动）

6.1.9.2 语气助词与其他词语，分写。例如：

Nǐ zhīdào ma?（你知道吗？）
Zěnme hái bù lái a?（怎么还不来啊？）
Kuài qù ba!（快去吧！）
Tā yīdìng huì lái de.（他一定会来的。）
Huǒchē dào le.（火车到了。）
Tā xīnlǐ míngbai，zhǐshì bù shuō bàle.（他心里明白，只是不说罢了。）

6.1.9.3 动态助词

动态助词主要有“着”“了”“过”。见6.1.2.1的规定。

6.1.10 叹词

叹词通常独立于句法结构之外，与其他词语分写。例如：

À! Zhēn měi!（啊！真美！）
Ńg，nǐ shuō shénme?（嗯，你说什么？）
Hng，zǒuzhe qiáo ba!（哼，走着瞧吧！）
Tīng míngbai le ma? Wèi!（听明白了吗？喂！）
Āiyā，wǒ zěnme bù zhīdào ne!（哎呀，我怎么不知道呢！）

6.1.11 拟声词

拟声词与其他词语，分写。例如：

“honglong” yī shēng（“轰隆”一声）
chánchán liúshuǐ（潺潺流水）
mó dāo huòhuò（磨刀霍霍）
jījīzhāzhā jiào gè bù tíng（叽叽喳喳叫个不停）
Dà gōngjī wōwō tí.（大公鸡喔喔啼。）
“Du——” qìdí xiǎng le.（“嘟——”，汽笛响了。）
xiǎoxī huāhuā de liútǎng.（小溪哗哗地流淌。）

6.1.12 成语和其他熟语

6.1.12.1 成语通常作为一个语言单位使用，以四字文言语句为主。结构上可以分为两个双音节的，中间加连接号。例如：

fēngpíng-làngjìng（风平浪静）
àizēng-fēnmíng（爱憎分明）
shuǐdào-qúchéng（水到渠成）
yángyáng-dàguān（洋洋大观）
píngfēn-qiūsè（平分秋色）
guāngmíng-lěiluò（光明磊落）
diānsān-dǎosì（颠三倒四）

结构上不能分为两个双音节的，全部连写，例如：

céngchūbùqióng（层出不穷）
bùyìlèhū（不亦乐乎）
zǒngéryánzhī（总而言之）
àimònéngzhù（爱莫能助）
yīyīdàishuǐ（一衣带水）

6.1.12.2 非四字成语和其他熟语内部按词分写。例如：

bēi hēiguō（背黑锅）
yī bíkǒng chū qìr（一鼻孔出气儿）
bā gānzi dǎ bu zháo（八竿子打不着）
zhǐ xǔ zhōuguān fàng huǒ，bù xǔ bǎixìng diǎn dēng（只许州官放火，不许百姓点灯）
xiǎocōng bàn dòufu——yīqīng-èrbài（小葱拌豆腐——一清二白）

6.2 人名地名拼写规则

6.2.1 人名拼写

6.2.1.1 汉语人名中的姓和名分写，姓在前，名在后。复姓连写。双姓中间加连接号。姓和名的首字母分别大写，双姓两个字首字母都大写。笔名、别名等，按姓名写法处理。例如：

Lǐ Huá（李华）
Wáng Jiànguó（王建国）
Dōngfāng Shuò（东方朔）
Zhūgě Kǒngmíng（诸葛孔明）
Zhāng-Wáng Shūfāng（张王淑芳）
Lǔ Xùn（鲁迅）
Méi Lánfāng（梅兰芳）
Zhāng Sān（张三）
Wáng Mázi（王麻子）

6.2.1.2 人名与职务、称呼等，分写；职务、称呼等首字母小写。例如：

Wáng bùzhǎng（王部长）
Tián zhǔrèn（田主任）
Wú kuàijì（吴会计）
Lǐ xiānsheng（李先生）
Zhào tóngzhì（赵同志）
Liú lǎoshī（刘老师）
Dīng xiōng（丁兄）
Zhāng mā（张妈）
Zhāng jūn（张君）
Wú lǎo（吴老）
Wáng shì（王氏）
Sūn mǒu（孙某）
Guóqiáng tóngzhì（国强同志）
Huìfāng āyí（惠芳阿姨）

6.2.1.3 “老”“小”“大”“阿”等与后面的姓、名、排行，分写，分写部分的首字母分别大写。例如：

Xiǎo Liú（小刘）
Lǎo Qián（老钱）
Lǎo Zhāngtour（老张头儿）
Dà Lǐ（大李）
Ā Sān（阿三）

6.2.1.4 已经专名化的称呼，连写，开头大写。例如：

Kǒngzǐ（孔子）
Bāogōng（包公）
Xīshī（西施）
Mèngchángjūn（孟尝君）

6.2.2 地名拼写

6.2.2.1 汉语地名中的专名和通名，分写，每一分写部分的首字母大写。例如：

Běijīng Shì（北京市） Héběi Shěng（河北省）
Yālù Jiāng（鸭绿江） Tài Shān（泰山）
Dòngtíng Hú（洞庭湖） Táiwān Hǎixiá（台湾海峡）

6.2.2.2 专名与通名的附加成分，如是单音节的，与其相关部分连写。例如：

Xīliáo Hé（西辽河） Jǐngshān Hòujiē（景山后街）
Cháoyángménnèi Nánxiǎojiē（朝阳门内南小街）
Dōngsì Shítiáo（东四十条）

6.2.2.3 已专名化的地名不再区分专名和通名，各音节连写。例如：

Hēilóngjiāng（黑龙江［省］） Wángcūn（王村［镇］）
Jiǔxiānqiáo（酒仙桥［医院］）
不需区分专名和通名的地名，各音节连写。例如：
Zhōukǒudiàn（周口店） Sāntányìnyuè（三潭印月）

6.2.3 非汉语人名、地名的汉字名称，用汉语拼音拼写。例如：

Wūlánfū（乌兰夫，Ulanhu）
Jièchuān Lóngzhījiè（芥川龙之介，Akutagawa Ryunosuke）
Āpèi Āwàngjìnměi（阿沛·阿旺晋美，Ngapoi Ngawang Jigme）
Mǎkèsī（马克思，Marx）
Wūlǔmùqí（乌鲁木齐，Ürümqi）
Lúndūn（伦敦，London）
Dōngjīng（东京，Tokyo）

6.2.4 人名、地名拼写的详细规则，遵循GB/T 28039《中国人名汉语拼音字母拼写规则》《中国地名汉语拼音字母拼写规则（汉语地名部分）》。

6.3 大写规则

6.3.1 句子开头的字母大写。例如：

Chūntiān lái le.（春天来了。） Wǒ ài wǒ de jiāxiāng.（我爱我的家乡。）
诗歌每行开头的字母大写。例如：
《Yǒude Rén》（《有的人》） Zāng Kèjiā（臧克家）
Yǒude rén huózhe,（有的人活着，） Tā yǐjīng sǐ le;（他已经死了；）
Yǒude rén sǐ le,（有的人死了，） Tā hái huózhe.（他还活着。）

6.3.2 专有名词的首字母大写。例如：

Běijīng（北京） Chángchéng（长城）
Qīngmíng（清明） Jǐngpōzú（景颇族）
Fēilǜbīn（菲律宾）
由几个词组成的专有名词，每个词的首字母大写。例如：

Guójì Shūdiàn（国际书店）　　Hépíng Bīnguǎn（和平宾馆）

Guāngmíng Rìbào（光明日报）

Guójiā Yǔyán Wénzì Gōngzuò Wěiyuánhuì（国家语言文字工作委员会）

在某些场合，专有名词的所有字母可全部大写。例如：

XIÀNDÀI HÀNYǓ CÍDIǍN（现代汉语词典）

BĚIJĪNG（北京）　　LǏ HUÁ（李华）

DŌNGFĀNG SHUÒ（东方朔）

6.3.3　专有名词成分与普通名词成分连写在一起，是专有名词或视为专有名词的，首字母大写。例如：

Míngshǐ（明史）　　Hànyǔ（汉语）

Yuèyǔ（粤语）　　Guǎngdōnghuà（广东话）

Fójiào（佛教）　　Tángcháo（唐朝）

专有名词成分与普通名词成分连写在一起，是一般语词或视为一般语词的，首字母小写。例如：

guǎnggān（广柑）　　jīngjù（京剧）

ējiāo（阿胶）　　zhōngshānfú（中山服）

chuānxiōng（川芎）　　zàngqīngguǒ（藏青果）

zhāoqín-mùchǔ（朝秦暮楚）　　qiánlǘzhījì（黔驴之技）

6.4　缩写规则

6.4.1　连写的拼写单位（多音节词或连写的表示一个整体概念的结构），缩写时取每个汉字拼音的首字母，大写并连写。例如：

Běijīng（缩写：BJ）（北京）ruǎnwò（缩写：RW）（软卧）

6.4.2　分写的拼写单位（按词或语节分写的表示一个整体概念的结构），缩写时以词或语节为单位取首字母，大写并连写。例如：

guójiā biāozhǔn（缩写：GB）（国家标准）

hànyǔ shuǐpíng kǎoshì（缩写：HSK）（汉语水平考试）

pǔtōnghuà shuǐpíng cèshì（缩写：PSC）（普通话水平测试）

6.4.3　为了给汉语拼音的缩写形式做出标记，可在每个大写字母后面加小圆点。例如：

Běijīng（北京）也可缩写：B.J.

guójiā biāozhǔn（国家标准）也可缩写：G.B.

6.4.4　汉语人名的缩写，姓全写，首字母大写或每个字母大写；名取每个汉字拼音的首字母，大写，后面加小圆点。例如：

Lǐ huá（缩写：Lǐ H. 或 LǏ H.）（李华）

Wáng Jiànguó（缩写：Wáng J.G. 或 WÁNG J.G.）（王建国）

Dōngfāng Shuò（缩写：Dōngfāng S. 或 DŌNGFĀNG S.）（东方朔）
Zhūgě kǒngmíng（缩写：Zhūgě K.M. 或 ZHŪGĚ K.M.）（诸葛孔明）

【反思与探究】

一、说明汉语音节结构的特点。
二、简述分析音节结构的原则及分析过程中要注意的问题。
三、详细叙述普通话声母韵母的拼合规律。
四、音节的拼读方法有哪些？分别举例说明。
五、举例说明怎样确定音节的声调。
六、举例说明汉语人名、地名的拼写规则。
七、举例说明成语的拼写规则。

【训练与提高】

一、分析下列音节的结构：

阿姨 魂魄 悠远 垂柳 权威 二月 解决 自强 失望 语文

二、按要求朗读词语，注意声韵拼合规律。

1. 朗读并总结合口呼韵母与声母的拼合规律。
端庄 段落 长短 锻炼 竹笋 威武 损坏 麦穗 打盹 钝角
粮囤 矛盾 吞并 囤积 推论 晚归 兑换 绸缎 蹉跎 断定
2. 注意不要把bo、po、mo、fo读成be、pe、me、fe。
魂魄 湖泊 剥削 偏颇 磨难 佛教 点拨 婆娑 摩托 体魄
颠簸 驳船 叵测 破坏 博览 波浪 菠菜 博客 跛脚 玉帛
3. 注意不要把b、p、m、f拼eng读成b、p、m、f拼ong。
崩塌 澎湃 蒙骗 蜂拥 绷带 膨胀 朦胧 抨击 迸溅 俸禄
蓬松 萌芽 奉陪 捧腹 联盟 烽火 蹦跳 帐篷 美梦 水泵
4. 注意声韵拼合特点，fei不要读成fi。
非凡 施肥 是非 飞机 扉页 荒废 嫔妃 绯红 土匪 菲薄
废弃 沸腾 悱恻 腓骨 犬吠 心扉 蜚声 诽谤 肺腑 鲱鱼
5. 注意不要把ji、qi、xi读成gi、ki、hi。
几乎 募集 击鼓 经济 肌肉 休憩 讥讽 畸形 沏茶 栖息
凄惨 祈求 旗帜 崎岖 缉拿 契约 抄袭 潮汐 联系 清晰

三、拼一拼，读一读，写出正确的汉字。

zǔguó	sījī	fùzé	cíqì	fùsū	yāzi	zǐxì	sèsù
dàzì	sùdù	wūzi	hèkǎ	huǒsù	zìjǐ	suǒyǐ	suǒnà
jícù	duōsuo	bōli	gǎicuò	bāozā	zhètáng	gēcí	nàihé
dúshé	zhuāzhù	zìmǔ	zhémó	dǎkuǎ	yìzhì	shùzhī	guǒzhī

四、按照拼读要领拼读下列音节。

1. 两拼法拼读练习。

t–ái→tái 抬　m–ěi→měi 美　f–ān→fān 翻　z–àng→zàng 葬
s–àn→sàn 散　c–én→cén 岑　t–éng→téng 疼　h–ǎo→hǎo 好

2. 三拼法拼读练习。

k–u–ān→kuān 宽　ch–u–ài→chuài 踹　g–u–ǎng→guǎng 广
h–u–ǒ→huǒ 火　j–i–ā→jiā 加　j–ü–ān→juān 娟
q–i–óng→qióng 穹　n–i–ǎo→niǎo 鸟　k–u–à→kuà 跨

3. 声介合拼法拼读练习。

ti–ào→tiào 跳　bi–ān→biān 编　chu–ān→chuān 穿
hu–ái→huái 槐　xi–ā→xiā 虾　shu–āng→shuāng 霜
xü–ǎn→xuǎn 选　ji–àng→jiàng 酱　su–ǒ→suǒ 锁

4. 直呼音节练习。

（1）Shēn chuān huāyī ài dǎban,
Yī duì chìbǎng guāngshǎnshǎn,
Bù huì chànggē ài tiàowǔ,
Huācóng lǐmiàn tiào de huān.

（2）Xué Hànyǔ jiù yào xué biāozhǔn de pǔtōnghuà，Hànyǔ Pīnyīn bāng nǐ zhǎngwò biāozhǔn fāyīn!

（3）Yī tiān，wǒ zài Wòtàihuá de jiē · shàng bèi liǎng gè nánháizi lánzhù qùlù. Tāmen shí lái suì，chuān de zhěngzhěng–qíqí，měi rén tóu · shàng dàizhe gè zuògōng jīngqiǎo、sècǎi xiānyàn de zhīmào，shàng · miàn xiězhe “Wèi bāngzhù huàn xiǎo’ér mábì de huǒbàn mùjuān”. Qízhōng de yī gè，bùyóu–fēnshuō jiù zuò zài xiǎodèng · shàng gěi wǒ cā · qǐ píxié · lái，lìng yī gè zé bīnbīn–yǒulǐ de fāwèn：“Xiǎo · jiě，nín shì nǎ guó rén? Xǐhuan Wòtàihuá ma? ” “Xiǎo·jiě，zài nǐmen guójiā yǒu méi·yǒu xiǎohái huàn xiǎo’ér mábì ? Shuí gěi tāmen yīliáofèi? ” Yīliánchuàn de wèntí，shǐ wǒ zhège yǒushēng–yǐlái tóu yī cì zài zhòngmù–kuíkuí zhīxià ràng bié·rén cāxié de yìxiāngrén，cóng jìnhū lángbèi de jiǒngtài zhōng jiětuō chū · lái. Wǒmen xiàng péngyǒu yīyàng liáo · qǐ tiānr · lái……

五、拼写下列词语，注意各种拼写规则的使用。

汪洋	档案	归顺	追随	悠久	钥匙
选举	均匀	和蔼	英勇	巴金	大栾
孔子	小张	阿三	看得见	李校长	国庆节

二马路　北大街　司马相如　变化多端　浙江大学　五四运动
伟大的祖国　花和尚鲁智深　朝阳门内南小街
三十亿八千九百四十五万零六百七十二

六、改正拼写错误，并说明错误的原因。

隆 luéng	登 dōng	董 duǒng	梦 mòng	峰 fōng
颂 shòng	迫 può	翁 ōng	坐 zhuò	脱 tō
胶 jāo	泪 luì	切 chiē	葱 qōng	笋 xǔn
波 bē	街 jiāi	歌 guō	建 jàn	盾 dèn
努 nǒng	魔 mé	尊 zēn	嫩 nuèn	
冤枉 yüānuàn	引言 yěnyián	优秀 youūxiòu	愉悦 yǘyüè	
乌鸦 ūyiā	饥饿 jīè	坚硬 jānyèng	贫困 pénkuèn	
业余 yièyǘ	堤岸 dīàn	温存 wēncén	规律 gūilù	
越野 ǜeiě	追求 zhuēiqióu	没有 muéiyiǒu	汹涌 xiōngyiǒng	

七、按照《汉语拼音正词法基本规则》拼写下列句子和短文。

1. 今天我们学习《草地夜行》这篇课文。
2. 学好普通话，走遍天下都不怕。
3. 东北的小兴安岭有数不清的红松。
4. 我骄傲，我是中国人！在我的民族中，不光有史册上万古不朽的孔夫子、司马迁、李自成、孙中山，还有那文学史上万古不朽的花木兰、林黛玉、孙悟空、鲁智深。

第六章　音变

【学习目标】

准确理解普通话音变的重要性；掌握轻声、儿化、变调、“啊”等普通话音变的主要表现规律和基本知识；能够在语流中准确使用音变规律，使语言表达自然流畅。

【引　言】

语流音变是普通话语音中的一种自然现象。汉语是有声调的语言，汉语声调和语调的平升曲降，部分词语的轻重格式搭配，语流中各种音节的互相组合以及人们对语言的约定俗成，必然会使语音中的一些组成部分发生变化，而这种语音的变化是有规律的。学习普通话一定要掌握这些规律，这样说出的话才能自然和谐，悦耳动听；如果只掌握单个音节的读音而不掌握音变规律，说出的话就必然会显得生硬别扭，听起来也不够自然。

人们在日常交流中，音节都是连续发出来的，从而由单个音节构成动态的语流。在动态语流中，有些音节的结构受前面其他音节的影响，会产生一些语音变化，这就是普通话语音的音变现象。音变主要指音节韵母和声调的变化，如：“漂亮”的“亮”声调由去声变成轻声，“勇敢”的“勇”声调的调值由214变成35，“北方”的“北”声调的调值由214变成21，“一年”的“一”声调由阴平变成去声，“不去”的“不”声调由去声变成阳平，“小猫儿”中的“儿”由一个独立音节变成儿化韵，“难啊”中的“啊”变读为“哪”，等等。普通话最主要的音变现象有轻声、变调、儿化和语气词“啊”的音变。

第一节 轻声

轻声是指普通话音节声调的变化，也就是普通话四个声调在一定条件下变得又轻又短。轻声在普通话中出现的频率很高，可以说是一个突出的音变现象，约占口语词汇的6.65%。除习惯上读轻声的成分外，还有许多词语读轻声和读原调词性、意义都会有所不同，所以轻声对准确表情达意有很重要的作用。

一、轻声的性质

轻声是普通话语音的重要特点之一。普通话每一个音节都有它自己的声调，可是在词或句子里，有些音节会失去原有的声调，念成一种又轻又短的调子，这就是轻声。例如："头"原来的声调是阳平，调值是35，而在"石头"这个词语中，"头"不再读阳平，而是读得又轻又短，调值变成21，成为一个轻声音节。轻声并不是四个声调之外的第五种声调，而是四个声调的一种特殊音变。凡是读轻声的音节都有其原有的声调，普通话的轻声都是从阴平、阳平、上声、去声四个声调变化来的，如哥哥、婆婆、姐姐、弟弟。所以，轻声音节是连读时突出表现在声调方面的一种音变现象，而不是独立的调类。

轻声的性质跟一般的声调很不相同。一般的声调主要由音高决定，而轻声则由音强和音长决定，主要表现为音强变弱，音长变短。

轻声作为一种变调的语音现象，一定要体现在词语和句子里，因此轻声音节的读音不能独立存在。固定读轻声的单音节助词、语气词也不例外，它们的实际轻声调值要依靠前一音节的声调来确定，而不论后一音节（即轻声音节）原调调值的具体形式。一般来说，上声之后的轻声字音高最高，阴平、阳平之后的轻声字音高偏低、去声之后的轻声字音高最低。《汉语拼音方案》规定轻声不标调。

用五度标调法反映轻声的音高，大致情况如下：

表6-1 轻声的音高

词语组合	音高		词语			
阴平字+轻声字	2	半低	天上	花的	珠子	吃过
阳平字+轻声字	3	半高	头上	蓝的	竹子	聊过
上声字+轻声字	4	高	嘴上	紫的	主子	好过
去声字+轻声字	1	低	地上	绿的	柱子	路过

二、轻声的规律

在普通话里，轻声比较灵活，但还是有规律可循的。一般地说，新词和科学术语没有轻声音节，口语中常用词读轻声的比较多，大多数轻声词都同词汇、语法上的意义有密切联系。

在普通话里，下面一些成分大多读轻声：

1. 结构助词“的、地、得”等。如：

黄的 我的 激动地 难过得

2. 动态助词“着、了、过”等。如：

看着 想着 解放了 红火了 来过 去过

3. 语气词“吧、吗、啊、呢、啦、呀、哇”等。如：

好吧 行吗 是啊 来啦 什么呀 快走哇

4. 叠音词和动词的重叠形式后面的字。如：

妈妈 爷爷 嫂嫂 星星 舅舅 姑姑 哥哥

走走 吃吃 看看 想想 休息休息 商量商量 研究研究

5. 某些名词、量词和代词的词缀“子、头、么、乎、们、当、和、家、匠、快、气、生、思、候、计”等。如：

头：石头、甜头、苦头、枕头、罐头、馒头

（鱼头、气头、眉头、滑头、烟头、山头、线头、炕头等“头”仍读阳平。）

乎：忙乎、热乎、在乎、悬乎、玄乎、近乎

么：多么、这么、那么、什么

当：勾当、便当、顺当、稳当、妥当

和：掺和、搅和、暖和、软和［这里的“和”读（huo）］

家：东家、行家、娘家、婆家、亲家、人家

匠：木匠、泥匠、皮匠、铁匠、铜匠、瓦匠、鞋匠、花匠

快：凉快、爽快、痛快、轻快、勤快

气：福气、客气、阔气、脾气、义气、运气、洋气

生：先生、学生

思：寻思、心思、意思

候：症候、伺候、时候

们：你们、我们、他们、老师们、同学们、先生们

计：算计、活计、伙计、会计

子：桌子、鞭子、辫子、稻子、斧子、小子、谷子

6. 名词、代词后面表示方位的语素或词“上、下、里、边、面”等。如：

桌子上 广场上 地底下 床下 被子里 箱子里

那边 外边 前面 后面 里面 外面

7. 动词、形容词后面表示趋向的词“来、去、起来、下去”等。如：

回来 起来 拿来 出去 过去

升起来 坐起来 走出来 转过来

8. 有些口语中常用的双音节词语，第二个音节习惯上要读轻声。如：

阔气 唠叨 规矩 麻烦 清楚 扎实 明白 骆驼 脑袋

疙瘩 嘟囔 干部 云彩 眼睛 马虎 棉花 便宜 知道

胳膊 风筝 咳嗽 应付 体面 力量 关系 牡丹 招呼

三、轻声的作用

轻声并非一种纯粹的语音现象，有些轻声词还有区别词义和区分词性的作用：

1. 区别词义

兄弟：xiōngdì（哥哥和弟弟）
兄弟：xiōngdi（专指弟弟）
妻子：qīzǐ（妻子和儿女）
妻子：qīzi（男人的配偶）
东西：dōngxī（方向）
东西：dōngxi（物品）
龙头：lóngtóu（龙的头）
笼头：lóngtou（套在骡马头上的御具）

2. 区别词性

大意：dàyì（主要的意思。名词）
大意：dàyi（疏忽。形容词）
地道：dìdào（地下通道。名词）
地道：dìdao（好，正宗。形容词）
对头：duìtóu（正确，合适。形容词）
对头：duìtou（仇敌，对手。名词）
利害：lìhài（利益和损害。名词）
利害：lìhai（剧烈，凶猛。形容词）

信息栏6-1

轻声读法指导

轻声是一种又轻又短的调子，要想读准确，可以这样试一试：把轻声前面的音节拖长加重，后面轻声轻轻一带而过，就可以得到又轻又短的轻声了。也可以用音乐节拍的方式来感觉，轻声前面的音节占2拍，而轻声只占1拍即可。

［资料来源］教学实践。

第二节 变调

普通话的四个声调是指单读一个音节的声调，因此又称为“字调”或“单字调”。在词语或句子中，每个音节不是一个孤立的单位，由于音节与音节相连，有些音节受相邻音节声调的影响而产生的声调变化，称作变调或连读变调。普通话里最常见的变调现象是上声的变调，“一”“不”的变调和重叠形容词的变调。

一、上声的变调

普通话里的上声是个降升调，调值为214，发音时先降后升，音程较长，是四个声调中音长最长的一个。在语流中，上声音节除单念或处在词句末尾念本调外，只要处在别的音节前面，它都会缩短发音过程，变成只降或只升的调子，从而改变了原来的调值。在实际语流中，90%的上声都要发生变读，所以掌握好上声的变调很重要。普通话上声变调的规律是：

（一）在非上声音节前的变调

上声在非上声（阴平、阳平、去声）音节前面时，上声变成“半上”，调值由214变成21。如：

上声+阴平	首先	远方	海关	主张	保温	火车	省心	纺织
上声+阳平	首席	祖国	导游	朗读	几何	古文	讲台	浅薄
上声+去声	首要	广大	把握	感动	铁道	美术	土地	柳树

（二）在上声音节前的变调

两个上声音节相连，前面一个音节的声调变为阳平，调值由214变为35。如：

上声+上声　首领　懒散　母语　粉笔　远景　起早　友好　主讲

（三）在轻声音节前的变调

上声在轻声音节前面时，有的变成“半上”，有的变成阳平。如：

变半上	椅子	嫂嫂	奶奶	老婆	耳朵	马虎	口袋	伙计
变阳平	把手	法子	主意	打手	哪里	手里	躲躲	想想

（四）三个及以上上声音节的变调

1. 三个上声相连的变调

三个上声字连在一起，末一个音节一般不变调，第一、二个音节则根据停顿的不同，有两种变调：

（1）当词语的停顿在第二个音节后（词语的中心在后，且只有一个音节），前两个上声音节字变为阳平，调值由214变为35。如：

洗脸/水　手写/体　水彩/笔　勇敢/者　管理/组

（2）当词语的停顿在第一个上声音节后（词语的中心在后，且是两个音节），第一个上声字变半上（调值为21），第二个上声字变阳平（调值为35）。如：

纸/雨伞　老/首长　好/导演　撒/火种　小/两口

2. 三个以上的上声相连的变调

三个以上的上声音节连在一起，要先根据语义划分语音停顿，停顿前的上声变为半上，其他上声按上述规律来变调，句末上声不变调。如：

永远/友好——阳、半上/阳、上

你/很勇敢——半上/半上、阳、上

我写/演讲稿——阳、半上/阳、阳、上

请你/给我/买几把/好锁——阳、半上/阳、半上/半上、阳、半上/阳、上

信息栏6-2

上声的变调规律

上声本调降再扬，单念、词尾曲折长，
上后非上念半上，上上相连前变阳，
上后轻声变两类，多念半上少念阳。
三个上声连一起，前面两个要变化，
双单变为阳和阳，单双变为半上阳。
多个上声连成句，先划停顿再变调，
停顿前的读半上，句末原调不能忘。

［资料来源］杨泽秋主编：《现代汉语》，齐鲁书社2006年，第57页。

二、“一”和“不”的变调

在普通话里，“一”的本调是阴平，调值为55；“不”的本调为去声，调值为51。但它们在语流中变调的规律基本相同。

“一”和“不”单用或在词语末尾时都读原来的本调。如：

一　专一　第一　程度不一　住在一楼　三十一　不　我不　决不　要不

“一”和“不”在去声音节前都读阳平。如：

一次　一日　一下　不幸　不怕　不但

“一”和“不”在非去声音节（阴平、阳平、上声）前都读去声（“不”读本调）。如：

一天　一斤　一声　不高　不空　不凶
一年　一盘　一齐　不行　不能　不时
一口　一体　一举　不满　不傻　不懒

“一”和“不”夹在词语之间读轻声。如：

试一试　推一推　看一眼　写一份
行不行　好不好　来不及　用不着

信息栏6-3

“一、不”的变调规律

“一”“不”两字变音同，去声前面读阳平，
遇到非去要念去，夹在词间读轻声。

上声和“一、不”标调时应注意的问题

注意：上声和“一”“不”的变调只是普通话口语中的语音变化现象，虽然声调发生了变化，但并不会引起语义的变化。因此，在汉语拼音中没有标出变调的必要，仍要按音节的原调拼写。

［资料来源］杨秋泽主编：《现代汉语》，齐鲁书社2006年，第57—58页。

三、重叠形容词的变调

单音节形容词重叠后儿化时，第二个音节本调不论是什么，一般可以变成阴平，调值为55。如：

快快儿 慢慢儿 好好儿 暖暖儿 热热儿 短短儿 满满儿 稳稳儿

单音节形容词的叠音后缀，除非叠字本身是阴平不需要变调，其他各调一般都可以变成阴平，调值为55。如：

乐淘淘 亮堂堂 沉甸甸 绿油油 热腾腾 乱蓬蓬 笑吟吟 白茫茫

湿淋淋 毛茸茸 闹嚷嚷 黄澄澄 火辣辣 喜洋洋 灰蒙蒙 红彤彤

双音节形容词重叠后，第二个音节变为轻声，第三、四个音节一般可以变为阴平，调值为55。如：

漂漂亮亮 明明白白 大大咧咧 啰啰唆唆 闹闹哄哄 规规矩矩

稳稳当当 哭哭啼啼 清清楚楚 陆陆续续 马马虎虎 忙忙活活

需要指出的是，形容词重叠的几种形式都带有很强的口语色彩，在书面语中，特别是非儿化时或读得缓慢时，一般不变调。

第三节 儿化

普通话以北方话为基础方言，儿化现象则是北方话的特点之一，它主要由“儿”变化而来，可以表示一些特殊的含义，也可以区别词性和词义。因此学好儿化读法，掌握儿化规律，对普通话口语表达非常重要。

一、什么是儿化

在普通话中，卷舌韵母er不与任何辅音声母相拼，只能自成音节。但是卷舌韵母er却可以附在其他音节韵母后面而与之结合成一个新的音节，并使这个音节的韵母增加一个卷舌动作，使原来音节的韵母发生卷舌化音变，我们把这种特殊的音变现象叫作儿化，这种卷舌化了的韵母叫作儿化韵。如“花儿”，就是发韵母ua的同时，在a的基础上加一个卷舌动作发出的音。

普通话韵母除er、ê以外，都可以儿化。用汉语拼音拼写儿化音节，只需在原来的音节之后加上r（表示卷舌动作）就可以了，如jīnyúr（金鱼儿）。

二、儿化的音变规律

儿化改变了原韵母的发音，但并不是简单地在韵母后面加上一个er音，把两个音节合二为一。由于加卷舌动作后韵母会发生与卷舌动作相关的或大或小的变化，所以原韵母的发音也会受到影响。儿化后韵母变得多或少，完全看这个韵母是不是便于卷舌。卷舌方便的，原韵母就不变；不太方便的，就稍加变化；不方便的，就丢失或改变韵尾，以便于卷舌。其变化规律如下表（见表6-2）：

表6–2　儿化音变规律

原韵母情况	音变规律	词语	写法	实际读音
ɑ、o、e、ê、u	韵母不变，加卷舌r	大伙儿 小车儿 主角儿	dàhuǒr xiǎochēr zhǔjuér	dàhuǒr xiǎochēr zhǔjuér
韵尾是i、n	丢i、n，加卷舌r	甜味儿 冰棍儿	tiánwèir bīnggùnr	tiánwèr bīnggùr
韵尾是ng	丢ng，鼻化加卷舌r	帮忙儿	bāngmángr	bāngmár
韵母是i、ü	韵母不变，加er	小鸡儿 有趣儿	xiǎojīr yǒuqùr	xiǎojiēr yǒuquèr
韵母是–i（前）、–i（后）	丢舌尖原音，加er	新词儿 树枝儿	xīncír shùzhīr	xīncér shùzhēr

注意：儿化后，有的韵母没有变化，有的韵母发生了变化。这样，有些原来不同的音节就变成同音的了。如“汁”和“针”、“食”和“神”儿化后读音就是相同的。

三、儿化的作用

儿化在普通话里是一种很有特色的语音现象。它跟词汇语法有密切关系，具有词汇和语法意义，并有一定的修辞作用，可以使表达更加严密精确。它具有如下五方面作用：

区别词性。如：画（动词）—画儿（名词），塞（动词）—塞儿（名词），尖（形容词）—尖儿（名词），破烂（形容词）—破烂儿（名词）。

区别词义。如：头（脑袋）—头儿（首领），后门（后面的门）—后门儿（非正常途径），白面（面粉）—白面儿（毒品），眼（眼睛）—眼儿（小洞）。

区别同音词。如：拉练（部队野营训练）—拉链儿（拉锁），开伙（食堂开饭）—开火儿（打仗）。

表示细小、轻微的意思。如：风儿、棍儿、小勺儿、小刀儿、一会儿、一点儿、头发丝儿、药丸儿。

表示亲切、喜爱或轻蔑等感情色彩。如：小孩儿、小猫儿、花蝴蝶儿、可爱的小脸蛋儿、粉红的小嘴儿、好看的花篮儿、瞧他那个样儿、你算什么人儿呀、他真是个混球儿。

四、儿化词语训练

号码儿	腊八儿	人家儿	豆芽儿	雪花儿	牙刷儿	粉末儿	山坡儿
干活儿	大伙儿	小猫儿	小草儿	填表儿	线条儿	唱歌儿	小车儿
眼珠儿	小铺儿	网兜儿	圆周儿	排球儿	山妞儿	刘海儿	鞋带儿
摸黑儿	宝贝儿	石块儿	快快儿	麦穗儿	香味儿	被单儿	心肝儿
小辫儿	单弦儿	拐弯儿	大腕儿	赔本儿	后门儿	捎信儿	带劲儿
冰棍儿	打盹儿	合群儿	马驹儿	帮忙儿	药方儿	官腔儿	花样儿

蛋黄儿	亮光儿	门缝儿	板凳儿	小瓶儿	银杏儿	小翁儿	嗡嗡儿
胡同儿	没空儿	小熊儿	哭穷儿	小旗儿	玩意儿	金鱼儿	毛驴儿
写字儿	细丝儿	没事儿	橙汁儿	树叶儿	台阶儿	木橛儿	正月儿

信息栏6-4

“儿”何时不读儿化

少数词尾带“儿”的词不读儿化，或者在文艺作品中起某种修辞作用，“儿”独立为一个音节，读成“次轻音”。例如“女儿、月儿、云儿、蚕儿”等。在对仗整齐的诗歌或词语的节律中要占一个音节的时候，“儿”不读儿化，例如“花儿朵朵向阳开、月儿弯弯照九州”等。

［资料来源］宋欣桥主编：《普通话语音训练教程》，吉林人民出版社1993年，第213页。

第四节 “啊”音变

“啊”音变一般出现在句末，通常可以增加感情色彩。准确掌握、灵活运用“啊”音变，可以使口语表达更加自然，语气更加鲜明。

一、什么是“啊”的音变

“啊”单念时读作a，做叹词，随语气和感情的变化而读成不同的声调。如表示惊讶时读阴平（“啊，出彩虹了！”）；表示追问时读阳平（“啊，这是谁说的？”）；表示惊疑时读上声（“啊？这是怎么了？”）；表示应答、明白过来或赞叹等意思时读去声（“啊，原来是你呀！”“啊！多美的风景呀！”）。这些不同读法，不属于音变。

当“啊”作语气词，用在句中或句末停顿处时（表示语气缓和，增加感情色彩），由于受前面音节末尾音素的影响，读音会发生种种变化，这就是语气词“啊”的音变。语气词“啊”的音变，都是在a前面增加一个音素，增加的这个音素随“啊”前面音节尾音的不同而不同。

二、“啊”的音变规律

前面音节末尾音素是a、o、e、ê、i、ü时，“啊”读ya，写作“呀”。如：是他呀（ya）、外婆呀（ya）、三哥呀（ya）、白雪呀（ya）、快吸呀（ya）、鲜鱼呀（ya）。

前面音节末尾音素是u（包括ao、iao）时，“啊”读wa，写作“哇”。如：读书哇（wa）、真巧哇（wa）、很好哇（wa）、巧手哇（wa）。

前面音节末尾音素是n时，“啊”读na，写作“哪”。如：快看哪（na）、老天哪（na）、感人哪（na）、白云哪（na）。

前面音节末尾音素是ng时，“啊”读nga，写作“啊”。如：歌唱啊（nga）、动听啊（nga）、行动啊（nga）、真行啊（nga）。

前面音节末尾音素是-i（后）、er或儿化时，“啊”读ra，写作“啊”。如：多事儿啊（ra）、好吃啊（ra）、几只啊（ra）、悦耳啊（ra）。

前面音节末尾音素是-i（前）时，“啊”读［z］a，写作“啊”。如：写字啊（［z］a）、生词啊（［z］a）、铁丝啊（［z］a）、几次啊（［z］a）。

“啊”的音变规律也可以列成下表（表6-3），帮助记忆。

表6-3 “啊”音变规律

“啊”前面的音素	“啊”的读音	“啊”的写法
a、o、e、ê、i、ü	ya	呀
u（ao、iao）	wa	哇
n	na	哪
ng	nga	啊
-i（后）、er、儿化	ra	啊
-i（前）	［z］a	啊

【反思与探究】

一、什么是音变？举例说明普通话音变主要有哪几种。

二、什么是变调？举例说明普通话主要有几种变调。

三、什么是轻声？轻声是一种调类吗？轻声由什么决定？轻声有调值吗？它的调值由什么决定？举例说明轻声在普通话中的作用。

四、什么是儿化？举例说明儿化跟词汇和语法的关系。

五、“啊”的音变由什么决定？“啊”有几种变化的读音？试举例说明每一种不同的读音。

六、“旗儿”与“裙儿”、“些儿”与“心儿”、“歌儿”与“根儿”读作儿化韵时发音不同，为什么？“神儿”与“食儿”、“针儿”与“汁儿”、“陈儿”与“迟儿”读作儿化韵时发音相同，为什么？

七、读下面短语，注意积累常用轻声字词，你还能说出多少相近的句子？

1. 湖边的树林里　　路边的房子里
蔚蓝的天空　　碧绿的草地
办公的桌子　　登高的梯子
喉囊鼓鼓的　　手臂酸酸的
扑扑地钻进水里　　袅袅地升上天空
湖面平得像一面镜子　　脸蛋儿红得像涂了胭脂
草盖得厚厚的　　床铺得软软的

2. 空着肚子紧紧地跟着他　　瞪着眼睛狠狠地盯着他
风呼呼地刮着　　雨哗哗地下着
听了他的话　　浇了我的花
透过无边的风雨　　听过无数的故事
早年劳动过的地方　　前年学习过的学校
3. 躺一会儿也好哇　　坐一下也行啊
听说过吗　　想做过吗
快点儿来呀　　早些去呀
快快回家休息吧　　早早起来锻炼哪

八、轻声词重点记忆练习。

有规律可循的轻声词比较好掌握，比如助词、带词缀的名词、部分方位词或方位语素、趋向动词、单音节动词的重叠形式和叠音词的后一个音节等等。难度最大的是无规律可循、只是普通话里习惯上读轻声的那一类词语。练习时可以对自己感到最生疏的轻声词进行强化记忆。如：

耽误　服侍　周到　脾气　商量　得罪　首饰　福气　本事　本钱
势力　在乎　咳嗽　妥当　爽快　招牌　将就　提防　累赘　硬朗
书记　生日　能耐　莲蓬　芥末　算计　月饼　下巴　赏钱　叫唤
扁担　胡同　快活　掂量　浪头　学生　痢疾　早上　嘱咐　灯笼
模糊　软和　分析　佩服　打算　斗篷　情形　念叨　使唤　养活

九、注出下面词语的两种读音，用不同读音的词语造句，并说明轻声辨别词义和区分词性的作用。

冷战（　）（　）　买卖（　）（　）　地下（　）（　）　反正（　）（　）
干事（　）（　）　利害（　）（　）　是非（　）（　）　精神（　）（　）
多少（　）（　）　运气（　）（　）　自然（　）（　）　对头（　）（　）
地道（　）（　）　来路（　）（　）　孙子（　）（　）　大方（　）（　）
人家（　）（　）　大意（　）（　）　生意（　）（　）　拉手（　）（　）
大爷（　）（　）　地方（　）（　）　不是（　）（　）　编辑（　）（　）
开通（　）（　）　琢磨（　）（　）　造化（　）（　）　温和（　）（　）

【训练与提高】

一、轻声训练。

（一）朗读下列轻声词语，注意轻声在四个声调后调值的不同。

1. 阴平+轻声：

他的　桌子　说了　哥哥　先生　休息　玻璃　姑娘　清楚　家伙　庄稼
苍蝇　吆喝　衣裳　功夫　称呼　喝的　耽搁　梳子　跟头　包袱　出息
追呀　拎着　甘蔗　巴掌　巴结　收下　烧吧　帮手　他们　膏药　秧歌

2. 阳平+轻声：

红的 勤快 晴了 爷爷 泥鳅 粮食 胡琴 萝卜 行李 头发 核桃
眉毛 滑稽 狐狸 糊涂 拿着 馄饨 蛤蟆 荸荠 裁缝 奴才 篱笆
朋友 琵琶 葡萄 红火 石榴 篮子 行当 石头 什么 学过 嘀咕

3. 上声+轻声：

上声读作半上的：

祖宗 我的 斧子 奶奶 讲究 嫂子 口袋 嘴巴 耳朵 喇嘛 老实
打着 眨巴 打发 怎么 伙计 里脊 女婿 比方 好吗 考了 想过
走哇 管着 宝贝 老婆 懂得 点心 暖和 本事 指甲 喇叭 补丁

上声读作阳平的：

把手 打手 主意 眼里 嘴里 手里 跑跑 走走 躲躲 讲讲 扫扫

4. 去声+轻声：

是的 坐着 豆腐 意思 困难 骆驼 吓唬 漂亮 在乎 应酬 钥匙
扫帚 事情 薄荷 凑合 面积 分量 亲家 唾沫 见识 父亲 报酬
架势 棍子 别扭 丈夫 动静 亮堂 相声 那么 痛快 便当 废物

（二）四字短语练习，注意读准轻声。

他的师傅 关上抽屉 三个亲戚 知道消息 干净衣服 擦擦玻璃
天上星星 烟筒通吗 风筝飞吧 收拾妥当 摔个跟头 谁的裙子
什么毛病 葡萄甜吗 学生来了 麻烦伯伯 喜欢打扮 打个比方

（三）语句练习，注意轻声词语。

1. 我们的任务是擦玻璃。
2. 那件事情办起来很困难。
3. 老太太不停地念叨闺女的名字。
4. 秋天里，石榴的价钱很便宜，葡萄也不贵。
5. 早晨的空气很新鲜，让人感觉很舒服。
6. 这个问题不容易明白，麻烦你再给我讲讲。
7. 谁的裙子这么漂亮，在哪儿买的？
8. 这个小姑娘看起来很聪明。
9. 天上的星星像眼睛似的，眨呀眨的，那么亮堂，真有意思！
10. 公园里什么花儿都有：牡丹、月季、玫瑰、芍药，红的、白的、黄的、紫的，漂亮极了！

（四）绕口令练习，注意读准读清轻声词语。

1. 小兔子，开铺子，铺子里面啥样子：一张小桌子，两把小椅子，三根小绳子，四只小匣子，五管小笛子，六根小棍子，七个小盘子，八颗小豆子，九本小册子，十双小筷子。

2. 胡图用笔画葫芦，葫芦画得真糊涂，
糊涂不能算葫芦，要画葫芦不糊涂，
胡图决心不糊涂，画出一只大葫芦。

3. 天上日头，地下石头，嘴里舌头，
   手上指头，桌上笔头，床上枕头，
   背上斧头，爬上山头，乐在心头。

（五）短文练习，读准轻声词语。

燕子去了，有再来的时候；杨柳枯了，有再青的时候；桃花谢了，有再开的时候。但是，聪明的，你告诉我，我们的日子为什么一去不复返呢？——是有人偷了他们罢：哪是谁？又藏在何处呢？是他们自己逃走了罢：现在又到了哪里呢？

二、变调训练。

（一）上声的变调训练。

1. 词语训练。

（1）注意上声与非上声字相连时的变调情况。

老师　海鸥　小猫　古诗　广播　主编　首先　养鸡　眼压　口吃　远播
老石　海洋　小毛　古时　广饶　主持　首席　养羊　眼神　口头　远洋
老式　海盗　小赵　古市　广告　主动　首要　养象　眼镜　口罩　远望

（2）注意两个上声字相连时的变调情况。

老史　海岛　小草　古典　广场　主考　首脑　养马　眼睑　口水　远景
美好　老小　鼓舞　赏脸　反省　土壤　采取　笔挺　水果　品种　勉强

（3）注意轻声音节前上声的变调情况。

姥姥　嫂子　脑袋　眼睛　嘴巴　宝贝　耳朵　管子　剪子　姐夫　打发
打手　小姐　把手　打扫　法子　哪里　水里　主意　走走　想想　跑跑

（4）注意三个上声字相连的变读情况。

选举法　管理组　采野果　水手长　跑马岭　草稿纸　水彩笔　养马岛
彩粉笔　赶紧跑　好领导　李馆长　海产品　小海鸟　请允许　冷处理

（5）注意多个上声相连的变读情况。

我有两把小雨伞。
种马场养有五百匹好母马。
手表厂有好几种产品。
展览馆往北走很远。
我很理解李导演。
请你给我买几两好酒。

2. 朗读下面的句子，注意上声的变调。

（1）李厂长批评了管理组的做法，要求他们整改。

（2）这是五百块钱，你去买两百盒无尘粉笔。

（3）今晚百花广场有几百人表演的大型舞蹈史诗。

（4）你不要着急，下星期五我们一定带你去美术展览馆参观。

（5）厂长的讲稿放在哪里我记不清了。让我好好想想……我模模糊糊地记得，我抄完后就转给党委办公室的小柳了。

（二）“一”“不”的变调规律。

1. 读下列词语，注意“一”“不”的变调。

一致　一定　一样　一切　一扇　一趟　一亿
一座　一段　一会儿　不去　不幸　不顾　不必
不用　不对　不利　不快　不变　不外
看一看　想一想　洗一洗　笑一笑　亲一亲　瞧一眼　问一下
露一手　行不行　该不该　高不高　贵不贵　来不来　对不起
看不清　起不来

2. 读下列三音节词语，注意读准“一”和“不”的读音。

一点通　一品红　一口气　一元钱　一清早　一般人　一席话
不愿醒　不够忙　不必有　不快活　不用功　不对路　不去那儿

3. “一”和“不”的四字词语训练。

一帆风顺　一尘不染　一反常态　一目了然　一模一样　一唱一和
不可开交　不期而遇　不可一世　不屑一顾　不拘一格　不顾一切

4. 句子练习，注意“一”“不”的读音。

（1）星期一一大早，我就看完了一本书。
（2）如果一定要走，也应该把理由说一说。
（3）一座座青山紧相连，一朵朵白云绕山间，
　　一片片梯田一层层绿，一阵阵歌声随风传。
（4）人一生不可能不犯错误，最主要的是能不能及时改正错误。
（5）你要不来，我也不去；信不信由你。
（6）这不假思索的一番话，搞得大家不尴不尬的。

（三）儿歌练习，注意读准“一”的变调。

1. 一帆一桨一渔舟，一个渔翁一钓钩。
　一俯一仰一场笑，一江明月一江秋。

2. 一个大一个小，一件衣服一顶帽。一边多一边少，一打铅笔一把刀。
　一个大一个小，一个西瓜一颗枣。一边多一边少，一盒饼干一块糕。
　一个大一个小，一头肥猪一只猫。一边多一边少，一群大雁一只鸟。
　一边唱，一边跳，大小多少记得牢。

3. 一二三，三二一，一二三四五六七，七六五四三二一。
　一个姑娘来摘李，一个小伙儿来摘梨，一个小孩儿来拣栗。
　三个人一齐出大力，收完李子栗子梨，拉到市上去赶集。

（四）短文练习，注意“不”的读音。

我得不到答复，不得已只好待在小屋里。不久，他们送来了吃的，也不知道是些什么东西。本不想吃，可肚子不答应，勉强吃了一点儿，不甜不咸，不酸不辣，说不出是什么味儿。这样过了几天，每天不是听海浪的呼啸，就是遥望大海，不仅没人能够交谈，也不敢随便走动。

三、儿化训练。

（一）常用必读儿化词训练。

老伴儿 板擦儿 没错儿 脸蛋儿 一点儿 份儿饭 包干儿 光杆儿
饱嗝儿 打滚儿 冰棍儿 男孩儿 外号儿 一会儿 大伙儿 皮筋儿
一块儿 时髦儿 纳闷儿 娘儿俩 照片儿 雪人儿 口哨儿 模特儿
大婶儿 快板儿 没气儿 慢慢儿 合群儿 杏仁儿 牛犊儿 办事儿
聊天儿 头头儿 被窝儿 心眼儿 爷儿俩 玩意儿 去哪儿 在那儿
草稿儿 找碴儿 价码儿 话把儿 壶盖儿 门槛儿 白干儿 腰板儿
没空儿 冒烟儿 小辫儿 小燕儿 跟前儿 鼻梁儿 看样儿 大褂儿
撒欢儿 猪倌儿 相框儿 绕远儿 人缘儿 倍儿棒 压根儿 调门儿
麻绳儿 半截儿 跑腿儿 烟嘴儿 光棍儿 三轮儿 打盹儿 没准儿
小妮儿 卖劲儿 赶明儿 找零儿 打鸣儿 蛐蛐儿 铜子儿 毛刺儿
自个儿 哥儿们 桑葚儿 纹路儿 媳妇儿 找主儿 好好儿 早早儿
符号儿 面条儿 肉片儿 葱花儿 油花儿 菜叶儿 豆角儿 年头儿
炕头儿 蜗牛儿 花朵儿 蝈蝈儿 饭桌儿 叫好儿 树根儿 瓜瓤儿
月牙儿 水饺儿 抓阄儿 影片儿 脚印儿 牙刷儿 小船儿 粉皮儿

（二）读准下列句子中的儿化音节。

1. 咱俩儿一块儿去打球儿吧！

2. 这包子的味儿不对，馅儿可能馊了。

3. 我们从后门走，到公园儿玩儿玩儿。

4. 她们娘儿俩真是好样儿的，那股子闯劲儿让人佩服。

5. 我也纳闷儿啊，你怎么就一点儿空儿都没有。

6. 小院儿里一群小鸡儿正在抢吃米粒儿。

（三）朗读下面绕口令，注意儿化词语的发音。

1. 打南边儿来了个白胡子老头儿，手里拄着根儿倍儿白的白拐棒棍儿。

2. 花蝴蝶儿，穿彩裙儿，飞进桃林传花粉儿；结的桃儿，一包水儿，弟弟吃了直咂嘴儿。

3. 有个小孩儿叫小兰儿，口袋儿里装着几个小钱儿，又打醋，又买盐儿，还买了一个小饭碗儿。小饭碗儿，真好玩儿，红花儿绿叶儿镶金边儿，中间儿还有个小红点儿。

4. 进了门儿，倒杯水儿，喝了两口运运气儿，顺手拿起小唱本儿，唱了一曲儿又一曲儿。练完嗓子我练嘴皮儿，绕口令儿，练字音儿，还有单弦儿牌子曲儿，小快板儿，大鼓词儿，又说又唱我真带劲儿。

5. 你别看两间小门脸儿，你别看屋子不大点儿，你别看设备不起眼儿，可售货员服务贴心坎儿。有火机，有烟卷儿，有背心儿，有裤衩儿，有刀子、勺子、小饭铲儿。起个早儿贪个晚儿，买什么都在家眼前儿。

四、“啊”音变训练。

（一）词语练习，读准“啊”音变，并标出实际读音。

1. 回家啊（ ）上坡啊（ ）快写啊（ ）唱歌啊（ ）大衣啊（ ）
2. 别哭啊（ ）大路啊（ ）巧手啊（ ）读书啊（ ）快跑啊（ ）
3. 冷饮啊（ ）真准啊（ ）真甜啊（ ）好办啊（ ）根本啊（ ）
4. 真脏啊（ ）真痒啊（ ）救命啊（ ）不行啊（ ）大娘啊（ ）
5. 老师啊（ ）好吃啊（ ）小迟啊（ ）同志啊（ ）没门儿啊（ ）
6. 有刺啊（ ）公司啊（ ）写字啊（ ）老四啊（ ）自私啊（ ）

（二）读准下列句子中的“啊”音变。

1. 多么灿烂的阳光啊！ 2. 天气真热啊！
3. 这孩子多活跃啊！ 4. 日子过得真快啊！
5. 我买本杂志啊！ 6. 这件事要好好深思啊！
7. 大家快来吃菠萝啊！ 8. 会不会下雨啊！
9. 年轻的朋友们啊！ 10. 屋顶漏不漏啊！
11. 多细的粉丝儿啊！ 12. 她普通话说得真好啊！

（三）短文练习，读准“啊”音变。

1. 漓江的水真静啊，漓江的水真清啊，漓江的水真绿啊。桂林的山真奇啊，桂林的山真秀啊，桂林的山真险啊。

2. 天连水啊水连天，水天一色啊望无边。蓝蓝的天啊似绿水，绿绿的水啊如蓝天。到底是天连水啊还是水连天？

3. 动物园里的动物真多啊！什么大象啊、长颈鹿啊、猴子啊、蟒蛇啊、雄狮啊，真是应有尽有啊！看啊，那大熊猫多可爱啊！那鹦鹉多漂亮啊！

4. 退休职工们的生活真丰富啊！什么打门球啊、打太极拳啊、学气功啊、踢毽子啊、打扑克儿啊、下象棋啊、唱京剧啊、练书法啊、跳交谊舞啊、扭秧歌儿啊，真是各取所好，老有所乐啊！

5. 鸡啊、鸭啊、猫啊、狗啊，一块儿水里游啊！牛啊、羊啊、马啊、骡啊，一块儿进鸡窝啊！狮啊、虫啊、虎啊、豹啊，一块儿街上跑啊！兔啊、鹿啊、鼠啊、孩子啊，一块儿上窗台儿啊！

（四）对话练习，读准“啊”音变。

1. 甲：你去哪儿啊？
乙：去图书馆啊。
甲：现在才七点半，还没开门啊！
乙：是啊，我怎么忘了！
甲：先去报栏看看吧，最近足球赛事很多啊！
乙：好啊，一起去啊。

2. 甲：这是什么啊？
乙：吃的东西啊！面包啊、香肠啊、饮料啊、西瓜啊、瓜子儿啊，应有尽有啊！
甲：今天我们要大吃一顿啊！

乙：是啊，给你好好庆贺庆贺啊！

甲：给我庆贺什么啊？

乙：今天是你的生日啊！你怎么忘了啊？

3. 甲：你怎么乱放报纸啊？

乙：不放这儿放哪儿啊？

甲：你往柜子里放啊，那儿有的是地方啊！

乙：好大的脾气啊！好好好，我放那儿就是了。

4. 甲：这件衣服好漂亮啊！

乙：它花了我半个月工资啊！

甲：是吗？这么贵啊！

乙：你看这衣服上印的字啊，是进口货啊！

甲：你可骗不了我，这明明印着英文的“中国制造”啊！

乙：啊？

第七章　普通话水平测试

【学习目标】

了解普通话水平测试的发展历程；掌握等级标准、测试内容及评分要求；掌握普通话水平测试的应测策略，并能够正确地接受测试。

【引　　言】

普通话水平测试是使新时期推广普通话工作走向科学化、规范化、制度化的重要举措，这项工作开展20多年来取得了长足的发展，已经成为备受全国人民关注的语言文字工作项目。本章结合近年来的主要研究成果和测试实践，希望能够为普通话水平测试的参与者们提供一些指导和帮助。

第一节 普通话水平测试等级标准的确立

普通话水平测试（PUTONGHUA SHUIPING CESHI，缩写为PSC）是测查应试人的普通话规范程度、熟练程度，认定其普通话水平等级的一项考试，属于标准参照性考试。测试以口试方式进行。

普通话水平测试最早在20世纪80年代初期提出，其过程大致经历了酝酿、研制、测试及发展三个阶段。

一、酝酿阶段

20世纪80年代，随着改革开放的不断深入和两个文明建设事业的飞速发展，普通话逐步普及，全社会对推广普通话工作有了更高的要求。在这种形势下，1986年，经国务院批准，国家教育委员会和国家语言文字工作委员会在北京召开了全国语言文字工作会议，国家语言文字工作委员会主任刘导生在会上发表《新时期的语言文字工作》报告，最早以文件的形式讨论了普通话水平等级的问题，报告指出：

普通话的标准只有一个，就是“以北京语音为标准音，以北方话为基础方言，以典范的现代白话文著作为语法规范”。但是考虑到不同地区、不同部门、不同行业、不同学校、不同年龄等情况，从实际出发，具体要求可以不同。我们初步设想，可以分为以下三级：第一级是会说相当标准的普通话，语音、词汇、语法很少差错。第二级是会说比较标准的普通话，方音不太重，词汇、语法较少差错。第三级是会说一般的普通话，不同方言区的人能够听懂。

这个报告对说普通话的水平提出三级要求，是在普及普通话的基础上提出了提高的问题，这就为普通话水平测试创造了条件，打下了基础。

二、研制阶段

1988年底，国家语委组织成立了“普通话水平测试标准”课题组。课题组由六人组成，孙修章、于根元负责，国家社会科学基金会资助。经过多次讨论，在深入调查研究、广泛征求意见和测试实验的基础上，课题组确定了普通话水平测试标准和测试大纲的制定原则及基本思路。

信息栏7-1

五条原则

1. 等级标准是全国统一标准；
2. 等级标准是级中套等；
3. 主观评级与客观评级想结合，以客观评级为主；

4. 口试与笔试相结合，以口试为主；

5. 语音、词汇、语法全面考核，以语音为主。

基本思路

1. 普通话水平测试等级分为三级六等。

2. 级下有等，等隶属于级；等既是独立的，又是互相联系的。

3. 各等级分数线应有可靠性，这样等级特征与等级分数线相结合，可以评出公正、合理的等级。

4. 等级标准应当是全国统一标准。

［资料来源］孙修章:《“普通话水平测试标准”的研制与实践》，载《普通话水平测试理论与实践》，商务印书馆1998年，第44—47页。

历经3年，《普通话水平测试等级标准》于1991年研制完成并通过论证，由国家语委普通话推广司转发各地试用。

1992年底，国家语委组织了专门的学术委员会和课题组，讨论和编写了《普通话水平测试大纲》，并于1994年6月正式定稿并准备实施。

三、测试及发展阶段

1994年10月，国家语言文字工作委员会、国家教育委员会、广播电影电视部正式发布《关于开展普通话水平测试工作的决定》，同时公布了《普通话水平测试实施办法（试行）》《普通话水平测试等级标准（试行）》以及由国家语言文字工作委员会组织审定的《普通话水平测试大纲》。以此为标志，普通话水平测试成为新时期推广普通话工作的重要组成部分和里程碑。

1994年11月，国家语言文字工作委员会在北京广播学院（2004年更名为中国传媒大学）举办了第一期国家级普通话水平测试员考核培训班。在此之前，云南、山东等国内几个省份已经举办了省级普通话水平测试员考核培训班。

2001年1月1日《国家通用语言文字法》正式施行。《国家通用语言文字法》第十九条规定:“凡以普通话作为工作语言的岗位，其工作人员应当具备说普通话的能力。以普通话作为工作语言的播音员、节目主持人和影视话剧演员、教师、国家机关工作人员的普通话水平，应当分别达到国家规定的等级标准；对尚未达到国家规定的普通话等级标准的，分别情况进行培训。”自此，普通话水平测试有了坚实的法律保证，因而得以更为迅速地发展，并已成为现阶段我国语言文字工作中极其重要且备受全国人民关注的一项内容。

2004年1月，在总结十年测试实践经验的基础上，国家语言文字工作委员会普通话测试中心颁布了新的《普通话水平测试实施纲要》，用来指导21世纪初期的普通话水平测试工作。

目前，国家语言文字工作委员会以及各省、自治区、直辖市语言文字工作委员会均设有普通话培训测试中心，全国绝大部分地市（区、州、盟）和高校也都设有普通话测试站。普通话水平测试的对象从最初的教师、播音员、节目主持人扩大到各行各业需要持普通话合格证书上岗的人员。

普通话水平测试的等级分为三级，每级又分为甲、乙两等，共三级六等。普通话测试机构将根据应试人的测试成绩确定其普通话水平等级，由省、自治区、直辖市以上的语言文字工作部门颁发相应的普通话水平测试等级证书。

普通话水平测试等级标准如下：

一级（92—100分）

甲等（97—100分） 朗读和自由交谈时，语音标准，词语、语法正确无误，语调自然，表达流畅。测试总失分率在3%以内。

乙等（92—96.9分） 朗读和自由交谈时，语音标准，词语、语法正确无误，语调自然，表达流畅。偶然有字音、字调失误。测试总失分率在8%以内。

二级（80—91.9分）

甲等（87—91.9分） 朗读和自由交谈时，声韵调发音基本标准，语调自然，表达流畅。少数难点音（平翘舌音、前后鼻尾音、边鼻音等）有时出现失误。词语、语法极少有误。测试总失分率在13%以内。

乙等（80—86.9分） 朗读和自由交谈时，个别调值不准，声韵母发音有不到位现象。难点音（平翘舌音、前后鼻尾音、边鼻音、fu–hu、z–zh–j、送气不送气、i–ü不分、保留浊塞音和浊塞擦音、丢介音、复韵母单音化等）失误较多。方言语调不明显。有使用方言词、方言语法的情况。测试总失分率在20%以内。

三级（60—79.9分）

甲等（70—79.9分） 朗读和自由交谈时，声韵母发音失误较多，难点音超出常见范围，声调调值多不准。方言语调较明显。词语、语法有失误。测试总失分率在30%以内。

乙等（60—69.9分） 朗读和自由交谈时，声韵调发音失误多，方音特征突出。方言语调明显。词语、语法失误较多。外地人听其谈话有听不懂的情况。测试总失分率在40%以内。

三级的依据是《新时期的语言文字工作》中提出的“普通话三级标准”。一级是高级，二级是中级，三级是初级。

设立六个等级的主要原因是：一方面，级的跨度大，级中分为两等，跨度缩小，能够减少晋级的难度，增强应试人的进取心，同时也能够更加真实地体现大家普通话的现实水平和差异；另一方面，级的跨度大，对级的水平特征难以描述，分等以后，等的特征和界限很容易说清楚，测试员与应试人也易于掌握，评级的透明度大大提高。

另外，如果测试总失分率在40%以上，分值在60分以下就是“不入级”，也称“不进级”或“不进入等级”。“不入级”说的可能不是普通话而是方言，或者说得和普通话差距很大，难以听得懂。

普通话各等级的评定主要依靠测试员的主观评级和客观评级相结合的办法。各等的分数线就是客观评级的量化标准。这些分数线根据测试实践证明是可靠可信的。一般来说，等级特征和等级分数线的客观结合，就能够得出一个公正、合理的等级。

等级标准全国统一，这是因为普通话只有一个标准，这个唯一标准就是“一级甲等”。在现阶段，普通话水平测试针对不同方言区的各类人员作出不同的等级达标要求，既符合现实中大家说普通话的复杂情况，又能够照顾到不同方言区的人们学习普通话的难易程度，是目前最为现实也是最为合理的解决办法。

普通话水平测试的参加人员为母语是汉语，并通晓一定书面语的成年人。少数民族各类人员，如果以汉语为第一语言且具备其他条件，参加普通话水平等级测试；如果第一语言不是汉语，则参加汉语水平考试。

第二节　普通话水平测试内容和样卷

2004年10月1日起施行的《普通话水平测试大纲》中规定，“普通话水平测试的内容包括普通话语音、词汇和语法”，“普通话水平测试的范围是国家测试机构编制的《普通话水平测试用普通话词语表》《普通话水平测试用普通话与方言词语对照表》《普通话水平测试用普通话与方言常见语法差异对照表》《普通话水平测试用朗读作品》《普通话水平测试用话题》”。

一、普通话水平测试的具体测试内容

普通话水平测试的具体测试内容共分为五项，各项的具体内容要求如下。

（一）读单音节字词：10分

共100个音节，不含轻声、儿化音节，限时3.5分钟。

1. **目的：**测查应试人声母、韵母、声调读音的标准程度。

2. 要求：

（1）100个音节中，70%选自《普通话水平测试用普通话词语表》“表一”，30%选自《普通话水平测试用普通话词语表》“表二”。

（2）100个音节中，每个声母出现次数一般不少于3次，每个韵母出现次数一般不少于2次，4个声调出现次数大致均衡。

（3）音节的排列要避免同一测试要素连续出现。

3. **评分：**

（1）语音错误，每个音节扣0.1分。

（2）语音缺陷，每个音节扣0.05分。

（3）超时1分钟以内，扣0.5分；超时1分钟以上（含1分钟），扣1分。

（二）读多音节词语：20分

共100个音节，限时2.5分钟。

1. **目的：**测查应试人声母、韵母、声调和变调、轻声、儿化读音的标准程度。

2. **要求：**

（1）词语的70%选自《普通话水平测试用普通话词语表》“表一”，30%选自《普通话水平测试用普通话词语表》“表二”。

（2）声母、韵母、声调出现的次数与读单音节字词的要求相同。

（3）上声与上声相连的词语不少于3个，上声与非上声相连的词语不少于4个，轻声不少于3个，儿化不少于4个（应为不同的儿化韵母）。

（4）词语的排列要避免同一测试要素连续出现。

3. **评分：**

（1）语音错误，每个音节扣0.2分。

（2）语音缺陷，每个音节扣0.1分。

（3）超时1分钟以内，扣0.5分；超时1分钟以上（含1分钟），扣1分。

（三）选择判断：10分

目前国内许多省份，特别是北方各省都免测此项。本书亦略。

信息栏7-2

《普通话水平测试大纲》相关说明

各省（自治区、直辖市）语言文字工作部门可以根据测试对象或本地区的实际情况，决定是否免测"选择判断"测试项。如果免测此项，"命题说话"测试项的分值由30分调整为40分。

［资料来源］国家语言文字工作委员会普通话培训测试中心编制，中华人民共和国教育部语言文字应用管理司组织审定：《普通话水平测试实施纲要》，商务印书馆2004年，第9页。

（四）朗读短文：30分

1篇，共400个音节计分，限时4分钟。

1. **目的：**测查应试人使用普通话朗读书面作品的水平。在测查声母、韵母、声调读音标准程度的同时，重点测查连读音变、停连、语调以及流畅程度。

2. **要求：**

（1）短文从《普通话水平测试用朗读作品》中选取。

（2）评分以朗读作品的前400个音节（不含标点符号和括注的音节）为限。

3. **评分：**

（1）每错1个音节，扣0.1分；漏读或增读1个音节，扣0.1分。

（2）声母或韵母的系统性语音缺陷，视程度扣0.5分、1分。

（3）语调偏误，视程度扣0.5分、1分、2分。

（4）停连不当，视程度扣0.5分、1分、2分。

（5）朗读不流畅（包括回读），视程度扣0.5分、1分、2分。

（6）超时扣1分。

（五）命题说话：40分（免测"选择判断"测试项后的分值）

命题说话必须要讲够3分钟。

1. **目的：**测查应试人在无文字凭借的情况下说普通话的水平，重点测查语音标准程度、词汇语法规范程度和自然流畅程度。

2. **要求：**

（1）说话话题从《普通话水平测试用话题》中选取，由应试人从给定的2个话题中选定1个话题，连续说一段话。

（2）应试人单向说话。如发现应试人有明显背稿、离题、说话难以继续等表现时，主试人应及时提示或引导。

3. **评分：**

（1）语音标准程度，共25分。分六档：

一档：语音标准，或极少有失误。扣0分、1分、2分。

二档：语音错误在10次以下，有方音但不明显。扣3分、4分。

三档：语音错误在10次以下，但方音比较明显；或语音错误在10—15次之间，有方音但不明显。扣5分、6分。

四档：语音错误在10—15次之间，方音比较明显。扣7分、8分。

五档：语音错误超过15次，方音明显。扣9分、10分、11分。

六档：语音错误多，方音重。扣12分、13分、14分。

（2）词汇语法规范程度，共10分。分三档：

一档：词汇、语法规范。扣0分。

二档：词汇、语法偶有不规范的情况。扣1分、2分。

三档：词汇、语法屡有不规范的情况。扣3分、4分。

（3）自然流畅程度，共5分。分三档：

一档：语言自然流畅。扣0分。

二档：语言基本流畅，口语化较差，有背稿子的表现。扣0.5分、1分。

三档：语言不连贯，语调生硬。扣2分、3分。

说话不足3分钟，酌情扣分：缺时1分钟以内（含1分钟），扣1分、2分、3分；缺时1分钟以上，扣4分、5分、6分；说话不满30秒（含30秒），本测试项成绩计为0分。

二、普通话水平测试的样卷

以下是人工拟定的国家普通话水平测试样题：

国家普通话水平测试题

一、读100个单音节字词（100个音节，共10分，限时3.5分钟）

半	顶	毁	绿	盆	外	庄	怯	筛	逢
痘	蠢	曹	夫	见	杯	略	秋	仰	醉
爱	尝	匪	街	鸟	栓	雪	葱	饷	梯
忍	稻	刮	狂	女	怨	史	铆	鲤	慈
陕	勒	翁	音	疼	您	捆	管	翅	揉
洒	冲	贵	卡	攀	统	糟	饶	赌	霞
哑	鄙	浴	坐	特	偏	留	怀	而	丝
晴	斩	攥	兄	尚	灭	讲	佛	执	所

喘	航	阅	抓	训	劝	民	婚	饿	薄
扔	敌	甲	明	穷	温	皱	储	革	汇

二、读多音节词语（100个音节，共20分，限时2.5分钟）

沸腾	协作	采访	制备	规定	拆迁	大婶儿
法令	充满	次序	彼此	嫁妆	而且	老头儿
挖掘	尊严	用品	逗乐儿	苦恼	军人	胸脯
娘家	揣摩	算账	取消	脖颈儿	奥妙	党委
牛顿	空虚	损耗	卓越	怎么	衰变	死亡
呕吐	河床	原料	流水	强制	工程师	判决书
在家	美好	垮台	弱点	拳头	焕然一新	

三、朗读短文（400个音节，共30分，限时4分钟）

作品17号

对于一个在北平住惯的人，像我，冬天要是不刮风，便觉得是奇迹；济南的冬天是没有风声的。对于一个刚由伦敦回来的人，像我，冬天要能看得见日光，便觉得是怪事；济南的冬天是响晴的。自然，在热带的地方，日光永远是那么毒，响亮的天气，反有点儿叫人害怕。可是，在北方的冬天，而能有温晴的天气，济南真得算个宝地。

设若单单是有阳光，那也算不了出奇。请闭上眼睛想：一个老城，有山有水，全在天底下晒着阳光，暖和安适地睡着，只等春风来把它们唤醒，这是不是理想的境界？小山把济南围了个圈儿，只有北边缺着点口儿。这一圈小山在冬天特别可爱，好像是把济南放在一个小摇篮里，它们安静不动地低声地说："你们放心吧，这儿准保暖和。"真的，济南的人们在冬天是面上含笑的。他们一看那些小山，心中便觉得有了着落，有了依靠。他们由天上看到山上，便不知不觉地想起：明天也许就是春天了吧？这样的温暖，今天夜里山草也许就绿起来了吧？就是这点儿幻想不能一时实现，他们也并不着急，因为这样慈善的冬天，干什么还希望别的呢！

最妙的是下点儿小雪呀。看吧，山上的矮松越发的青黑，//树尖儿上顶着一髻儿白花，好像日本看护妇。……

——节选自老舍《济南的冬天》

四、命题说话（请在下列话题中任选一个，共40分，限时3—4分钟）

1. 我的假日生活
2. 谈谈社会公德

第三节 应试策略

无论参加哪种测试，应试人都希望能够正常发挥自己的水平，取得理想的成绩，因此，掌握一些应试技巧是十分必要的。

普通话水平测试的应试技巧主要体现在以下三个方面：

一、测前准备

应试人在接受普通话水平测试之前应做好充分的准备，否则将难以发挥出自己应有的普通话口语水平。具体应从以下几个方面做准备：

（一）提前开口讲普通话

俗话说“一日不练口生”，如果平时讲方言，测试时将很难做到普通话流畅，有时甚至语不成句或半方言半普通话，还有的时候会讲不下去。所以，无论普通话水平如何，平时能够坚持使用是至关重要的。至少在正式接受普通话水平测试前半年，就应该在日常工作和生活中坚持使用普通话。当然最好的做法是多年坚持使用普通话，使普通话真正成为自己的交际语言、工作语言。

同时，对“命题说话”测试题一定要在平时加强训练，熟能生巧，这样可使自己临场不慌。

信息栏7-3

普通话水平测试用说话题目

1. 我的愿望（或理想）
2. 我的学习生活
3. 我尊敬的人
4. 我喜爱的动物（或植物）
5. 童年的记忆
6. 我喜爱的职业
7. 难忘的旅行
8. 我的朋友
9. 我喜爱的文学（或其他）艺术形式
10. 谈谈卫生与健康
11. 我的业余生活
12. 我喜欢的季节（或天气）
13. 学习普通话的体会
14. 谈谈服饰
15. 我的假日生活
16. 我的成长之路
17. 谈谈科技发展与社会生活
18. 我知道的风俗
19. 我和体育
20. 我的家乡（或熟悉的地方）
21. 谈谈美食
22. 我喜欢的节日
23. 我所在集体（学校、机关、公司等）

24. 谈谈社会公德
25. 谈谈个人修养
26. 我喜欢的明星（或其他知名人士）
27. 我喜爱的书刊
28. 谈谈对环境保护的认识
29. 我向往的地方
30. 购物（消费）的感受

［资料来源］国家语言文字工作委员会普通话培训测试中心编制，中华人民共和国教育部语言文字应用管理司组织审定：《普通话水平测试实施纲要》，商务印书馆2004年，第455—456页。

（二）反复熟读所有朗读篇目

“朗读短文”是普通话水平测试中所占比例较大的一项测试内容。要想朗读得准确、流畅，失分少，就必须建立在对文章熟悉的基础上。而要做到这一点，应试人就需要对所有朗读篇目反复地读、反复地练、反复地揣摩，有时甚至达到可以背诵的程度。这样才能有效降低失分，取得良好的测试等级。

信息栏7-4

普通话水平测试用朗读作品题目

作品1号　节选自茅盾《白杨礼赞》
作品2号　节选自张健鹏、胡足青主编《故事时代》中《差别》
作品3号　节选自贾平凹《丑石》
作品4号　节选自［德］博多·舍费尔《达瑞的故事》，刘志明译
作品5号　节选自峻青《第一场雪》
作品6号　节选自谢冕《读书人是幸福人》
作品7号　节选自唐继柳编译《二十美金的价值》
作品8号　节选自巴金《繁星》
作品9号　节选自李恒瑞《风筝畅想曲》
作品10号　节选自［美］艾尔玛·邦贝克《父亲的爱》
作品11号　节选自冯骥才《国家荣誉感》
作品12号　节选自峻青《海滨仲夏夜》
作品13号　节选自童裳亮《海洋与生命》
作品14号　节选自林清玄《和时间赛跑》
作品15号　节选自陈灼主编《实用汉语中级教程》（上）中《胡适的白话电报》
作品16号　节选自［俄］柯罗连科《火光》，张铁夫译
作品17号　节选自老舍《济南的冬天》
作品18号　节选自郑莹《家乡的桥》

作品19号 节选自游宇明《坚守你的高贵》
作品20号 节选自陶猛译《金子》
作品21号 节选自青白《捐诚》
作品22号 节选自王文杰《可爱的小鸟》
作品23号 节选自刘墉《课不能停》
作品24号 节选自严文井《莲花和樱花》
作品25号 节选自朱自清《绿》
作品26号 节选自许地山《落花生》
作品27号 节选自［俄］屠格涅夫《麻雀》，巴金译
作品28号 节选自唐若水译《迷途笛音》
作品29号 节选自小学《语文》第六册中《莫高窟》
作品30号 节选自张抗抗《牡丹的拒绝》
作品31号 节选自《中考语文课外阅读试题精选》中《“能吞能吐”的森林》
作品32号 节选自杏林子《朋友和其他》
作品33号 节选自莫怀戚《散步》
作品34号 节选自罗伯特·罗威尔《神秘的“无底洞”》
作品35号 节选自［奥］茨威格《世间最美的坟墓》，张厚仁译
作品36号 节选自叶圣陶《苏州园林》
作品37号 节选自《态度创造快乐》
作品38号 节选自杨朔《泰山极顶》
作品39号 节选自《教师博览·百期精华》中《陶行知的“四块糖果”》
作品40号 节选自毕淑敏《提醒幸福》
作品41号 节选自刘燕敏《天才的造就》
作品42号 节选自［法］罗曼·加里《我的母亲独一无二》
作品43号 节选自［波兰］玛丽·居里《我的信念》，剑捷译
作品44号 节选自［美］彼得·基·贝得勒《我为什么当教师》
作品45号 节选自《中考语文课外阅读试题精选》中《西部文化和西部开发》
作品46号 节选自王蒙《喜悦》
作品47号 节选自舒乙《香港：最贵的一棵树》
作品48号 节选自巴金《小鸟的天堂》
作品49号 节选自夏衍《野草》
作品50号 节选自纪广洋《一分钟》
作品51号 节选自张玉庭《一个美丽的故事》
作品52号 节选自苦伶《永远的记忆》
作品53号 节选自小学《语文》第六册中《语言的魅力》
作品54号 节选自蒲昭和《赠你四味长寿药》
作品55号 节选自［美］本杰明·拉什《站在历史的枝头微笑》
作品56号 节选自《中国的宝岛——台湾》

作品57号　节选自小思《中国的牛》
作品58号　节选自老舍《住的梦》
作品59号　节选自宗璞《紫藤萝瀑布》
作品60号　节选自林光如《最糟糕的发明》
[资料来源]国家语言文字工作委员会普通话培训测试中心编制，中华人民共和国教育部语言文字应用管理司组织审定:《普通话水平测试实施纲要》，商务印书馆2004年，第334—453页。

（三）通读词语，逐条纠正发音

测试前，至少要通读一遍《普通话水平测试用普通话词语表》中的17 000多条词语。对那些一下就能够读对的字词，可以不必再看；对那些拿不准读音或读错了的字词，一定要做上标记，反复熟读，牢记读音；同时努力校正那些似是而非的发音，降低语音缺陷的发生。这一点，对普通话基础较好的应试人尤其重要，因为它可以有效降低语音失误率，从而减少基础语音的失分，尤其是第一测试项“读单音节字词”和第二测试项“读多音节词语”的失分。

（四）了解并熟悉测试规程

这也是一项十分重要的测前准备工作。从实际测试看，有不少应试人因不了解测试规程而造成了测试的不便，影响了应试情绪和正常发挥。一般来说，主要需要注意以下几点：

1. 全面了解所属测试站详尽的测试规程，避免因不了解而造成的误解和不便；
2. 及时完成报名工作，一定不要错过规定的报名时间，否则会影响到测试的准备和发挥；
3. 注意熟悉测试中的各项规定和要求，以提高自己的应试能力；
4. 测试之前要熟悉考场、备测室等，以避免找不着考场、座位等意外情况的发生。

做到了以上几点，应试人就能心中有数，测试时也能有条不紊，充满信心。

二、测试技巧

对应试人来讲，从进入考场到测试结束离开考场这一段时间是至关重要的，将直接关系到测试成绩。其大致又可以分为备测、测试和结束三个阶段。

（一）抽题备测阶段

应试人按规定进入备测室以后，应主动向测试员出示本人的有效身份证件和准考证以及其他需要出示的证件，经查验无误后，方可在测试员的指导下抽题备测。抽题时，不要挑挑拣拣，以免给测试员或工作人员留下不好印象。其实，提供给应试人抽选的所有测试题，其难易度、效度、信度等几乎都在同一个水平线上，并没有多大差异。抽好题备测时，应试人应自觉在备测室内某一处单独进行准备，不要出声，也不允许擅自离开备测室，更不要影响室内其他正在进行准备的同学。

（二）接受测试阶段

在前一位应试人测试完毕离开考场时，应试人应等候在考场门外，并即刻走进测试考场内；在测试员示意测试可以开始时，应试人应首先清楚地报出自己的单位（院系）、姓名、考号（或学号）、测试题号等相关内容，然后直接进入测试内容。

测试过程中，一般不允许向测试员提出问题，确有疑问的，可以在两个测试项之间提出，并应该首先征得测试员同意。

在完成每个测试项时，应试人应注意的是：

1. **读好单音节字词的每个部分。**单音节字词共100个，所占分值只有10分，但这部分内容的测试直接影响到应试人的普通话等级水平。测试时，应试人应注意读好每个字词的声母、韵母和声调，主要包括：读准声母的发音部位；充分展示韵母中主要元音的开口度以及复韵母、鼻韵母的动程；声调要注意读得完整、到位；不要读出轻声、儿化音来。

另外，单音节字词读的时候还应注意速度和节奏，不要过快或者过慢，中速即可，遇到多音字，只读一个读音即可，不必把所有音都读出来。某个字读错了可以再读一遍，但不要读第三遍、第四遍。音量要适中，也可以适当大些，一定不要音量过小，以致测试员听不清楚而以缺陷或错误对待。

2. **读对每个多音节词语。**多音节字词总共包含100个音节，音节数量与单音节字词持平，但分值却增加了一倍。同时，测查点也增加了许多，除仍旧考查每个音节的声母、韵母、声调的发音标准程度之外，还考查变调、轻声、儿化等读音的标准程度。针对这个情况，有必要从以下几方面加以注意：

（1）要读准每个音节的声母、韵母、声调。

（2）准确分辨出轻声词和儿化词，严格按照轻声和儿化变读的规律去读。一般每套测试题“读多音节词语”中的轻声词和儿化词都各有3到4个。应试人平时多加强训练，熟读并记住《普通话水平测试用必读轻声词语表》及《普通话水平测试用儿化词语表》，以有效减少测试时的失误。

（3）注意变调音节的正确发音，包括上声、去声和“一、不”的变调，关键是要读准变调音节的调值，特别是两个上声的连读变调。

（4）重视末尾音节的声调发音，特别注意要发得完整、到位。这是因为，在多音节词语朗读的语流中，排在前面的音节从理论上说都可能发生一些音变；而末尾音节除轻声、儿化现象以外，一般不再发生变调，而是读原调，并且声调要求读得清晰、完整而准确。

（5）必须加强对双音节词语轻重音格式的重视，力求读对读好。在普通话中，双音节词语的前后两个音节在音强上有不同，一般主要有三种类型：中重格式、重中格式、重轻格式。如果读错了，听感上会觉得别扭，测试时也会被扣分，特别是普通话水平较高的应试人，尤其需要加以注意。

3. **朗读短文应首先注意发音准确、语流顺畅，然后才是感情的体现。**朗读短文应注意做到以下几方面：

（1）读准每个字音；

（2）读对所有出现的音变现象，包括轻声、儿化、变调、“啊”等；

（3）注意外来词的读音规范，不要按原语言的特征去读，而应按照汉语普通话的标准去读；

（4）力求做到朗读流畅、自然，停连得当，语调正确，没有回读现象的发生。这些是朗读测试中十分重要的测查点，所以必须在平时反复加以训练，以有效降低这方面的失误。

4. **注重“命题说话”的训练。**“命题说话”分值最高，是整个测试中最重要的部分，对测试等级的影响极大。为了在测试中取得良好的成绩，需要注意以下几点：

（1）一定要选择自己有把握的说话题目。说话题目是“二选一”，所以应试人备测时就应该冷静选择出自己最有把握完成的一个，而不要在测试时才临时决定，更不要在说话中途换题。

（2）注意总体语音面貌的良好展现。语音面貌是一个人说普通话时整个语音系统的总体情况，因此说话时务必注意语音面貌的准确和流畅，包括声母、韵母、声调发音到位，语流音变自然、准确，吐字归音恰到好处，口语表达流利，感情恰当等。只有这样，才会给人留下普通话运用熟练的印象。

（3）特别要注重思路的顺畅。“命题说话”要求单向进行，因而如何围绕题目拓展思维并缀句成篇就显得十分重要。一般来说，只要巧妙运用事实材料，积极联想和想象，事先设计好一个大致清晰的思路，那么成功完成说话题目是不成问题的。例如，如果要说“我的学习生活”这个话题，那么既可以从自己从小的学习经历谈起，也可以只谈自己小学、中学或者大学某个阶段的学习生活，还可以谈自己目前日常的学习内容、方法、收获、感受等等，这些思路只要打开，谈起来都会很顺畅，绝不会出现卡壳或者讲不下去的情况。

（三）结束测试阶段

应试人完成全部测试内容后，无论完成的情况如何，都应注意不要向测试员询问有关情况，更不要询问自己的得分和等级，而应在测试员准许后收好自己的证件，及时离开考场，等候成绩的统一公布。

三、测后提高

测试不是目的，仅仅是一种手段。普通话水平测试的目的，一方面是检测应试人现阶段的普通话水平，另一方面则是要使应试人发现自己存在的问题，使之能够在今后不断加以训练和提高。因而测试结束后，应试人应该尽快投入到下一阶段的训练中去，并注意以下几点：

首先，及时总结测试经验，发现问题，积极寻找解决办法，并有针对性地开始训练。

其次，和已经接受过测试的人进行交流，互帮互学，共同进步。

再次，制定目标，坚持训练，争取在下一次接受测试时实现，借此促使自己始终不松懈、不放弃，满怀信心地投入到普通话的长期训练中去。

最后，平时一定要坚持使用普通话。语言训练不是一蹴而就的事，需要持之以恒地坚持学习和训练，才能提高普通话水平。因此，平时能够坚持使用普通话就显得至关重要。只要做到了这一点，时间长了，普通话水平特别是说话能力自然就会得到提高。

【反思与探究】

一、简述普通话水平测试的含义。
二、简述普通话水平测试经历了哪些发展阶段。
三、简述普通话水平测试的等级标准。
四、普通话水平测试包括哪几项测试内容？
五、谈谈普通话水平测试“朗读短文”时应该注意哪些地方？
六、简述普通话水平测试“命题说话”项应试策略。
七、简述普通话水平测试结束后应该如何做。
八、谈谈国家开展普通话水平测试的意义。

【训练与提高】

一、读单音节词语。

1. 最　保　铣　攀　洒　剜　抹　蚕　卅　佛
予　些　闰　得　责　您　祛　题　握　呛
能　耍　圃　粮　撑　撇　共　翼　裴　灰
汁　拗　曲　辈　啮　弦　愁　雪　捺　遭
嫌　篾　采　番　昧　遂　倾　铆　涨　脊
摞　吃　锅　掠　说　亏　拎　任　捏　奎
于　氯　肉　揩　围　偶　砌　柬　耳　痛
悔　哪　粪　女　桦　般　贫　氦　车　镁
庚　第　拳　躺　秆　饿　凭　孵　跟　熔
扇　蒂　黄　藤　逮　礼　拔　权　鸟　擂

2. 薄　蓬　锰　女　呆　品　订　乏　滇　窘
敲　湘　尊　祠　素　搅　汤　跨　褐　热
胖　杯　民　蜕　扭　果　顺　绒　二　云
草　履　虎　瓮　远　秋　匣　嘴　汁　着
彼　面　略　孔　痕　矢　呈　饿　享　祛
狭　渡　佛　篾　敝　叉　错　论　寇　恨
革　癞　氮　抬　别　缩　横　顺　拂　抄
滩　脚　雄　幢　明　谁　耿　通　囊　钻
刮　渍　早　了　抓　黔　草　绝　挂　经

斜 浅 情 冠 冬 姬 撕 旨 吹 嗤

二、读多音节词语。

1. 缺乏 持续 讨论 绿化 酒窝儿 恰当 推行 推销
求证 和蔼 当作 报应 家乡 飘浮 城堡 主角儿
协调 良心 漂亮 望远镜 难堪 左边 广场 沉重
姿势 减少 各别 闷热 蓬松 通讯 壮大 正视
水平 墨汁儿 老板 图书馆 涤纶 口粮 地带 词汇
职能 身躯 若干 昆曲 火锅儿 方才 丝线 潜移默化
2. 脑髓 麻痹 衙门 案件 报道 管理 创造 频繁
反而 罕见 记事儿 努力 缺少 外部 心里 笔者
研究 加塞儿 定点 济济 成绩 笑话儿 轻松 夹缝儿
融合 沙滩 卧室 狭窄 制止 把手 怅惘 老师
躲闪 分兵 附带 横亘 鲁莽 拨弄 收缴 进行
孙女 颓废 务必 闲暇 亵渎 谣言 扎实 以免
脍炙人口

三、朗读短文。①

1. 作品5号

这是入冬以来，胶东半岛上第一场雪。

雪纷纷扬扬，下得很大。开始还伴着一阵儿小雨，不久就只见大片大片的雪花，从彤云密布的天空中飘落下来。地面上一会儿就白了。冬天的山村，到了夜里就万籁俱寂，只听得雪花簌簌地不断往下落，树木的枯枝被雪压断了，偶尔咯吱一声响。

大雪整整下了一夜。今天早晨，天放晴了，太阳出来了。推开门一看，嗬！好大的雪啊！山川、河流、树木、房屋，全都罩上了一层厚厚的雪，万里江山，变成了粉妆玉砌的世界。落光了叶子的柳树上挂满了毛茸茸亮晶晶的银条儿；而那些冬夏常青的松树和柏树上，则挂满了蓬松松沉甸甸的雪球儿。一阵风吹来，树枝轻轻地摇晃，美丽的银条儿和雪球儿簌簌地落下来，玉屑似的雪末儿随风飘扬，映着清晨的阳光，显出一道道五光十色的彩虹。

大街上的积雪足有一尺多深，人踩上去，脚底下发出咯吱咯吱的响声。一群群孩子在雪地里堆雪人，掷雪球儿。那欢乐的叫喊声，把树枝上的雪都震落下来了。

俗话说，“瑞雪兆丰年”。这个话有充分的科学根据，并不是一句迷信的成语。寒冬大雪，可以冻死一部分越冬的害虫；融化了的水渗进土层深处，又能供应//庄稼生长的需要。

（节选自峻青《第一场雪》）

2. 作品54号

有一次，苏东坡的朋友张鹗拿着一张宣纸来求他写一幅字，而且希望他写一点儿关于养生方面的内容。苏东坡思索了一会儿，点点头说：“我得到了一个养生长寿古方，

① 两篇朗读作品选自国家语言文字工作委员会普通话培训测试中心编制，中华人民共和国教育部语言文字应用管理司组织审定：《普通话水平测试实施纲要》，商务印书馆2004年，第342、440页，有删节。

药只有四味，今天就赠给你吧。”于是，东坡的狼毫在纸上挥洒起来，上面写着：“一曰无事以当贵，二曰早寝以当富，三曰安步以当车，四曰晚食以当肉。”

这哪里有药？张鹗一脸茫然地问。苏东坡笑着解释说，养生长寿的要诀，全在这四句里面。

所谓“无事以当贵”，是指人不要把功名利禄、荣辱过失考虑得太多，如能在情志上潇洒大度，随遇而安，无事以求，这比富贵更能使人终其天年。

“早寝以当富”，指吃好穿好、财货充足，并非就能使你长寿。对老年人来说，养成良好的起居习惯，尤其是早睡早起，比获得任何财富更加宝贵。

“安步以当车”，指人不要过于讲求安逸、肢体不劳，而应多以步行来替代骑马乘车，多运动才可以强健体魄，通畅气血。

“晚食以当肉”，意思是人应该用已饥方食、未饱先止代替对美味佳肴的贪吃无厌。他进一步解释，饿了以后才进食，虽然是粗茶淡饭，但其香甜可口会胜过山珍；如果饱了还要勉强吃，即使美味佳肴摆在眼前也难以//下咽。

（节选自蒲昭和《赠你四味长寿药》）

四、命题说话。[①]

1. 我喜爱的植物

在大千世界中，植物种类繁多，千姿百态，而我独爱茉莉。这时我首先会想起一首歌里是这样唱的：“茉莉花呀，清清的茉莉花，我爱你秀丽淡雅，洁白无瑕。”是的，我爱茉莉花的素莹雅洁，自然散发的芳香。茉莉花叶子是圆形的，开白色的小花。花形虽然小，却倒也玲珑剔透，冰洁喜人。说到我与茉莉花的情缘，是在两年前。当时我还在移动公司上班，那时正值初夏，我在花市上一眼就看中了它。买回来时，还是含苞待放的。我将它放在窗前的桌子上，那绿绿的枝叶惹人喜爱，那洁白的花苞让人生怜。买回来不几天它就开花了，洁白淡雅的花色把我给迷住了。每天清晨醒来，茉莉花就展开它白色的笑脸对我微笑，一股清幽的芳香沁人心脾，那份喜悦无以言表。等我下班回来以后，茉莉花落在桌子上，那小小的花儿就像一只只美丽的白蝴蝶。我后来去花市又买了一只漂亮的花盆，回来以后就给它换了一下。可是里面竟然有一只蚯蚓。因为我太胆小了，没有把蚯蚓放进花盆里。没想到过了几天，茉莉花就萎靡不振，低垂的叶子让我很是伤心。就这样过了几天，花就枯萎了。内心的伤痛是无以言表的，虽然我极喜欢茉莉花，但是却没有再养过它。因为我不是一个善于养花的人，我怕如此娇美纯洁的花会在我的手下凋零。我是一个感性唯美的人，虽然不再会去考虑养花，但是对它的喜爱却不会改变。至今，那洁白的花朵，绿绿的枝叶依然清晰地印在我的心里。这就是我最喜爱的植物——茉莉花。清清的茉莉花，洁白的茉莉花，它是秀丽淡雅的，它是纯真无瑕的。

2. 谈谈美食

人每天都要吃饭，当然每个人也都喜爱美食。中国有八大菜系，我们的鲁菜就是这八大菜系之一。我虽然生活在山东，但是对鲁菜的种类却不是很了解。但是在我的家乡

---

① 根据测试录音整理。

那有一种美食，就是我们那的特产，叫酥锅。每到过年的时候，我们就会做这种菜。我觉得为什么叫它酥锅呢？主要就在这个酥上。因为它会倒很多的醋，在这道菜里，所有的鱼骨，肉骨都被醋煮的很酥了。所以我觉得就因为这个原因才叫酥锅。这道菜是怎么做的呢？首先，要准备很多很多的菜，一般必不可少的一种材料是海带。而要用干的海带，把海带卷起来，卷起来之后用一根线系住，切成一大段一大段放到锅里。然后再放入其他的材料，如白菜、猪蹄、鱼。可以根据个人喜好再放其他材料，可以放很多很多，然后倒很多很多的醋，基本上以没过这些菜为准。倒上之后就可以煮了。把锅放到炉子上，用细火炖一夜或者是一整天，因为需要炖得很酥，这样才能入味。如果是比较快的锅，比如高压锅，炖半个小时就可以了。这道菜一般是过年的时候吃。过年时，就把凉的菜拿出来，海带切成一条一条的，还有藕还有其他的材料都切成一块一块的直接上桌。因为它倒了很多醋，所以非常酸的，可以开胃。还有我所知道的其他的菜，比如说我吃过，在陕西吃过各种面食。陕西不愧是一个面食的大省。在那儿的面又实惠又好吃。三块钱的肉丝面就可以吃得很饱，而且很好吃。

下　篇

教师口语艺术

第八章　教师口语概说

【学习目标】

了解教师口语的含义及特点，掌握教师口语的分类，明确教师口语在教育教学活动中的重要作用。

【引　言】

教师口语既是一门研究教师职业语言运用技能的学科，又是一门以口语实践为主体的应用课程。它是师范生必须要掌握好的一项技能。从1993年5月原国家教育工作委员会颁布实施《师范院校“教师口语”课程标准（试行）》以来，教师口语课程在各级各类师范院校取得了长足的发展，出版了大量的相关教材，并日益受到重视。每一位师范生都应该认真学好教师口语知识，自觉进行教师口语训练，不断提升教师口语表达能力。

第一节　教师口语的含义

教师口语是指教师在一切教育、教学活动中所使用的口头语言。它是教师在日常工作中需要使用的职业用语，是以有声语言为主，以体态语言为辅，围绕教育主题或者一段教学内容而展开的职业口语艺术活动。教师口语一般要使用标准或比较标准的普通话，教师口语的含义主要体现在以下方面。

一、教师口语是一种口语交际活动

口语交际是听话和说话能力在社会实际交际中的应用。在当今社会人们的交往中，口语交际已成为认定个人整体素质的重要因素，这也是基础教育新课程改革所要求的。要想培养中小学生具有较好的听话和说话能力，教师首先就应该具备良好的口语交际能力。口语交际不仅包括说话和听话能力，还包括交际过程中分析、判断、综合、推理、概括和归纳等思维能力，分析问题和解决问题的能力，实际操作能力，创造能力等。因此，教师口语能力要想切实得到提高，就应该着重注意以下几种能力的培养：

1. **语言能力**

语言能力是指教师工作用语中的相关规则知识，包括发音、书写、词汇、语法等方面，并具备在不同的教学环境中恰当地理解和表达言语的能力。语言能力包括语言组织能力和语言运用能力。语言组织能力指生成话语的能力、辨认话语的能力、理解话语的能力等。语言运用能力指在具体语境中进行语言表达的能力。

2. **语篇能力**

语篇是由两个或两个以上的句子，依据词语联结和修辞结构的规则而组成的篇章。语篇能力就是连句成章的能力，既体现在书面语中，也体现在口语使用中。近些年来，一些学者在语篇分析研究中的起点就是口语语篇能力的组成。语篇能力的培养和训练可以使人“出口成章”，言语准确到位。

3. **策略能力**

策略能力是指为了提高口语交际效果所使用的技能，有时也指在实际口语交际中，用于弥补交际失败的技能。例如有时故意说得语音重些，故意讲得慢些，故意大声说等；又例如有时不了解某件事情时，不是保持沉默，而是想尽办法说出自己的一些见解；等等。策略能力既包括有声语言的快速反应能力，也包括手势、姿态、面部表情等体态语言的表达能力。具体来说，策略能力指口语交际中交谈者如何提出话题、展开话题、转换话题、结束话题等技能。

二、教师口语是教育教学活动中最重要的手段

教师口语是教师职业活动的工作语言，在教育教学各个不同环节中，教师口语都发挥了最为重要的作用。具体表现在：

1. **教师口语是传递知识的主要媒介。**教师作为教师口语的驾驭者，正是运用教师口语来传授知识、传播信息、答疑解惑的。

信息栏8-1

晏子论节俭与吝啬

——机智善辩，沉着冷静

晏子出使晋国。晋国的大夫叔向见晏子的装束很寒酸，感到颇为不解，就问道："请问先生，节俭与吝啬有什么区别？"晏子明白叔向的用意，但并不动怒，而是认真地答道："节俭是君子的美德，吝啬是小人的恶行。根据财物的多寡，有计划地加以使用，富贵时没有过分占有，贫困时不向人借贷，这就是节俭。如果财物积累很多而不能分给需要的人，只是自己充裕地独享，就是吝啬。"叔向听了肃然起敬，不敢再以貌取人，小视晏子了。

点评：晏子具有很高的语言应对能力，以自己的机警善辩赢得了他应有的尊重。

[资料来源] 根据《晏子春秋·内篇问下》原文翻译并点评。

2. **标准的教师口语是语言美的真实体现。**规范的普通话、驾轻就熟的语言表现能力能够为学生树立良好的示范和榜样，使学生徜徉在用优美的语言所创设的教学环境中。

3. **教师口语是传递情感的有力工具。**教育教学活动中的情感应该如何传递？最重要的当然就是通过语言。用充满感情的教师口语营造和谐情绪，可使学生在欣喜、愉悦的情感状态下学习和接受教育，这对提高教育教学效果有着积极的作用。

三、教师口语是符合当代教育教学规律和要求的语言方式

教师每天都在和学生进行言语交流，如果其言语条理不清、逻辑不明，势必阻碍学生思维和交流的顺畅进行。因此，教师在课堂上的每一个提问，每一句铺垫，每一句过渡都要认真推敲，把意思表达得明明白白。教师具有逻辑牵引力的言语能帮助学生理清思路，从而推动学生思维向抽象逻辑方向发展，因此教师的语言一定要工于达意。教师要掌握教育教学规律及要求，了解教学对象的情况，然后据此去设计和组织教学语言，从而达到教育目的。这主要表现在：

1. **教师口语要符合特定的教育教学任务。**讲解是教师完成教学任务的重要手段，也是教师必须具备的工作能力。教师要根据具体教学内容和学生的特点，将困难复杂的教学内容讲得通俗易懂、深入浅出，使学生易于领会和掌握。

2. **教师口语要重视示范。**教师的发音、朗读和说话都是学生模仿的对象。所以，要求教师本身须具有较高的语言水平，示范必须正确。同时可以使用多媒体播放音像制品作为辅助教学手段，来达到正确示范的目的。

3. **教师口语还须讲求节奏。**有节奏感和层次感的语言才能始终集中学生的注意力。同时声音要富于变化，无论响度、亮度、清晰度都应力求恰当。

4. **教师口语要符合学生的心理特征和认知发展规律。**教师要根据学生的年龄、性别、个性等差异选择适当的语言方式和教育教学方式。

5. **教师口语应该使用标准或比较标准的普通话。**《中华人民共和国国家通用语言文字法》第十条规定："学校及其他教育机构以普通话和规范汉字为基本的教育教学用语用字。"国家《教师资格条例实施办法》第二章第八条第二款规定，申请认定教师资格者"普通话水平应当达到国家语言文字工作委员会颁布的《普通话水平测试等级标准》二级乙等以上标准"。因此，普通话不仅是教师的职业语言，而且说好普通话是运用教师口语的前提和基础。

第二节　教师口语的特点

在学校教育中，教师口语始终要围绕着教育教学这个中心展开，同时要符合当代教育教学的一般规律。因此，教师口语的特点主要是教育性、思想性、科学性、规范性、艺术性、针对性、情感性、启发性、时代性。

一、教育性

科学教育学的奠基人、德国著名教育家赫尔巴特在其代表作《普通教育学》中认为"教育与教学应该统一起来"。他说："教学如果没有进行道德的教育，只是一种没有目的的手段。道德教育如果没有教学，则是一种失去了手段的目的。"他因此提出了"教育性教学"一词，把传授知识和道德教育看成一个统一的过程。

教师如果只是教书而不育人，那么这样的教学就是不成功的。教师口语作为教师教学的基本手段和工具，其教育性不言而喻。教师根据职业准则和要求，对学生进行传授、讲解、分析、描述、诠释、启发、说服、批评、表扬、鼓励、评价等，使学生有效地掌握各种科学文化知识，发展智能，同时使学生明白为人处事的道理，养成良好的道德品质，教师的言语无不蕴含着教育的内涵。

信息栏8-2

《国家教育事业发展"十一五"规划纲要》主要任务之

"切实加强德育工作"

进一步加强和改进中小学思想道德教育和大学生思想政治教育，提高学生的思想道德素质。以马克思主义为指导，深入开展中国特色社会主义共同理想教育，加强以爱国主义为核心的民族精神和以改革创新为核心的时代精神教育，多种形式地开展社会主义荣辱观教育。大力推进文明习惯的养成教育，继续加强国情和形势政策教育、法制教育、国防教育和民族团结教育。

［资料来源］中华人民共和国教育部:《国家教育事业发展"十一五"规划纲要》，人民教育出版社2007年，第13页。

教师口语的教育性，不只体现在课堂上、校园内，还体现在教师和教育对象的一切接触和交流当中。无论在哪里，教师口语往往都渗透着教育的含义，这是由教师所充当的职业角色本身所决定的。因此，教育与教学作为一个整体是不可分割的。

这些培养目标和任务的实现，仅依靠一门课或几门课的支持是远远不够的，而是需要所有教师的通力合作，把各类教育渗透到各科知识的传授过程中。

二、思想性

思想是个人对社会生活中一切事物的看法。这里的思想性是指教师要运用教师口语对学生进行辩证唯物主义世界观的教育。

教师口语应集中体现教师所教课程知识的思想性。教师在传授知识的同时还要培养学生的思想性，要使学生具有科学的思想观，既学好知识，养成良好的道德情操，又能够全面、客观地分析和解决问题。

在全面提倡素质教育的今天，学生的思想性体现在对所学知识以及各种生活现象进行独立思考的习惯上。教师在教学中，如果只是注重知识的传授而忽略了对学生思想的培养，那么这样的教育就是有所欠缺的。要想让学生有思想性，教师首先就应该有思想性，而这一思想性就体现在教学语言当中。我国著名语文教育家叶圣陶认为“语言是出声的思想”。教师一方面应该用语言去引导学生做有思想的人，让他们养成多听、多看、多想的习惯；另一方面还应该在课堂教学中恰当地引用名言警句，引导学生做思想的采集者，不断擦亮学生思想的火花。教师口语的思想性是21世纪对教师教学素养的更高要求。

三、科学性

科学性指教师口语应符合客观实际，反映事物的本质和内在规律。教师口语的科学性表现在三个方面：

1. **教师口语必须完全符合教学内容的科学性。**包括教学中的概念、定义、原理、举例、论证等内容的表述是否清楚、准确，涉及的图表、公式、数据、符号、单位和文献等是否正确无误等等。另外，还包括所讲内容是否完善，所述观点是否无争议等等。

2. **教师口语应该体现出教学方法的科学性。**包括教学指导思想、教学基本方法、具体方法、教学方式等都应科学而完善。具体表现在教学目标是否明确，教学重点是否突出，教学难点是否能够突破，教学程序是否合理，主导与主体的关系是否体现等。教师口语是教学方法的直接体现，因而教学方法的科学性会清楚地反映在教师口语上。

3. **教师口语本身应具有准确、严密的特性。**教师在课堂上表述一个概念或者观点时，如果语言不简洁不明确，势必会影响学生的理解和掌握。准确而严密的教学口语是教师圆满完成教学任务的有力工具。

四、规范性

这里主要是指教师的普通话要标准、规范，不仅包括普通话语音要标准，还包括词汇、语法和修辞方式等都要标准、规范。当然，为了达到特定的教学目的，教师也可以穿插几句方言或俗语来活跃课堂气氛。

五、艺术性

教师口语作为一种职业语言，要努力追求其艺术性。做到：

1. **吐字清晰、饱满**。需要教师注意锻炼自己的发声器官，使每一个音素和音节的发声都到位，尽力消除方音影响和习惯性错误发音；同时要使自己的呼吸顺畅、自然，口腔、鼻腔的动作协调一致。

2. **节奏清晰，语速恰当，语调丰富，停连无误**。要能够充分体现出普通话语音的优美和魅力，着重注意调整声音的高低、声调的升降以及抑扬顿挫的变化等，增强口语本身的灵动性，给人以语音美的感受。

3. **语言流畅**。再精彩的教学内容，再好听的普通话，如果不能自然流畅地表达出来都是白费力气，会给人一种语言能力差、教学能力不强的感觉。因而把想说的话能够清楚流畅地表达出来，这是语言艺术性表现的一个重要方面。新教师一般会出现语言不连贯的问题，一方面可以通过反复熟读甚至背诵教学内容的方法去克服，另一方面还应该努力消除紧张心理。

六、针对性

教育既是群体的，也是个体的。这就需要从事教育工作的教师针对不同的群体和个体采用不同的教师口语。例如，对于那些理解力差的学生，讲解时就应该更加细致，语言更加富于表现力，要不厌其烦，重点处还可以多次反复讲解；对于那些学习比较好、理解力强的同学，讲解就可以简洁些，不是重点的地方甚至可以一带而过。教师口语具有针对性的好处是可以“有的放矢”，可以更好地完成教学目标和任务。

七、情感性

当今我国全面推行素质教育，而人的素质结构在心理形式上分为认知层面和情感层面。教师在教育教学过程中注重提高自身的情感性，就会积极影响学生情感性素质的发展。教师口语良好情感性的体现，能激发学生的学习兴趣，激活他们的思维，培养其创新精神，使学生在真善美的陶冶中不断提高能力、扩展知识，形成健全的人格。

教师口语的情感性主要表现在细心的讲解，恰当的评价，耐心的说服，委婉的批评，不时的嘘寒问暖以及永远对学生充满鼓励的话语当中。老师通过言语给学生以慈爱、关心和尊重，就会培养学生具有高尚的情感，使他们给其他人以关爱和尊重，也使学生能够发挥内在潜质，增强自信心，提高学习动力和效率。

在全国人民努力建设和谐社会的今天，和谐校园的建设是其重要体现和有机组成部分。建设和谐校园需要和谐的情感、和谐的话语，它是教师与学生之间和谐交流的本源。18世纪英国哲学家、历史学家休谟指出，“道德总是蕴含着某种具体的情感规定，道德决定是由情感做出的”。因而教师口语的情感性是由教师的职业特点所决定的，也是由人类所共同追求的道德目标所决定的。

八、启发性

当前的教育思想，倡导启发式教学，使学生的创新思维、独立思考能力和动手能力都得到较大提高。启发式教学离不开启发性的教学语言。教师口语的启发性主要体现在：

1. 导入语扣人心弦，激发学生高昂的探知兴趣；
2. 讲授语由浅入深，潜移默化地使学生掌握知识和技能；
3. 提问语激发思维、引导学生不断思考；
4. 应变语要新颖、巧妙、风趣、幽默，富有创意，符合教学对象的审美需求；
5. 总结语要激发学生渴求知识欲望，并能够为后面的教学埋下伏笔；
6. 谈话语善于引导学生愉快地、自觉地接受教育，不回避不反感，也不偏离话语的主题；
7. 指导语帮助学生理清解决问题的思路，并给他们以方法上的启示，使他们能够举一反三，触类旁通。
8. 评价语有利于学生认识自我、建立自信、激发热情。

九、时代性

随着时代的发展，我们的语言也在悄悄地发生着变化，这自然而然地为教师口语引入了许多新内容。教师口语的时代性要求教师要有选择地吸纳有益于教育教学的成分，主要包括掌握新读音、正确使用新词语、恰当评价社会热点现象、解释新事物、讲授新理论和新方法等。

语言的时代性和规范性是辩证统一的关系。我们既要讲究包容，又要注重规范，二者不可偏废。教育教学领域，要本着传承文化、培养母语能力等目标，给学生提供优秀的精神产品，同时使我们的语言文字运用朝着健康、开放、向上的方向不断发展。

第三节　教师口语的分类

教师口语是以有声语言为主，以体态语言为辅，围绕一个教育主题或者一段教学内容而展开的职业口语艺术活动。教师口语从形式上，可以分为教育口语和教学口语两类；从使用环境上，可以分为课堂口语和课外口语两类。教育口语既可以用于课堂上，也可以用于课堂外，教学口语亦是如此；反过来，课堂口语和课外口语也都能够采用教育口语或教学口语或二者兼而有之的方式。但是一般情况下，课堂口语以教学口语为主要形式，课外口语以教育口语为主要形式。

一、课堂教学口语

课堂教学口语是教师在课堂上采用讲授、提问、启发、应变以及总结等方式对学生进行教学的一种职业口语形式。课堂教学口语是教师口语的主体和基础。狭义的教师口语指的就是课堂教学口语。

（一）按学科专业划分

作为教师职业口语的主要组成部分，课堂教学口语从学科专业上，可以分为文科教学口语、理科教学口语、工科教学口语和艺术学科教学口语四类。

1. **文科教学口语**

可以分为语文教学口语、英语教学口语、历史教学口语、政治教学口语等。文科教学口语的主要特点是传授性、文化性、引导性、生动性、阅读性等。

2. **理科教学口语**

可以分为数学教学口语、物理教学口语、化学教学口语、生物教学口语、地理教学口语等。理科教学口语的主要特点是讲解性、逻辑性、层次性、研究性、严谨性等。

3. **工科教学口语**

可以分为化工教学口语、机械教学口语、土木教学口语、建筑教学口语、计算机教学口语等。工科教学口语的主要特点是实践性、应用性、条理性、操作性、专业性等。

4. **艺术学科教学口语**

可以分为音乐教学口语、美术教学口语、体育教学口语等。艺术学科教学口语的主要特点是实践性、审美性、趣味性、感染性、协调性等。

但无论哪种口语形式，都具有教师口语的共同特点。

（二）按教育层次划分

从教育层次上，课堂教学口语可以分为幼儿园教学口语、小学教学口语、中学教学口语、大学教学口语四类。

1. **幼儿园教学口语**

按照我国目前情况，幼儿园阶段的孩子年龄基本在3—6周岁之间，1周岁以内一般多是由孩子的亲人负责喂养和教育。根据孩子年龄和智力发展情况，幼儿园阶段主要就是教学口语，其又可以分为婴儿教学口语和幼儿教学口语两个阶段。其中，婴儿教学口语的目的主要在于教孩子学说话，熟悉语言环境。因而这一阶段的教学口语具有音节化、词语化、模仿性、反复性、具体性等特点。幼儿教学口语的目的在于教会孩子熟练运用口语，同时掌握更多的词汇，不断增强语言表达能力。这一阶段的教学口语除具有婴儿教学口语的一些特点以外，还具有朗读化、语段化、个性化、形象性、童趣性、简洁性等特点。

2. **小学教学口语**

小学生多为6—12岁，这一阶段的孩子语言能力基本完善，特别是高年级的小学生。因而小学教学口语可以分为低小教学口语和高小教学口语两个阶段。前一阶段主要需要进一步完善孩子的口语表达能力，同时培养孩子拿笔写字的能力，并开始教授一些基础知识，比如汉语拼音、简单的数字等，其教学口语具有浅显性、综合性、操作性等特点。后一阶段的高小教学开始进入知识的系统学习和掌握中，除了语文、数学外，有了更多的课程设置，包括英语、社会、阅读等，其教学口语开始呈现多样化、丰富性、指导性、讲授性的特点。

3. **中学教学口语**

含普通中学、中职、中专等各类中等学校教学。这一阶段学生的年龄多是12—18岁，心智发育比较成熟，语言能力也已经达到较高的水平。其教学口语又可以分为初中教学口语和高中教学口语两个阶段，都具有内涵丰富、词语多样、讲解细致、分析透彻、逻辑严密、情感表现具体等特点。

4. **大学教学口语**

含高职、高专、普通本专科及研究生等各级各类高等教育的教学口语。这一阶段的学生年龄复杂多样，但基本都超过了18岁，已经是成年人，有着比较成熟的独立思考能力。这一阶段的教学口语明显具有专业化、成人化、社会化、深奥性、阐发性等特点。

以上各教育层次的教学口语，整体遵循着由浅入深、循序渐进、逐步提高的特点。

（三）按教学环节和教学功能划分

从教学环节和教学功能上，课堂教学口语主要可以分为导入语、讲授语、提问语、应变语和总结语五类。

信息栏8-3

说　明

在实际课堂教学中，教师所使用的教学口语从功能上看不仅仅是这五类，因为每门课程的每一堂课的教学内容都是不同的。即使是同一门课的教学内容相同，不同的教师采用的教学方法也一定会不同；哪怕是同一位教师的重复课也不会完全一样。因为口语本身具有“转瞬即逝”的特点，一个人除非能够完整地背诵教案，并一字不差地复述下来，否则他每次对同一个内容的讲解都会有所不同。因此，课堂教学口语为实现不同的教学功能，可以设计多样化的教学环节，从而表现出多种多样的教学口语，如叙述语、描述语、说明语、议论语、复述语、提示语、解说语、启迪语、激励语、暗示语、批评语、表扬语、规劝语、化解语等等。本书主要从教学环节的基本用语出发，详细举例介绍了导入语、讲授语、提问语、应变语、总结语这五类主要教学口语的作用、特点、要求以及类型等内容。

［资料来源］教学实践。

1. **导入语**

导入语是教师在每一节课的开场白。导入语的表现方式多种多样。一般多采用开门见山、制造悬念、巧设疑问、讲小故事、复习前课等方式进行。

2. **讲授语**

讲授语是教学口语的构成主体。按照语言的表现方式，讲授语可以分为叙述性讲授语、解释性讲授语、分析性讲授语、评点性讲授语等类型。

3. **提问语**

提问语是引导学生积极思考，进而加深理解的教学口语形式。从功能上，提问语可以分为回忆性提问语、了解性提问语、理解性提问语、运用性提问语四类；从形式上，提问语可以分为直问、曲问、反问、环问等类型。

4. **应变语**

应变语是教师应对课堂上临时出现的意外情况时所使用的言语。一般分纠错式应变语和偶发事件应变语。

5. **总结语**

总结语是教师对一节课或一段内容做总结时所使用的言语。从功能上，总结语一般可以分为归纳式总结语、画龙点睛式总结语、延伸拓展式总结语三种类型。

二、课外教育口语

课外教育口语是教师在课堂以外采用谈话、指导、评价等方式对学生进行思想道德、行为规范教育的一种职业口语形式。课外教育口语是教师口语的主要组成部分，是课堂教学口语的有力补充。

（一）按形式划分

从形式上，课外教育口语可以分为集体教育口语和个体教育口语两类。

1. **集体教育口语**

集体教育口语是针对两个或者两个以上的学生所实施的职业教育口语活动。集体教育口语的对象每次最少两人，最多几百乃至上千人。集体教育口语一般具有教育性、说理性、时代性、适用性、启示性等特点，目的在于集中说服、教育，使学生明白事理、规范行为。

2. **个体教育口语**

个体教育口语是针对某个学生所实施的职业教育口语活动。因为针对的是单个学生，所以个体教育口语除了需要具有教育性以外，主要需突出针对性、感染性、现实性、巧妙性、及时性等特点，其目的在于使学生及时纠正错误，适应学校教育模式等。

（二）按教育层次划分

从教育层次上，课外教育口语也可以分为幼儿园教育口语、小学教育口语、中学教育口语、大学教育口语四类。

1. **幼儿园教育口语**

这一阶段的教育口语依据“保教结合”的幼儿教育原则，应具有鼓励性、关爱性、示范性、动作性、随机性等特点，全面促进幼儿素质和谐发展，使幼儿萌发爱祖国、爱集体、爱劳动、爱学习的情感，培养幼儿诚实、友爱、自信、勇敢、勤学、好问、懂礼貌、守纪律等良好的品德行为和习惯以及活泼、开朗的性格。

2. **小学教育口语**

这一阶段主要应该是德育、智育、体育、美育等结合在一起的全面教育，因而其教育口语就应该具有丰富性、生动性、协调性、规范性等特点，便于小学生了解和领会。

3. **中学教育口语**

中学教育是提高民族素质的基础教育工程，是为学生未来发展打基础的教育阶段。这一阶段的教育口语应该突出教育性、启发性、科学性、可接受性等特点，充分考虑到中学生的生理和心理特点，设身处地为他们今后的成长和发展着想。

4. **大学教育口语**

这一阶段的学生已经是成人，教育口语主要应呈现出研究性、分析性、说服性、点拨性等特点。意在引导学生懂得自我教育，不断提高他们自身的道德水平和思想水平。

（三）按内容功用划分

从所解决的内容上，课外教育口语可以分为谈话语、指导语、评价语三类，分别针对学生心理、学习以及其他各方面出现的问题。

1. 谈话语

谈话语包括与学生聊天、谈心，与家长沟通，与同事和上级交流等。主要目的是对学生进行各方面督促和教育，引导学生健康成长。谈话语按形式可以分为个别谈话和集体谈话两类，按谈话对象可以分为对学生、对家长、对上级、对同事谈话等。

2. 指导语

本书所说的指导语主要指教师在课外解决学生疑难问题的话语。不同学科、不同场合、不同水平和个性的学生所使用的指导语应有所不同，关键需要掌握指导语的一般共性原则，使指导真正有效。

3. 评价语

评价语是教师对学生在校期间的学习、行为、表现等各方面做出评点和估价的话语。评价语从形式上可以分为批评语、表扬语、鼓励语三种类型，从表现手段上可以分为口头和书面两种。

【反思与探究】

一、简述教师口语的含义。

二、教师口语能力应该注意从哪些方面培养？

三、为什么说教师口语是符合当代教育教学规律和要求的语言方式？

四、简述教师口语的特点。

五、简述课堂教学口语的分类。

六、简述课外教育口语的分类。

【训练与提高】

一、语言能力训练。

1. 按照要求，把下面的三句话改写成一句话，并保留原有信息（可酌情增减词语）。[1]

《红楼梦》是我国古代最伟大的长篇小说。

曹雪芹是长篇小说《红楼梦》的作者。

封建制度的黑暗腐朽和没落被《红楼梦》揭露了。

① 选自《2009年普通高等学校招生全国统一考试语文（北京卷）》试题六。

①以《红楼梦》为主语

②以曹雪芹为主语

2. 阅读下面材料，根据语境在横线上补写恰当的语句。要求：语意连贯，表达得体，不超过30字。①

一位诗人在某学校给学生做有关诗歌创作的学术报告，准备朗诵一首诗时，发现诗作放在了学生的课桌上，于是走下讲台去拿。他在上阶梯教室的台阶时，不小心摔倒了，学生们顿时愣住了，目光一下子都集中到了他身上。

诗人站起来稳住身体，指着台阶对学生们说："________________。"这一机智而又富于哲理的话语，不仅为诗人解除了尴尬，而且赢得了热烈的掌声。

3. 下面是英国学者里基·特里维尔关于"战略环境评价"的经典性定义，请提取反映其主要信息的三个重要词语。（不超过15个字）

战略环境评价是指对政策、计划、规划及其替代方案的环境影响进行规范的、系统的、综合的评价过程，包括根据评价结果提交的书面报告和把评价结果应用于决策之中。②

4. 依据以下场景设计恰当话语，每一段话时间不超过4分钟：

（1）快过年了，这是进入初中以来同学们第一次一起过年。在全班的新年联欢会上，作为班主任，你想怎样发表新年贺词?

（2）班上一位学习一般的同学要转学了，因为父母工作调动。请设计一段欢送辞。

（3）同学们马上就要高中毕业了，多数同学会进入大学继续深造，少数同学将进入就业市场。请为他们分别设计一段总结词。

二、语篇能力训练。

1. 连词成章：请使用以下词语说一段话，时间是3—4分钟。

孩子　旅游　环保　危险　快乐　欢迎　未来　全社会

2. 连句成章：请使用下面几句话说一段话，时间是3—4分钟。

（1）语言是人们表达思想感情的工具。

（2）报刊上的语言往往要被读者仿效。

（3）文章不能脱离了口语，但也不能随便运用口语。

（4）语言应该是发展的。

（5）语言规范的标准不能是固定不变的。

3. 依次填入下面一段文字横线处的语句，找出衔接最恰当的一组。③

（1）任何国家在任何时候都不能忽视粮食安全问题。中国多年来____，____，____，____，____，____。（　　）

①实现了粮食供应从长期短缺到总量基本平衡、丰年有余的历史性转变

②以占世界7%的耕地养活了占世界22%的人口

③使粮食产量不断攀升

① 选自《2008年普通高等学校招生全国统一考试语文（山东卷）》试题五。

② 选自《2008年普通高等学校招生全国统一考试语文（江苏卷）》卷一。

③ 选自2008年、2009年普通高等学校招生全国统一考试语文卷。

④坚持以自力更生为主的粮食安全战略

⑤推广良种、改善水利条件、精耕细作

⑥在上世纪末突破5亿吨大关

A.④⑥②⑤③①　B.④⑤③⑥①②　C.⑤①⑥④③②　D.⑤④③⑥②①

（2）“中国结”的全称是“中国传统装饰结”，___。___，____，____。____。____，因此绳结也是中国古典服饰的重要组成部分。（　　）

①人们很早就开始用绳结来装饰器物，为绳结注入了美学内涵

②当时的绳结是人们日常生活中的必备用具

③“中国结”的起源可以追溯到上古时期

④它是中华民族特有的一种手工编制工艺品，具有悠久的历史

⑤此外，绳结还被应用在人们的衣着、佩饰上

⑥同时也具有记载历史的重要功用，因而在人们的心目中很神圣

A.③②④⑥⑤①　B.③①②⑤⑥④　C.④①③②⑤⑥　D.④③②⑥①⑤

三、策略能力训练。

1. 你在课堂上讲课，这时想要走下讲台和同学们互动，结果一不小心摔倒了，这时你该怎样用话语使自己解脱尴尬?

2. 教师正在课堂上讲得很投入时，突然一个学生站起来说你刚才有个地方讲错了，这时该如何应对呢?

3. 课堂上，老师正在台上讲课，可有一些同学在台下只顾窃窃私语，根本不听老师讲课，这位老师该如何用言语去应对这种情况呢?

4. 班上有两位学生早恋了，而且这两位学生学习成绩优异。作为班主任，你想怎样与他们俩分别去谈?

5. 班上一位同学很想当班长，可是全班投票的结果是他没有当选。这位同学找你谈话，希望作为班主任的你再给他一次机会，你该如何对他说呢?

6. 班上两个男同学因为言语不和而打架，一个把另一个打伤了，班主任听说后赶到现场该如何对这两个男生说? 后面又该如何对全班同学说这件事?

第九章　教师口语表达要素

【学习目标】

了解和训练声音的响度、亮度、清晰度、配合度、音色以及声音与环境的配合度等；掌握语调、停连、重音等节奏的变化及特点；训练掌握面部表情、手势、姿势、动作等体态语的含义、变化、特点及表现。

【引　言】

教师口语是一门边缘学科，与语言学、发声学、逻辑学、朗读学、教育学、心理学、物理学等许多学科有着密切的联系。教师口语技能训练需要多角度、全方位地进行。本章侧重于一些重要的教师口语表达技能和技巧的学习训练，对一般口语交际的提高也具有重要的指导意义。

第一节 声音

声音是由物体振动而产生的一种声波形式。教师口语的声音就是指教师的有声语言，其内容包括响度、亮度、清晰度以及音色、声音与环境的配合度等。

一、响度

响度就是音强，也叫音量（单位是分贝），即声音的大小。响度的大小主要取决于发音体和人的距离远近，另外还取决于振幅的大小（音强）。一般来说，发音体和人的距离越小，响度越大；振幅越大，响度越大。

信息栏9-1

分 贝

一般来说，1分贝是人类耳朵刚刚能听到的声音，20分贝以下的声音属于喃喃细语，20—40分贝大约是低声说话，40—60分贝属于我们正常的交谈声音。

如果长期生活在90分贝以上的噪音环境中，听力会受到严重影响并产生神经衰弱、头疼、高血压等疾病；如果突然暴露在高达150分贝的噪音环境中，鼓膜会破裂出血，双耳完全失去听力。

为了保护听力，声音不能超过90分贝；为了保证工作和学习，声音不能超过70分贝；为了保证休息和睡眠，声音不能超过20分贝。

［资料来源］百度百科：分贝。有删节。

在课堂教学中，教师和学生所处的距离取决于教室的大小以及学生座位的排列情况，是一个固定值，因此，课堂教学口语的响度主要就需要通过教师声音的强弱来调整。普通大小的教室内课堂教学口语的声音掌控在70—80分贝即可。

教学口语响度的基本要求如下：

（一）响度要恰当、适度

课堂教学针对的是群体，因此声音必须要让每一个学生都听得见，这样就需要教师的声音响度要大一些。但是应注意响度不要过大，这是因为声音过大，一方面会使学生感到“震耳欲聋”，听得耳朵嗡嗡作响，时间久了觉得很累，就会不愿意听下去了，从而影响教学效果；另一方面会使教师自己很累，有时甚至使声带受损而影响后面的讲课；再一方面就是有时可能还会影响隔壁教室的教学。因此，恰当、适度的响度才是最适合教学口语的响度，既不忽大忽小，也不忽强忽弱，给学生一种舒适感。

（二）响度要富于变化

响度不应该是一成不变的，应该有规律地进行变化。因为变换自然、层次分明的响度，可以使教学口语的声音形成一种错落有致的层次美，让学生感受到一种如临其境的音画美。同时，响度有规律地变化，还可以大大增强声音的乐音成分，使教师口语更加富有魅力，进而增强教师以及教学内容的吸引力，达到最佳的教学效果。

（三）响度要注意多加观察、揣摩和训练

响度不是一下就能够掌控好的，有的教师甚至很多年都掌握不好。因此需要每位教师，特别是初次登上讲台的教师，在日常课堂教学中要做个有心人，仔细观察自己当前声音响度下学生的反应情况，揣摩优点和不足，然后课外有目的地加以训练，这样就能够不断提高自身驾驭响度的能力，提高声音的表现力。

二、亮度

亮度就是音高，表示亮度的单位是赫兹（Hz）。声音的高低取决于发音体振动频率的快慢。频率越快，声音的亮度越高；频率越慢，声音的亮度越低。

信息栏9-2

人的听觉范围

人对声音的感觉有一定的频率范围，大约每秒钟振动20次到2万次范围内的声音都可以感觉到，也就是频率范围在20—20 000 Hz。如果频率超出这个范围，人耳就听不到了。高于20 000 Hz的频率就叫作超声波，低于20 Hz的频率就叫作次声波。

［资料来源］根据网络相关资源整理。

在能够听到的范围内，人耳对高频率的信号并不是最敏感的。过于明亮的高频信号，会使声音有“毛刺”，容易造成听觉疲劳；而适度明亮的声波信号有助于呈现出一个清晰的声音效果。

因此，教学口语的亮度没有一定的限制。一般来说，女教师的声音亮度普遍高些，男教师的声音亮度普遍不如女教师，这与男女声带的生理构造的差异相关。但是只要与响度配合得当，能够让学生听得清楚明白的声音亮度就是合适的。

在普通话音节中，响度、亮度的效果主要取决于元音的发音。一般来说，开口度大的元音，响度和亮度较大；开口度小的元音，响度和亮度较小。因此，努力发好每个韵母中的ɑ、o、e几个开口度大的音就是十分重要的。除此以外，还应该发好i、u、ü等开口度小、但能够充当主要元音的几个音。

三、清晰度

一般人们在评价声音时经常会用到“清晰”或者“模糊”的说法，可见声音的清晰度在口语活动中的重要性。常言道“语清意自明”，教师口语的清晰度与教学内容的表达有着密切的关系。教师口语应该注意咬字清楚、口齿清晰，既不含含糊糊，也不拖泥带水，这样才能表达准确，使学生容易理解和掌握。

教师口语清晰度不足的主要表现有：语音含混，主要是由于声音的力度和亮度不

足，也就是音强和音高的不足而造成，有时还因为韵母的主要元音发音不标准而造成；咬字不清，主要是由于声母发音部位不到位而造成；音节粘连，界限不清，主要是由于语速过快，音量不稳定而造成；有鼻音，主要是不良发音习惯造成的；有回音，主要与发音环境空旷、范围过大等有关；有杂音，这类现象的发生，少数是因为教师感冒、生病或嗓子出现问题等引起，多数情况下则会出现在有话筒等扩音设备的教学环境里，有时是由于一些仪器设备的箱体谐振产生的杂音，有时是由于话筒、扬声器等设备质量不好发出的杂音。

针对以上问题，教师口语可以着重从三个方面提高清晰度：

第一，就是要普通话声、韵、调发音标准、到位；

第二，就是要掌握一些发音吐字的技巧和方法；

第三，就是语速一定不要太快，否则发音时间不足，必然会含糊不清；

第四，就是要注意教学环境、设备的配套和完善，使教师口语可以更好地发挥。

四、配合度

就是指教师口语与环境的相互配合程度。一般来说，配合度高，教师口语的表达效果就较好；配合度低，教师口语的表达效果就较低。

首先，教育教学活动的环境应该面积适中、比较安静，有利于发声、交流和表达，教师身在其中只要注意响度、亮度、清晰度适合就能够较好地完成教育教学任务。

其次，教育教学的对象是其环境的重要组成部分，因此对于不同年龄、层次的教育教学对象，应该采用不同的教师口语。如对小学生，就应该态度鲜明、话语柔和，用父母般呵护的言语与之交流，这样不会伤及孩子们幼小的心灵，更容易让孩子们接受；对中学生，就应该态度和蔼，言语恳切、坚定，让他们心里没有障碍，能够愉快地接受；对大学生，就应该用平等、公正、说理性强的话语，使其发自内心认可教师的观点，从而顺畅地学习知识、接受教育。

此外，在多媒体教学设备开始广泛运用的今天，教师口语还应该与多媒体教学环境相配合。一方面应熟练掌握相关的操作技术和程序，另一方面应该充分利用多媒体设备更好地进行教育教学。以课堂教学为例，无论是语文、数学，还是英语、化学、物理等课程，使用多媒体教学的主要目的都是为了减轻教师课堂上的一些压力，包括声音的传送、板书的设计和规范书写、举例的数量等。教师的讲授始终都是课堂教学的主体，要把握好教师与多媒体使用的关系，决不能以多媒体手段取代教师本身的讲授，也不能以多媒体展示为主而以教师讲授为辅。

五、音色

音色也叫音质，即声音的本质特性，取决于发音体、发音方法和共鸣器形状的不同。每个人的声带、喉头、口腔、鼻腔、肺和气管等发音器官的结构千差万别，因此音色也就一定会与众不同，有自己的特色。当一个人的某个发音器官有缺陷或发生病变，音质就会发生变化，声音会变得不好听。有时尽管没有发音器官方面的病变，但由于发音时存在这样那样的毛病，也会影响音质，例如鼻音过重，呼吸有杂音等，都会使声音黯然失色。

音色本身并无好坏之分，因为只要能够完成一般的口语交际即可。但是作为教师职业口语，音色就有适合不适合的差异。适合教师口语的音色，应该是饱满、清晰、圆润、亮丽、富于变化的，令人清心悦耳、舒适愉快；不适合教师口语的音色，是明显有沙哑、粗糙、暗沉、含糊、呆板等特质的嗓音。一般来说，多数人的基本音色都居于中间状态。但是音色是由多种因素决定的，不仅有先天因素，还有后天因素。先天因素很难改变，但后天科学、有效的训练却可以改善并美化音色，例如恰当的用气、准确的吐字发音、合理的共鸣控制训练等等，都是后天美化音色的有效途径。

每个教师或师范生，都应该学习一些用气发声、吐字归音的口腔训练方法，不断改善自己的音色，为更好地从事教师工作打下良好的声音基础。

第二节　节奏

节奏是一种听者能够直接感知到的有声语言前后连贯的有序变化形式。节奏是最为听者所重视和关注的。我们这里所说的节奏，是指教师口语有规律、连续、完整的有序运动和变化形式。

教师口语的节奏包含声音的高低、快慢、强弱、长短等曲折变化形式，还包含语调、语速、停连、重音等口语表达技巧。关于声音我们在上一节已经讲述，本节将着重讲述口语表达技巧方面的节奏变化。

一、语调

语调就是句调，指表达一个完整的句子时，声音高低变化的曲折形式。严格地说，每一句话在特定条件下都有其独特意义，因而也就有它独特的语调；概括地说，语调大致有四个基本类型：

（一）平直调

平直调是指把一句话读得平直舒缓，没有什么显著的高低变化的语调形式。多用于陈述句和说明句，表达平淡、严肃、厌恶、思索、庄重等语气，一般句末音节多拖长拉平。例如：

立春过后，大地渐渐从沉睡中苏醒过来，冰雪融化，草木萌发，各种花次第开放。（表叙述）

当前国内形势稳定，发展情况良好。（表说明）

到午饭时间了，咱们去食堂吧。（表平淡）

暑假在即，希望各位同学注意人身安全，尤其是准备出行或旅游的同学，在野外务必谨慎行事。（表严肃）

这是你自找苦吃，没人逼你这样做，用不着埋怨别人。（表厌恶）

我认为一个好的科学术语，应该能够在更大的范围流传。（表思索）

我不同意你说的话，但我愿意誓死捍卫你说话的权利。（表庄重）

（二）弯曲调

弯曲调是指把一句话读得弯弯曲曲、高高低低的曲折的语调形式，多用于表达幽默、讽刺、嫉妒、刻薄、讥笑、反说、怀疑等语气。例如：

回家别忘了告诉你们的妈妈，那件天天陪你睡觉的“亲爱”的棉被，要常常换洗、晾晒、杀菌。（表幽默）

三仙姑却和大家不同，虽然已经四十五岁，却偏爱当个老来俏，小鞋上仍要绣花，裤腿上仍要镶边，顶门上的头发脱光了，用黑手帕盖起来，只可惜宫粉涂不平脸上的皱纹，看起来好像驴粪蛋上下上了霜。（表讽刺）

她不就是这次考了第一嘛，有什么了不起的。（表嫉妒）

这位老兄白天受了点打击，晚上也不要这么兴奋吧。（表刻薄）

我还以为我脑门儿上写了“进水”两个字呢，原来没有啊，是写你脑门儿上了。（表讥笑）

中国军人的屠戮妇婴的伟绩，八国联军的惩创学生的武功，不幸全被这几缕血痕抹杀了。（表反说）

难道这件事真的是他做的吗？（表怀疑）

（三）上扬调

上扬调是指把一句话读得前低后高，逐渐高昂向上的语调形式，也叫昂上调。多用于疑问句和祈使句，表达疑问、反问、愤怒、惊异、鼓动、号召等语气。例如：

你说这样做可以不可以？（表疑问）

你怎么这样做呢？（表反问）

我们一定要找出那些犯罪家伙！（表愤怒）

啊，怎么啦！（表惊异）

年轻的朋友们，让我们一起唱起来、跳起来！（表鼓动）

同志们，让我们英勇的开始我们新的征途吧！（表号召）

（四）下降调

下降调是指把一句话读得前高后低，声音逐渐降低的语调形式，多用于感叹句、祈使句，表达肯定、感叹、请求、祝愿、命令、沉重、哀悼等语气。例如：

小明，你做得真棒！（表肯定）

为什么这些球员变成这个样子了？（表感叹）

现在我没事了，让我进去再挖一会儿土吧！（表请求）

人的一生是很短暂的，珍惜眼前所有的一切，过好每一天！（表祝愿）

只许老老实实，不许乱说乱动！（表命令）

为什么我的眼里常含泪水？因为我对这土地爱得深沉！（表沉重）

您的离开让我们再一次感受到生命的脆弱和可贵，虽然我们无法扭转生命的乾坤，可我们永远记得您的音容笑貌！（表哀悼）

信息栏9-3

语调变化练习

——冲泡一杯美味咖啡的要素

请首先朗读各要素，并在每一个要素后自行增加一些说明，然后再读下一个要素。注意：①确保以平稳、适中的语调开始；②整个说话过程中应该至少有一次语调上扬，给人以强调突出感；③整个说话过程中应该至少有一次语调降低，给人以肯定感；④结尾要收住，给人以讲话正式结束的感觉。

（1）袋装咖啡 （2）咖啡壶 （3）水 （4）水壶

（5）咖啡杯 （6）咖啡勺 （7）糖 （8）牛奶或炼乳

［资料来源］［英］理查德·佩恩（Richard Payne）著，翟莹译：《语音技巧》，上海交通大学出版社2007年，第93页。有改动。

二、语速

日常生活中，人们的语速为每分钟160—170字，教师口语的语速一般在每分钟200字左右。教师的语速应该注意从以下几个方面把握：

（一）语速不要过快

语速过快容易出现在教学经验不足的年轻教师身上，主要是因为心理紧张，或对教学内容和教学时间的控制没有十足的把握。语速过快会显得仓促，有些字发不清楚，让学生听不明白，会直接影响教学效果。要克服这一点，教师可以通过限时的反复试讲来进行，从而做到“心中有数，言语不慌”。

（二）语速不要过慢

语速过慢主要出现在教师考虑不充分、话语组织和反应不畅，或者教师身体不适的时候等。前一种情况主要是因为准备不足或思维没跟上造成的，后一种情况主要是身体上不良因素的干扰。语速过慢会让学生觉得教师知识有限，水平不高。要克服这一点，方面需要注意保持良好的身体状态，另一方面需要加强备课，同时讲课时要注意集中精力。

（三）语速要稳定，不要忽快忽慢

有些教师的声音不能始终保持在一个稳定的状态下，一会儿快，一会儿慢，让学生难以把握，以致影响听课效果。这种情况出现的主要原因是教师缺乏口语表达训练，对教师口语的基本功重视不足造成的。要克服这一点，教师可以通过渐进式朗读训练的方式，即从词语朗读、古诗词朗读训练开始，然后再进到短文朗读，最后进到各种文体的朗读。朗读时，要特别注意始终保持语速的平稳，可以利用掐时的方式来测算自己大约每分钟读多少字数是比较合适的，并反复训练加以强化，最终变为习惯。

信息栏9-4

语速练习

下面这篇文章应该在3—4分钟之内读完。如果朗读时间不足2分钟，说明语速偏快；如果朗读超过5分钟，说明语速偏慢。

中国的宝岛——台湾（节选）

中国的第一大岛、台湾省的主岛台湾，位于中国大陆架的东南方，地处东海和南海之间，隔着台湾海峡和大陆相望。天气晴朗的时候，站在福建沿海较高的地方，就可以隐隐约约地望见岛上的高山和云朵。

台湾岛形状狭长，从东到西，最宽处只有一百四十多公里；由南至北，最长的地方约有三百九十多公里。地形像一个纺织用的梭子。

台湾岛上的山脉纵贯南北，中间的中央山脉犹如全岛的脊梁。西部为海拔近四千米的玉山山脉，是中国东部的最高峰。全岛约有三分之一的地方是平地，其余为山地。岛内有缎带般的瀑布，蓝宝石似的湖泊，四季常青的森林和果园，自然景色十分优美。西南部的阿里山和日月潭，台北市郊的大屯山风景区，都是闻名世界的游览胜地。

台湾岛地处热带和温带之间，四面环海，雨水充足，气温受到海洋的调剂，冬暖夏凉，四季如春，这给水稻和果木生长提供了优越的条件。水稻、甘蔗、樟脑是台湾的“三宝”。岛上还盛产鲜果和鱼虾。

台湾岛还是一个闻名世界的“蝴蝶王国”。岛上的蝴蝶共有四百多个品种，其中有不少是世界稀有的珍贵品种。岛上还有不少鸟语花香的蝴//蝶谷，岛上居民利用蝴蝶制作的标本和艺术品，远销许多国家。

［资料来源］国家语言文字工作委员会普通话培训测试中心编制，中华人民共和国教育部语言文字应用管理司组织审定:《普通话水平测试实施纲要》，商务印书馆2004年，第444页。

三、停连

停连也叫顿连、停顿，是指教师口语语流中声音的停顿和延续。停连的一般规律有：

首先，停连要考虑到“讲”本身的需要，根据所讲的教学内容和具体语句合理地安排停连，使教师口语有恰当的语气停顿和转换。既不要一味地讲下去而停连过少，也不要停连过多，使口语显得字化、词化而缺少句子的整体感。

其次，停连要考虑到“听”的需要，根据教学目的去设计和使用停连，给学生以恰到好处的思索余地。虽然在教育教学活动中“讲”是主导，但是让学生听得好、听得明白才是目的，随意“讲”不能随心所欲，一定要有的放矢。

再次，使用教案进行授课的教师口语，可以根据其中的标点符号合理安排停连，但是不要被标点符号捆住手脚。文字作品中的标点符号主要是给人看的，因此转换成有声语言时，应该进行合理的停连安排，这样才能更好地表达。

最后，停连不能孤立地使用，而是应该与响度、亮度、清晰度、配合度、音色以及语调、语速、重音等节奏技巧相互配合，共同融汇于教师口语当中，这样才能达到最理想的效果。

教师口语的停连主要分为三种：

（一）语法停连

语法停连主要指依据语句、段落、标点等语法特征来安排的停连。例如一个词的内部不能安排停连，中补短语、量词短语、方位短语等内部一般也不能安排停连。如“北京、运动、光明、绿油油、大型、但是、刚才、他们、关于”等词语，还有“走出去、好得很、看得见、休息了一会儿、第一次、这一个、那么些、晚饭后、讨论前”等短语中间都不能停连，除非是为了某种需要强调或突出该词语。

另外，文字作品里的标点符号不同，停连的时间长短也就不同，这也属于语法停连。例如句号、问号、叹号的停连要长于逗号、分号、冒号、破折号等，顿号的停连时间一般是最短的。

语法停连还体现在篇章结构方面，一般来说，上篇与下篇之间的停连要长一些，段落之间的停连则要长于句子之间的停连。

（二）逻辑停连

指在句中没有标点符号的地方，根据表达的需要而安排的停连。逻辑停连可以帮助学生准确地理解教师话语的含义。逻辑停连的作用：

1. **逻辑停连可以对长句进行合理断句，更好地帮助理解句意。**例如（以下斜杠表停顿，斜线越多，表示停顿时间越长）：

参加中非合作论坛北京峰会的外交官/饶有兴致地参与了/由中国外交部部长李肇星提议的/旨在增强对中非关系全面而深入的了解、//提升对非工作的专业化程度、//推动非洲知识的普及的/富有知识性和趣味性的/竞赛活动。///

合理停连可以使长句变短，更易阅读和理解。

蜚声于世的/悉尼歌剧院，//坐落在/澳大利亚著名港口城市/悉尼/三面环海的/贝尼朗岬角上。///

2. **合理的逻辑停连可以避免歧义，准确传达句意。**例如：

我看到/你那年才六岁，//就已经能够帮妈妈做家务事了。///

如果逗号前没有停连就会出现歧义，不知“那年才六岁”的是“我”还是“你”。又如：

小莉的妈妈不爱她/家里人谁也不相信。///或：小莉的妈妈不爱她家里人/谁也不相信。///

我/知道你不知道。///或：我知道/你不知道。///

顺口溜：

明日逢春/好不晦气，//终年倒运/少有余财，//此地安能居住？//其人好不悲伤。///（贬义）或：明日逢春好/不晦气，//终年倒运少/有余财，//此地安/能居住，//其人好/不悲伤。///（褒义）

3. **准确的逻辑停连可以使语气得当，表达自然、顺畅。**例如：

新航路开辟的成功/和西方殖民时代的开始，//改变了世界形势和历史发展进程。///一方面，//新航路的开辟/是人类发展史上的重大事件，//它有利于世界各地区间的联系，//为资本主义的兴起和发展/创造了地理方面的便利，/推动了历史发展的进程；//西方殖民活动的进行/使西方的资本原始积累/得以顺利进行，//推动了资本主义的发展。///另一方面，//西方的殖民扩张/给亚非人民以及美洲土著居民带来了灾难。///

完全不会受到光的照射的范围/是本影，//本影周围/还有一个能受到光源发出的一部分光/照射的区域，//是半影。///比较以上两图，//光源的发光面积越大，//本影区越小。///无影灯就是根据此原理设计的。///

这首歌曲/是流传于安徽的一首民间歌舞曲。///旧社会里/淮河流域的人民/在剥削阶级的压迫和连年水患下/迫于生活向外逃荒，/有的沿街卖唱，//《凤阳花鼓》/就是当时卖唱者的舞歌，//歌中唱词//“凤阳女/花鼓敲，//打锣的男子跟着跑”//描写了街头卖艺者的情景。///

（三）心理停连

心理停连就是根据复杂的感情表达以及心理反应的需要而在句中安排的停连，也叫感情停连或特殊停连。心理停连的作用及表现为：

1. **表达某种微妙而复杂的心理感受。**例如：

然后他呆在那儿，//头靠着墙壁，//话也不说，//只向我们做了一个手势：//“散学了，////——你们走吧。”///

“散学了”后面有一个很长的心理停连，表示一种意味深长的诀别。

她对懒狮子说：//“孩子，//将来我们老了，//不在了，//你靠谁呢？///你也应该学会生活的本领，//做一只/真正/的狮子！”///

“真正”的前后停顿就是心理性的，表达母狮子对小狮子的一种复杂的内心期望。

2. **表达某种言外之意，或语义双关。**例如：

空袋子难以/直立。

这句话不仅说明了一种生活现象，更蕴藏着一个深刻的道理，就是如果一个人没有知识，就会像一只没有装东西的空口袋一样，不能自立。句中的心理停连有助于充分表现说话者的深意。

一个人年轻时/同老头子一同获奖，//表示他已经成名；//可年老时/还能同小伙子一同获奖，//说明/他尚未落伍。//

这是著名诗人兼散文家余光中获某个文艺奖时说的。他把自己的心里话活灵活现地展现在大众面前，一方面平实质朴，不摆架子；另一方面含蓄幽默，不服老，还愿与年轻人一起继续努力。

有的男同学/很向往成为宇航员，//连他们蓬乱的头发也要模仿。

这位老师说到宇航员在太空中很不方便，头发不易梳理时，借机委婉地批评了几位同学。

聪明何必/绝顶，//慧根长留。

这是一则生发精广告语。“绝顶”“慧根”词义双关，就是告诉消费者聪明人不要掉光头发，若想让你的“慧根”长留，请用广告中的生发产品。

3. **为加强某种特殊效果或应付某种特殊需要。**例如：

少数人/居心叵测，//希望搞坏俄中伟大友谊。///在此，//我还是借用普京总统的话告诫那些人：//中国的导弹武器/对准谁，//被对准的人心里//比谁/都清楚。

后一句中的心理停连表达了一种特殊的政治需要。

你的长相不令人讨厌，//如果自己觉得长得不好，//就让自己有才气；///如果才气也没有，//那就总是/微笑！///

劝解同学、朋友时的话语，句中的停连是为了强调微笑的重要。

加油，//我/不/紧/张。

一字一顿就是为了缓解和分散自己紧张的情绪。

四、重音

重音就是语句重音，是指教师口语的每一句话里需要强调或突出的词或短语。重音的安排必须要注意两个要点：（1）要在独立完整的一句话中确定重音；（2）一般情况下，一个独立完整的句子里只能有一个主要重音，可以有次重音。但是排比句、对偶句等一些句型例外，有时会有多个重音出现。

根据产生原因，重音分为语法重音和逻辑重音两种。语法重音是指按照语法结构的特点必须要强调或突出的词语。像谓语、定语、状语、补语、插入语等一般常常是重音，因此语法重音是有规律的，位置一般也比较固定。例如（下面加点字即为重音）：

老师上课已经给我们讲过这些知识了。（谓语动词）

他今天什么作业都没做。（疑问代词）

小徐的字写得很好。（定语）

小朋友，不要哭，慢慢地跟老师说。（状语）

他的普通话说得真不赖！（补语）

说真的，你的活儿干得还真不错！（插入语）

逻辑重音是指根据说话人的本意或特殊感情需要而强调或突出的词语。因此逻辑重音没有固定的位置，主要依据的是说话人的要求和情感需要。例如：

今天我来给你们讲这节课。（以后不来讲）

今天我来给你们讲这节课。（不是别人来讲）

今天我来给你们讲这节课。（不是给别人讲）

今天我来给你们讲这节课。（不是其他方式）

今天我来给你们讲这节课。（不是别的课）

重音的表现方法主要是通过声音的对比，具体表现为三种：

（一）重读

重读是最常用的一种重音表现方法。主要通过音强的加强来实现，就是把声音读得重一些。例如：

为了不致一口吞下去，他把面团捏成了长条。

一位不知名的画家向著名画家门采尔诉苦说："为什么我画一幅画只需要一天工夫，而卖掉它却要等上整整一年呢？"门采尔很严肃地说："倒过来试试吧，亲爱的！"

它们心甘情愿用生命为下一代开通一条生存的道路。

谁是我们最可爱的人呢？我们的部队、我们的战士，我感觉他们是最可爱的人。

（二）拖长音

拖长音也是比较常用的一种重音表现方法。多用于古诗词的诵读中或表达抒情的话语时，主要通过延长音长来实现，就是把重音读得长一些。例如：

忽如一夜春风来，千树万树梨花开。

此中有真意，欲辨已忘言。

大江东去，浪淘尽，千古风流人物。

莫道不消魂，帘卷西风，人比黄花瘦。

蜜蜂是渺小的，蜜蜂却又多么高尚啊！

因此，谁如果要鉴赏我国的园林，苏州园林就不该错过。

漓江的水真静啊，静得让你感觉不到它在流动；漓江的水真清啊，清得可以看见江底的沙石；漓江的水真绿啊，绿得仿佛那是一块无瑕的翡翠。

（三）其他对比法

除了上述常用的两种，还有一些重音表现方法，这里简要介绍四种表现方法。

1. 强中加强法

在比较强烈的感情和语流中，采用更加强烈高亢的声音来表现重音。一般多出现在有着充沛情感的文章语句中。例如：

那就是白杨树，西北极普通的一种树，然而实在是不平凡的一种树！

这是勇敢的海燕，在怒吼的大海上，在闪电中间，高傲地飞翔；这是胜利的预言家在叫喊：——让暴风雨来得更猛烈些吧！

2. 低中见高法

在低沉的语流中采用自然地提升音高的方式来表现重音。例如：

周总理，我们的好总理，

你在哪里呵，你在哪里？

你可知道，我们想念你，

——你的人民想念你！

我的不远千里，要从杭州赶上青岛，更要从青岛赶上北平来的理由，也不过想饱尝一尝这"秋"，这故都的秋味。

3. 快中显慢法

在快速的语流中突然放慢下来，把重音用一种较慢的语速说出来。例如：

黄土高原上，爆出一场多么壮阔、多么豪放、多么火烈的舞蹈哇——安塞腰鼓！

天儿越晴，水藻越绿，就凭这些绿的精神，水也不忍得冻上，况且那些长枝的垂柳还要在水里照个影儿呢！

4. 连中有停法

与停连结合起来，在连续的语流中突然停下来，突出需要强调的重音，增强表现力，给人不一样的感觉。例如：

盼望着，盼望着，东风来了，春天的脚步 / 近了。（只保留一处停连，其他地方都不设停顿，连标点符号处也不设。）

我读到此处，// 在晶莹的泪光中，// 又看见那肥胖的、青布棉袍黑布马褂的 / 背影。

教师口语要有节奏，该高的时候高，该低的时候低，该快的时候快，该慢的时候慢，该起的时候起，该降的时候降……这样有高低、有起伏、有快慢、有轻重，才能形成教师口语的音乐美。教师口语中这种带有规律性的高低升降快慢等声音的曲折变化和回环往复就是节奏。没有了节奏，教师口语就会不生动，不感人，也就不能够更好地吸引学生的注意力。

节奏一般依据感情、语境、内容、表达的需要进行调整，有慢节奏类型和快节奏类型两大基本类型。

慢节奏类型多用于叙事、写景、抒情等语体中，表现平稳、深情、舒展、凝重、沉闷、失望、悲哀、痛苦等情绪，一般音节较长，声音或轻或暗或平，整体节奏较慢。具体又可以分为舒缓型、凝重型、低沉型等。例如《背影》《周总理，你在哪里》《乡愁》《最后一课》《伤仲永》《声声慢・寻寻觅觅》《悼念玛丽・居里》等。

快节奏类型多用于议论、抒情、写景等语体中，表现欢快、紧张、热烈、兴奋、急促、慌乱、高昂、开朗、惊惧、愤怒、反抗、驳斥、论辩等情绪，一般语节较短，字词密度较大，语调多上扬，声音或高或亮或扬，整体节奏较快。这种类型具体又可以分为轻快型、紧张型、高亢型等。例如《春》《海燕》《谈骨气》《最后一次的演讲》《白杨礼赞》《我为少男少女歌唱》《黎明的通知》《滕王阁序》《六国论》《逍遥游》等。

其实，就一段话或一篇文章而言，没有一种节奏类型可以从头至尾贯穿全文，而是要随着内容的变化和感情的发展不断地变换节奏。一般会以一种节奏为主，以几种节奏为辅，共同塑造出一个富于变化的声音形象或情节。有变化的声音才有激情，才会达到良好的课堂教学效果，也就不会使学生感觉单调和乏味。

第三节　体态语

体态语也叫身体语言、态势语言，是指通过自己的眼神、表情、姿态、手势、动作等传递信息的一种交际方式。体态语既可以单独进行交际，又可以辅助有声语言进行交际。在教师口语表达过程中，体态语是口语的重要辅助手段。这是因为：一方面体态语可以弥补口语表达的不足，使教学内容以及思想感情表达得更加直观和充分，也更加形象和具体；另一方面，自然大方、协调恰当的体态语还能给人以美的视觉享受，有力增强教学效果。因此，一位好教师不仅应该具备较强的教师口语表达技能，还应该具备良好的体态语言表达技巧，以便从听觉和视觉两方面来调动学生的兴趣，提高教学的艺术性，从而使自己的整个教学活动达到一种较为完美的境界。

信息栏9-5

非言语交际的功能

一、强化功能
二、指代功能
三、弱化功能
四、补充功能
[资料来源]李杰群主编:《非言语交际概论》,北京大学出版社2002年,第16—18页。

教师的体态语主要包括眼神的流转、表情的变化、姿态的调整、手势的运用、动作的协调等方面的内容。

一、表情

表情,主要指面部表情,是说话者内心情感通过面部器官的自然流露。通过面部表情,特别是目光的流转,说话者的喜、怒、哀、乐溢于言表。

(一)眼睛

眼睛是面部表情的核心。鲁迅先生说过:“要极省俭地画出一个人的特点,最好是画他的眼睛。”科学家很早就发现,眼睛瞳孔的变化与人类的思维活动、情感变化有着密切联系。可以这样说,眼睛是生命智慧的显示器,也是人类大脑的延伸。艺术大师达·芬奇说“眼睛是心灵的窗户”,就是因为眼睛能够反映一个人的精神面貌和内心世界,内心真诚、善良、聪慧的人,他的目光就会显得清澈、明亮、深邃;内心虚伪、狡诈、愚钝的人,他的目光就会显得浑浊、黯淡、浅薄。因此,眼睛在体态语的表达中有着举足轻重的作用。

教师在运用眼睛进行教育教学活动时应该注意以下三方面:

1. **要能够用眼睛表达出丰富的情感。**教师通过眼睛将自己的学识、性情、气质、趣味、审美等展现给大家,尽可能使眼睛的变化与有声语言、情感发展同步显现出来,让学生能够随时抓住老师思想情感变化,体察出蕴涵于老师内心深处的丰富的“语言”。

2. **要善于用眼睛“察言观色”,随时捕捉信息。**在教育教学过程中,视线应该始终关注学生,密切观察他们的反应,以便及时调整话语内容和教育教学方法。例如用眼神制止个别学生上课随意聊天、不认真听讲等不良行为,会取得更好的效果。

3. **要使目光流转。**教师在课堂教学时眼睛不要只是死盯着一处不放,也不要过于飘忽不定。教师的目光一是要使眼睛与面部表情配合起来,共同表情达意;二是目光应不断有短暂停留;三是要与姿态、动作相互协调;四是眼睛的变化要有一定目的,应随着说话内容、学生的变化而变化。

教师训练眼部肌肉,有助于改善眼球肌肉的机能,扩大眼睛的视力范围,并提高阅读速度、增强记忆能力。眼睛训练要注意方法科学、得当,尝试下面的眼球控制训练:

1. 利用家里的摆钟,在距离摆钟3—5米处坐定或站定,头与颈部不动,只把眼睛集中在摆心处,眼球随其左右摆动。

2. 眼球转动，呈现出平视、斜视、仰视、俯视、蔑视等状态。

3. 眼睛眨动速度训练：快—慢—中速，可以连续训练几组；也可以单独训练慢眨眼或者快眨眼。

4. 眼皮开合大小训练：大开眼皮；小开眼皮；紧闭眼皮。对着镜子反复练习，体会所传达出的不同感觉。

（二）面部

一个人的面部包括眼、耳、鼻、舌、口、头发、面颊肌肉等整个头部器官。国外心理学研究结果得出的人类交际表达公式是：

表达=7%言辞+38%声音+55%面部表情

可见，面部表情十分重要。

教师运用面部表情表情达意应注意以下几点：

1. **要灵活**。面部表情要反应迅速，动作敏捷，能够及时地反映自己的内心世界，并敏锐地吸收和展示对学生的反馈。

2. **要真诚**。面部表情能够反应教师内心最真实的内容。教师口语特别强调教师的真诚、自然，这一点主要是通过面部表情，特别是眼神表现出来的。真诚的表情，有利于赢得学生的信任和好感。

3. **要明确**。即教师的面部表情要明明白白，有利于学生抓住每一点细小变化，使他们能够始终紧紧跟随教师感情的发展而发展变化。避免使学生辨识不清、不知所从。

4. **要有度**。即面部表情的运用要把握好分寸。既不过分夸张，也不过于隐晦，而是不温不火，从容平和。

5. **要艺术**。教师口语也是一种口语艺术活动，不要像做报告，表情呆板，缺乏变化，不讲任何艺术；也不要像演戏，表情变化过多过快。教师的面部表情应该是自然大方、张弛有度。

6. **要协调**。即面部表情要与手势、姿态、动作等协调一致，显得自然统一。

总之，教师在进行教育教学时面部肌肉应松弛，注意内在感情的自然流露，尤其眼睛要有助于形成准确的声音色彩。

每天可以对着镜子练习各种面部表情：高兴、愤怒、吃惊、害怕、紧张、激动、羞涩、平静、悲哀等。其中主要是喜、怒、哀、惧四种基本表情的揣摩和练习。

二、姿势

姿势包括姿态和手势两个方面。

（一）姿态

教师无论何时，都要注意姿态得体并有利于发声，做到挺胸、抬头、直腰、松肩、收腹。

1. 教师的站姿

教师站立的姿态在一定程度上反映了其精神面貌和职业态度，因而教师应该注意训练自己具有正确的站姿。

教师的站姿首先应该给人以稳重大方、亲切自然的整体感受。具体应做好以下几个方面：

头部——端正不歪斜。

脖颈——放松不僵硬。

胸部——挺直或稍向前倾。

肩部——平直、放松。

小腹——微微内收。

臀部——松弛不紧张。

双腿——直立不弯曲。

双脚——站立时，要微微分开，大约一个拳头的距离，最大不超过双肩。

从总体上看，教师的站姿还应该显得有活力有美感，不要过于拘谨和呆板，同时配合恰当的表情、手势和动作。切忌以下做法：

（1）头歪身斜。这样会给人一种不舒服的感觉，使学生对教师难以树立起信任感，影响老师在学生心目中的良好形象。

（2）长时间倚靠讲台。有的教师是长时间手撑桌面。这样做，一来教师自己重心不稳，容易闪着；二来会让学生担心老师是不是身体不适而不能安心听课。

（3）身体不停摇晃，或身体的某一处不停地晃动、颠来颠去。这些都是轻佻不稳重的体态，既不严肃，又不庄重，会触发学生的不信任感，引起学生的反感。

（4）始终侧身站立。这会给学生不大方、不尊重他们的感觉，这种站姿根据心理学的研究也是缺乏自信、内心封闭的表现。

（5）频繁走动。这是思维不能够集中、情绪紧张焦虑、信心不足的体态，会让学生头昏脑胀、不知所从，影响有效信息的接收。

（6）头不抬眼不望。一堂课里只顾念教案或教材，不注意和学生的交流互动，让学生感觉像是对着一只话筒听课，感觉不到教师对教学的热情。

（7）高高在上，从不下讲台。长期这样会让学生觉得老师是一个不亲切不随和的人。教师在进行课堂教学时，站位不能仅仅固定在一点上，而应适当地移动位置，讲台上下走动走动，看看学生是否有什么问题，是否需要一些帮助，以拉近和学生的距离。

（8）背对着学生讲较长的话或讲个不停。这样做，一来显得不尊重学生，二来教师的声音会显得较小，让学生难以听清楚。

2. 教师的坐姿

教师一般不应该坐着讲课，因此坐姿不会出现在课堂上，但会出现在办公室、教研室以及家访过程中。教师的坐姿一定要文雅而又不失活力，不要过于拘谨和呆板，基本要诀就是“腰板挺直，坐姿端正”。

教师坐着的上半身姿态与站姿相同，下半身需要注意的是：

臀部——坐稳坐实不摇晃。

双腿——自然弯曲。

双膝——男教师可以稍稍分开，女教师则应该轻轻并拢。

双脚——务必“脚踏实地”。不要跷二郎腿，不要颠脚。

另外，除了不要有与上述站姿类似的禁忌之外，教师的坐姿还应该注意避免：

（1）一直趴在桌子上，或者一直双肘支头，一直双手抱臂等。这样会给学生不振作甚至身体不健康的感觉，缺乏生气。

（2）不停地把玩自己手中的笔。这样会使学生感觉老师心不在焉，不尊重他们，导致学生也不注意听讲或者看轻老师。

（3）手始终藏在桌子下面，极少拿出来。会让学生有“老师的手怎么了”的疑问，或者觉得老师太懒，连手都懒得拿出来一下，从而影响对老师的信任。

（4）总是仰头靠背，离讲桌较远。这是一种漫不经心的体态，会给人傲慢、不尊重对方的感觉，从而深深刺激对方。

（5）紧紧挨着桌子坐。这样不利于发声和做动作，而且给人局促、不安、紧张的感觉。

平时可以对着镜子多进行站姿、坐姿、蹲姿的练习。注意姿态要优美、雅致、从容，表情要自然、放松、大方，同时要配合一段话站着说或坐着说。

（二）手势

手是人类最重要的器官之一。在远古时代人类发出有声语言之前，手是最主要的交际工具，不仅能劳动，还能演示各种复杂的情感。今天虽然人类已经能够很好地运用有声语言进行交际和沟通，但手仍旧是人类所有器官里最灵活的能够和他人进行沟通、表达情感的重要器官。

手在口语表达中的辅助作用不容忽视，因而手势在教师口语中就有着十分重要的作用：

1. 手势有助于教师有声语言的传达

一些设计恰当、合理的手势，可以增强教师口语的表现力，给学生留下深刻的印象。例如，说“同学们，我们一定要把这次任务完成好！”这类话时，教师配合一个单手握拳由外向里小幅收进的动作，表达效果会更理想。

又例如，中学里的生物教师在讲到“肋骨运动与呼吸运动”时，教师用两只手做成一个人的肋骨排列状态，放在自己的上腹外，再两手一开一合地缓慢动作，形象地演示了人的肋骨工作的样子，给学生留下直观而深刻的印象。

2. 手势能够引导学生视线

在教育教学过程中，手势能够配合有声语言将学生的注意力吸引到需要他们注意的地方，起到强调和突出的作用。“请同学们看这里”——所有老师都喜欢用这句话配合恰当的手势来引导学生的视线，使学生不放过重点内容演示并记忆深刻。

3. 手势可以单独传递信息

有时，教师仅仅依靠一个手势就可以传情达意，取得良好的表达效果，可谓“此时无声胜有声”。例如，同学们讨论热烈时，你用有声语言很难让大家听见并停下来，这时用手势，双手前伸，向下一压即可；也可以把食指放在撮起的嘴边，示意大家；还可以用一个足球场上表示暂停的手势，将一只手横平且手心向下，另一只手垂直顶在其下。

又例如，需要学生起来回答问题时，无论有没有举手想参与的同学，教师都可以将一只手臂伸出，手掌向上手指并拢，指向某位同学请他起来作答。但一定注意不要只伸一根手指头出去，这样会显得不够尊重学生。

4. 恰当自然的常规手势可以增加教师的魅力和美感

有的教师上课和说话时双手配合口语能够很自然地做出一些常规动作，例如双臂弯曲，两手同向前平伸等等，显得整体和谐、动感、有吸引力。

一般来说，手势活动范围大致可以分为三个区域：上区、中区、下区。

上区，指肩部以上。多表示号召、梦想、憧憬、宏大、想象、昂扬、兴奋、热烈、呐喊、高亢的内容和情感。例如：

让我们开始新的征途吧！——号召

我们的前程无限光明的！——憧憬

波澜壮阔的大海啊，我想要拥抱你！——宏大

让暴风雨来得/更猛烈些吧！——呐喊

中区，指肩部到髋部。这一区域用得最多，多表示叙述、说明以及正常说话状态。说话者这时一般心情比较平静或情绪波动不大。例如：

整个村庄方圆有500平方米。

这个问题大家可以考虑一下。

黄河就如同画卷般渐渐铺展，河水缓缓地流淌。

下区，指髋部以下。多表示生气、憎恶、鄙视、俯视、不悦、不齿、羞涩、不愿意等情感。

我不理你了！（向下甩手）——生气

求求你，别说了！（手悄悄摆动）——不愿意

给你的东西，我才不稀罕要呢！（用手丢地下）——不悦

以上手势活动范围只是大致划分，具体还应该根据每一句话的实际内容和情感来设计手势。手势的运用，应该遵循以下原则：

1. **适合**。手势要与教师说话的内容配合一致。

2. **适当**。手势的多少要适当。手势过多，喧宾夺主，影响了口语的作用；手势过少，状若木偶，缺乏活力。

3. **简练**。即手势应简洁清楚，干净利索，优美得体，不拖泥带水。

4. **自然**。手势既不忸怩作态，也不僵硬呆板，而是舒展大方，令人赏心悦目，并且有一定力度。

5. **协调**。手势应和声音、表情、姿态、动作等密切配合。

手势运用过程中需要注意的地方：

忌用一根手指点指学生。这样既不尊重学生，也显得教师没有修养，举止不当。

忌双臂交叉抱在胸前或背在身后。这些动作会给学生一种傲慢的感觉。

忌手插口袋。不管是把一只手或双手总是插在口袋里，都会让学生觉得教师漫不经心，不尽心。

忌不雅手势。不雅手势包括挠头屑、咬指甲、掏耳朵、抠鼻子、剔牙齿、抓痒痒、手指在桌上乱写乱画等，会给学生不优雅不文明的感觉。

三、动作

这里的动作，指教师进行教育教学时的身体行为。主要包括课堂教学和其他工作中教师的主要动作要素。

（一）课堂教学

按照教学过程，主要有走、站、写等动作。

1. **走**

教师在进行课堂教学时，需要走进教室、走上讲台、走下讲台、在学生座位中间走动以及走出教室等。可见“走”在教师工作中的重要。其基本要诀是：抬头、挺胸，步履稳健。走的时候，步子不要迈得太大，速度也不要太快，面部最好还能带着微笑，整体给人一种态度谦和、雍容大度的感觉。有时，教师还可以一边讲课，一边走动，这样不仅能增添视觉吸引力，给讲课增加活力，同时还能帮助提示话题的转换。但要注意：不要整堂课一直走个不停。

2. **站**

这里是指教师由走变停并站下来的动作过程。其基本要诀是：稳重、大方，动作连贯。站住后，要给人蓬勃向上、稳稳当当和挺拔的感觉。不要站立时摇摇晃晃，或者给人站立不稳的印象。

3. **写**

这里是指教师在课堂教学过程中板书的整个动作过程，包括转身、书写等。其基本要诀是：转身要慢要稳，书写要迅速、有力、规范。转向写字板时，手不要扶着什么，动作不要过快过猛；写字时，应该注意用全身之力，让笔画清楚有力，同时不要写错别字；转回身时，目光平视学生，注意观察他们的反应，再根据需要进行讲解，并同时判断是否已偏离讲桌，需要走回到讲桌跟前。

（二）其他工作

教师需要“为人师表”，这是教师的职业要求，在教育教学日常工作中也能够体现出这一点。无论是行走还是其他动作，教师都应该能够体现出师道尊严或教师的亲和力。常见的教师动作有：

1. **打招呼**。无论是与学生打招呼，还是与同事打招呼。都应该真诚、热情、大方，面带微笑，有时还可以点头微笑或简单对话，给人以温暖、亲切的感觉。

2. **与学生谈话**。一般应该只在办公区域找学生交流。为了打消学生紧张、疑虑的情绪，使谈话在良好的状态下完成，教师一方面表情要放松，不要过于严肃；要给学生以爱护和鼓励，让他们更加易于接受老师的想法，使谈话最终取得理想的效果。

3. **监考**。考场最需要的是安静，因而教师的动作关键要轻柔、平和，不急不躁。无论走动还是回答考生的疑问，都应该尽量做到轻手轻脚，“悄无声息”。不要让鞋跟发出较大的声音或刺耳的怪声，也不要随意翻看学生的试卷，更不要随意聊天，哪怕是小声聊。

4. **听课**。教师之间互相听课，有利于取长补短，提高教学技能。听课时应注意坐在安排好的区域或自行找寻合适的位置，一定不要挤占学生的固定座位；其次，要注意和同学们一起完成上课礼仪，包括起立、坐下等；第三，应注意认真听讲，不交头接耳；另外，还应注意表情柔和，目光专注，身体保持安静状态。

教师动作的禁忌：

1. 忌体罚学生

无论什么原因，教师都不能体罚学生。教师不管用什么方式对学生进行体罚，都说明教师的无能，也就是教师已经不知道用什么样的言语和方法来教育学生了，这不是一个合格教师做的。

2. 忌动作失误

教师的教学活动具有公开性、示范性的特点，如果动作失败，有时会引起学生的哄堂大笑，有时会让学生觉得反感，有时会使学生对老师产生同情等等。但是这些都不是我们需要学生所具有的感觉，我们只需要学生保持平静、正常的状态好好听讲，接受教育就可以了。所以教师应该尽量避免动作失误。

3. 忌同样的动作反复次数过多

教师的动作次数不宜过多重复，尽可能只做一次。否则，一方面会牵扯教师的过多精力，另一方面会让学生失去新鲜感，甚至感到厌烦。

4. 忌动作的时机不当

教师的有些动作要注意把握时机，这样可以达到最佳效果，否则会影响学生情绪，分散他们的注意力。

5. 忌动作幅度过大

教师的动作幅度不宜过大，否则会显得夸张、变形，让人觉得别扭不自然。

6. 忌总是只有动作而无言语

教师毕竟是以有声语言为主，以体态语言为辅的，偶尔做一个无声的动作是可以的，但是不要总是如此。一来喧宾夺主，像演小品，二来不易被学生理解和重视。

【反思与探究】

一、教学口语对响度的基本要求是什么？

二、教师口语清晰度不足的主要表现有哪些，可以着重从哪几个方面提高清晰度？

三、教师口语与环境的配合度主要体现在哪些方面？

四、什么是节奏？节奏主要包含哪些内容？

五、举例说明语调的基本类型。

六、停连需要遵循哪些规律？举例说明停连的主要类型。

七、什么是重音？安排重音必须要注意的要点是什么？

八、举例说明重音、节奏的主要类型。

九、简述体态语的含义。

十、教师在运用眼睛和面部表情时应该注意什么？

十一、教师的姿态都有哪些禁忌？

十二、举例说明手势在教师口语中的作用。

【训练与提高】

一、响度训练。

1. 想象50米开外有你的同学或朋友，你需要叫他的名字，并跟他说“今晚不开会了”，务必要他一遍就听清楚。

2. 把一句话说出三种感觉：第一种，像从井下发出来的，仅身边一两个人听得见；第二种，像在一个大型教室里给众人说话，要让每个人都听得见；第三种，像站在高山上说话，对面山上的人也能够听得清楚。例句选用：

（1）让暴风雨来得更猛烈些吧！

（2）我们骄傲，我们自豪，我们奋发，我们开拓，你是世界民族之林的强者，我们爱你啊，中国！

3. 读下面的诗文：先小声读一遍；再坐着出声地朗读一遍，好像读给身边的某一个人听；然后站起来，好像对面坐着50—80个人听，大声朗读一遍，要注意保证声音的响度和清晰度。

忆秦娥·娄山关

毛泽东

西风烈，长空雁叫霜晨月。霜晨月，马蹄声碎，喇叭声咽。
雄关漫道真如铁，而今迈步从头越。从头越，苍山如海，残阳如血。

二、亮度训练。

1. 练习发好这六个元音：ɑ、o、e、i、u、ü。发音的时候将嘴由开口最小逐渐张到开口最大，依次发音，自己听听有何差异，哪一种发音状态最好。

2. 练习发好普通话的辅音：b、p、m、f、d、t、n、l、g、k、h、j、q、x、zh、ch、sh、r、z、c、s、ng。要清晰响亮，声音饱满。

3. 声音通过声带压缩和气息的阻抗作用，使声音产生最大的穿透力，产生强烈的“亮度”。用较高的声音亮度朗读下面的材料。

（1）小鸡吃沙子

小鸡喜欢吃沙子，不是天生爱淘气，只因小鸡不长牙，无法嚼碎菜和米。
吞下沙子在胃里，沙子就像磨碎机，磨碎菜米好消化，变成营养养身体。

（2）声声慢

李清照

寻寻觅觅，冷冷清清，凄凄惨惨戚戚。乍暖还寒时候，最难将息。三杯两盏淡酒，怎敌他、晚来风急？雁过也，正伤心，却是旧时相识。

满地黄花堆积，憔悴损，如今有谁堪摘？守着窗儿，独自怎生得黑？梧桐更兼细雨，到黄昏、点点滴滴。这次第，怎一个愁字了得？

三、清晰度训练。

1. 绕口令训练：要求必须发清楚每一个字音，同时要有一定的力度。

（1）化肥会挥发

化肥会挥发，黑化肥发灰，灰化肥发黑。

黑化肥发灰会挥发；灰化肥挥发会发黑。

黑化肥挥发发灰会花飞；灰化肥挥发发黑会飞花。

黑灰化肥会挥发发灰黑讳为花飞；灰黑化肥会挥发发黑灰为讳飞花。

黑灰化肥灰会挥发发灰黑讳为黑灰花会飞；灰黑化肥灰会挥发发黑灰为讳飞花化为灰。

黑化黑灰化肥灰会挥发发灰黑讳为黑灰花会回飞。

灰化灰黑化肥灰会挥发发黑灰为讳飞花回化为灰。

（2）说日

夏日无日日亦热，冬日有日日亦寒，春日日出天渐暖，

晒衣晒被晒褥单，秋日天高复云淡，遥看红日迫西山。

2. 吐字训练：朗读时注意速度稍快些，但每个字要读得明亮清晰。

（1）穿着料子，挺着肚子，拖着调子，画着圈子。

（2）赤道略略鼓，两极稍稍扁。自西向东转，时间始变迁。南北为纬线，相对成等圈。东西为经线，独成平行圈。赤道为最长，两极化为点。

四、配合度训练。

1. 练习用话筒在合适的距离说话。找一个话筒，尝试紧贴话筒、离话筒1—2厘米距离、10厘米左右距离、20厘米左右距离、50厘米左右距离依次说话，看看话筒的传声效果有何异同。

2. 分别在宿舍里（家里）、教室里以及室外一个较为安静的环境里，用适当的音量大声、清晰地朗读下面的议论文材料。要求声音要充满整个空间，洪亮、饱满。

应有格物致知精神

丁肇中

我是研究科学的人，所以先让我谈谈实验精神在科学上的重要性。

科学进展的历史告诉我们，新的知识只能通过实地实验而得到，不是由自我检讨或哲理的清谈就可求到的。

实验的过程不是消极的观察，而是积极的、有计划的探测。比如，我们要知道竹子的性质，就要特别栽种竹树，以研究它生长的过程，要把叶子切下来拿到显微镜下去观察，绝不是袖手旁观就可以得到知识的。

实验的过程不是毫无选择的测量，它需要有小心具体的计划。特别重要的，是要有一个适当的目标，以作为整个探索过程的向导。至于这目标怎样选定，就要靠实验者的判断力和灵感。一个成功的实验需要的是眼光、勇气和毅力。

由此我们可以了解，为什么基本知识上的突破是不常有的事情。我们也可以了解，

为什么历史上学术的进展只靠很少数的人关键性的发现。

（摘选自人教版《语文》九年级上册第四单元）

五、音色训练。

1. 嗓子沙哑，暗沉或发不出音等关键是要注意平时保护好嗓子，说话时正确运气，使声音纯正。平时可以用淡盐水刷牙、漱口。另外就是不要随意大声喊叫，伤及声带。

2. 过重的鼻音是因为鼻腔的共鸣声太响亮造成的。这种毛病要克服，主要方法是：声音压入口腔，不要进入鼻腔；发音时嘴要张开到位，韵母要拉起来，舌头要用力一些。有时甚至可以捏住鼻子说一段话，找到没有鼻音的说话效果。例如可以练习发好下面这些词语：

点到为止	风平浪静	全神贯注	辗转反侧	目瞪口呆
高架桥	原生态	追星族	勘探局	灭蚊灯
灿烂	完整	顷刻	外壳	观点
我	看	好	吃	升

3. 表达声音中杂有呼吸音。这是由于发音时声带没有充分闭合，大量的非发声空气跑出来，造成嗓音中夹杂着呼吸的杂音；有时还由于朗诵时吸气过于频繁，讲话语速过快，精神紧张，用力过度，造成上气不接下气，呼吸音过大。克服的主要办法：调整好呼吸，不要着急，不要过快过猛，始终保持一种平稳、自然的呼吸状态。练习下面的材料：

海 燕

高尔基

海燕叫喊着，飞翔着，像黑色的闪电，箭一般地穿过乌云，翅膀掠起波浪的飞沫。

看吧，它飞舞着，像个精灵，——高傲的、黑色的暴风雨的精灵，——它在大笑，它又在号叫……它笑那些乌云，它因为欢乐而号叫！

这个敏感的精灵，——它从雷声的震怒里，早就听出了困乏，它深信，乌云遮不住太阳的，——是的，遮不住的！

狂风吼叫……雷声轰响……

（摘选自人教版《语文》八年级下册第二单元）

六、语调训练。

1. 用1—2分钟时间介绍一下你的家乡。注意说话时要使用正常的语调、一次上扬的语调、一次下降的语调。说的时候一定要出声，条件允许最好大声说。

2. 朗读下面带有对话的材料，注意用恰当的语调读出不同的人物和语气。

狼和小羊

狼和小羊碰巧同时到一条小溪边喝水，那条小溪是从山上流下来的。

狼非常想吃小羊，可是它想，既然当着面，总得找个借口才好。

狼就故意找茬，气冲冲地说：“你怎么敢到我的溪边来，把水弄脏，害得我不能喝？你安的什么心？”

小羊吃了一惊，温和地说：“我不明白我怎么会把水弄脏。您站在上游，水是从您那儿流到我这儿的，不是从我这儿流到您那儿的。”

“就算这样吧。”狼说，“你总是个坏家伙，我听说，去年你在背地里说我的坏话。”

“啊，亲爱的狼先生，”可怜的小羊喊道，“那是不会有的事，去年我还没出生哪。”

狼觉得用不着再争辩了，就龇着牙咆哮着，逼近小羊，说：“你这个小坏蛋！说我坏话的不是你就是你爸爸，反正都一样。”说着就扑到小羊身上，抓住它，把它吃掉了。

（选自苏教版《语文》小学二年级上册第四单元）

七、语速训练。

1. 古诗朗诵：关键是语速要慢，音量要大，同时要有感情、有声音表现力。

（1）隔汉江寄子安

鱼玄机

江南江北愁望，相思相忆空吟。鸳鸯暖卧沙浦，鸂鶒[①]闲飞橘林。
烟里歌声隐隐，渡头月色沈沈。含情咫尺千里，况听家家远砧[②]。

（2）赠汪伦

李　白

李白乘舟将欲行，忽闻岸上踏歌声。桃花潭水深千尺，不及汪伦送我情。

2. 读下面的三句半，注意前三句要读得顺畅、稍快，最后半句读得慢而清晰。

新年联欢

锣鼓叮咚敲起来，喜迎佳节乐开怀，今天举办联欢会，——热闹！
新的一年又来到，先给各位拜个年，我给大家鞠个躬，——红包！
今天说个三句半，说得不好多包涵，不管说得好不好，——别跑！
俺们几个话挺多，大家不要嫌啰唆，希望能够捧捧场，——鼓掌！
产业发展要人才，不管男女都需要，出台优惠政策多，——快来！
巾帼英雄真不少，身材美丽又乖巧，干上两年你再看，——大嫂！
今天大家来聚会，说说一年苦与累，憧憬明天心儿醉，——信心百倍！
为了办好联欢会，大家辛苦来准备，后面还有好戏看，——咱退！

八、停连训练。

1. 用不同位置的停连和语调朗读下面的句子，体会其表达的含义。

你/了解我不了解

---

① 鸂鶒xīchì：水鸟名。俗称紫鸳鸯。

② 砧zhēn：捣衣声。

你了解/我不了解
你了解我/不了解
你了解我不/了解
你了解我不了解

2. 长句朗读练习：

（1）《标准汉语》的主要读者对象是为英语国家中国留学生子女及汉语爱好者编写的汉语教材。

（2）巴尔的摩地方法院1987年5月30日裁决亚特兰大市一个生产据称“能使头发卷曲而发亮”的美发剂的制造商向一位使用该厂生产的美发剂而毁发毁容的妇女赔偿45万美元巨款。

（3）联合国安理会昨天通过了关于海湾四国联合提出的严禁以色列在占领区建立新的居民点的报告的决议。

九、重音训练。

1. 用不同词语的重音朗读下面的句子，体会其强调的具体含义。

（1）**本店**最贵的一条围巾值两万元。
　　本店**最贵**的一条围巾值两万元。
　　本店最贵的**一条**围巾值两万元。
　　本店最贵的一条**围巾**值两万元。
　　本店最贵的一条围巾**值**两万元。
　　本店最贵的一条围巾值**两万**元。

（2）**小明**什么作业都没有写？
　　小明**什么**作业都没有写？
　　小明什么**作业**都没有写？
　　小明什么作业**都**没有写？
　　小明什么作业都**没有写**？

2. 注意读准下面句子的主要重音，准确传达出句意。

（1）做对的事情比把事情做对重要。

（2）生命不仅仅是一张行走在世间的通行证，它还要闪光。或许你会经历失败，但失败也是一种收获。

（3）炎黄子孙德才兼备建伟业，华夏儿女文武双全展宏图。

十、表情训练。

1. 眼睛训练：

（1）用白纸遮住眼睛以下的面部，然后对着家人或者朋友，发自内心地微笑，请他们说说你的眼睛里传达出来的含义，是亲切、友善、温暖，还是其他感觉。

（2）与不同性别、不同年龄、不同职业、不同性格、不同情境的人交流，大胆尝试使用不同的眼神，并考察社交效果如何。

2. 面部表情训练：

（1）根据下列词语表达表情：

笑容可掬	怒目而视	大惊失色	大惑不解	泰然自若
哑然失笑	神气十足	冥思苦想	愁眉不展	含情脉脉

（2）微笑的表情训练：在现实生活中，微笑可使自己精神放松，使别人产生好感和亲近感。微笑是风度、涵养的体现。动作要领：轻微地微笑，只要口腔打开到不露或刚露齿缝的程度即可；明显地微笑，口腔打开到正好露出八颗牙齿的程度最好。

十一、姿势训练。

1. 手势训练。

（1）指示性手势练习。

①指示黑板某处：在黑板的四个角以及中间部分标出1—8几个数字，然后侧身对着黑板，每次用一只手指着黑板的某一处讲话，一点一点，依次用手指到并讲到。要求指的时候，手指要并拢，指尖要位于所指数字的下方或侧面，不要挡住数字。

②指示学生座位某处：注意要一只手臂平伸且手掌向上，一下指到需要的地方，动作干净、利落，不拖泥带水。训练时注意练习指到教室的各个角落和位置。

（2）描绘性手势练习。

①尝试用手势描绘以下事物：高山，河流，圆形，方形，长的物体，短的物体，矮的物体，起起伏伏，大，小，等等。

②用手势表示数字1—10，百，千，万，多，少，等等。

（3）启发性手势练习。

①用手势表示以下情绪：喜欢，赞扬，夸张，厌恶，生气，害怕，等等。

②启发学生思考的手势：可以用一根手指靠近指着同侧的太阳穴；也可以像聪明的一休一样，两手各伸出一根手指指着两侧的太阳穴；还可以用手掌轻拍自己的脑袋一侧。

（4）常规性手势：两个上臂稍稍离开身体，腋下放松并留有五六厘米的缝隙；肘部半曲，两个小臂在上腰附近做180度摇摆。注意整个手势要和上半身的动作协调一致。

2. 姿态训练。

（1）练习以下姿态，用心揣摩其所传达出的含义。尝试在学习、生活的恰当时机加以运用：

①两手双握置于胸前站立或坐着——能够表示自信、坚定、有力等心理。

②双手握于背后站立——能够表示耐心、严谨、高深、超脱等心理。

（2）头部练习：头部的端正、放松主要取决于脖颈的灵活程度，可以通过头部旋转、左右摆动、前后摆动等方式加以训练，每个动作每遍做3—4圈，每次做3组即可。

（3）肩部练习：肩部的平正、稳定可以通过挺肩、收肩、耸肩、塌肩、转肩等动作加以训练，有的动作需要带动腰部，这样效果更好。

（4）腿部练习：腿部姿态的优美可以通过膝部的开合、反复蹲站、旋转脚部等加以训练。每次这些部位都要训练到，次数不要过多，以舒适、不累为原则，这样可以使腿形更漂亮，腿部更灵活。

十二、动作训练。

1. 走动训练：

（1）保持抬头挺胸、面带微笑的上半身姿态上台阶和下台阶，要能够传递出得体、优雅、端庄、稳重的信息。

（2）同时做好三个动作：一边走，一边侧头看（学生或者观众），一边挥手。注意姿态优美，动作顺畅，表情自然放松、面带微笑。

2. 起坐训练：找一把椅子，练习平稳、和缓地坐住椅子的三分之一、一半和全部，然后再稳稳地站起来的动作，反复几次，达到动作连贯、优雅的最佳效果。

3. 蹲下、站起训练：动作要稳、雅、顺，不要速度太快、太猛。蹲下后，再练习将着力点在两脚间交换几次，然后再站起来，再蹲下去。

4. 根据下列词语设计并做出自然、得体的动作：

（1）过来　（2）过去　（3）一起走　（4）谢谢　（5）停　（6）给

十三、体态综合训练。

1. 请根据下列词语设计做出自然、得体的体态语。

（1）过来　（2）过去　（3）一起走　（4）起立

（5）坐下　（6）谢谢　（7）停　（8）给

2. 一边朗诵下列话语，一边做出恰当的体态语。

（1）她终于抽出了一根。哧！火柴燃起来了，冒出火焰来了！她把小手拢在火焰上。多么温暖多么明亮的火焰啊，简直像一支小小的蜡烛。这是一道奇异的火光！

（2）午夜，香港。

让我拉住你的手，
倾听最后一分钟的风雨归程。
听你越走越近的脚步，
听所有中国人的心跳和叩问。

（3）（屈原向风及雷电）风！你咆哮吧！咆哮吧！尽力地咆哮吧！在这暗无天日的时候，一切都睡着了，都沉在梦里，都死了的时候，正是应该你咆哮的时候了，应该你尽力咆哮的时候！

（4）有几回，邻居孩子听得笑声，也赶热闹，围住了孔乙己。他便给他们一人一颗。孩子吃完豆，仍然不散，眼睛都望着碟子。孔乙己着了慌，伸开五指将碟子罩住，弯腰下去说道，“不多了，我已经不多了。”直起身又看一看豆，自己摇头说，“不多不多！多乎哉？不多也。”于是这一群孩子都在笑声里走散了。

第十章　课堂教学口语

【学习目标】

通过对本章的学习，使学生了解课堂教学口语的作用及其种类；掌握导入语、讲授语、提问语、应变语、总结语等5种常用课堂教学口语的适用范围和基本要求；学会导入语、讲授语、提问语、应变语、总结语等5种常用课堂教学口语的使用方法，切实提高学生的教师职业技能。

【引　言】

课堂教学口语属于教师专业的职业语言，虽然课堂教学过程中教师教学口语蕴含着许多变数，有即兴的成分，需要教师成功的调控才能取得很好的效果；但是一些常规的注意事项、教学规范、应变能力还是需要教师在课堂上或课堂外多学习和多实践练习。成功地运用好课堂教师口语是教师必备的素质。本章将重点介绍导入语、讲授语、提问语、应变语和总结语等相关课堂教学口语的知识。

课堂教学口语是指教师在课堂上为开发学生智力、沟通学生心灵、完成教学任务而使用的一种规范语言。课堂教学口语是衡量一个教师职业素质的重要指标。从某种程度上说，课堂教学艺术实际上是教师课堂教学口语的艺术，课堂教学口语运用的好坏会直接影响到课堂教学质量。

教师课堂口语应具有规范性、生动性、灵活性等特点。课堂教学口语的规范性可从两个方面理解，一是指教师所用的课堂教学口语要符合现代汉语的语法规范，遣词造句思路清晰，条理分明；二是指教师要用规范的普通话授课，教师说话要吐字清晰、语言流畅，不结巴，不夹“话把”，更不能说“倒句”“破句”，能做到抑扬顿挫，让学生能听懂、听清。生动性是指教师能将课堂教学内容用形象生动、富有感情的语言表达出来，做到通俗易懂、引人入胜，根据学生的接受能力和学习兴趣，把深奥的道理形象化，将枯燥的知识趣味化。灵活性是指针对不同的教学内容和不同年龄段的学生，教师所使用的语言是不一样的。就一堂课而言，过多的议论学生会感到乏味，过多的说明学生会感到单一，过多的叙述学生又觉得没有深度；就不同年龄段的学生而言，所使用的语言也不能相同，针对低年级学生课堂教学口语叙述性、描写性的语言成分要多一些，而针对抽象思维能力已较强的高年级学生，议论性的语言相对要多一些；不同学科教师课堂教学口语也不尽相同，语文学科教学中尤其是讲阅读课时，抒情性的语言会使用得多一些，而数学课说明性的语言相对会多一些。

按照课堂教学的环节，可将课堂教学口语分为导入语、讲授语、提问语、应变语和总结语五个方面。

第一节　导入语

导入语又叫启发语、导课语，是一节课的开场白，是整个教学过程的起始部分。导入语是将学生由非学习状态转入课堂学习状态的起始阶段，是教师在教授新课之前，有意识、有目的地启发、激励学生，并把学生的注意力吸引到学习新课上来的一种教学语言。好的导入语像磁石，能稳定学生情绪，聚拢学生思维，激发学习兴趣，增进智力活动的积极性，把握学习目标，拉近与学生的情感距离。同时，好的导入语也是教师教学能力和教育机智在课堂教学中的具休体现。

一、导入语的作用

导入语的作用主要有以下几个方面：

（一）激发学生的学习动机

新颖别致的导入语是激发学生学习兴趣的动力和源泉，能充分调动起学生的积极性，让学生感到“转轴拨弦三两声，未成曲调先有情”，从而激发学生的求知欲，为整节课的学习打下很好的基础。例如，于漪老师在教《孔乙己》这篇课文时，一开始便设置了悬念。她说：“凡读过鲁迅小说的人，几乎没有不知道孔乙己的；凡是读过《孔乙己》这篇小说的，几乎没有不在心中留下孔乙己这个‘苦人儿’的形象的。孔乙己是一个怎样的艺术形象？我们仔细读这篇文章之后，就可以得到回答。”①

这段导入用生动的语言，连连巧设悬念，再加上老师动情的语言，一下子就激起学生想了解孔乙己人物形象的欲望，将学生自然而然地带入新课的学习，之后的教学效果自然会很好。

信息栏10-1

动机的规律与学习

1. 动机由外部条件激发而来的规律
2. 动机由内部因素转化而来的规律
3. 外部动机与内部动机统一的规律
4. 近景性动机与远景性动机结合的规律
5. 主导性动机与辅助性动机互补的规律
6. 在一定范围内，动机强度与学习“双效”呈正相关的规律
7. 动机迁移的规律

[资料来源]燕国材:《非智力因素与学习》，上海教育出版社2006年，第48—57页。

（二）明确学习方向和目标

学习新的内容时，如果事先知道为什么要学，要解决什么问题，重点是什么等，学习者就有了方向和目标，注意力就会集中在重要的内容上，教学效果就好。尤其是课容量较大，学生学习有较大困难的课程，导入语应该让学生在上课开始就明确学习方向和目标，从而减轻学生学习的难度。以下是一位数学教师讲“等比级数求和”时的启发语：②

传说印度的舍罕国，要重赏发明64格国际象棋的大臣西萨。他问西萨想得到什么奖赏。西萨说：“我想要点麦子。您就在这棋盘的第1格赏我一粒麦子，第二格赏两粒，第三格赏四粒……依次都使后一格的麦粒比前一格多一倍，您就把64格内麦粒的总和赏给我，可以吗？”国王听后连连说：“你的要求太低了。”

老师讲到这里，转问学生：“你们说，这个要求真是太低了吗？”这一问，课堂活跃起来，同学们思索着，议论着。这时老师在黑板上书写了18，446，744，073，079，551，615这一串数字，全班同学都睁大眼睛看着黑板。老师解释说：“这就是西萨要求得到的麦粒总和。这些麦粒若以重量计算，约为5270亿吨，竟然相当于全世界两千年内生产的全部小麦总和。”听到这里，学生兴趣盎然。这时教师趁势导入新课：“国王为什么吃亏？这样大的数字怎样才能迅速算出？这是一个‘等比级数求和’的问题，学了今天这节课同学们就清楚了。”

---

① 李山林主编:《语文课程与教学论案例教程》，湖南师范大学出版社2006年，第254页。

② 国家教育委员会师范教育司组编:《教师口语训练手册（试用本）》，北京师范大学出版社1994年，第251—252页。

这位教师的导入语既能激起学生的学习兴趣，又明确了该堂课的学习目标，并且告诉学生“等比级数求和”这个知识点在本学期学习中的地位，使学生有学习的紧迫感，这样，学生就会集中精力听课，真正起到一箭双雕的效果。

二、导入语的基本要求

导入语要做到目的明确，紧扣课题，新颖有趣，巧具匠心，简明扼要。具体体现在以下几个方面：

（一）新颖别致，具有吸引力

导入语要针对学生的特点，直接抓住学生的心理，激发学生的兴趣，对学生有较强的吸引力。新颖别致主要体现在：一是引用导入的材料新，即多运用社会生活中新近发生的材料，也可以用学生熟悉的材料，但是要通过全新的角度分析，使学生产生新奇感，进而导入新课。二是方法新，即导入的方式要多种多样，且多种方式配合交叉使用，不能固守一种模式，要多尝试别人没有用过的导入方式，以起到激发学生兴趣、引人入胜的作用。

（二）短小精悍，用意明确

导入的言语一定要言简意赅，概括精练。导入新课所用时间不宜太长，一般控制在3分钟左右为宜，最好不要超过5分钟。新课导入不是教学的主体过程，因而要力求简洁明快，内容精当，争取用最少的话语、最短的时间，迅速巧妙地转入正题，使学生的注意力快速集中到学习新课上来，切忌啰唆、冗长。

（三）内容关联，过渡自然

导入语与所讲内容没有联系，教师就浪费了时间，课堂教学效率就降低了。有的教师的导入语非常搞笑，学生很喜欢，但是仔细想想与课文内容关联不大，课堂信息量不大，这样的导入语显然不能算是成功的导入语。

三、导入语的类型

导入语的种类很多，由于学科不同，使用导入语的方式也不尽相同。汇总各学科的导入语导入方式大约有几十种，如图片导入、实物演示导入等。但是最常见的、适合各门学科的主要有以下五种：

（一）开门见山直接导入新课

这类导入或解释课题，或介绍新课内容，直接进入新课的教学。例如，有位教师讲《济南的冬天》时是这样设置导入语的：

著名作家、人民艺术家老舍在他的散文《济南的秋天》中说：“上帝把夏天的艺术赐给瑞士，把春天的艺术赐给西湖，但却把秋和冬的全赐给了济南。”世界著名的避暑胜地瑞士夏日美景宜人：绿色山林环绕着浅蓝色的湖泊，映衬着阿尔卑斯山头的皑皑白雪；悬崖上瀑布流泻，草地上鲜花盛开，无愧于“世界公园”的美称。我国的杭州西湖更闻名天下。宋代大文豪苏轼的《饮湖上初晴》形容西湖“欲把西湖比西子，淡妆浓抹总相宜”，西湖之美由此可见一斑。而山东省的省会济南竟得上帝之钟爱，把秋和冬的艺术全赐给了她。济南该是一块何等的宝地！今天我们就来欣赏济南冬天的美。

以上这则教例用开门见山的方式简要介绍课文内容，让学生对济南的冬天有初步印象，增加了学生的阅读期待，为下面进一步学习课文打下了良好的基础。

（二）应用名人名言导入新课

体现古今中外名人名家之精辟见解和切身体会的格言警句，有时可以影响人的一生。名人之所以有名，那是由于他们经历了比常人更多的磨难，为人类做出了不可磨灭的贡献，因此他们那些经过时间的筛选而辗转流传下来的名言，可以说是人类智慧的光芒，是人类智慧的花朵。因此名人名言能给成长中的广大青少年学生以启发，让学生们在汲取人类优秀文化营养的过程中，丰富自己的精神世界，调整自己的人生坐标，同时也能够对提高学生们的写作水平有所帮助。例如，一位2005级实习学生在讲《春》时使用了这样的导入语：

法国有一位雕刻家罗丹，他曾经说过这样一句话：“美是到处都有的，对于我们的眼睛，不是缺少美，而是缺少发现”。的确，我们的生活充满了美。春天也是一种美，春回大地，万象更新，带来了温暖，带来了生机，带来了力量。古往今来，许多文人描绘过春天，歌颂过春天，由此产生了许多不朽的篇章。我们今天要学习的就是一篇赞美春的颂歌，学习的重点是要体会春天美在哪里。

这则导入语引用罗丹的名言，不但告诉学生《春》是一篇美文，同时也告诫学生要做一个有心人，要善于学习名人，要善于发现生活中的美，这样既引入新课，也教会了学生学习的方法，很有意义。

（三）通过讲故事导入新课

教师运用与新课的内容相关且有故事情节的资料，呈现其生动形象的情节内容，让学生通过对故事情节的感知体验，产生学习新课文的迫切心情和欲望。教师讲述的故事，不仅能吸引学生的注意，还可使学生在不知不觉中“悟”出故事中的道理。例如，有位历史教师在讲“席卷资本主义世界的经济危机”这部分内容时是这样设计导入语的：“我给大家讲个故事，这是发生在20世纪30年代初、一个美国煤矿工人家的场景。寒冷的北风呼呼地吹着，一个穿着单薄的小女孩蜷缩在屋子的角落里。‘妈妈，天气这么冷，你为什么不生起火炉呢？’小女孩在瑟瑟发抖。妈妈叹了口气，说：‘因为我们家里没有煤。’‘为什么我们没有煤呢？’‘因为你爸爸失业了，我们没有钱买煤。’‘可是妈妈，爸爸为什么失业呢？’‘因为煤太多了’。”讲完故事后这位教师不紧不慢地问道：“小女孩因为家里没有煤而挨冻的根源是什么？这个现象是不是互相矛盾呢？”学生面面相觑，谁也答不上来。"当时不仅煤太多了，而且牛奶也太多了，猪也太多了，一桶桶的牛奶，一车车的大肥猪被倒进河中，仅1933这一年，美国就有640万头猪被活活淹死。当时不仅美国出现这一个现象，而且英国、法国等一大批资本主义国家都出现这个现象。当时不仅小女孩的爸爸失业了，欧美各国共有300多万工人都失业了。这个看似矛盾的现象矛盾吗？它并不矛盾，这就是当年真真实实发生在整个资本主义世界的经济危机。它为什么会产生呢？"①

这则导入语通过20世纪30年代的一则故事，告诉学生经济危机给人民生活所带来的不幸，尤其是通过淹死的猪和失业工人数据的罗列使学生深受震撼，这样就激起了学生对经济危机现象强烈的探究欲，从而激发出学生学习的动力，能在充分调动学生学习积极性的同时也引发学生深深的思考。

（四）设置悬念导入新课

有时教师根据教学内容的需要，围绕教学主题，设疑问难，就能制造悬念，出乎一般人的预料或令人迷惑不解，从而刺激学生的思维，吊起学生学习的胃口，强化学生的学习动机。在教学中，巧设悬念不但可以集中学生的注意力，激发学习兴趣，也可以带动学生深入思考问题。例如，有位老师教课文《狼》，他先讲一个故事：有一屠夫，傍晚卖肉回家时，半路上遇到两只狼。两只狼虎视眈眈，紧紧地跟在他的后面……当学生急于想了解这个屠夫最后的命运将会如何的时候，老师反而停下了讲述，说，要知道屠夫的命运究竟如何，我们就一起来学习课文——《狼》吧。

这则导入为学生学习课文设置了一个急于知道的悬念，引起学生的兴趣，吸引学生想急切地了解课文的内容，为后面的讲解做好铺垫。

（五）通过复习旧知识导入新课

通过温习学过的旧知识，抓住新旧知识的内在联系而导入新课的方法，这是各科教师常用的方法。巴甫洛夫曾说过："任何一个新的问题的解决都是利用主体经验中已有的旧工具实现的。"可见新旧知识之间的密切联系。教师在上课时，通过把握新旧知识之间的内在联系，设计导语，真正让学生既"温故"，又"知新"。因此，复习法导入新课不是单纯地为复习而复习，而是担负着"铺路""架桥"，巩固旧知识、引入新知识的重要使命，使教学循序渐进，学生易于接受。而且由于引导学生从已知着手去探求未知，既减少了难度，又容易激发学生探求新知识的欲望和兴趣，同时使教师的主导作用与学生的主体作用有机结合，有利于前后知识的融会贯通，达到巩固旧知识和探求新知识的目的。如高中地理"地壳运动"一课可以从复习地壳的结构和物质组成一节中的地壳物质循环过程导入，并提出地壳物质运动和变化的原因是什么，对地表形态又有什么影响，等等。

这样导入新课既复习了旧知识又引入了新知识，表现得自然、流畅，学生在不知不觉中就跟上了老师的思路，能够顺理成章地学习新课内容。

① http：//eblog.cersp.com/userlog30/233743/archives/2009/1147878.shtml，2009年3月11日。

第二节　讲授语

讲授是课堂教学的最主要的环节。所谓讲授语，就是指教师系统连贯、完整地讲解教学内容的教学用语。讲授语在课堂教学中使用频率最高，是课堂教学中最基本的语言表达形式，是教学语言的主体。教师运用讲授语向学生传授知识，更重要的是锻炼学生的思维。因此，教师运用讲授语应做到用语精练、生动、形象，有感染力，逻辑性强。讲授语的信息量非常大，能使学生在简短的十几分钟内获得大量的较为系统的学科知识；讲授语的灵活性较大，教师要能根据学生反馈的信息在教学进程中不断调整变换。讲授语运用的好坏，是评价一个教师课堂教学好坏的重要指标。

一、讲授语的作用

讲授语的作用主要有以下几个方面：

（一）传授知识，解疑释难

教师运用讲授语的首要目标，是把知识准确清晰地呈现在学生面前，使之记牢、会用。所以，教师课堂的每一段讲解都应针对学生学习中的疑点和难点以及新知识传授的要点进行设计。教师设计的一个个讲解片段，既是构成课堂教学的整体框架，又是实现教学目标的明晰线索。

（二）培养学生的思维能力

教师的讲解要努力做到内容和学生的求知欲相一致，不断激发学生的学习兴趣，强化学生的注意力，努力培养学生的发散思维。例如，一位数学教师这样讲课：

师：中世纪意大利数学家斐波那契对事物处处留心，仔细观察，认真分析。因此，他在数字研究上做出了巨大的贡献。他从一对兔子的繁殖中发现了有趣的问题：如果每月能生一对小兔而每一对小兔在出生后第二个月又生一对小兔，不发生死亡那么一对初生的兔子在一年能繁殖多少对？

月份12	1	2	3	4	5	6	7	8	9	10	11	12
兔子对数1	1	2	3	5	8	13	21	34	55	89	144	233

师：同学们，你从表格中各个月兔子数发现什么规律没有？

生：（每个学生都从等比、等差的关系去仔细观察，没有发现什么规律。）

师：数学家斐波那契从后面一个月兔子数与前两个月兔子总数一对比就找到了规律。

生：（这时学生从老师的点拨中得到了启示，都按老师揭示的规律算了算，感到十分惊奇，特别高兴，争先恐后抢着说）后一个月兔子数＝前两个月兔子总数。

接着老师写了几排数叫学生找规律，学生在老师的鼓励下怀着好奇的心情，仔细观察，寻找规律，学习新知识。[①]

这时学生从老师的点拨中得到了启示，都按老师的思路找到了这些数字的规律，感到惊奇，特别高兴。

（三）陶冶学生的道德情操

柏拉图在他的《理想国》中借苏格拉底之口说出了教育的真正含义：真正的教育是在学习的实践中“引导人、引导人的灵魂、精神达到真实之境，从黑暗引向光明，从意见世界引向真理世界”。各学科的性质不同，但是在课堂教学中都能对学生的道德情操起到陶冶的作用。例如，一位化学老师在讲新课时，针对1984年12月3日印度博帕尔一家农药厂因毒气渗漏事件对学生进行教育：

同学们，当你听了这则震惊全世界的毒气渗漏事件后，也许要问：现代科技一日千里，难道对管道的漏气就无能为力吗？这个问题其实已经解决了。仿生学专家从嗅觉灵敏的狗鼻得到启示，制造一种小型电子鼻——自动嗅敏仪。可以用来测定大气污染的程度，分析潜水艇，高空飞机和航天飞船的气体，也可以用来进行军事侦探，帮助警察破案；还可以用来探矿，检查输气管道的漏洞。“电子鼻”真是神通广大。那么为什么印度农药厂不用上“电子鼻”呢？因为他们想的是如何赚大钱，根本没想到人民的生命安全。

老师说完叫大家计算这笔巨大的损失。当学生算出了这笔巨大的损失后就知道尊重科学的重要性，人们生命的可贵，从而陶冶了学生的情操。

二、讲授语的基本要求

讲授法是深受我国教师课堂教学喜爱和推崇的一种方法，课堂教学的重点与难点主要通过讲授的环节完成，讲授语使用的好坏是一个教师专业技能水平的集中体现，也直接影响教学效果。因此，教师使用讲授语时，要做到以下几点：

（一）语言严谨、精确

教师在授课时，要注意讲授语的严谨精确，争取以最少的时间获得最佳的教学效果，精心设计传授知识的过程和环节，要做到严密精当。例如，一位教师在讲朱自清的散文《威尼斯》时，先指出这篇课文的重点、难点是运用“空间转换写景法”来描绘威尼斯，接着进行了这样讲解：

作者首先描绘了风光明媚的威尼斯的自然美，然后以细腻的笔法赞叹了威尼斯的艺术美。在这一部分中，作者采用了空间转换写景法，他所表现的美并不是这张冰冷的方

---

① 国家教育委员会师范教育司组编:《教师口语训练手册（试用本）》，北京师范大学出版社1994年，第262页。

位图所能展示出来的，只是作者运用这种方法将他在威尼斯的所见所闻进行了大刀阔斧的剪辑，留下了精华供我们欣赏罢了。首先，他对圣马克方场进行了描写，写出它建筑的华丽和夜曲的美妙。其次，描写了别致的玻璃器皿、刻花皮件及大理石雕像……

这位教师清晰地点出了课文的主线，并使得讲授语精确、恰当、严谨，让学生更容易跟随教师的解说去感受威尼斯别致的地方，以及艺术内在的博大精深。这种讲授语设计牢牢吸引了学生的注意力，使得学生在教师讲授中既欣赏到了散文的写景美，也保证了学生在一定时间内学习活动注意的稳定性，从而能使学生学到更多的知识，更好地理解、把握课文。

（二）语言生动、活泼、形象

所谓生动，就是能够直观形象地再现事物的本来面貌，将抽象还原为具体，将概念、原理还原为它们所概括反映的事物本身。所谓活泼，就是不拘泥于某种特定的表现形式，能够运用多种描摹方法诠释事物，讲授得生动形象，声情并茂，这样才能进一步激发学生的想象，使学生更好地理解全文。为了能做到生动、活泼、形象，教师在讲授时要做到吐字清晰，语速、音量适中，语言简练、准确；不使用生造词、土语、废弃的旧词、冷僻的行业术语、修饰成分太长的长句、语法修辞的病句、半文半白的语言、口头禅等；要追求语言的生动形象和节奏感，并辅以自然得体的体态语。比如有的教师在讲《长江三峡》时，提到美的种类时指出美分为两种——阴柔之美和阳刚之美。妲己美得妖媚，西施美得清纯，赵飞燕美得轻盈，杨贵妃美得丰满，这是阴柔之美。而在长坂坡于百万大军中横冲直撞，如入无人之境的常山赵子龙，既不沉鱼落雁，也不闭月羞花。他身高八尺，膀阔腰圆，威武凛凛，相貌堂堂，横枪立马这么一站，如山岳耸长空，苍松立平原，浑身上下每一块肌肉都凸显着无穷的力量，仿佛整个人类的活力都集中到了他一个人的身上。当我们想起了这位虎将的形象，我们就理解了什么是生命的力度，什么是阳刚之美。

（三）语言深浅适度、重在点拨

讲授的内容要充实，难易适度，多少适量；特别提倡讲授要能做到深入浅出，化难为易，通俗易懂。教师要善于借助形象化的语言，通过比喻、修辞、类比等形式，把要讲授的内容变得生动、形象、具体，使学生立得要领，顿开茅塞，透彻理解。讲授的重点要突出，切忌为了要讲清某些问题，不顾学生的接受能力而盲目地加以深化和拓展。有些重点、难点或关键处在讲授过程中要加以提示或停顿。整个讲解要前后连贯，做到不枝不蔓，不旁逸斜出，不背题离题。新的课程教学观注重师生互动、沟通、合作，学生是学习的主体，教师的作用就是教会学生学习，在学生困惑的地方适当点拨。

（四）讲授的时间要控制

一次讲解的时间不要太长，一般不要超过15分钟。较长的内容可以分成几个片段来讲授，在讲授的过程中真正做到以学生为主体，教师为主导。真正意义上的讲授是一种师生互动、信息互换的过程。一方面，教师个性化的解说、思维轨迹的展示、艺术语言的感染、浓烈情感的熏陶，会使学生产生积极思考、乐于表达、及时反馈以及信息重组的良好的认知效果，学生的认知水平会在教师声情并茂的讲解中不知不觉地得到提升。另一方面，教师从讲解的言语到讲解的内容再到教学方法等环节都要服务于师生共同学习，教师的讲授时间不能太长，教师不能仅仅去“满堂灌”，而是要以少量精当的讲授启发学生，调动学生，引导学生，使学生处于自觉、主动和愉快的学习状态中，与教师形成互动，实现良性循环。

信息栏 10-2

讲授语言艺术的构成

1. 讲授语言的形象性
2. 讲授语言的简洁性
3. 讲授语言的含蓄性
4. 讲授语言的机智性
5. 讲授语言的幽默性

［资料来源］覃祚胜:《讲授语言艺术》，广西师范大学出版社1989年，第18—48页。

三、讲授语的类型

课堂教学内容不同，使用的讲授语也不同。一般来说，讲授语分为叙述性讲授语、解释性讲授语、分析性讲授语、评点性讲授语四种。

（一）叙述性讲授语

叙述性讲授语是指教师采用叙述和说明的方式在课堂中客观地向学生陈述学科文化知识的用语，常用来反映事件、人物活动等的状况。该种讲授语也就是人们通常所说的讲述。这种语言通俗、简练，没有过多的感情润色，也不太重视语言修饰，具有条理清楚、脉络分明、系统完整的特点。该类型的讲授语一般适用于导入新课、叙述课堂内容、描述事件的情节、补充相关事实等教学环节。叙述性讲授语要力求生动、形象、具体，使听者愿意听。请看杨宏丽教师讲《乡愁》的片段：

师:（多媒体播放歌曲《乡愁》）这首歌是著名歌唱家佟铁鑫唱的，这首歌的歌词就是余光中先生的《乡愁》。我们先来看一下余光中简介（投影显示）。余光中，1928年生于南京，祖籍福建永春，中国台湾十大现代诗人之一。已出版诗集、散文、评论和译著40余种。60年代起，余光中创作了不少怀乡诗，故而被人们称为“乡愁诗人”。代表作有《乡愁》《乡愁四韵》《春天，遂想起》。1971年创作《乡愁》时，余光中时而低首沉思，时而抬头远眺。他说:“随着日子的流逝愈多，我的怀乡之情便日重，在离开大陆整整20年的时候，我在台北厦门街的旧居内一挥而就，仅用20分钟便写出了《乡愁》。”几十年的乡愁情结，仅仅用了20分钟就一气呵成的短短的小诗，却广为流传，甚至成为诗人余光中的代名词。温家宝总理访美期间，在纽约会见华侨华人时，引用了《乡愁》的诗句。他说:“浅浅的海峡，国之大殇，乡之深愁。”温总理的话道出了我们中华儿女的心声，让这首诗再次引起了海内外广泛的关注。现在我们一起来学习余光中的《乡愁》。①

这段讲述属于教学《乡愁》之前的作者及作品介绍，在不到400字的内容中，既介绍了作者情况，又介绍了《乡愁》的写作情况和传播情况，语言简练，内容生动，条理清楚，重点突出，引用材料典型，是一段比较成功的讲述语。

（二）解释性讲授语

这是教师采用解说的方式来讲授教学内容的一种语言，即通常所说的讲解。该种类型的讲授语的关键在于“解”，它以“解惑”为目的，要能解释得清楚、明白，让听的人容易理解。解释性讲授语一般适用于具体的、事实的、陈述的知识教学，主要用于解释名词，讲解难点，解说知识概念，解答疑难问题等。运用讲解语要精练，要言不烦，而且还要灵活。例如《论雷峰塔的倒掉》的教学片段:

1924年9月，杭州西湖边上一座古老的雷峰塔倒掉了。消息传到北京，鲁迅先生在10月写了这篇《论雷峰塔的倒掉》。题目中的这个“论”字用得很别致。因为这篇文章不同于一般的议论文章，它通篇以记叙为主。作者巧妙地把现实生活中的事——雷峰塔的倒掉和传统中的故事相结合，赋予它反封建的意义，把深刻的主题寓于生动的描述之中。②

这个案例是对课文题目中的关键字词的解释，进而延伸到文章的体裁特点和全文的写作特点，教师所讲的虽然只有短短几句，但是在解题的同时，也给学生提供了文章理解的平台，信息量很大。

（三）分析性讲授语

这是教师采用分析探讨的方式来讲授教学内容的一种语言，即通常所说的讲析。讲析语的关键在“析”，要能运用分析、综合、归纳等方法，把概括的问题具体化，将笼统的道理清晰化。讲析语通常用于剖析讲授内容、分析重点、难点等。运用讲析语要突出剖析事理的逻辑性，阐述要充分，分析要到位。例如一位生物教师在讲“激素调节与快乐加减法”这一节内容时，通过课件展示出一个身患心脏病的女士为了照顾自己的孩子靠毅力活了八年，说明意志力对人的作用，之后他问学生:“从生理学角度该怎么解释呢？”他接着解释道:“怀特博士低估了ACTH这种荷尔蒙产生的生理作用，人类的情绪能刺激垂体，产生ACTH和正常荷尔蒙的可能性。因为在当时还不知道ACTH是什么东西。那么ACTH是什么东西呢？它是肾上腺皮质激素。”然后这位教师引导学生分析各激素之间的关系，引出内分泌腺的三个层次:下丘脑——垂体——被管理的某些内分

① 杨宏丽:《〈乡愁〉课堂实录》,《中学语文教学参考》2004年第6期，第36—38页。
② 李山林主编:《语文课程与教学论案例教程》，湖南师范大学出版社2006年，第282页。

泌腺。通过让学生自述寒冷刺激时机体所做出的反应来说明激素对机体的调节机制，加深学生对反馈调节的理解。之后再回到怀特博士的病例，请学生们做合情合理的分析。最后，教师运用心理学理论和反馈调节知识对材料做进一步分析总结，并指出生活中的负性事件永远存在，关键是要以积极的情绪、快乐的心情看待它。

这位教师的讲授语，把内容分解为三块，分别从引用典型事例、联系旧知识、通过学生体验等方面进行详细地分析，最后又在分析的基础上做出准确的概括，讲得清楚、透彻，有一定的深度。

（四）评点性讲授语

这是教师采用点拨或评价的方式来讲授教学内容的一种语言，即通常所说的点评或讲评。讲评语的关键在“评”，讲评要能切中肯綮，一语中的。评价学生的作业或课堂发言，常常需要用这类讲授语。评点性讲授语要能紧扣评价内容的实际，有的放矢，评价精当，切不可做脱离实际的空谈。评价还要言之有物，有理有据，以理服人，尤其是课堂学生回答问题的评点，要面向全体学生，要有针对性。例如，有位教师教毛泽东的《沁园春·雪》，一名学生声情并茂地朗读之后，教师激动地说：“很好，你读得真好！读出了北国雪景的壮观，读出了诗人对新一代风流人物的歌颂，更读出了无产阶级领袖坚定的自信和伟大的抱负！我们为你的精彩诵读而喝彩！”

这则评点侧重点评学生阅读的感受，语言准确、中肯，要言不烦，一语中的。这才是课堂教学中教师评点的魅力所在。

第三节 提问语

提问语是指教师根据教学要求围绕教学内容针对学生的实际提出问题，促使学生积极思考加深理解的教学语言形式。课堂提问是引起学生做出反应、增强师生双边交流的主要教学手段。教师精心设计的提问，可以活跃课堂气氛，充分调动学生参与的积极性，给学生思考的机会，让他们“思而后得”，可见课堂提问在教学中的作用。成功的教师都十分重视课堂提问。提问语采用的句子形式必然是带有疑问语调的句子，我们称之为疑问句。提问可以运用各种手段，用语调、疑问词、语气副词、语气词或疑问格式。

一、提问语的作用

提问语的作用主要体现在以下几个方面：

（一）训练学生思维

教师提问的过程就是教给学生提出问题方法的过程，学生对问题的思考回答过程就是检查思维训练的过程。教师的提问要事先精心设计并有巧妙合理的安排。教师要善于设计有利于发展学生创造性思维的问题，如设计的问题的正确答案不止一个，而是几个，要求学生从不同角度不同侧面，用不同方法去思考、解决问题，从而引起学生多角度的心理兴奋，发展学生的创造性思维；也可以是解答问题时所用的理论是综合性的，要求学生把学过的知识纵向、横向或纵横交错地联系起来，进行一番加工创造，灵活地运用，这也能促进学生创造性思维的发展；另外，课堂提问要紧扣教学中心内容，针对学生的实际水平、心理特点、兴趣爱好，有的放矢。除了问题本身要明确之外，教师还应当明白，为什么要问这些问题，通过提问要解决什么问题，达到什么目的。例如一位教师给学生上自然课，为解释什么是“动物”，老师的提问语设置如下：

师：什么是动物？
生：会爬。会爬会走的都叫动物。
师：鱼不会爬、不会走，只会在水里游；鸟会飞。它们是不是动物？
生：它们是动物，因为它们会活动。会活动的生物叫动物。
师：能活动的生物叫动物，可是，飞机会飞，是不是动物？
生：飞机自己不会飞，是人开动的，它没有生命，不是动物。
师：对了，能自己活动的生物叫动物。①

（二）集中学生注意力，激发学习兴趣

当学生在教学过程中不能集中注意力听讲时，通过提问可以使学生注意力集中。这种情况下教师一般提问单个学生。提问单个学生时要注意学生的表情、反应，如果学生低下头，说明他对这个问题没有足够的把握。如果学生双眼跟着老师转，而且脸上露出喜悦的表情，表明这个学生期待回答这个问题。对于一些有争议性的问题或者难度较大的问题，最好先让学生分组讨论，集全组学生的智慧，总结出最合理、最全面的答案。这样有利于培养学生的团队精神，有利于激发学生的学习兴趣，调动学习积极性。再者，当教师提出问题时，往往会使学生的注意力处于高度集中的状态。例如一位教师在讲解篇幅较长的英文课文*The Universe and Man-made Satellites*时，为了吸引学生的注意，提问学生如下几个问题：（1）What do we mean when we talk about the universe?（2）How far is the moon away from the earth?（3）What do you know about the universe?

（三）优化课堂教学，提高课堂效率

教师通过教学提问活动，了解学生掌握知识的情况，探明学生知识链条上的漏洞和产生错误的原因，从而针对每个学生在学习中存在的问题对症下药，因材施教，及时调整课堂教学思路，切实地改进和提高教学质量。同时，学生也可以通过答问，从老师那里获取评价自己学习状况的反馈信息，在学习中不断审视自己，改进自己的学习态度、方式等，使自己后继的学习活动更富有成效。因此，高明的教师往往就是通过提问来了解学生对知识的理解程度，如在关键处向学生提问，引起学生重视，检查学生对所学重点内容的理解，以便为进行下一步的教学做好铺垫。例如，一位教师在讲《东郭先生和狼》时，发现学生对寓言的含义不理解，于是他及时调整策略设计了如下问题：（1）如

① 罗明东等主编：《教师口语技能训练教程》，云南大学出版社2007年，第41页。

果不是遇到老农，东郭先生的处境会怎样？（2）要是东郭先生再次遇到狼，他会怎么办？结果会怎样？（3）救狼差点被狼吃，斗狼却无任何危险，这给我们什么启示？通过这三个问题，学生一步步回答，自然就理解了本课寓言的寓意了。

信息栏10-3

“学问”教学的理论基础

1. “学问”教学的哲学基础
2. “学问”教学的心理学基础
3. “学问”教学的教育学基础
4. “学问”教学的脑科学基础

［资料来源］司成勇：《学会提问：“学问”教学的理论研究与模式建构》，甘肃教育出版社2007年，第139—186页。

二、提问语的基本要求

教师通过不断提出问题，与学生不断互动解决问题，从而完成教学内容。课堂提问也是了解学生掌握知识的最有效的方式之一，因此，提问语的使用也要讲求策略，具体说来，要做到以下几点：

（一）提问要讲求策略

对同一个问题，教师可以有多种提问的方式和方法，如何选择合适的提问方式非常重要，直接影响到学生理解和回答的程度。因此，教师提问时要有明确的意图和目的，切忌随意提问。提问如果问得含糊，学生摸不清老师的意图，就很难回答好。有的问题，答案范围过大，也不妥当。为便于学生思考，每个问题都应该像出考试题一样，字斟句酌。所提问题逻辑要严密，语言要简练、清楚、确切，切忌出现科学性错误，使学生心理受压，影响思路正常展开。

（二）提问要难易适度

适度，是指问题的深度、难度和数量都要适当，不能低于或过分高于学生的实际水平。问题太容易，产生不了应有的教学效果；问题太难，则会挫伤学生的学习兴趣；数量太多，则会使学生厌学厌答，影响教学效果。也就是说，问题的大小要适宜，难易要适度，表述要清楚。再者，提出的问题应紧扣教材内容，围绕学习目标，抓住关节点，牵一发而动全身，攻克难点，揭示薄弱环节。

（三）提问要适时

提问要善于掌握时机，要在教师可以提问时提问，在学生跟随着教师的教学思路有疑欲问、有思欲解而又不知其解时提问，所提的问题与学生对教学内容的认知进程相吻合。这样的问题就具有启发性，能使学生茅塞顿开，豁然开朗。

（四）提问语要明确

各门学科的教学语言都讲求清楚明了，因此教师的提问就要结合学生认知特点，语言表述要准确精练，不能含糊不清。再者，提问时教师语调应抑扬顿挫，通过辅助语言让学生明确问题的关键所在。例如，一位历史教师在讲“鸦片战争”的内容时设计的提问是“中国落后于西方的根源是什么？”，这就比把提问语设计为“战争前中西方社会的情况怎样？”更明确、深入，学生也容易把握。

（五）学生回答问题后，要及时予以评价

在课堂教学中，教师和学生都是信息的输出者和输入者，处于一个动态的教学过程当中。这就要求教师要善于猜测和判断学生的思维动向，学生回答问题时，要注意倾听，做好及时反馈学生的准备。教师要能事先想到学生可能回答的内容，敏锐地捕捉和及时纠正学生答案中的错误或不确切的内容以及思想方法上的缺陷；善于采用归纳、小结的方法，帮助学生形成答案，及时告诉学生为什么正确，为什么不对，并要能有理有据地加以分析说明，让学生对教师的评价心服口服。同时，评价学生的答问要态度和蔼、亲切，以鼓励、表扬为主。

三、提问语的类型

提问语可从功能和形式的两个方面分类。

（一）提问语的功能分类

1. **回忆性提问**。这一类提问侧重于检查课堂知识的掌握情况，要求学生用所记忆的知识照原样来回答，而不需要更深入地思考。例如：“什么是新陈代谢？”又如：“鲫鱼的外部形态中有哪些特点与其水生生活相适应？”

2. **了解性提问**。这一类提问主要目的是培养学生对所学内容的感知能力，为其深入理解打下基础，一般用在讲本堂课的重点、难点过程中，通过了解性提问，掌握学生对课堂教学内容的理解程度，为进一步讲解打下基础。例如：“请你用自己的话简要说说《一面》这篇课文写了一个什么样的故事。”

3. **理解性提问**。这一类提问主要目的是培养学生利用已学知识来理解课堂教学重、难点的能力。例如，一位化学教师为了证明盐酸和氯化氢的性质不同，向A、B、C三支洁净的试管里各放入一片干燥的蓝色石蕊试纸，然后向A试管里加入盐酸，问学生A试管试纸显示什么颜色；再向B试管加入干燥的氯化氢气体，问学生B试管试纸显示什么颜色；然后，让学生推断，教师应该向C试管中加入什么物质?

这类提问难易适度，关系到学生思维活动开展的广度和深度，能引导学生沿着符合逻辑的思路去分析和研究。

4. **运用性提问**。这种类型的提问，是以心理学中的迁移理论为依据，要求学生把所学的知识运用到解决问题中去，从而把所学基础知识转化为解决问题的技能。学习知识的目的就是为了应用，因此这类提问是每门学科均提倡使用的。例如，一位物理教师在教“牛顿第一定律”时的提问：从斜面上释放的小车在水平面上运动时，小车受到的

阻力与前进的距离有什么关系？假如小车在无限光滑的平面上运动，会如何呢？由此可得出什么结论？

这种提问的设计既为学生积极思维创造了条件，又与生活结合，降低了思维的难度，这样得出的物理定律，学生就会感到易理解、好掌握，容易应用到生活中，因此受到学生的欢迎。

（二）提问语的形式分类

1. **直问**。就是直截了当地提问，开门见山，单刀直入，目的在于让学生能直接答问。一般用于知识性问题，各个学科都常常用到这种提问方式。例如语文老师的提问："鲁迅的《故乡》写于哪一年？"讲《散步》时提问："散步时发生了什么分歧？"再如数学老师在讲"数学归纳法"时的提问："数学归纳法为什么要有两步证明过程？每一步的作用是什么？"这几则直问均言简意赅，让学生知道该从哪些角度回答。

2. **曲问**。曲问是迂回的问法，学生经过对所学内容的认真思考才能做出正确的回答。曲问要注意提问的逻辑性，提问的问题要与前后所学知识有联系。曲问不适合低年级学生。例如，一位历史教师在讲"宋金南北对峙"这一节的内容时的提问："东京保卫战取得了胜利，可是北宋为什么还是灭亡了？""岳飞深受百姓拥护，可秦桧为什么还要杀死岳飞？"这两个问题不能从课本上找到答案，需要学生结合当时的背景资料，并有一定的社会学、哲学知识，而且善于独立思考才能回答得较好。

3. **反问**。与直问相反，反问是从反面提出假设性问题，从矛盾的对立面设问，利用矛盾，激发学生思考的兴趣，刺激学生的逆向思维，进行正反比较后得出结论。例如，一位教师在讲《散步》这篇课文时先直问："散步时发生了什么分歧？作者是如何解决的？"在学生回答"母亲要走大路，儿子要走小路。作者通过思考决定走大路"后，教师接着反问："作者的决定对不对？如果是你，你怎么办？"通过反问，让学生加深对课文的理解。

4. **环问**。指提出环环相扣的一系列问题，学生循着连环成组的问题，进行连锁性思维，或由表及里，或由浅入深，或由近及远，或由此及彼。例如，有位教师教《说"屏"》一课时，向学生一连提出了三个问题："什么是屏？""屏有哪些种类？""每一类的作用是什么？"这三个问题，每一个问题都是在能够回答前一个问题的基础上提出来的，这就是环问。又如，一位数学教师在讲映射的概念时，设计了以下问题：

> 下列对应f是否为集合A到集合B的映射：（1）A=B=R，f：取倒数；（2）A=B=R，f：平方；（3）A=B=R，f：乘2加1；（4）A=Z，B=R，f：取以10为底的对数；（5）A=N，B=Z，f：取绝对值。

然后提问：（1）"哪些是映射？哪些不是？为什么？"（2）"判断是与不是依据是什么？你认为映射这一概念中关键字词是什么？"（3）"你认为映射这一概念包含几类对应关系？"通过上面有顺序的提问，促进学生的思维活动，使学生加深理解，掌握映射这一概念，为进一步学习函数、反函数概念打下基础。

第四节 应变语

应变语是指教师在课堂上处理课堂突发事件时所运用风趣幽默的语言。课堂教学往往不能按照教师既定的目标推进，会有一些意想不到的偶然情况发生，这时候教师要靠临场发挥，迅速应对，应变语的质量高低直接关系到教学效果。因此，应变语是教师教学机智和语言机智的表现，是教师渊博、机智、幽默的教学风格和热情、专注、求实的教学态度的凝聚点，是教师自觉发挥口语优势的着力点，又是教师启发学生领悟、激发他们求知欲的临界点。

一、应变语的作用

课堂教学是一个动态的过程，课堂上经常出现不确定的因素，这就要求教师要有很强的应变力，通过使用合适的应变语来使课堂教学按着既定的方向发展。因此，应变语的作用很大，具体有以下几点：

（一）引起学生注意

当课堂上出现意外情况时学生很容易分散注意力，这时就要求教师用应变语将学生的注意力拉回到学习内容上。例如，在一堂讲授“汉语疑问句”的课上，一位语文教师设例“谁是最可爱的人”，并问学生：“这是什么问句？”这时，一个调皮的学生拉长声音叫道：“我——”，并得意扬扬地环视大家，惹得全班哄堂大笑。老师心平气和地说：“某某同学的回答可以说是对的。”话音刚落，全班顿时安静下来，学生一个个呈现出惊诧的神情，注意力一下子被吸引过来。这位教师接着说道：“特指问句是要求回答句子疑问代词所指的内容，而某某同学是针对‘谁’这个疑问代词所指的内容来回答‘我’的，从这个角度上看，可以说回答是对的。”这一番话重新激起了学生们的求知欲。这时，老师抓住时机继续发问道：“某某同学的举动对吗？”大家异口同声地说：“不对！”“那么，这种对提出问题做肯定或否定回答的问句是什么类型的问句呢？”“是非问句。”同学们响亮地回答。接着教师趁热打铁巧设选择问句、正反问句、反问句等问句，如“对某某同学这样的举动你是怎样看的？”“上课能不能自由散漫、随随便便？”“某某同学犯了错误，应该耐心教育还是讽刺挖苦？”学生们根据这几种类型问句标点，一一作答，气氛十分热烈。[①]

（二）调控教学过程

课堂教学不一定都能按照教师预设好的思路往下进行，因此教师在教学过程中往往要靠机智巧妙的语言来调控，这时尤其体现出教师的课堂应变能力，考验的是教师敏锐的观察力、灵活的应变力和驾驭课堂的能力。例如，一位数学老师讲《圆》的相关知识

---

① 国家教育委员会师范教育司组编：《教师口语训练手册（试用本）》，北京师范大学出版社1994年，第302页。

时，学生们显出浮躁的情绪，开始左顾右盼，教师为了控制课堂，调整教学策略，对学生出现的骄傲的情绪进行教育：

师：同学们，关于圆的知识我们已经讲完了，大家掌握得很好。现在请看黑板上这两个圆。如果要问它们哪一个接触的圆外面积大，同学们一定知道是大圆，因为大圆的圆周大，接触的圆外面积自然就多。咱们打个比方，如果把圆的面积比作人们已经掌握的知识，圆外的区间比作人们还不知道的无穷领域，同学们说说看，怎样才能开拓那未知的领域呢？

生：增多已知的知识。

师：这就告诉我们，造诣越高的人，越知道探索学问的路很长，因而越能勤奋地学习，保持谦逊的作风。相反，知识甚少或偶有一得的人，才会自命不凡，得意忘形。相信通过对圆的知识的学习和刚才的比喻，大家一定会谦虚谨慎，不骄不躁，以顽强的斗志勤学好问，刻苦钻研，掌握更多的文化知识。①

二、应变语的基本要求

高质量的应变语可以融汇教师的事业心、品德修养、创造性思维品质、言语表达功底、课堂民主作风、积极参与意识等诸多因素于一体。因此，教师要恰当地使用好应变语，必须做到如下几点：

（一）要有针对性

教学应变语应该有明确的针对性，也就是要紧紧围绕完成课堂教学任务这个中心。面对课堂上发生的一切偶然事件，教师都要针对教学活动中学生思维活动的特点和走向，以进一步激活学生思维、最有效地调动学生学习的积极性为目的，通过教学应变语的运用使课堂教学正常进行。

（二）要有分寸

教师运用应变语时不宜过分夸张、做作，也不能过分平淡，失去吸引学生兴趣、调动学生注意力的作用。在内容和时间的处理上，也应该相机而定，既不能喧宾夺主地大段插说，也不能不顾学生的情绪而操之过急。

（三）要自然

教学应变语是教师处理课堂教学突发事件的技巧，是教学过程的一个“插曲”。这就要求教师处理应变事件时，为了保证学生学习情绪的相对稳定以及教学过程的相对顺畅，教师必须运用教学应变语，使教学过程过渡自然、衔接紧凑、不露痕迹，顺理成章。

三、应变语的类型

常见的应变语的类型主要有以下几种：

---

① 翟雅丽：《教师口语技巧》，暨南大学出版社2001年，第121页。

（一）纠错式应变语

课堂教学是一种极其复杂的创造性劳动，尽管教师在课前已做了充分的准备，但是在上课过程当中难免出现一些意想不到的失误。当教师出现口误、笔误或处理教学内容不当时，教师就要机智地运用应变语来补救自身的失误。例如，有位英语教师常喜欢采用直观教学的方法，用实物来启发学生思考，以追求更好的教学效果。有一次，在教单词pencil和pen时，他无意中将手中的铅笔说成了“This is a pen.”等他意识到自己说错时，有些学生也已经注意到了。这位教师没有马上纠正，干脆接着反问一句：“Is this a pen?”学生们齐声回答：“No，It isn’t. It is a pencil.”这种灵活而又果断的提问，使学生以为教师在考问他们句型。①

（二）处理偶发事件式应变语

学生在听课过程中对内容产生疑问，提出一些与教学无关的问题或教师当时无法解决的难题等，教师要用应变语及时调整，以便提高课堂教学的效率，保证教学的正常进行。例如，上课了，教室里仍然笑声不断，老师在门口站了一会儿走上讲台，笑声还没绝止。“笑一笑，十年少。”老师面带笑容地说，“这节课，我们一起学习老舍的《小麻雀》。”边说边习惯性地打开粉笔盒，伸手拿粉笔，呀，毛茸茸的，吓得他出了一身冷汗，教室里又咯咯地笑开了。原来，粉笔盒里关着一只羽毛未丰的小麻雀。老师沉静片刻后说：“好有心计的同学，找来了一只活标本。大家看看，小麻雀的眼睛是不是像老舍描写的那样，像小黑豆似的？”小麻雀传开了，大家不住地赞叹老舍的观察仔细、比喻生动，也从内心佩服老师的应变能力。②

第五节 总结语

总结语又叫收束语、结尾语，是指教师讲完课程内容，对该节课进行总结、巩固时所使用的语言。总结语就像中国画的线条一样，虽简洁却能勾勒全景，虽粗略却能体现意境，有人形象地将其比喻为“梳子”。总结语也是下节课的“引子”，通过总结，学生也可以窥探到下节课要学习的知识。因此，总结语要言简意赅，画龙点睛，梳理脉络，突出重点，能促进学生对所学内容的理解。完美的总结语不仅会直接影响课堂教学效果，还会影响学生的思维习惯。

一、总结语的作用

总结语是整节课内容的高度浓缩、高度概括。总结语在整个课堂教学中起到提纲挈领的作用，具体说来，有以下几点：

（一）概括整理，巩固记忆

一个巧妙的总结语要能强调重要的事实、概念，概括相关的知识，形成知识网络，

① 翟雅丽：《教师口语技巧》，暨南大学出版社2001年，第83页。
② 唐树芝：《教师口语技能》，湖南师范大学出版社2000年，第209—210页，略有改动。

使学生更加清楚、明白、系统地掌握所学的知识。它能帮助学生整理概括，加深感受，巩固记忆。例如，一位老师执教《二泉映月》的结尾：

师：同学们，阿炳用他那纤弱的琴弦、苦难的人生谱写了如此不朽的作品。此时此刻你能用一两句话来表达我们对阿炳由衷的敬佩吗？（指名让学生回答形成共识）

师：阿炳的一生是苦难的一生，他用音乐诉说了自己坎坷的人生经历。同学们，如果这个时刻我再问你，《二泉映月》是什么，你还会简单地告诉我《二泉映月》仅仅是一首曲子吗？你会怎样回答呢？（师生互动探究，共同总结）——是的，《二泉映月》不光是一首曲子，他还是阿炳的一段人生经历，更是诉说阿炳的内心情怀，表达他与命运抗争，向往美好生活的一种精神。希望这种精神可以激励我们在座的每一位同学。让我们去追求理想、热爱生活吧！①

通过用心灵聆听名曲，诵读课文，触摸文本语言，深入阿炳的情感世界，学生真正领会了《二泉映月》的思想内涵，加深了对该课的理解。

（二）启发思维，开拓视野，陶冶情操

好的总结语可以开启学生的智慧之门，陶冶学生的情操。以下是一位教师在学习完“九一八事变”这一课内容的总结语：

一切都过去了，一切又都留下了。九一八，多么让人撕心裂肺的日子！许多年过去了，当我们再度翻开这一页日历时，我们记起的是什么？是耻辱，是灾难，更是对于和平的珍惜！让我们在这一天安安静静地思考吧，这样我们才能更加深刻地体会到和平生活的甜美！让我们更加努力地学习吧，这样我们才有希望实现中华民族的伟大复兴！②

通过这段结束语，不仅让学生牢记“九一八”这个特殊的日子，牢记中华民族所承受的灾难，更让学生结合现实，产生“远离战争，珍惜和平”的意识。

二、总结语的基本要求

课堂教学的总结语非常重要，不但要做到水到渠成、自然妥帖，而且要做到语言精练，突出教学重难点。同时，还要注重课内外内容的衔接与沟通。具体说来，要做到以下几点：

（一）水到渠成，自然贴切

总结语是教学过程的一部分，它的设计要符合课堂内容的安排，要与前面的教学内容衔接自然，不要给学生以画蛇添足或节外生枝之感；再者，总结语的设计要与学生的认知背景相契合，以学生的欣赏口味为标准，让学生受到启发，得到享受。

---

① 李继珍：《课堂结课艺术例析》，《小学教学研究》2007年第6期，第15页。

② 李霞：《浅谈中学历史课堂结课艺术》，《科技信息（学术研究）》2007年第30期，第583页。

（二）语言精练，重点突出

依据课程标准，每节课的内容是有一定限度的。过与不及，均非适宜。因此，总结的语言要精练，中心要明确，要能给学生留下鲜明的印象，而切忌拖泥带水，拉三扯四，漫无中心。这就要求教师在课堂教学中突出教学重点、难点。年轻教师在设计结语时常常会将本节课的内容从头到尾简单地重复一遍，胡子眉毛一把抓，不能有效地突出重点。这样的结语像是炒夹生饭，索然无味，显然收不到应有的效果。

（三）形式多样，生动活泼

一般中学生注意力的最佳状态可保持30分钟左右，课堂结束时正是学生注意力分散和较疲惫的时候，形式新颖、方式独到的结语不但可以缓解学生的疲劳，使学生保持高昂的学习劲头，同时可以帮助学生对所学知识进行记忆、思考和整理。

三、总结语的类型

按照总结语的功能，可将总结语分为归纳式总结语、画龙点睛式总结语、延伸拓展式总结语三种类型：

（一）归纳式总结语

这种总结语是教师在课堂教学中常用的一种形式。在课堂教学中，师生的思维都处于向前运动的动态过程，学生对感知与理解所获得的信息还来不及梳理。结束时进行教学小结，有利于学生及时地归纳整理所学内容，促使知识系统化。这是课堂教学收束语中最常用的一种语言。例如，一位生理卫生教师授完“生物的遗传”一节课时，对这节课所学的内容加以总结，概括为四点：第一，生物形态特征和生理特性叫性状，生物的性状是由父母的生殖细胞传给子女的，动植物的性状也是由生殖细胞遗传给后代的。第二，生物细胞中含有遗传的物质，遗传物质存在于染色体上，染色体在体细胞中是成对存在的。第三，染色体上有决定生物性状的小单位叫基因，基因成对存在，基因有显性、隐性之分，基因一个显性、一个隐性，只有显性基因可表现出来。第四，遗传病是由于遗传物质发生变化引起的，而近亲结婚，婚配双方基因相近，婚后所生子女得遗传病的可能性就越大。为提高民族素质，为减少遗传病给家庭个人带来的痛苦，《中华人民共和国婚姻法》明确规定“禁止近亲结婚”。[①]这则总结语语言简练，将庞杂的课堂教学知识点系统地串联起来，学生容易掌握，起到了提纲挈领的作用。

（二）画龙点睛式总结语

用精练的语言和画龙点睛的方法，对课堂教学内容的一些关键之处在学生充分思考的基础上，于教学收束之前，再行点化。这种点化往往能使学生产生顿悟，思路大开，认识得到升华。例如教学“分数的基本性质”时，可这样设计结束语：这节课，我们学习了分数的基本性质，即分数的分子和分母都乘以或都除以相同的数（0 除外），分数的大小不变。这是学习分数和其他有关知识的重要基础。我们在学习数学知识的同时，

---

① 池玉明：《如何设计生物课堂结束语》，《山东教育》2005年第29期，第41—42页。

还学会了一种观察事物、分析问题的方法，这就使我们在变化的数学现象中看到了不变的实质。这样的总结语，对全课的内容做了提炼，起到了承上启下的作用。

（三）延伸拓展式总结语

课堂教学时间有限，能够指导学生学习的内容不可能太多。但是，如果处理得好，就可以使课堂教学得到无限的延伸，学生的所得会远远超出课堂教学内容的范围。拓展式的课堂教学结尾，就能起到这种作用。例如，有位历史教师在讲“繁花似锦的戏曲”一课后，采用了“延伸课外”的拓展式结束语：“同学们，我们一起欣赏完了元杂剧、明传奇和清京剧，你们还知道哪些优美的戏曲种类呢？请每位同学课后搜集一个自己喜欢的剧种的音像资料，下节课大家一起分享。”这会再一次激活学生的思维，下课铃响起，但教师仍可以从学生兴犹未尽的脸上看到他们对这一问题的兴趣盎然。这样的结束语，不仅巩固了本课知识，同时还丰富了学生的课外知识。

【反思与探究】

一、课堂教学口语一般有哪几种类型？

二、简要说说导入语、讲授语、提问语、应变语和总结语的作用。

三、选择导入语、讲授语的原则有哪些？

四、请说说叙述性讲授语、解释性讲授语、分析性讲授语、评点性讲授语的使用范围。

五、使用提问语的一般要求有哪些？

六、如何使用应变语？

七、使用总结语的要求有哪些？

八、总结语的类型有哪些？如何使用？

【训练与提高】

一、下列的导入语在哪些地方有不当之处，请指出，并重新设计。

材料一：

《春》的导语设计：饱受严冬寒冷的人们最渴望春回大地，因为春天让大自然生机勃发，给人温暖，给人希望，给人力量。每当春回大地时，人们往往情不自禁地吟诗作文。唐代的杜甫写下了《春夜喜雨》：“好雨知时节，当春乃发生。随风潜入夜，润物细无声。野径云俱黑，江船火独明。晓看红湿处，花重锦官城。”韩愈在《初春小雨》中说：“天街小雨润如酥，草色遥看近却无。”杜牧的《江南春》中有：“千里莺啼绿映红，水村山郭酒旗风。”这些诗句都是古人对春的描写和赞美，今天我们共同欣赏一篇今人赞春的散文。

材料二：

《蜗牛的奖杯》的导入语：教师提问："今天，老师给你们带来一些好朋友，认识它们吗？谁来说说？"（同时贴蜻蜓、蜜蜂、蝴蝶以及长翅膀的蜗牛图）之后教师又问："生活中，你见过的蜗牛是什么样子的？说说看。"在学生说过之后教师说："下面我们来学习《蜗牛的奖杯》这篇课文。"

材料三：

《鼎湖山听泉》的导入语：同学们，听，远处传来淙淙流淌的声音，摇铃击磬似的，清亮圆润。依稀我们又来到了鼎湖山，让我们跟上作者的脚步去看一看那清亮的泉水，听一听那美妙的泉声吧。

二、请为下面的讲授语分类。

材料一：

在教某一写景单元文章时，于漪老师是这样说的："继米开朗琪罗之后的法国大雕刻家罗丹曾这样说：'美是到处都有的，对于我们的眼睛不是缺少美，而是缺少发现。'我们人总要和大自然接触，大自然的美可以说是无处不在。它不同于巧夺天工的工艺美，也不同于绕梁三日的音乐美，更不同于充满青春活力的人体的健壮美。然而，它似乎又是各种美的综合。尤其是我们伟大祖国的锦绣山川，正是美得令人陶醉，它在春、夏、秋、冬不同的季节展现不同的美姿。现在我们要学习的这个单元是一组描写四季景物的散文，情文并茂。我们要反复吟诵，分析比较，仔细推敲，理解它们高超的艺术手法和表现的情境美，培养我们用双眼观察美的能力，陶冶我们的情操。"①

材料二：

一位教师讲《纸船》的教学片段：请同学们思考全诗的点睛之笔是哪一句？对，是"这是你至爱的女儿含着泪叠的，万水千山，求它载着她的爱和悲哀归去"。那么同学们说说叠纸船为什么含着泪，为什么悲哀？哎，同学们经过了认真的思考，知道因为与母亲远隔万水千山，十分想念自己的母亲，思念不着最是难受，所以"含泪""悲哀"。请同学们再思考这首诗表达了诗人什么样的思想感情？对，这首诗抒发了热爱母亲、思念母亲的情感；表达了对母爱的感恩和回报。来看最后一个问题，本诗用"纸船"做题有什么好处？好的，诗人以纸船展开自己的情思，使抽象的情感变得具体可感，又富有童稚气，适合表达子女的心态。

材料三：

一位教师教《皇帝的新装》这一课时先给学生讲了一个故事：

有这样一个人，一天他戴着一顶破帽子在街上走，迎面来了个富翁，嘲笑着说："吆，你脑袋上面那破玩意儿是啥，那也能算是帽子吗？"这个人并不因此难过、自卑，而是反唇相讥："吆，你帽子下面那破玩意儿是啥，那也能算是脑袋？"这个人的回答多么巧妙、多么睿智！你知道这个人是谁？对，是安徒生！18世纪末19世纪初，丹麦人民生活在水深火热之中，封建统治者却穷奢极欲、挥霍无度。面对这样的现实，这么睿智的安徒生是不可能沉默的，他借助自己丰富的想象力，以犀利的笔锋，对皇帝极尽

① 国家教育委员会师范教育司组编：《教师口语训练手册（试用本）》，北京师范大学出版社1994年，第293页。

戏弄让他丑态百出，丧尽尊严，不惜笔墨地鞭挞了一群道貌岸然的大臣。现在就让我们来学一下这篇脍炙人口的童话《皇帝的新装》。[1]

三、有人请你给中学生讲“气温日变化的规律”，给你提供了下列材料。你以这篇材料为基础，设计3—4个提问语，做到：提示重点，引发兴趣。[2]

讲述材料	提问语
气温日变化的规律是：日最高气温出现在14点左右。日最低气温出现在日出前后。 变化原因，应指出气温的高低主要取决于热量的收支状况。当热量的收入大于支出时，热量盈余，温度升高；热量的收入小于支出时，热量亏损，温度降低；热量的收入等于支出时，热量平衡，温度保持稳定。因为日出以后至午后2时左右这段时间，地面获得太阳辐射的热量大于地面辐射失去的热量，地面热量盈余，地面储存的热量不断增多，所以地面温度不断升高，地面辐射不断增强，大气吸收地面辐射，气温随之升高，午后2时左右气温达最高值。此后，地面获得太阳辐射的热量小于地面辐射失去的热量，地面温度不断降低，地面辐射不断减弱，因此气温随之不断降低，至日出前后气温达最低值。	

四、教师设计提问语要讲求策略，要适时、适度。试指出下列提问语的不当之处，并说明理由。

1. 一位老师在课堂上讲授“轴对称现象”的内容。老师先拿出世界各地的具有轴对称特点的建筑物照片让学生观察，然后提出一个问题：“对这些图片你们有什么感受？”学生的答案多是“美呀”“壮观呀”等，很难将观察点集中在“轴对称”上，课堂导入不够成功。

2. 数学老师的提问“观察这两列数列，发现了什么特点？”“看到此题，你能想到什么？”

五、欣赏下列片断中教师提问在教学中的作用。

一位老师在讲了“几个”等数学问题后，让学生根据生活中熟悉的信息编一道与本节课有关的应用题。其中一个学生编了这样一道题：“一包虾条一共有50根，小明吃了8根，小红吃了10根，小红比小明多吃了几根？”这道应用题编得非常好，它还涉及有“多余条件”的问题，老师很满意。但问题很简单，学生们很容易地解答了出来。于是老师灵机一动就又追问了一句：“你们为什么不用‘一共有50根’这个条件呢？”学生说它是一个多余的条件。老师接着又抛出了一个问题：“那我们能不能再提一个问题，让‘一共有50根’这个条件不多余呢？”学生经过了片刻思考，有的学生提出了“还

① 武玉鹏主编：《语文教师专业技能训练与教育实习》，高等教育出版社2007年，第70页。

② 国家教育委员会师范教育司组编：《教师口语训练手册（试用本）》，北京师范大学出版社1994年，第273页。

剩多少根虾条？”的问题并进行了解答。通过对比，学生明白了分析应用题时，要学会选择有用的条件，不要盲目地把所有的条件都用上。对于课堂上这个生成的资源，老师没有就此打住，特意板书了一个大标题“虾条里的数学”，趁势又提出了一个问题：“你们能根据‘一包虾条一共有50根’‘小明吃了8根’‘小红吃了10根’这三个条件提出不同的问题吗？比比看，哪个小组提得问题最多？”这个富有挑战性的提问使学生个个充满了激情，他们提出了许多有价值的问题：

问题1：他们俩一共吃了多少根？还剩多少根？

问题2：小明吃了8根后，还剩多少根？

问题3：小红吃了10根后，还剩多少根？

问题4：把一包虾条分给两个人，两个人都一样多，每人吃多少根？

问题5：如果让他俩吃得一样多，小明还能再吃几根？

问题6：如果让他俩吃得一样多，小红还能再吃几根？

六、下面列举了一些课堂教学过程中发生的种种情况。设想一下，你若是那位任课教师，你打算怎么应变，把你设计的应变语写在材料之后。

材料一：

一天，数学课上，经验丰富的数学老师正在黑板上熟练地边讲解边演算一道代数题。忽然一个学生叫了起来：“不对，老师，不是这样的！”老师停下笔来一看，确实算错了。面对被学生提出的失误，按常规，悄悄改了就可以了，但这位老师却不这样做，只见他眉毛一皱便计上心来……

材料二：

老师：今天学习第十一课《记一辆纺车》。昨天请同学们预习了，说说看，你们喜欢这篇文章吗？

学生：（异口同声）我们不——喜——欢。

老师：……

材料三：

有两位学生由小事争吵而发展到动拳脚，如果你正好遇上这件事，你将如何说服他们？

七、读下列段落，以文中“我”的思路续写对这位学生的应变语。

我有意制造轻松气氛：“你有嘴巴和舌头吗？”

他莫名其妙：“有呀！”

“嘴巴有什么功能？”

“一是吃饭，二是，是……哦，是说话！”真不愧是好学生，脑子很灵，一下子领悟到我问话的含义，又因为只有我们两个人，他自在了些，说话也流畅些了。

我启发他：“对呀！吃饭是为了延续生命，说话是为了交流思想，让生命得到升华！”

他不同意，抬出“王牌”：“我爸说，多嘴多舌惹人厌，祸从口出……”

我望着林勇德的眼睛，说：“你爸的观念过时了！在当今世界上，口才和电脑一样重要！怕什么都不要怕学习，缺什么都不要缺口才！”

"口才不重要。我不会说话，老师称赞我是不惹事的好学生！"他倔头倔脑，抬出第二张"王牌"。[1]

八、下面是一位教师在讲完《商不变的性质》时所说的总结语，请你看完后，说说这种总结语的好处。

师：本节课已经学完了，下面同学们谈谈这节课你学到了些什么？

生甲：我学到了商不变的性质——如果被除数和除数同时扩大（或缩小）相同的倍数，那么它们的商不变。

生乙：我学到了被除数和除数不同时扩大（或缩小）相同的倍数，商就不变。

生丙：我学会了如果被除数扩大（或缩小）若干倍，除数不变，那么它们的商也会扩大（或缩小）相同的倍数。

生丁：我学会了如果除数扩大（或缩小）若干倍，被除数不变，那么商反而缩小（或扩大）相同的倍数。

生戊：我知道了被除数和除数同时加上或减去相同的数，商一般是变化的。

生己：我学会了被除数和除数同时乘以或除以一个数，零除外，商不变。[2]

---

① 翟雅丽：《教师口语技巧》，暨南大学出版社2001年，第88页。

② 程培元主编：《教师口语教程》，高等教育出版社2004年，第152页。

第十一章 课外教育口语

【学习目标】

通过对本章的学习，使学生理解课外教育口语的一般原则及其使用范围；掌握谈话语、指导语、评价语的主要类型，并能结合教学实际自如地运用。

【引　言】

在课堂之外，教师如何走入学生的心灵深处，如何帮助学生解决学习上和生活上的难题等很有学问。本章将课外教育口语分为谈话语、指导语和评价语展开，目的在于介绍课堂之外最常见的教育口语形式给学习者。

课外教育口语是指除课堂教学语言以外的教师用于培养学生能力、涵养道德情操、规范行为习惯的口头语言，是课堂教师口语的有力补充。课外教育口语按照谈话的内容可分为：谈话语、指导语、评价语等。谈话语主要针对学生的心理方面的问题，通过与学生谈话，了解学生心理，解决学生的心理困惑。指导语是主要针对学生学习上的问题，通过教师的指导，提高学生学习能力或帮助学生解决学习上的疑难问题时使用的语言。评价语是一种综合性语言，学生生活、心理、学习上出现的问题，教师均可以评价，通过评价使学生认识自己，提高自己。使用课外教育口语的基本原则如下：

一、民主性原则

无论是在课堂上还是课外，教师与学生都处于平等的地位，教师要尊重学生的价值和尊严，建立平等友好、互相尊重、互相信任、互相合作的师生关系，形成教学相长、民主和谐的氛围。能否实现，关键是教师的教学民主意识。教师要信任和尊重每一位学生，只有这样，学生的个性才能得到充分的发展。再者，教师不是完人，在教育中不可能不出现任何失误或过错，从学生身上可以学到很多东西。第三，教育活动是一种互动性的活动，具有生成性的特点，只有民主，学生与教师才能形成互动，真正做到教学相长。

二、针对性原则

课外教育口语内容要有针对性，要因人而异，因事而发，有的放矢，切记泛泛而谈，没有重点。另外，形式也要有针对性。一是教育形式要适应教育对象的心理发展水平和特征。如低年级的学生喜欢听表扬，多使用表扬语，能产生非常好的积极作用，而高年级的一些男同学，对公开场合的表扬会显得不好意思。再如高年级的学生独立意识比较强，单纯用说服的方式就难以奏效，而采用沟通、启迪的方式则容易为他们所接受。二是语言形式要适应教育对象的理解能力和接受水平。对低年级学生，教育语言的用词要浅显，语句要简短，语义要明了，不要使用复杂的修辞手法；随着年级的升高，可以逐渐使用较为复杂的词语和句子。

三、激励性原则

激励是调动人们积极性、创造性的一种好方法。教师一句鼓励性的语言，可能会改变一个孩子的一生。教师激励学生要有明确的目标，而且一定要及时。如某学生某科学习成绩一直不好，这次考试进步了，教师一定要及时表扬鼓励，激起其学习兴趣。不同的学生性格特点不同，采用的激励方法也要有所变化，即便是同一位学生，在不同的时间或环境下，对其激励方式也要有所改变。所以，激励要因人而异，因事而异。

信息栏11-1

激励理论是人力资源管理的核心理论

1. 现代激励理论更加重视对人力资源的激励
2. 现代激励理论更加重视人力资本管理的新方式

［资料来源］李春方:《激励理论研究》，辽宁大学出版社2004年，第5—14页。

第一节 谈话语

教育情境中的谈话语，指教师在课堂之外消除学生心理隔阂、取得心理认同的话语。教师通过与学生的谈话，可以掌握其家庭环境和社会环境等客观情况，了解其心理发展状况、个性特点及能力等，从而在谈话中抓住学生的心理，解决学生的心理困惑。

一、使用谈话语的原则

谈话内容和进程的控制需要运用多方面的能力和技巧，比较复杂。一般来说，在控制谈话的内容和进程方面，应该遵循如下原则：

（一）主题性原则

即始终坚持谈话内容要围绕主题进行，通过摆事实、讲道理，找准影响学生认识的症结所在，指明问题的性质、危害和根源，并且做到表达明晰通俗，态度平易近人，让学生心服口服，使学生易于接受、乐于接受。例如，一位学生想参加表姐的婚礼，老师不主张他参加，和他谈话如下：

老师问道："告诉老师，你去能给表姐帮什么忙？抬东西吗？要不就是管理事情？"看着学生直摇头，老师温和地说："老师知道，去吃表姐的喜糖是你盼望已久的事情。如果她在节假日结婚，我们不上课，能去当然好。可现在情况不同，明天数学、语文都学新课，连你们活动老师也说，明天活动课上还要搞小制作比赛。你要是不来上学，那损失有多大呀！假如你只是想去凑热闹，那太不划算了；想吃好东西，可以让你爸爸、妈妈多捎些回来。"学生站在老师面前，眼睛里有泪珠在滚动。"这样吧，老师已帮你把事情分析了，对你请假的事，老师不说'行'，也不说'不行'。至于怎么办，你今晚可以回家再好好考虑一下。"①

这则谈话，教师动之以情、晓之以理，指出该学生不能参加表姐婚礼的原因，主题明确，最终学生被老师的劝说打动了，取消了参加表姐婚礼的计划。若教师用命令的口气加以阻止，学生可能就会不服。

（二）平等性原则

与学生谈话是一个双向交流的过程，不可居高临下，盛气凌人。不要把自己的观点强加于人，要把学生放在与自己平等的地位，消除学生的顾虑与拘束，允许学生发表自己的观点。教师要让学生在平等、和谐的气氛中受到启发，得到教育。经验证明，师生关系越是平等，交谈就会越融洽，越能充分地展开。例如一位老师向一个高三学生了解他为什么不交作文，学生显出烦躁的情绪，这位老师是这样和学生谈话的：

① 罗明东等主编：《教师口语技能训练教程》，云南大学出版社2007年，第71页。

你和我一样，是在农村长大的。高中读书三年寒窗，你远离父母，寄宿在学校，生活上学习上吃了不少苦头。我衷心希望你在高考中取得好成绩。但你历来总是语文这条腿短，作文水平更差，再不多下点功夫，总分就会被拉下一大截。老师是为你好，但可能对你要求过严。上高三压力大，偶尔急躁发火，也是很正常的。我请你到办公室来，只想跟你交交心，如果你现在愿意跟我谈谈，那挺好；如果一时还想不通，你起身走也无妨……[①]

学生被老师的话深深感动了，向老师承认了错误。这位老师的谈话以情动人，与学生站在平等的位置上，以理服人，才使得学生受到感动。

（三）适时性原则

捕捉谈话时机，把握谈话火候，谈话效果将事半功倍。一般情况下，当学生知错认错，试图改变，需要帮助时；当犯了错误，已经自责，需要谅解时；当遭遇不幸，悲痛万分，需要安慰时；当内心抑郁，愁绪满怀，需要排遣时；当取得成绩，满心欢喜，需要认可时；当遇到麻烦，一筹莫展，需要指点时，均是与学生谈话的最佳时机。过早，时机不成熟，"话不投机半句多"；过迟，事过境迁或事态已扩大，于事无补，悔之晚矣。时间的选择要根据工作安排情况及学生思想状况与情绪表现。如学生情绪不稳，容易激动发火，此时不易谈话。如学习太忙，学生也会心不在焉。地点、场合的选择对个别谈话尤为重要。一般而言，应选择比较清静易于定心，不受外来干扰的场所，应尽量避开人多的场合，应选择学生感到亲切、自在的地方。总之，在与学生的交谈过程中，什么时间需要调控，在什么情况下需要调控，都要遵循适时性原则。例如，一次语文课上，老师布置学生们进行小组讨论，但小明那个组却闹起了矛盾，要分组。玲玲委屈地对老师说："不是我不愿意在组里交流，而是他们不想听我发言，总说我又引用书上的话来显示自己了不起，所以我不想和他们说了。"小组的其他同学则说："每次发言的时候，玲玲只想我们听她说，我们发言的时候她从来不认真听。而且，她经常影响我们小组得五星。所以，我们不希望再和她一个组。"老师看出他们之间的矛盾已经较深了，说："既然你们已经不愿意在一个组，我可以同意，只是有个条件。"听到老师居然爽快地同意他们分组，同学们都很惊讶。老师接着说："我不希望看到你们带着对别人的抱怨分开。因此，只要你们说出对方三个以上的优点，我就给你们另外调组。"话音刚落，他们都轻松地舒了口气，觉得这个条件太容易了。小明抢先说："玲玲读书多，知道的知识多，值得我们学习。""玲玲的想法经常很独特，也值得我们学习。"……大家争先恐后地说了很多玲玲的优点。老师看见玲玲的眼睛里闪过一丝惊喜，有些泪花在涌动。她的声音有些颤抖："我以为自己在你们心目中肯定很糟，没想到……其实我觉得这个组也很好。比如小明的数学很好，值得我学习；而丁丁的电脑特棒，让我羡慕……老师，我现在不想离开这个小组了。"这时小明他们都明白了，其实他们这个组的每个成员都很优秀，于是都说不分组了。"好啊，你们自愿不分开了，那你们上课时该怎

---

① 罗明东等主编：《教师口语技能训练教程》，云南大学出版社2007年，第105页。

么合作呢？”组长小明说：“老师，您不总说以实际行动来证明吗？您就看我们的表现吧！”①

这位教师发现了孩子们的问题，及时与学生谈心，纠正了他们的一些错误想法，使得学生之间的矛盾及时得到了解决。

（四）诱导性原则

教师与学生谈话时要通过巧妙的谈话和引导，把偏离了主题的交谈内容重新引回正题，方法越是巧妙而不露痕迹，效果会越好。如果一旦学生的谈话背离了主题就横加干涉，强迫他们回归主题，就会为后面的教学带来许多负面影响。

在调控的方法方面，可以用“问”“提”“评”“换”等方法。不论用哪一种方法，都要突出一个“巧”字，做到“巧问”“巧提”“巧评”“巧换”。

巧问。即当学生的谈话陷于停滞或需要引入新的交谈内容的时候，教师通过巧妙的设问，引起学生重新开始交谈或转入新的谈话内容的兴趣。

巧提。这里的“提”，是提示、提醒的意思。所谓巧提，就是当谈话陷于停滞或偏离主题的时候，教师不失时机地加以提醒或提示，以使交谈继续沿着既定的主题进行。

巧评。所谓巧评，一般是在课堂交谈偏离主题的时候，教师通过巧妙的评价或评点，指出学生谈话内容的偏误或不当之处，同时巧妙地把谈话主题引到正确的方向上来。

巧换。指当课堂交谈内容偏离主题或需要变换谈话内容时，教师通过适时发言，巧妙地更换一个新的交谈话题。

二、谈话语的类型

根据谈话对象的多少，可将谈话法分为集体谈话和个别谈话两种。集体谈话是教师面向全体学生的谈话，一般是在学生们存在共性问题时的谈话。更多的是教师与学生的个别谈话。集体谈话可分为：

（一）漫谈式

这是一种“形散而神不散”的谈话方式。“形散”指谈话内容丰富多彩，方法不拘一格。“神不散”指紧紧围绕谈话的主旋律，不走题，不分散。这种方式一般适用于贯彻规章制度，对学生进行理想教育、爱国主义教育、集体主义教育等方面。如果采用简单、空洞的说教，学生必然感到枯燥乏味。教师把教育目的“掩藏”起来，以事明理，情理结合，密切联系学生思想上的热点和兴趣，以小见大，就会使学生听得心悦诚服，点头称是。进行漫谈式谈话时教师要做到态度和蔼、亲切、自然，诙谐机智，循循善诱，使学生在宽松和谐的气氛中消除心理障碍，加大情感交流，从而提高教育效果。例如，一位年轻的教师因一名学生当众直呼其名而恼怒，抬手打了该学生一个耳光。这件事引起班级同学的不满，他们联名给校长写信要求处理这位教师，班主任为了不使事态发展，来给学生做工作：

---

① 罗明东等主编：《教师口语技能训练教程》，云南大学出版社2007年，第110页。

教师：你们为什么非要用写告状信的方法呢？

学生：让校长尅他。

教师：也让他尝尝挨训的滋味了。

学生（似乎听出了教师的话外音）：有那么点意思，不过那可不是主要的。

教师：主要的是什么？

学生：当然是让他接受教训，以后不打人啦。

教师：太好了，做事就是要有正确的目的，良好的动机，但仅有这些并不一定能把事情做好。还有一个方法问题。听说过一只对主人很忠诚的熊，想用石头砸死落在主人脸上的苍蝇，结果却将主人砸死了的故事吗？（有学生点头）熊之所以做了蠢事，就是在解决问题的方法上出了毛病。你们说，方法是不是也很重要？（学生们点头，若有所思）想想看，在你们犯了错误之后，最不愿老师怎么做？

学生：那还用说，告家长呗！

教师：为什么？

学生：我们有错，老师给我们指出，我们改了就行了，告家长、挨顿打骂，说不定我们还更不服呢！

教师：对，其实这也是个方法问题。那么你们写告状信，动机没说的，可是不是最好的办法呢？

学生：（一学生手拍脑袋）老师，你是说我们的做法，与老师告家长相类似？

教师：（点点头）不是吗？

学生：那怎么办好呢？

教师：让我说，亲自找这位老师谈谈，怎么样？（学生面露难色）那么可不可以仍用写信的方法？不过不是写给校长，而是写给这位老师呢？（有学生点头，其余仍不作声）或者由我去面对这位老师转达你们的意见？

学生：（交换了目光）这办法可以。不过我们还有点担心，用这个办法，他能诚心改过吗？

教师：能不能诚心改过，还得让事实说话，我们要给人改错的机会，对吗？

学生：（异口同声）对。

教师：那这封信……

学生：就放你这儿吧！①

（二）问答式

就是由学生提问、教师回答来达到谈话目的的一种方式。这种方式适于指点学生思想上的困惑，行动上的迷惘，以及沟通师生之间的理解。教师要深入了解学生，摸清学生思想上的障碍，做到心中有数，对于学生的提问不压制、不取笑，机智娴熟地运用语言技巧，做出入情入理的回答。在回答学生的一些问题时，应结合其实际，论据充分地

① 郭启明、赵林森主编：《教师语言艺术（修订本）》，语文出版社1998年，第225—226页。

陈述利弊，表明自己的观点，促使学生思考讨论，从而形成统一的认识。问答式谈话能充分调动学生的积极性和创造性，让学生敞开心扉，从而形成相互信任的教育氛围，达到共同进步的教学效果。

（三）讨论式

就是通过学生互相讨论、教师归纳总结从而达到谈话目的的一种方式。这种方式适用于对社会上某些问题存在模糊看法，或者某些讨论尚未定论、是非尚难分辨的问题上。教师要精心策划、组织，根据学生实际情况抛出讨论纲要，发动学生搜集有关论据，写出辩论提纲，委托班干部将学生按不同观点分成小组，鼓励学生敞开思想，坚持摆事实，讲道理的原则进行相互讨论。讨论过程中，可以促使学生增强自我教育的能力，充分发扬民主，通过参与活动，激发学生的责任感和义务感。

与集体谈话不同，个别谈话是教师与个别学生的对话。针对不同的教育对象，个别谈话可分为以下四种不同方式。

（一）和风式

对学生“润物无声，春风化雨”般的慰问式谈话，一般适用于期望、激励，鼓励学生好学上进，也适用于性格内向，感情细腻脆弱、心理承受力低的学生，特别是一些女生。谈话时，班主任要措辞得当、委婉曲折，态度和蔼，情感真挚，切忌态度生硬，“暴风骤雨”般批评学生。和风式谈话，像和煦的春风掠过学生的心田，在其心底荡起阵阵涟漪。例如，一个孩子因为妈妈对他的评价不合理，不管妈妈怎样道歉都不肯原谅妈妈，老师知道后与他谈话：

老师：小刚，你知道老师为什么要找你谈话吗？

小刚：知道，是要批评我……

老师：错了，我首先要表扬你。

小刚：表扬？我有什么值得表扬的？

老师：我要表扬你的坦率，敢于指出妈妈不实事求是的缺点。

小刚：就是嘛，我妈妈就不爱实事求是。

老师：不！你妈很实事求是，值得你我学习。

小刚：（表示不解）……

老师：你妈妈能实事求是地承认她的评语写得不切实，还能向自己的孩子检讨，这是一般妈妈做不到的。以前我也错怪过我的孩子，当孩子申辩时，我为了维护尊严，还打了孩子。这一点和你妈对照，我很惭愧……

小刚：（不好意思地低了头）……

老师：对知错的人，谅解比责备更有说服力，生活中谁能无过呢？你能谅解你妈妈吗？

小刚：老师，我错了。我对妈妈不礼貌，让她伤心了。①

---

① 傅惠钧：《教师口语艺术》，浙江教育出版社1999年，第231页。

经过老师的谈话，小刚和他妈妈的关系和好了。

（二）诱导式

对学生指点开导，循循善诱的谈话方式，一般适用于染有坏习惯，自觉性、自控力较差的学生。班主任在诱导时，要有诚心、耐心、恒心，抓好反复，晓之有理，动之以情，导之以行，持之以恒，切忌急躁冒进。特别是对一些后进生、顽皮生，班主任要“精诚所至，金石为开”，用爱心滋润学生的心田，相信“变好”这一天一定会来到。例如，有一段时间，流行音乐当中的爱情歌曲充斥校园。上海建平中学的冯季春老师感到很忧虑，他是这样处理的：

他先放了一首女生独唱歌曲《我一见你就笑》。放完后他问：“请同学们想一想，我一见你就笑的女青年是个什么样的青年？”学生回答：“这个女青年热情纯真，追求真善美。”冯老师接着说：“但是，我觉得她不太成熟，因为歌词说‘我一见你就笑……你可能还不知道’，这很明显，她这种爱是一厢情愿的，是单相思。这个单相思的结果会是什么样呢？我先不做结论，请同学们再听一首流行歌曲。”接着放了《你到我身边》，冯老师接着引导：“你们在生活中遇到了类似的烦恼要向这位男青年学习，他处理矛盾的方法是完全符合五讲四美三热爱精神的。他没有骂这个女青年：你神经出了毛病。而是告诉她：‘爱要真诚，不能分享，……待到你心中也有了他，你就会理解我现在的烦恼。’最后，他很有礼貌地对这位女青年道了声再见：Bye-bye。（全场爆发出热烈的掌声）那么我明明有感情，你又说不能我一见你就笑，那么这感情该怎样处理呢？我请同学们再听一首台湾校园歌曲《小秘密》。（冯老师将这两首歌中的女孩做了比较）这两个女青年，都纯真热情，追求真善美，但她们处理感情矛盾的方法却截然不同，哪一个更成熟呢？我看是后者，而不是前者。心中的秘密，只能埋藏在心底，只能变成永久的回忆，万万不能我一见你就笑，给你带来无穷烦恼。你们中学生十五六岁、十七八岁，正是豆蔻年华，情窦初开。今天我看见一个眉清目秀的异性，谈得很投机，心中一个秘密；明天看到一个落落大方的，心中又多了一个秘密，这可就麻烦了。我们国家人口众多，天长日久，这两个因素加起来，心中就埋满了一个又一个小秘密。心灵的天地是有限的，小秘密多了，数理化、英体美就通通挤到脑子外边去了。到最后的结果会怎样呢？再听《小儿郎》……”①

冯老师通过循循善诱的语言方式，表达了严肃的道理，使得学生心服口服。

（三）警戒式

此方式一般适用于胆大老练、屡教不改，小错不断、大错不犯的学生，对于这类学生，敲响警钟，施以严厉的态度是很有必要的。教师措辞要严肃，言之有据，指出问题的严重性及其后果，响鼓重敲，使其幡然醒悟，改过图新。敲警钟时要注意，虽然教

① 傅惠钧：《教师口语艺术》，浙江教育出版社1999年，第225—226页。

师态度“硬了点”，也要让学生感到教师有爱心，感到自己还是会改好的，不要让学生产生逼进牛角尖之感受。例如吃饭时，一位农村来的学生将一只肉包子一掰两半，吃掉肉馅，就将皮扔进泔水桶里。值班老师发现后，因为知道这位学生性格外向，就直接找他谈话：“你写一篇文章，按照下列思路进行：（1）你当时是怎么想的，过后有没有想过这件‘小事’；（2）这个肉包子是你花钱买的，但这买包子的钱是哪来的；（3）你父母是农民，如果他们看到了你刚才丢包子的情景，会有什么反应；（4）我建议你写这篇周记，你认为是否必要。今天下午必须写完给我。”这位学生认识到自己的错误，认真写了文章，并且向老师承认了错误，以后再也不乱扔东西了。

（四）直接式

这是一种单刀直入、就事论事、不扯前事的谈话方式，适用于一些性格外向、开朗、直爽的学生。教师谈话时要直截了当，快人快语，切忌婆婆妈妈，引起学生内心反感。直接式谈话，顺应学生的性格，能使学生感到老师的信任，从而产生上进的动力。例如：

陶行知在育才小学当校长的时候，有一次看到一个叫王友的同学用泥块砸班上的男同学，当即制止了他，并让他放学时到校长室来一趟。放学后，陶行知来到校长室时，看到王友已经等在门口准备挨训了。不想陶行知从口袋里掏出一颗糖递给王友说：“这是奖给你的，因为你按时到了。而我却迟到了。”王友惊异地接过糖果。随之，陶行知又掏出一块糖果放到他手里，“这第二块糖果也是奖给你的，因为我不让你再打人时，你立即就住手了，这说明你很尊重我，我应该奖你。”王友更惊异了。陶行知又掏出第三块糖果塞到王友手里，“我调查过了你用泥块砸那些男生，是因为他们不守游戏规则，欺负女生。你砸他们，说明你很正直善良，且有跟坏人做斗争的勇气，应该奖励你啊！”王友感动极了，流着眼泪后悔地喊道：“陶……陶校长，你打我两下吧！我砸的不是坏人，而是自己的同学啊……”陶行知满意地笑了。他随即掏出第四块糖果递给王友，“为你正确认识错误，我再奖你一块糖果，只可惜我只有这一块糖果了。我的糖果完了，我看我们的谈话也该完了吧！”①

第二节 指导语

指导语指教师在课堂外为解决学生学习中存在的疑难问题而使用的语言。指导语能够答疑解惑，所以发挥好指导语的作用，可以让学生在收获时，有进一步探究的动力；在失意时，能享受鼓励和关注；取得进步时，能感受到被欣赏；遭遇挫折时，能得到信任和帮助。总之，使学生乐于参与，乐于探究，能够全身心投入，实现教学相长。

---

① 张全喜：《名师批评艺术谈》，《教学与管理》2002年第8期，第21页。

一、使用指导语的原则

指导语一般都是针对单个学生进行的，灵活性较强。但是，由于教师对学生的缺点了如指掌，因此，也容易触动学生的伤心处。教师在指导学生时，必须遵循以下原则：

（一）据需指导、因人指导

教师在指导学生问题时必须富有针对性，答是所问，实实在在地解决学生脑子里的疑问，切忌漫无边际，不得要领。教师要仔细倾听学生的提问，了解其疑问的实质，之后有针对性地指导。有时学生的提问不能准确地表达心中的疑问，需要教师进行分析或进一步了解后再做回答；有时学生的问题旁枝逸出，问不到点子上，教师要能够因势利导，引上正轨。另外，教师还要针对不同对象来指导。同一个问题，不同的学生提出来，也可以做出不同的回答，因为不同的学生有着不同的接受能力和认知习惯，甚至他们的实际需要也是不同的。所以，作为教师，就要分析提问者的接受能力和认知习惯，分析他们的实际需要。如果是接受能力和认知习惯不同，就要采用不同的方法来指导；如果是实际需要不同，就要从不同的向度，回答出不同的深度。比较典型的例子就是《论语》中孔子指导子路、曾皙、冉有、公西华关于“仁”的问题。

（二）语言准确明晰

教师在解答学生提出的问题时必须做到准确无误，明白清晰。有的教师在指导时态度随便，不假思考，信口作答，用词不精确，不严密；有的对所指导的问题心中无数，不能准确把握，以“也许”“大概”“可能”之类的模糊词予以应付，这都是不科学的。因为指导的目的是解开学生头脑中的疑团，若教师的指导语言模棱两可，含混不清，就达不到目的。例如一位学生不明白“速度就是单位时间内所走的路程”这句话，教师用“权威”式的口气回答说：“在初中这样定义是正确的，而且容易理解，因为毕竟路程前面有一个‘单位时间’的定语，与速度等于路程的含义不同。”这位教师语言不明晰，学生并没有完全信服。

（三）语言富有启示

教师在回答学生提出的问题时不仅仅是要把问题的答案告诉学生，还应理清解决问题的思路，给他们以方法上的启示，使他们在掌握问题答案的同时，领悟到解决这类问题的方法，从而能够举一反三，触类旁通，促进思考。有时，解决某一问题不止一种方法，还应该给学生以提示，使他们知道还有别的解决问题的方法，能给学生回味思考的余地。有时，学生的问题并不难，只是一时没有找到突破口，教师要善于启发，让学生自己思而得之，使他们的思维能力得到更好的训练。例如，学习了《中国石拱桥》后，有学生问赵州桥和卢沟桥的区别时，一位教师这样指导学生：“赵州桥和卢沟桥，它们既有自身独有的特点，同时又有中国石拱桥的一般特点。它们独有的特点叫个性，它们具有的中国石拱桥的一般特点叫共性。个性是存在于共性之中的。请同学们记住这个道理。共性也就是一般，个性也就是个别。个性之中存在着共性，或者说个别之中存在着一般。这正如赵州桥和卢沟桥体现着中国石拱桥的共同特点。如果你们今后在分析其他现象或问题的时候，能够从事物的个性里看到一般的共性，那就深刻得多了。”①

二、指导语的类型

根据指导语的难度及教师回答的程度可以分为直答、诱导和点拨三种类型。

（一）直答式

即学生问什么，就回答什么，怎么问，就怎么回答。教师抓住所提问题的实质予以直截了当的回答。直答的前提条件是学生经过思考不能独立解决问题或是因时间短暂无法解决问题。运用直答法，学生较易直接把握问题的答案。

（二）诱导式

指教师不直接说出答案，而是一步步引导学生寻求问题的答案。这类问题一般通过学生自己的思考不可能解决，即使在教师的指导下也需要学生认真与老师配合才能解决问题。比如一个学生问教师《孔乙己》：“文末有这么一句话‘我到现在终于没有见——大约孔乙己的确死了’。为什么使用‘大约’和‘的确’这两个词语？”教师首先让学生解释“大约”和“的确”这两个词的一般意思，然后再引导学生联系小说中作者关于别人对孔乙己的态度的描写以及孔乙己最后一次来酒店的情形进行思考，这样学生就能找到问题的正确答案。这样既解决了问题，又让学生掌握了解决问题的方法，启发了学生的思维，从而收到良好的效果。

（三）点拨式

即教师不直接说出问题的答案，而在关节处稍做指点，开启一条解决问题的思路，让学生自己悟出问题的答案。这是教师答疑解惑的最主要的手段。通过点拨引导学生自己动脑、动手去解决，只在关键的地方点拨一下，尽可能加大学生的思维活动量，使他们尽可能地参与到解惑的活动中来；最终让学生由大惑变成小惑，小惑则可得到化解。例如，一位学生问教师《林黛玉进贾府》的一个问题：“黛玉回答宝玉的‘妹妹可曾读书’的询问，为什么跟回答贾母的问话截然不同？”教师先是追问“为什么林黛玉后来要说假话？”让学生明白文学作品中的人物言行与人物的思想性格有着紧密的联系，要求学生从林黛玉进贾府前的思想准备（步步留心，时时在意，不肯轻易多说一句话，多行一步路，惟恐被人耻笑了他去）并联系贾母对林黛玉问姊妹们读何书的问话的回答（“读的是什么书，不过是认得两个字，不是睁眼的瞎子罢了！”）去深入思考，这样学生就不难找出林黛玉后来改口的深层原因。

三、使用指导语需要注意的问题

需要教师指导的学生，肯定是学习上遇到难题的人，因此，他们比较敏感，教师指导他们时一定要做到：

---

① 刘金星：《语言技能 强化技能》，人民教育出版社2001年，第12页。

（一）态度要和蔼可亲

学生有了疑难问题，一定非常难受。教师一定要理解学生在学习活动中的难处，尊重学生人格，和气迎人，以学习伙伴的身份，用亲切的话语、诚恳的态度对待学生，并从实质上给予学生学习上的帮助。

（二）找准疑点，对症下药

首先是耐心地听学生表达，尽量从他们较混乱的语言中找出问题所在。然后是换角度思考，透过较为混乱的语言，撇开表面现象，抓住问题所在，确定解决办法。

（三）善去疑团，教给方法

教师要善于采用巧妙的辅导方法帮助学生解答问题。需要个别辅导的学生，说明他对教师先前使用的方法不能很好地接受、理解。因此教师要动脑筋，研究学生为什么出现这种情况，通过重新组织自己的语言进行表达，或用直观教具、媒体等手段进行实验操作来演示难点或创设情景激起学生的发散思维，从而找到解决问题的方法。

第三节　评价语

评价语是指教师对学生的学习成果或行为活动做出评点的语言形式。评价语主要针对学生的思想进行评价，是帮助学生认识自我、建立自信、调动情绪、激发热情、沟通师生感情的有效方式。评价语分为课堂教学评价语和课外指导评价语，这里探讨的是课外指导评价语。课外指导评价语具有口语的、即时的、情境性的特征，它能灵活地点拨、引导、激励学生的学习。

信息栏 11-2

德育评价的基本要求

1. 水平评价与方向评价相结合，以方向评价为主
2. 肯定评价与否定评价相结合，以肯定评价为主
3. 基本评价与特色评价相结合，以特色评价为主
4. 动态评价与静态评价相结合，以动态评价为主
5. 单项评价与综合评价相结合，以综合评价为主
6. 定量评价与定性评价相结合，以定性评价为主
7. 终结性评价与形成性评价相结合，以形成性评价为主

［资料来源］王汉澜主编：《教育评价学》，河南大学出版社1999年，第223—226页。

一、使用评价语的原则

毋庸置疑，质量高的评价语对学生心灵的震撼是十分强烈的。因此，要很好地使用

评价语，必须做到以下几点：

（一）要注重预设

教师在平时积累、储备一些常用评价语，特别是在新理念下的一些启迪性、赏识性、激励性、反思性评价语是必要的，以便做“有米之炊”；在评价前对学生读书答问的情况做些猜想和预测，对如何评价做些设想与模拟也是必要的，以便实施从容而有效的评价。例如，对一位成绩总是呈现波浪形的学生，一位教师了解到该学生在成绩面前易沾沾自喜，产生骄傲自满情绪，只有等到下次考试退步了才从打击中醒悟，又开始重整旗鼓，认真对待学习，从而总是在这种怪圈中循环。经过深思熟虑，这位老师找学生谈话后送给他两句话：“没有最好，只有更好。”“学如逆水行舟，不进则退。”之后，这位学生的成绩一直很好。

（二）要有针对性，注重引导

要做到引导首先就要做到以理服人，只要把道理说清了，就能使学生幡然醒悟。学生学习是一个积极主动的建构过程，因此学生更关注教师对自己非学业内容的评价，注重教师对自己学习和发展过程的评价。如果教师的评语抽象、笼统、公式化，千篇一律，千人一面，对每个学生几乎都是相同的空话、套话，无关痛痒的希望，就不能使学生正视自己的缺点；不冷不热的赞扬，也不能激发学生奋发向上的热情，这使学生感到每次都是那几句套话，看后无动于衷。因此，我们对学生所做的评价要依据学生的文化程度、性格及特征和存在问题而写。例如于永正老师是这样给一个学生评价语的：有个小朋友叫张斌，作文成绩不好。二年级下学期开学不久，他终于哼哧出一篇文通字顺的文章，那篇作文竟没让于老师动一个字。于老师非常激动，想写几句鼓励的话。二年级的小朋友，思维靠的是形象。对！于是，话变成了一幅画——于老师在作文簿上画了一只翘起大拇指的手，并在旁边写了一个加拼音的“棒”字（二年级的小朋友没学过“棒”字）。于老师在班里读完他的作文后郑重宣布：下次张斌的作文还能写得这么好，全班同学为他唱一支歌。小朋友鼓掌，这位学生来了劲，下课了还跪在凳子上写。就凭这个感人的姿势，能不给他得高分吗？于是，于老师又画了一只跷起大拇指的手在他的作文簿上。从此，小朋友以作文能得到于老师画的一只跷起大拇指的手为荣。

（三）要坚持平等性，注重尊重

不管是表扬、鼓励还是批评，目的是帮助学生认识自己的行为。因此教师要尊重学生的主体地位，调动学生的积极性，全面观察分析每个学生，善于发现及开发学生潜在素质的闪光点，因材施教，给学生自主发展的空间，使他们的个性得到充分自由的发展。素质教育强调培养学生的创新意识和创新能力，因而对学生的评价也要强调学生潜在素质的闪光点，强调激发学生的创新意识和创新能力。为了达到这个目的，教师要放下架子，不能板着师道尊严的面孔，要用平等的态度和得体的语言，更要抱着和学生交朋友的心态去写评语。例如，一位余老师发现有位学生上课经常捣乱，于永正老师找到这位学生，这位学生直言不讳地说：“我对余老师有意见，她太偏向。”于老师问：“怎么偏向？偏向谁？”这位学生说：“有时不是我的事，却怪我。那天，同位的说我抄他的作业，余老师不问青红皂白，狠狠训了我一顿，其实，我根本没抄他的，只不过想跟他对对得数。”由于不满余老师的偏向，所以这位学生就故意和余老师作对，例如上课往前排同学的背上贴乌龟等。可见教育学生时一定要尊重学生，弄清事实的真相。

（四）要准确客观，实事求是

教师的评价要准确科学，实事求是。一是表扬时教师的感情要真诚，不勉强做作。一个真正热爱学生的教师，会用欣赏的眼光去看自己的每一个学生，会为学生的每一点进步而欣喜，会发自内心地去赞赏他、鼓励他。切忌为表扬而表扬的形式主义，比如学生发言后，不管回答如何都是“你说得真好”，“你真聪明”等等。二是表扬的事实要准确，不能夸大其词。表扬的激励作用是建立在真实基础上的，如果表扬的事实有出入，就会适得其反。如一位教师辅导学生朗读《春》课文，当学生结结巴巴读完第一段时，老师随即表扬：“你读得真好！”读完四个季节后，老师问学生：“你们最喜欢哪个季节？”一学生答：“老师，我喜欢夏天，因为夏天我可以到河里去游泳。”老师听了后满意地说：“你真聪明，还会游泳呢！”在这个阅读指导过程中，教师的评价缺乏针对性、准确性，就像个大帽子，扣在谁头上都行。这样的评价显然不准确客观，是不恰当的。

二、评价语的类型

评价语按照评价的结果分为批评、表扬、鼓励三种类型。

（一）批评语

批评语是指在教育活动中，对学生群体或个体所表现出来的错误思想和不良行为的否定，以使被批评者改正，避免再次出现类似问题的一种教育语言。批评对人的身心发展有利，但是一般人都愿意受到表扬而不愿意受到批评。因此批评语的使用要慎重，使用不当效果就会适得其反。批评语的类型主要有以下几种。

1. 肯定法

常言道，“恶语一言三伏寒，好话一句严冬暖”。教师的教育语言即使是批评语也要重情理，要善于发现学生的优点，通过肯定学生的优点，给学生自信，之后再谈他的缺点，这样让学生容易接受。尤其是对于性格内向或不自信的学生采用这种办法较好。例如，某中学有个初一学生，成绩极差，考试时他在卷面上写下了这样一段话：“零分我的好朋友你在慢慢的向我靠近零分你如此多情难道你把我当着一个无用的人不我不是一个无用的人我是人我也有一颗自尊心再见吧零分。”班主任找到这位学生，让他读了他自己写的那段话，然后帮助他校正了错别字，又指导他重新组织了那段话，写成了下面的样子：

零分，我的好朋友，
你在慢慢地向我靠近。
零分，你如此多情，
难道你把我当作一个无用的人？
不，我不是一个无用的人，
我是人，我也有一颗自尊心。

再见吧！零分！

这位老师说："这是诗，一首很好的诗！"一番话说得学生脸上露出了笑容。老师又说："诗贵形象，这首诗是有形象的；诗言情，诗言志，从这首诗中可以看出你是不甘心与零分为伍的，这正是言情志。""这是诗？我也能写诗？"这位同学非常激动，没想到老师会有这样的评价。班主任的热情的话语驱散了他心中的阴影，增强了他的进取之心，坚定了他向零分告别的勇气。经过努力，两年后，他终于考取了高中。

2. **暗示法**

这种方法就是指运用含蓄、委婉的方式，如聊天、讲故事、讲笑话、讲趣闻等方式来达到批评目的的方法。这种方法一般用于比较内向的学生，这样的暗示往往使学生容易接受。例如，一位学生成绩不佳，且屡屡旷课，性格又较为内向，老师把他叫到办公室对他说："过去我曾经找你谈过，还记得吗？在那次谈话后，你给我留下了一个印象，想知道吗？"（学生无所谓的脸上露出一丝急于想了解的神色。老师继续说）"一个懂得好歹，将要成熟而有血性的男子汉！"（他的眼睛蓦地一亮）"从那次谈话以后，我一直在观察你，如上课的表现，完成作业的情况，我认为你有进步，尽管测验多次不及格，但比起原来的成绩，总是一次次地提高了。这说明你是在努力，在进步。我想，你是明白老师对你的希望的；而老师也能看到你的进步，可以说，我们是相互了解的！你又旷了课，在前进的道路上有一点小反复不要紧，只要你能认识并改正就好。怕的是老师看错了人，不知你怎么想，我却自信没有看错人！"①

3. **幽默法**

幽默生动的评价语言在令人发笑的同时，给人启发，令人难以忘怀；同时，这样的评价语也有利于调节紧张、沉闷的学习氛围，促使心灵之间和谐沟通，让学生在轻松愉快中接受教育、获得知识。例如有一次，几位男同学在寝室闹着玩，把盛满水的塑料袋放在门上边，等着一位同学进门。就在这时聂老师去寝室找人，看门虚掩着就随手推门而进，"哗"的一声，一袋子水顺身而下，聂老师早上换的衣服全湿了。房间里的学生都吓得目瞪口呆，静等老师的训斥。谁知道聂老师却笑着说："今天是泼水节吗？我怎么不知道啊！再说我们这里是不过这个节的。"大家都笑了，那位往门上放水的同学不好意思地低下了头。老师走过去，抚摸着他的头说："同学之间说个笑话是可以的，但不要这样。"

4. **宽容法**

这种方法一般适用于多犯错误或犯严重错误的学生。当学生已经意识到错误的严重性或性格较为内向的学生犯了错时，采用这种方法较为合适。例如，于永正老师给一个文学社做辅导员，刚上课，听后面有人说："什么'特级'，原来是个'四眼'。"其他学生立刻向这位学生发起攻击，开始这位学生不屑，后来这位学生稍微有点紧张。于老师见状，急忙"救驾"：

于老师：安静，请大家安静！我感谢大家为维护老师的面子而"仗义执言"……

---

① 傅惠钧：《教师口语艺术》，浙江教育出版社1999年，第246—247页。

学生：不是面子，是尊严，老师的尊严！

于老师：谢谢！不过，这位新来的同学只是说话不得体，观察力还是很强的，一下子便抓住了我的特点。

（全班同学睁大了眼睛，直直地望着于老师。）

于老师：同学们，我们相处快两个月了，不知大家对我的印象如何？

（大家七嘴八舌议论开了。）

于老师：猜猜看，我有多大年纪？看谁最有眼力？再估计估计我有多高？实事求是，我不怕别人说我是个二等残废。

之后，于老师写下了当天的作文题目《于老师印象记》。并且于老师特意走到刚才捣乱的同学面前问他："你刚来，觉得有内容可写吗？" 学生急忙站起来说："有。" ①

于老师先是忍耐，更重要的是宽容，这样才创造出和谐、轻松的班级氛围。

（二）表扬语

表扬语是指在教育活动中，对学生个体或群体所表现出来的良好的思想品质、言语行为给予肯定性的评价。目的是强化被表扬者的良好表现，将这些言语行为巩固起来，也为全体学生树立榜样。据研究，学生的学习情绪呈波浪状态，要使学生的学习情绪始终处于高潮点，紧密配合学生的学习进程，恰如其分地进行表扬是必不可少的。表扬性的评价语言就像学生的学习情绪"催化剂"，从内心激起学习的新动力，构建一个新的学习平台。它比平时我们从外部强加给学生的提醒（诸如"小朋友要坐好""要积极动脑"等）要有效得多。表扬可分为当众表扬和个别表扬。

1. 当众表扬

当众表扬具有权威性和广泛性，表扬的人或事应与当前大力提倡的、着重要抓的事件紧密结合起来。当众表扬提到的优点在被表扬人的心中和其他听众的心中总是容易被放大，能收到很好的教育效果。但是当众表扬需要注意的问题是：用语一定要贴切、恰当，不要说过头话。说得过分了，被表扬的人难以领受，甚至会觉得有被戏弄的感觉，旁听的人也会产生厌烦情绪。

2. 个别表扬

教师对学生的表扬更多的是采用个别表扬，因为个别表扬更具有真实性和情感性，而且个别表扬能体现出师生之间的默契，容易激发学生的积极性。这种表扬方式对于个性内向文静、不喜欢张扬的学生较为适用。另外，有些不宜于公开表扬的事也可采用这种形式。对学生个别表扬主要是肯定他的成绩，指出他的进步，对他以后的发展具有指导性。如果在私下表扬中谈到一些问题缺点不足，会使学生保持清醒头脑，更注意改掉缺点保持优势，这样的表扬就更具有建设性和实效性。

（三）鼓励语

鼓励语是教师在学生有畏难情绪、信心不足时，帮助他们树立信心，推动他们前进

① 于永正：《教海漫记》（增订版），中国矿业大学出版社2005年，第13—15页。

的教育语言，也是在学生取得一定成绩时，激励他们向更高目标迈进的教育语言。鼓励语和表扬语有相似之处，都表达了对学生的肯定与激励，能帮助激发学生的自信心、上进心。它们的不同之处在于：表扬语着眼于评价学生以往或当下的言行，鼓励语着眼于对学生未来言行的期望；表扬语重在肯定，鼓励语重在激励。鼓励语一般不单独使用，而是常常与别的教育语言结合使用，在表扬、批评、启迪后，用鼓励语激发学生的信心，指出努力的方向。鼓励语的类型主要有以下两种。

1. **夸奖式**

这种鼓励方式适合于内向、敏感的学生，教师适时给予学生夸奖式的评价，会更加调动学生的积极性，也会让学生对教师产生亲切感，师生感情融洽，使学生学习兴趣浓厚。例如，一位教师想鼓励一个不认真学习的学生，该生写字较好，在给她批作业时老师总是用夸奖式方式：你的作业，老师真爱看；批你的作业，真是一种享受。在老师多次的鼓励下，这位学生学习成绩果然提高了。

2. **启发式**

这种鼓励方式是一种能够得到比较好的教育效果的教育方式，也是一种教育原则，更是一种教育思想和素质教育的理念。启发式适合于容易有骄傲自满心理的学生。这种方式既让学生的信心得到鼓励，也使学生看到努力的方向。例如，全国各阶层人士捐钱为贫困山区的孩子献爱心，为了使学生理解“希望工程”的意义，激发学生刻苦学习的精神，老师组织学生举行了“希望在我心中”主题队会。主题队会结束时，辅导员老师说：

> 同学们，“希望工程”是对我们贫困山区孩子的关怀，我们中队有60名队员被列为救助儿童，对这件事我既高兴又难过：高兴的是有了这些资助，同学们能够安心学习了；难过的是，我在想，为什么我们这里这样贫困？自然环境不好是一个原因，但还有一个重要原因，就是文化教育落后。文化教育落后造成各方面的落后，导致贫困。因此我殷切希望你们要发愤学习，多掌握科学知识，将来为摆脱贫困做贡献，用实际行动来回报全国人民对贫困地区孩子的关心、爱心。①

这位教师巧妙地利用这个主题班会启发学生要发愤学习，因为被救助的学生就在他们中间，所以学生容易产生真情实感，真正激起他们学习的热情。

三、使用评价语需要注意的问题

前面关于评价语的基本要求谈论了很多，但是由于教师的评价语对学生的影响太大了，有的可以说影响学生一生，因此，教师要自如地运用评价语，还要做到以下几点：

（一）要注意语言得体

譬如，一个学生的数学成绩很优秀，但英语成绩却很一般。如果不加考虑，也许会给出这样的评语：“你的数学学得不错，希望你在英语上也多下功夫。”这个评语不能说太坏，但很一般，不如说：“从你数学考试的优异成绩中，老师似乎看到了你不懈努

---

① 程培元主编：《教师口语教程》，高等教育出版社2000年，第200—201页。

力的身影和较高的智商。梅花香自苦寒来。像学数学一样付出努力，相信你的英语成绩也一定会提高得很快。”相比之下，后者的表达方式更好，能体现出老师对学生的尊重，它不但提出了学生的不足之处，并且给学生指明了方向，更重要的是学生乐于接受，并从中得到赞赏和前进的动力。

（二）要以激励为主

写给学生的评语要注意多鼓励，少批评。在遣词造句时应尽量婉转，既不伤害学生的积极性，又能将学生存在的问题点明；使学生既可以及时纠正错误，又能保持学习上的进取心，更加努力地参与学习，对老师产生好感，体会到老师对自己的关心、爱护，在思想感情上与教师产生共鸣，从而对学习产生浓厚兴趣。要严格把握评价用语，切忌用那些伤害学生自尊心的语言，例如“作业潦草”“基础太差”“作业不认真”“一团乱麻”等具有强烈负面作用的评语。

（三）评价态度要鲜明

学生认识世界是一个由不了解到了解、由不懂到懂的过程，他们在认识的过程中会遇到这样那样的疑惑，他们的思维方式会有些怪异，他们处理问题的方法也许有些愚笨，有时还会出现背道而驰的现象。教师对学生的评价，应该有一个明确的态度。对的就加以肯定，错的就给予否定并予以纠正。教师若对学生的回答或看法不置可否，态度暧昧，就会造成学生认识上的模糊和混乱。

【反思与探究】

一、课外教育口语的类型有哪些？使用范围是什么？
二、谈话语的使用原则有哪些？
三、谈话语有哪些类型？各种类型的使用范围是什么？
四、如何使用诱导型指导语？
五、评价语有哪些类型？使用批评语的注意事项是什么？
六、使用鼓励语的原则有哪些？

【训练与提高】

一、下列教师与学生谈话采用的谈话语的方式对吗？如果不对，请你改变谈话语方式，重新组织谈话语，并说明为什么要改变。

材料一：

班上有个同学上体育课的时候丢了钱，大家纷纷议论，有的同学还向班主任反映，很可能是某某偷了，因为下体育课的时候，他走得最快，是第一个进入教室的，而钱是从抽屉里面被拿走的。放学以后，班主任把某某同学叫到办公室，劈头就问：

“小时偷针，大了贼精，你晓得这句话吗？”

某某同学点点头。

“既然你晓得，那你今天为什么还要偷同学的钱？”

“没有啊，我没有偷钱！”

“偷了还嘴硬，同学们都给我说了，你还不承认，看我怎么治你！”

“瞎说！”某某急了，转身就冲出办公室，甩过一句话：“我不要你管！”

老师气得在办公室乱转。①

材料二：

下面是一位学生写给老师的信：一次政治课上，我们班两位男同学在课堂上开玩笑，您发火了。我至今还记得您在课堂上讲的那些话：“你们是人还是猴子？只有猴子才会在椅子上爬来爬去。”同学们都笑了。我回头望去，只见那两位男同学的脸红了，好像若无其事地扭了扭身，尴尬地笑着。您还不满足，又接下去说：“你们动什么？跟谁撒娇？要撒娇回家撒去！”同学们笑得更厉害了。可是我没笑，我不敢相信这些话竟出自您的口。我的心冷了。我知道他们不该在课堂上开玩笑，可是您不能这样说他们。每个人都有自尊心，更何况我们已经是高二的学生了。言语造成的伤口愈合得相当慢！您知道您的话是怎样地伤了同学的心吗？是怎样损害了您在我们心中的形象吗？

二、下面的谈话采用了什么样的谈话语原则？请根据所学知识做出评价。

材料一：

在物理课上，男同学小张总是喜欢说小话，影响周围同学听课，任凭谢老师怎么教育，他就是置之不理。谢老师忍无可忍，终于发怒了。他拉住了小张的手，把他请到了校长办公室。小张低着头满脸沉重地坐在那里。班主任刘老师得到了消息，飞快地赶到了校长室，坐在小张的旁边，一言不发地看着他。稍后，刘老师平静地问道：“你现在的感觉怎么样？”“还好。”小张颤声地回答。刘老师随手在一张白纸上用简笔画画了四张脸谱：高兴的，悲伤的，发怒的，尴尬的。小张在旁边饶有兴趣地看着老师把画画完，刘老师把笔递给了小张，对他说：“请你仔细辨认一下！此时哪张脸最能代表你的心情？你可以在下面打个钩，行吗？”小张狠狠地在发怒的脸谱下打了个钩。“你现在非常生气，是吗？”小张点了点头。“你现在能不能告诉我，为什么生气呢？”“谢老师他抓疼了我的手。”小张让刘老师看了看他被抓红的地方。“不过，你是不是也使老师很生气，就像你的手被抓红了一样？”小张点了点头。“你能不能在这些脸谱中找到老师的心情？”小张很快地在发怒的脸谱下打了个勾。“你知道老师生气的原因吗？”刘老师又问。“因为我没听老师的话，总是讲小话，影响了别的同学听课。”小张低下了头，露出了一丝丝歉疚的尴尬。“那你喜欢看老师的笑脸还是发怒的脸？”小张抿着嘴笑了！好像在说：“这还用问吗？”“你知道以后上课该怎么做了吗？”小张头埋得更低了，他用力地点了点头。

① 唐树芝：《教师口语技能》，湖南师范大学出版社2000年，第196页。

材料二:(几位学生帮老师做杂事时，与老师展开了对话)

生甲：章老师，我就想玩，像帮您做这些事，我乐意，就是不大愿意做作业和读书。

老师：对头，我也想玩，我还一直认为爱玩不一定是缺点。而且，玩还要玩痛快。

生乙：我就图玩个痛快，但是作业没做完，值日生查到了又叫我们补，不补，老师狠狠地批评我们，只好补，课间不能玩，甚至放学了还走不成。

老师：这样，实际上没玩安逸。不知你们注意没有，何兵同学……对了，你(对甲)跟他很要好，该了解他。我发现他并不“勤奋”，从没在课间或放学后赶什么作业，哪怕是要考试了，他也不占休息时间用功，玩得够可以的。

生甲、乙：就是。但他的成绩还可以。

老师：什么道理呢？有一次我问他……

生甲:(抢着说)我了解，我挨着他坐的那一段时间，看见他上课认真听讲，发言积极。当老师布置作业后，他马上聚精会神地做，一点儿不东张西望，有几次我找他讲笑话，他始终不理我。

老师：那么，家庭作业呢？

生乙：这我清楚(该生是何兵的邻居)。他回家第一件事就是做作业，完了才玩。我却是把书包往家一丢，就去找朋友玩，玩了再说。

三、下面两位老师的谈话方式哪个更为合理？为什么？

班会课上，一个女孩哭叫起来:“谁把我的书给撕了？”

实习老师:“谁把某某的书撕破了？”连问几声，无人回答。老师生气了:“把别人的东西弄坏了，还不敢承认，这是什么行为？快自己出来承认！”全班学生你看看我，我看看你，教室里的气氛顿时紧张起来，就是没人敢承认。老师更火了:“你们自己如果不承认，等我查出来，就要加倍处分！你们都没有撕，难道这本书是某某自己撕破的吗？”教室里鸦雀无声，连那个女孩也吓得不敢呜咽了。只听得老师大声嚷嚷，就是追问不出撕书的人来。这时斯霞老师知道了这个情况，立即赶到教室，一面暗示老师不要再追问，一面安慰大家不要紧张。她心平气和地说:“书本是每个人都应该爱护的，但是今天某某的书被人撕破了，这是一件坏事。可是，我们谁不做错事呢？做错了事，只要承认，能认识错误，改正错误，以后不再犯错误，就是诚实、勇敢的表现。”这时教室里的空气开始缓和了。斯老师接着以教材中《诚实的孩子》这篇课文为例来引导大家。最后她说:“今天，某某的书被撕破了，她当然很着急，很心痛，撕书的同学，如果不敢承认错误，他就是欺骗了同学，欺骗了老师，也欺骗了他自己，这就不是诚实勇敢的孩子。再说，有的同学犯了错误，怕老师会处分，那要看他承认错误、改正错误的态度怎样。如果他认识了错误，改正了错误，我们还要表扬他诚实勇敢。”斯老师的话音刚落，有个学生突然举起了手，轻声地说:“老师是我撕的。但是，我不是有意撕破的，我是……”斯老师笑着说:“好！某某某自己承认了。当然不会是有意的。我相信我们小学生都是懂道理的，决不会有意弄坏别人的东西，但是，既然把人家的书撕坏了，就应该主动承认，请她原谅，帮她补好；或请老师帮助处理，就没事了。现在你听了老师的话，明白了这个道理，能在大家面前承认错误，这是很勇敢的行为，值得我们大家学习。”①

四、一位性格内向的学生对老师说：“我觉得某某同学样样都比我强，她学习好，人缘好，会拉二胡……老师同学们都喜欢她。不像我什么都不行。”请你以老师的身份设计指导语来指导这位学生，使她树立自信心。

五、下面的指导语设计得好不好？试用所学知识做出评价。

材料一：

一位音乐老师在指导歌曲《小鸭嘎嘎》的演唱中，为指导学生要用跳音轻声唱出“扑通扑通”时，她说：“小鸭是跳水健将，她跳下去水花很小的，我们来试试看。”当学生唱出她满意的感觉后，她还不忘夸奖一句：“你们都是跳水冠军。”幼儿演唱时的积极性就更高了。

材料二：

指导读《荷花》第一自然段：“清晨，我去公园玩，一进门就闻到一阵清香，我赶紧往荷花池边跑去。”可以设计这样的问题启发学生读：①作者当时怀着什么样的心情？（赞美之情——荷花味香；急切之情——急切想看到荷花。）②哪些词表达了这样的感情？（一……就……，赶紧）③怎样读才能表达出作者的感情？

六、下面这位教师做得对不对？请你用所学知识做出评判。

一位年轻的女老师在指导小朋友背诵《秋天的果园》，该课文只有两句话，孩子们轻而易举就能背出。可能为了检验教学效果，也可能为了掀起一个教学高潮，老师捧出了一大把新鲜水果。你背出了，就奖励你一串葡萄；他背出了，则奖励一个梨。顿时，教室里沸腾了，孩子们背得热火朝天，不亦乐乎。此后，该班的学生对“智慧星”“小红花”之类的东西熟视无睹，失去兴趣，时时盼望着有更新鲜的奖品来刺激他们。

七、下面案例中评价语遵循了什么原则？

一位教师发现他的学生出现了“早恋”现象时，巧妙地避开这个容易使对方陷入难堪境地并极易引起对方警戒、对抗心理的问题，而向学生讲起了他家乡果园的事情。他说：“我们村周围有大片的果树园，寒往暑来，春华秋实。有一年秋末冬初，我突然惊奇地发现，有些就要落叶的果树枝上竟然又开出了一簇簇小小的果花。不久，花谢了，居然也结出了山楂般大小的果子。可惜没过了几天，霜冻就来了，叶落尽了，小果实也烂掉了。小时候我每每捧着这些可怜的小果子发呆。后来，我才明白：不该开花的时候开花，不该结果的时候结果，是会受到自然规律惩罚的。今天，同学们中的一些事情又引起了我的思索，你们是否也从中得到了一些启迪呢？”②

---

① 傅惠钧：《教师口语艺术》，浙江教育出版社1999年，第229—230页。

② 柏树斌、丁振芳主编：《教师口才学》，中国书籍出版社1994年，第136—137页。

第十二章　其他常用口语

【学习目标】

朗读、演讲、发言、主持是教师工作中常用的口语表达形式，也是教师口语技能训练的基本方式。通过学习熟悉以上四种教师口语技能训练方式，理解它们的独有特征和彼此之间的区别，掌握它们训练技巧和发音技巧等。

【引　言】

假如你被大家推荐朗读一篇文章，假如你要给别人讲个故事，假如你要在教师座谈会上发表意见，假如你要主持全年级的家长会，等等，都需要你具有良好的口语表达能力。虽然我们不可能要求所有教师都具有雄辩的口才，但是教师在特定场合说出合适得体的语言，对教学能起到促进作用，对学生能起到熏陶教益，这也是作为一名教师必须具备的基本素质。朗读、演讲、发言、主持正是语言教学的重要环节和教师口语技能训练的常见形式。

第一节 朗读

著名语言学家徐世荣先生在张颂《朗诵学》的序言中给朗读下的定义是:“朗读就是把书面上写的语言变为口头上说的语音，把无声语言（文字、文章、文学作品）变为有声语言——更能表情达意的口头活语言。”朗读，是一个再创作过程，是朗读者在理解作品的基础上，用普通话清晰、响亮、有感情地塑造形象，反映生活，说明道理，再现作者思想感情。

一、朗读的作用

首先，朗读具有鲜明的社会教化作用。朗读是艺术欣赏、感情抒发的重要方式，是进行思想宣传、情操教育的有效手段。朗读中，伴随着声音传入耳内，那深邃的思想、高尚的情操、美好的憧憬、纯真的心灵，也同时流入听者的心田，激荡着他们的胸怀，陶冶着他们的性情。例如中国古诗词，兼跨德育、智育、美育三大范畴，凝结了前人对人生、社会、自然万物的文化观察，蕴涵着热烈的爱国情愫、崇高的人格精神、诚挚的道德情操、忠贞的爱情观念。经常朗诵这些作品，能够提高人们的精神境界，给人以信念和精神力量。

其次，朗读有利于提高语言表达能力。朗读的过程实际上是一个学习、摄取、积累的过程。名家的叙事、明理、状物、抒情的手法，以及作品中精美的词语运用、生动的语法修辞、严谨的逻辑思维、巧妙的篇章布局、感人的情景描述、优美的诗词韵律，都在朗读的过程中被吸收、储存了。积累多了，表达能力就会不断提高。

再次，朗读可以帮助深入体味文学作品。“书读百遍，其义自现。”语言虽然是线型排列的符号，但它所承载的信息使人受之于言而感之于心。朗读作品时，其语言所描写的人、物，所记述说明的事、理，都会刺激人的大脑产生联想，使朗读者对作品的意境、形象、语言、思想脉络和社会背景等能够有更全面、深入、准确的把握。

此外，朗读能提高语言规范化水平。一般情况下，朗读应该使用普通话。虽然文字作品多种多样，涉及古今中外，朗读时要尊重原作，但声、韵、调、音变等声音形式不能不讲究规范。长期坚持朗读，就会在潜移默化中掌握普通话的发音和语法规范。因此，朗读是推广普通话的重要形式，是达到语言规范化的有效途径。

二、朗读的要求

（一）准确地理解和感受作品

首先要理解作品。要从作品内容、时代背景、体裁结构、作者风格等多个方面入手，通过认真阅读、反复思考，对作品进行深入细致的分析研究。其次要感受作品。获取对作品的感受主要靠联想。我们在朗读时，必须透过字面，设身处地地产生联想，把自己的现实情感挪移到作者描写的意境当中，或者把作者描写的意境挪移到我们的现实情感当中，从而营造出内心的视象，使作品的每一句话每一个词语都自然而然地化为形象，活灵活现地传达给听众。

（二）运用标准自然的普通话

朗读不管对于读者还是听者，在推广普通话中都发挥着重要的作用。同时，朗读的对象是广大人民群众，要让更多的人听懂、爱听，甚至由爱听到爱读，就必须运用现代汉民族的共同语——普通话。因此，语音标准自然是朗读最基本的要求。朗读者必须忠实于原文，在不添字、不漏字、不改字、不回读、不读破句的情况下，还要在声母、韵母、声调、轻声、儿化、音变以及语句的表达方式等方面都符合普通话语音的规范。

（三）恰当运用各种朗读技巧

朗读技巧是实现朗读目的的重要手段，是朗读过程中运用声音表情达意的技术和能力，主要包括停连、重音、语气、节奏等四个方面。

信息栏12-1

朗读符号标识的说明

朗读有时需借助朗读符号对作品进行标示。关于朗读符号的标识目前没有统一规定，参照著名播音员齐越同志的标示，现归纳如下：

丨用于句子中没有标点的地方，表示把词或词组分顿开，停顿时间很短，不换气；

∧用于有标点的地方，表示比原标点符号停顿时间再长一些，有时换气，有时不换气，看具体情况而定；

︶用于有标点的地方的连音号，表示缩短停顿的时间，或者不停顿，连起来读，不换气；

· 表示重音；→表示平调；↗表示声调；↘表示降调；V表示换气；<表示渐强；>表示渐弱；—表示保持音（饱满有力）；~~表示波音（颤音）。

［资料来源］熊伟、林志雄主编：《普通话口语教程》，同济大学出版社2007年，第152页。

1. **停连**。停连可分为感情停连和结构停连。感情停连是由于心理的特殊变化特别是情感变化而引起的停连。感情停连不受标点符号和语法关系的制约，完全根据感情的需要而进行停连，其特点是声断而情不断。结构停连是根据作品的段落层次关系而采取的停连，其停顿长短顺序为：段落>层次>句子。

2. **重音**。在朗读创作中，为了准确表达语意和思想感情，需要对某些词或短语进行强调，这种处理方式就是重音。重音的实现方式一般有三种：一是强弱法，如“炮火正在战场上遍地开花，战士们正呐喊着冲向敌人的碉堡，可他的生命却像快燃尽的蜡烛，渐渐熄灭了……”二是快慢法，如“他慢慢地转过身，一个箭步冲了出去。”三是虚实法，如“我怕惊动妈妈，便悄悄从后面探出了头”。

3. **语气**。语气是体现朗读者立场、态度、个性、情感、心境等起伏变化的语音形式，它是朗读中语句的“神”与“形”的结合体。“神”，即是语句中所蕴涵的情感，这是形成不同语气的内存依据；“形”，即是语句的声音形式，这是语气的外在表现。语气是一个由多种因素构成的综合体，包括高低升降、轻重缓急、明暗虚实等各方面的变化。

信息栏 12-2

声音气息变化表现语气概略

爱的感情一般是“气徐声柔”；憎的感情一般是“气足声硬”；悲的感情一般是“气沉声缓”；

喜的感情一般是“气满声高”；惧的感情一般是“气提声凝”；急的感情一般是“气短声促”；

冷的感情一般是“气少声平”；怒的感情一般是“气粗声重”；疑的感情一般是“气细声黏”。

［资料来源］熊伟、林志雄主编:《普通话口语教程》，同济大学出版社2007年，第159—160页。

4. **节奏**。朗读的节奏是指声音的抑扬顿挫、轻重缓急的回环往复，它由作品的内容和思想感情的波澜起伏所决定，由音强、音高、音长、音色四个要素的变化而形成。节奏可分为六种类型，即轻快型、凝重型、低沉型、高亢型、舒缓型、紧张型。朗读中，对声音的高低、轻重、疾徐进行不同的变化组合，就构成了朗读节奏的基本转换形式，即欲扬先抑，欲抑先扬；欲快先慢，欲慢先快；欲重先轻，欲轻先重。

（四）通过二次创作升华作品

鲁迅先生曾经说过:“《红楼梦》是中国许多人所知道，至少，是知道这名目的书。谁是作者和续者姑且勿论，单是命意，就因读者的眼光而有种种：经学家看见《易》，道学家看见淫，才子看见缠绵，革命家看见排满，流言家看见宫闱秘事……”因此，对于同一个文学作品，不同的人有不同的理解。阅读水平和感受能力不强的人，对一个作品的理解往往是不完整的、片面的，甚至是曲解的。这就要求朗读者通过对作品的深刻理解，对有声语言的娴熟表现能力、对艺术理想的崇高追求，把隐藏在作品字里行间的意境和形象更具体、更表象化地展示给听众，让听众能够全面、准确地理解和感受作品，进而得到艺术上的感染和享受。

三、不同体裁作品的朗读

不同体裁的作品，对朗读的要求是不一样的。一般来讲，抒情性作品应着重表现其抒情线索和情感脉络，叙事性作品应着重表现情节和人物性格，议论性作品应着重表现论据和论点的关系。当然，这只是从内容而言。不同体裁的作品，对朗读的语速、语气、节奏都有不同的要求。总之，只有掌握不同体裁作品的特点和对朗读的不同要求，才能增强朗读的驾驭能力，才能驾轻就熟、随心所欲地表达出作者的本意和作品的真谛。

（一）诗歌

诗歌的特点是内容凝练、想象丰富、感情充沛、节奏鲜明、韵律和谐、语言精练。朗读诗歌时，必须突出这些特质，读出诗歌中的诗情画意来，给人以美的享受和熏陶，起到美化、净化人的心灵的作用。首先，要了解诗歌的写作背景和目的，感受诗人所要表达的思想感情。其次，要把握好诗歌的写作特色与艺术风格，体现出作者的思想个性、语言个性和艺术个性。第三，要读出诗歌的节奏感和音乐美，要有变化、有起伏、有顿挫，要把韵脚凸显出来。第四，要投入真情实感，做到以情感人。诗歌从形式上讲大体上有古典诗和现代诗之分，这两种诗在朗读的技巧和要求上都各有不同。

古典诗。古典诗当中，不管是五言诗、七言诗还是长短句，都是有格律的。朗读古典诗，最关键的是要把格律读出来。不同的格律有不同的语节划分：五言诗是二、三格式，七言诗是二、二、三格式。要读出格律，除音节外，更重要的是平仄，通常是平长仄短。在音节构成中，五言句是上二下三,七言句是上四下三，形成句中半逗，半逗处要有停顿。词中的领字、去声字宜重读。词（长短句）和曲基本上是以五、七言为基础，或断或连，错落组合而成。朗读时根据五、七言的语节划分，或扩展或紧缩，酌情处理即可。当然，朗读古典诗不仅要追求韵律美，更重要的还要透过字面产生联想，造成内心视象，挖掘出诗的意境，通过声音来表意和造型，从而给人以美的熏陶和享受。

现代诗。现代诗即自由诗。比起格律诗来，现代诗的朗读可以更自由一些，句数、字数、平仄、句子长短等，都可以根据表情达意的需要“自由”确定。但自由诗毕竟是诗，不是散文，还是要讲究诗的意境、韵律和语节等。朗读时，既要深入意境、因境抒情，以具体形象的比喻和象征，传达出意境的可感性，发挥意境的感染力；又要把握节奏、重视诗味，讲究诗的呼应对称、语节对称和诗行的并列对称，从节奏中体现诗的韵味。朗读现代诗，要善于使用突停、长停、快连、推进、虚实等技巧，要因境生情，因情用声，充分表现出现代诗的“精神与形体的调和美”。

（二）散文

散文是与诗歌、小说、戏剧并列的一种文学体裁，是一种自由、灵活地抒写见闻感受的文体。散文形式自由，题材多样而带有艺术性，其独特的美在于能够让人们通过一个精粹、亲切的形式，读到作者对人生或自然的感情。散文主要是借助形象描写、意境创造来抒发感情、表达主题。因此朗读好一篇散文作品，必须做到以下三点：

一是入境。好的散文就像诗一样具有深邃的意境。散文中的意境，不管是山川景物还是风土人情，不管是历史文化还是生活掠影，都融入了作者的思想、学识、情感。朗读者要想真正领会作者的这些人生体验，必须身临其境地融入作者所描写的意境当中，用意念使自己成为其中的一分子，与作者一起感受山川的秀美、历史的变迁、造化的神奇和人间的冷暖。只有这样，才能读懂、读透作品，才能通过声音把作者的人生感悟传递给听众。

二是入情。作者的思想感情是创作的基础，是贯穿作品的脉络和主线，朗读者必须将其紧紧扣住。朗读一篇作品，就要像演员扮演一个角色一样，充分调动自己的经历和体验，把作者的感情变为自己的感情，从而形成强烈共鸣，掀起思想情感的波浪或涟漪，通过声音汩汩滔滔，奔涌而出。

三是品言。就是要品味散文的语言。散文和其他文学作品不同，一般来讲，没有故事情节，没矛盾冲突，也没有节奏韵律，散文的艺术性更多地体现在作者对语言的驾驭和运用上。不同的散文语言特色不同，或庄或谐，或藏或露，或委婉或平直，或纤浓或清淡；不同的散文家语言风格也不同，或平淡朴实，或冷峻辛辣，或纵横恣肆，或简练干净，或如涓涓细流，或如大河奔涌。这些都需要朗读者仔细品味，并在朗读中表现出不同的语言美感。

（三）记叙文

无论记人、叙事、写景、状物，记叙文总要给人以启迪。朗读记叙文，要求因事明理，以事启人，具体细微，语气自然，节奏简朴。朗读中要注意做到：第一，要理清线索，抓住主线。记叙文的线索，有时以人、事、景、物为主，有时以作者的思想情感发展脉络为主。要通过反复阅读，找出暗藏在字里行间的线索来。朗读时沿着这条线索因势利导、循循善诱，使听众在不知不觉中受到熏陶和感染。第二，要注重立意，突出主题。紧紧围绕文章的主题思想和作者想表达的中心意图，确定朗读基调，真实客观地反映出作品原貌。第三，要运用技巧，细腻表达。朗读记叙文，语气总体要舒展、自然、平淡。但朗读叙述、描写、抒情、议论语言时的语气、语调是有差别的。一般来说，叙述部分要清楚、舒展、自然，语句要分开；描写部分读得形象、栩栩如生；抒情部分要真挚，有感而发；议论部分要缘事而说，娓娓道来。

（四）说明文

说明文是介绍、说明社会生产和实践活动、科学技术研究和日常生活中事物的性质、特点及规律的文章。说明文最大的特点在于“说明”，一般不带感情色彩，或者说感情色彩不明显。朗读说明文要做到以下三点：

一是知事。就是要全面认识和理解文章中说明的事物，特别是其本质特征。如果不知所云，自己都一头雾水，是很难让听众听明白的。

二是明理。就是要明白说明文的方法，如分类、定义、举例、比较、数字、比喻、图表等，了解说明文的种类，如阐述性、记叙性、介绍性、文艺性、实用性说明文等，以便有根据、有针对性地确定朗读的基调、方法。

三是达意。就是要求朗读者通过恰当运用停顿、重音和语调等朗读技巧，显示文章的结构层次与条理，达到突出文章主题，让听众明白道理、掌握知识的目的。说明文的语言特点是：准确、简明、明白无误、质朴自然，这就要求朗读者在朗读时，也要做到语调自然、准确，达到客观确切、平实舒展的效果。

（五）议论文

议论文是要说明、论证某个道理、某个观点，所以作者常常用精辟的理论和明白的事实，用严密的逻辑和凝练的语言，阐述个人的主张，达到就事论理、以理服人的目的。朗读议论文，要把握文章内存的逻辑，作者论述整理的思路、层次，体现“提出问题、分析问题、解决问题”的论证过程，要读得从容、肯定、自然、平实。

一要突出论点，把握论据。论点在文章中起着提纲挈领的作用。朗读时要对文章的论点及论证的过程认真体味并消化吸收，内化为自己的感受，然后才能调动各种朗读技巧和方法将其加以表现和强调。强调和突出论点的方法要根据文章的不同格局而进行不同处理。对开宗明义式的论点可以采取上扬突出的办法，对在文章结尾部分以总结式方式提出的中心论点，可采用下抑加重突出的办法。论据是论点的支撑，文章的说服力很大程度上取决于论据。对论据的朗读，要根据其不同情况采取不同的表现方法。对引经据典的，要用平稳的语气、肯定或否定的态度表达出来；对用事实说话的，要用肯定、坚实语气，充分表现出其可信性；对用名人名事喻理的，要读出景仰或欣赏之意，起到引导和鼓励的作用；对用小故事折射大道理的，要读得隽永生动，意味深长。

二要态度明朗，感情含蓄。议论文是要晓人以理，所以在朗读中，态度必须鲜明，是非曲直要求直露，而感情却要相当含蓄。态度明朗，就是要肯定、果断、从容、大度；感情含蓄，就是要把感情的运动控制在心里，在适当处流露。朗读议论文用情要含蓄，这是因为议论文的描写、抒情、议论都是为论点服务的，而不是为了表达感情的。即使是情感色彩很浓的语言，其真正的目的也是为了说理，而不是抒情。所以，朗读议论文，感情一定要含蓄深沉，掌握分寸，把握火候，收放有度。

三要语气肯定，语势平和。朗读议论文，只有用肯定的语气、庄重的态度，才能增强文章的可信度和可靠感。没有人会信服一篇连朗读者自己都没有信心的文章。但朗读文章的目的是要交流，是要与听众之间产生共鸣。因此，不能板起面孔、正襟危坐，拒人于千里之外，而是要用舒缓、自然、平和、流畅的语调，营造一个亲切、平等、互动的交流氛围。

第二节　演讲

演讲又叫讲演或演说，是指在特定的时空环境中，以有声语言和相应的体态语言为手段，公开向听众传递信息，表述见解，阐明真理，抒发感情，以期达到感召听众目的的口语表达艺术。

一、演讲特征及作用

演讲是一种以口语为主的表达形式，但又与朗读、交谈等一般口语不同。其主要有这样几个基本特征：

（一）真实性与艺术性相结合

演讲是真实的，也是艺术的。演讲的真实性在于，演讲是在人类社会实践的直接需求下产生的，演讲者必须以自己的真实身份面对听众，所叙述的事情必须是真人真事，所抒发的情感必须是发自肺腑的真情实感。只有这样才能说服人、感染人、打动人。同时，演讲不仅是一种现实性的社会实践活动，而且是一种艺术性的社会实践活动。演讲是一种优于现实口语的表达形式，思想美、文学美、语言美、形象美等，都可以通过演讲的过程体现出来。演讲者依靠自己的能力，借助戏剧、音乐、绘画、相声、小说、诗歌等多种艺术手段，把演讲的内容和外在表现形式构筑成一个完美的整体，从而使听众在得到启迪教育的同时，也得到美的享受。

（二）有声语言与体态语言相统一

演讲是“演”和“讲”的统一。“讲”是有声语言，是演讲最基本的要素，是演讲活动中传递信息、表达思想最主要的媒介和载体。离开了有声语言，就无所谓演讲。“演”是体态语言，指在一定程度上能辅助有声语言表达思想感情的眼神、表情、体态、手势等，是演讲活动必不可少的重要元素。演讲中，应以有声语言为主，以体态语言为辅。适度恰当的体态语言，可以有效弥补有声语言可听不可视的不足，增强演讲的表现力和感染力。有声语言和体态语言有机结合、相得益彰，共同发挥作用，演讲便会达到声情并茂、生动感人的效果。

（三）特定环境与广泛鼓动相一致

任何演讲都是在特定的时空环境中进行的。所谓“特定的时空环境”，一般指的是演讲者和听众都处在一定的时间和空间环境中。演讲者和听众可以根据演讲的内容的需要选择特定的时空环境，如街头演讲、讲坛演讲、会堂演讲、法庭辩论演讲等；一定的时空环境又会反作用于演讲，制约着演讲的内容、语言和表情动作等。在特定环境中的演讲，要达到的鼓动性却是广泛的。演讲的目的就是要感召和鼓动听众。演讲的内容涉及方方面面，但不管是宣传教育、就职施政、争取民众、发号施令，还是激励斗志、传道解惑、布置任务、安排生产，都需要有充分的感召性和鼓动性。这种感召和鼓动的对象不仅是特定场合的听众，而且需要这些听众把自己所得到的信息、所受到的感召和鼓动传播出去，使演讲在更广的范围内产生影响。

演讲具有广泛的社会作用，它是政治斗争的有力武器，是经济活动的理想工具；它可以传播知识、启迪思想，也可以鼓舞人心、振奋斗志；它能够让思维敏捷、口舌伶俐的人脱颖而出，也能够让一般人的表达能力和社交能力显著提升。

刘勰在《文心雕龙·论说》中说：“一人之辩，重于九鼎之宝；三寸之舌，强于百万之师。”演讲作为一种社会活动，可谓源远流长。古希腊、古罗马、古代印度和中国，都产生过影响深远的著名演说家。千百年来，演讲在历史的天河中一直是一颗耀眼的不落明星。在竞争激烈的今天，演讲更以它的独特魅力受到人们的广泛青睐。世界上发达国家都非常重视演讲和口才，他们把“舌头、金钱和电脑”称为经济发展的三大战略武器。演讲与口才已经成为现代人才的必备素质。

二、演讲的分类

演讲根据不同的标准，可以有不同的分类。按演讲的主题划分，可分为专题演讲和辩论演讲；按演讲场合划分，可分为集会演讲、战地演讲、街头演讲、法庭演讲、课堂演讲等；按演讲传媒渠道划分，可分为现场演讲、广播演讲、电视演讲、网络视频演讲等；按演讲准备情况划分，可分为照稿演讲、脱稿演讲、即兴演讲等。从演讲的全过程看，信息内容是联系演讲主体和客体的关键所在。内容决定形式，不同的演讲内容决定着演讲者的口语和态势，影响着演讲的风格和气度，是决定演讲成败的最重要的因素。因此，演讲分类最重要的标准是演讲的内容。按照内容划分，演讲大体可分为以下几类：

政治演讲。即为了一定的政治目的，就某个政治问题以及与政治有关的问题而发表的演讲。从广义上讲，经济演讲、军事演讲和外交演讲也属于政治演讲；例如周恩来总理在万隆会议上发表的演讲，美国总统尼克松1972年访华在答谢宴会上的祝酒词，属此类演讲。从狭义上讲，政治演讲主要有竞选演讲、施政演讲、就职演讲、政治宣传演讲等。例如毛泽东同志的《在延安文艺座谈会上的讲话》、我国优秀民主战士闻一多的《最后一次讲演》等。

学术演讲。即介绍科学研究成果、传授科学知识、表述学术见解的演讲。学术和其他学术场合的专题讲座、学术报告、学术发言、学术评论等均属此类。例如鲁迅在1924年发表的《未有天才之前》和法国著名物理学家皮埃尔·居里的《镭的发现和对镭的担忧》。

法律演讲。即以法律为内容的各种形式的演讲。它包括法庭演讲、法律咨询和仲裁活动演讲、法律宣传演讲等。

道德演讲。即以思想品德教育为目的的演讲。它是一种宣传教化手段。演讲者通过对社会生活中的意识形态问题进行分析、说明和评论，帮助人们认清形势，分辨是非，明白事理，陶冶心灵。

宗教演讲。即宗教神职人员所做的宣传教义和宗教故事的演讲。

礼仪演讲。即在公众节令或重要仪典上发表的演讲。它是调节人际关系的重要手段，主要有凭吊和贺谢两种类型，意在表达感情和表示礼节。

三、演讲的准备

（一）主题的确定

主题是演讲的灵魂，它决定演讲思想性的强弱，制约材料的取舍和组织，影响演讲论证的方式和艺术的调度。没有明确的主题，演讲就如同没有灵魂的雕像，即使表面再惟妙惟肖、光彩照人，也不会有生命的动感。一般来讲，一篇讲稿只能有一个主题，必须围绕这个主题展开阐述。主题多了，中心就不突出，观点就会模糊松散，也就很难说服听众、打动听众。因而，主题要求是鲜明的、正确的、新颖的、深刻的。庄子曾说："语之所贵者，意也。"要达到这一点，就必须在主题的选定角度和挖掘深度上下功夫。

（二）标题的选择

标题就是演讲的题目，是演讲稿不可缺少的有机组成部分，具有"眉目传情"和"指路标"的作用，既可以调动听众的兴趣，又可以引导听众的思维，为演讲的顺利开展创造条件。成功的演讲必须有成功的标题，必须追求标题的艺术性。贴切自然、警策醒目、富有启发，这是对演讲标题的基本要求。如果做到这三点，"题好一半文"，一篇演讲稿就成功一半了。

（三）材料的收集

收集和选取材料要遵循以下原则：

一要定向。材料是为主题服务的，材料的收集必须把准方向，根据主题的需要有计划、有针对性地收集，防止盲目性和随意性。

二要真实。所谓真实，就是指材料的客观性，即所选材料是客观存在的、符合事实的。只有真实的材料才最有说服力。要保证材料的真实性，必须克服两种倾向：一是主观臆造，为主题的需要假造材料或虚构想象；二是以讹传讹，对引用的材料缺乏鉴别、检查和核对，导致选材失真。

三要典型。典型性的材料是指最具代表性、最具说服力、最能揭示事物本质的材料。演讲的目的是要说服人、鼓动人。要达到这样的艺术效果，就必须围绕主题深挖细掘，防止和避免材料的平淡化。

四要新颖。演讲者人云亦云，重复使用别人用滥了的材料，就会令人感到乏味，甚至反感。好的演讲选材必须新颖。一方面要留心收集新近发生的事情，另一方面要善于挖掘过去的但鲜为人知的事情。这样的材料才能引起听众的新奇感，从而增强演讲的吸引力。

（四）讲稿的起草

主题和标题确定了，材料也收集齐了，下一个重要环节就是要起草讲稿了。所谓讲稿，就是演讲者在演讲之前，根据口头发表的需要写出的文稿，是进行现场演讲的最主要、最直接的依据。起草演讲稿，先要编写提纲，然后根据口语表达的需要，按照提纲的脉络把所要讲的话原原本本地写出来。演讲稿是一种特殊的应用文。首先它是一篇文章，其次它又是一篇直接为口语表达服务的文章。因此，演讲稿是“成文性的口语”和“口语化的文章”。一篇完整的演讲稿，总是由开头、主体和结尾三部分组成。

开头。开头又叫开场白，是沟通演讲者和听众的第一座桥梁。古人云：“善于始者，成功已半。”好的开场白，应该是短小精悍，新颖诱人。常见的开头方式主要有：1.开宗明义式。开门见山，直奔主题，在一开篇就直截了当地把主题阐明。如毛泽东《改造我们的学习》这样开头：“我主张将我们全党的学习方法和学习制度改造一下。”2.叙事导入式。用讲故事的方式引入主题。所讲故事一要短小，二要切题，三要有极强的针对性。3.设问开篇式。以一个出乎意料的、能够迅速唤起听众兴趣和注意力的问题做开头。如闻一多《组织民众与保卫大西南》这样开头：“诸位！我们抗战了七年多，到今天所得的是什么？”紧接着话锋一转：“眼看见盟国都在反攻，我们还在溃退，人家在收复失地，我们还在继续失地。”既回答了问题，又揪住了听众的心。4.名言引用式。用格言、警句、诗歌、谚语等做开场白，有启人心扉、振奋精神之妙。如《信念永不倒》这样开头：“著名黑人领袖马丁·路德·金有这样一句名言：这个世界上，没有人能够使你倒下，如果你自己的信念还站立的话。是的，只要信念不倒，我们在任何不利的情况下，都不会趴下，都能闯出一条路来。”5.设置悬念式。设置一个悬念或以一个出人意料的事件作为开头，以起到“镇场”作用。如闻一多《最后一次讲演》这样开头：“这几天，大家晓得，在昆明出现了历史上最卑劣、最无耻的事情！”6.道具示意式。通过借助实物道具，给听众一个感性的直观印象，提出和阐述自己的见解。如《拼搏——房屋的旋律》这样开头：“今天我给大家带来了一件礼物。（举起一个小铜盒）我珍藏它已五年多了。它不仅使我改变了自己的命运，更使我明白了自己肩上重担不止千斤。你一定想知道它是什么。那就听一个关于我自己的真实故事……”

主体。主体是演讲稿的主干，是演讲者对演讲主题的深入分析和精心论证的部分，其质量的好坏直接关系到演讲的成败。演讲者在主体写作过程中，必须注意把握好以下几个方面：1.紧扣主题。紧紧围绕演讲主题组织材料，不可偏离中心，更不可洋洋洒洒，不知所云。2.层次分明。为了让听众能够准确、全面地把握演讲的内容，演讲者对各部分内容必须统筹安排，做到主次分明、有条不紊，使听众能够顺着演讲者的思路去思考，受到演讲者的感染，接受演讲者的观点。3.结构合理。演讲主体的结构设计，大致可分为并列式和递进式两种结构。并列式结构是围绕主题，从不同角度、不同侧面进行论证。递进式结构是围绕主题，采取层层递进的方法，使内容层次环环相扣，层层推向深入。4.设置高潮。演讲若要吸引听众的注意，在演讲过程中，就要设置一个或几个高潮，形成强烈的“共振效应”。演讲高潮实际上是演讲者和听众感情最激昂、精神最振奋的地方，是崇高美、哲理美和读音美达到的高度和谐统一。

结尾。结尾是演讲稿的自然收束。好的结尾，如同画龙点睛、锦上添花，犹如咀嚼干果，品尝香茗，令人回味无穷。常见的结尾方式主要有：1.总结式。简要总结演讲内容，起到提醒、强调的作用，给听众留下完整的印象。2.呼吁式。通过向听众提出希望、发出号召等方式，以达到鼓舞人、激励人的效果，具有较强的鼓动性。3.警句式。通过引用格言、警句、诗词、谚语等方式，使内容显得充实丰满，具有哲理性和启发性。4.照应式。与开头相呼应，使整篇演讲首尾呼应，结构完整。

（五）讲稿的修辞

演讲稿既要有较强的逻辑性，也要有相当的艺术性，这就要求演讲稿必须讲究修辞，具有较高的文采。修辞主要包括两个方面的内容：一是通过选词炼句（句子宜较短不宜过长，宜正句不宜便装；词语宜通俗不宜生僻，宜具体不宜抽象；语音宜多用双音节词和叠音词，少用单音节词和同声词），以达到语言准确、规范、通俗易懂的目的，二是恰当运用比喻、拟人、排比、设问、反问、夸张、引用等修辞方法，以达到语言生动、形象、感人的目的。

四、演讲的控场

演讲不同于日常生活中的说话，它所处的时空环境是比较复杂的，面对的听众也是参差多样的。因此，经过充分准备的演讲，要想取得成功，还必须掌握一定的控场技巧。从大的方面讲，控场可分为主动控场和被动控场两种。

（一）主动控场

是指演讲者立足自己作为演讲活动的主导者地位，牢牢掌握现场气氛的控制权。要做到“善始”，给听众一个良好的第一印象。演讲开始前，演讲者要以稳健、大方、镇定、自信的姿态出场，礼貌地向听众鞠躬致意，站姿端庄，情绪平稳，以温和的目光扫视观众，然后从容开讲。要切忌扭捏作态，点头哈腰。

要坚持“善终”，保持完美形象。演讲临近结尾时，演讲者要继续保持饱满的情绪，尽量完善自我形象，既不能因演讲成功而洋洋得意，也不能因演讲不如意而草草了事。

要克服“怯场”，努力做到从容镇静。初次登台的演讲者往往会因为心理压力较大而容易怯场。克服怯场心理，首先要增强自信、自我鼓励，相信自己能够成功，也可以通过深呼吸或慢喝水等办法来舒缓内心压力。

（二）被动控场

是指根据现场出现的各种异常情况，当机立断采取应对措施，控制现场的气氛和秩序，保障演讲活动顺利进行。

1. **忘词时的控场**。忘词是很正常的事情，许多成功的演讲家也难免在台上忘词，关键是忘词后该如何应对。一般来讲，忘了台词在台上是很难想起的，因此一定不要停顿太长时间硬想。首先，要稳住心神，面带微笑面对听众，切不能有抓耳挠腮等小动作。其次，要现场另择词汇和话语把话顺下去，直到记起下面的词来。此外，如果现场找不到合适的语言往下顺，不如干脆跳过去讲下面的内容。

2. **说错话时的控场**。一旦意识到自己说错了话，演讲者可采取“当即纠错”的办法，把错话搁置一旁，把正确内容再讲一遍。也可以采取“借错为耙”的办法，把说出的错话当作反面论点进行批驳。比如“我刚才这样说对吗？当然是不对的！因为……”听众非但不会觉察到失误，反而会更加集中精力思考。

3. **冷场时的控场**。面对冷场现象，通常采取的措施是提神醒目，引起兴奋。主要是通过适当提高音量、骤然停顿、设置悬念、穿插故事等办法，活跃现场气氛、调动听众情绪。

4. **出现意外情况时的控场**。演讲者对意外情况的出现不要惊慌失措，要根据现场情况随机应变、灵活处理。如有位演讲者上台时不小心被话筒线绊倒，但他并没有窘迫不安，而是非常机智地说：“我确实为大家的热情所倾倒，谢谢！”

五、演讲的表达

演讲的表达过程，就是演讲内容通过演讲者传达给听众的过程，其载体就是演讲者在演讲时的语音和体态。

（一）语音表达

关于语音、语气、语速方面在技术层面的要求和训练，在本书的相关章节中已经进行了讲解。这里需要强调的是在具体实践操作和情感色彩运用层面的要求：语言要准确规范；声音要优美响亮；音律要平仄相间；要把握轻重缓急。

（二）体态表达

体态表达是语音表达的重要补充，对语音表达起着辅助和加强的作用。美国演讲大师戴尔·卡耐基说：“一篇优秀的演说词，如果它的背后没有表情、姿态等附加力支持的话，其效果就会和用蜡烛发光一样软弱无力。”这正说明体态表达对于演讲在传神达意方面所具有的重要作用。一般来讲，演讲中的体态表达主要有四个方面，即：眼神、表情、手势和站姿。演讲者要学会用眼睛说话，用面部表情的变化来表达情感思想，恰当运用手势和站姿，要把握好分寸，自然生动、真情流露，而不能矫揉造作、过于夸张或生硬呆板。

信息栏12-3

演讲中要杜绝的不良举止

1. 竭力装得严谨而显得过分严肃。演讲时自始至终面部绷紧，表情单一阴沉，而且缺乏适当的手势配合。这种演讲显然不能给听众以轻松愉快的感受，只会使人感到压抑。

2. 故意模仿别人的动作，尤其是名人的动作语言，不自然，不得体，矫揉造作，生搬硬套，让听众大倒胃口。

3. 情绪过分慷慨激昂。尤其是进行抨击弊端的演讲时，给听众的感觉好像只有你是正义的，而在场的所有人都成了被抨击的对象。

4. 不礼貌的动作。要避免口沫横飞、吐痰、擤鼻涕等不礼貌的举止。不宜玩弄手指、挠头，有意无意用手摆弄衣服等。

［资料来源］邓天杰主编：《普通话教程》，清华大学出版社2007年，第261页。

第三节　发言

发言，即讲话、评论，一般是在会议、晚会、聚会等特定场合中领导或特殊人物的讲话。发言与演讲有很多相似之处，就当众发表讲话的意义上说，发言与演讲具有同一性，甚至可以说发言是演讲的一种。但细究起来，发言是在会议、晚会、聚会这种特定的场合上的讲话，它与演讲又有所不同。从内容上看，演讲内容的系统性、整体性更强，语言有气势，富有鼓动性。发言内容的系统性逊于演讲，语言也多平实，或寓深刻于平实之中。从形式上看，演讲的场合更加正式，且不允许被打断；发言则平易、灵活，在一定情境下，允许被打断，互动性、灵活性更强。

一、发言的分类

发言根据是否有准备可以分为即兴发言和专题发言；根据场合的不同大体上可以分为会议发言和聚会发言，其中又可细分为班会发言、家长会发言、酒会发言、座谈会发言、茶话会发言、颁奖会发言、讨论会发言、交流会发言等。每种类型的发言特点都不尽相同，座谈会发言、茶话会发言的语言多平实，比较口语化；颁奖会发言语言多简洁，感召力、号召力较强；家长会、交流会发言则与听众具有很强的信息交流和情感互动性；班会、发布会的发言具有信息通报的目的，语言多慷慨，逻辑性、凝练性较强。总之，因发言是在会议上这种特别场合上的讲话，发言的内容、形式以及格调都要适合场合的需要，因此，发言自然有主题鲜明、形式自由灵活的特点，俗话说“到什么山唱什么歌”，便是这个道理了。

二、发言的作用

（一）传递信息

传递信息是发言的基本作用。任何发言都具有传递信息的作用，没有无内容的形式，也没有无信息功能的发言，越是信息容量大的发言内容，发言越是典型。当然，这里的信息容量大，并不一定是指发言内容长篇累牍，也可以是简洁、明快，但内涵丰富，内蕴深厚。新闻发布会、主题班会等会议上的发言便具有典型的传递信息的作用。

某班级遵守交通规则的主题班会上，一位学生为了说明一天中交通事故多发的那个时段时发言道：

据公安部全国道路交通事故统计，2005年，全国发生于日间的交通事故共272 715起，导致51 125人死亡，分别占总数的60.6%和51.8%；夜间发生177 539起，导致47 613人死亡，分别占总数的39.4%和48.2%。下午至晚间时段（14：00—22：00）发生交通死亡事故比例较高，共死亡44 835人，占总数的45.4%。

这一发言以权威部门的数据不可辩驳地传达了“下午至晚间时段交通死亡事故多发”的这一信息。

（二）总结评论

在研讨会、评论会或者是座谈会上的发言大都具有研讨主题价值、评论事物优劣和总结个人主要观点的作用。如在一次“感恩心理主题班会观摩活动研讨会”上，有的老师发言道：

我觉得这堂课有两个突出的优点，一是把课堂交给学生，学生做课堂的主人，是课堂的主体，教师是学生的领路人，教师起穿针引线的作用，学生是这次活动的真正感受者，也是感动者。二是整堂课没有任何华丽的语言，也没有制作精美的课件，但学生所讲述的真实故事非常感人，这有利于密切同学关系，有利于班级建设。可以说，这种方式层次虽浅，但达到了同学之间、师生之间互相了解的目的。因为真实的故事，坦诚的心，触动了我们的心灵。如果有单面墙，相对隔离观察者和实验者，效果可能更好一些。

这位老师在这个发言中既总结评论了主题班会两个优点，同时也委婉地表达了对于班会观摩的建议，发言切实、中肯。

（三）促进交流

教师课堂上的发言是师生建立联系、沟通情感的第一座桥梁。成功的发言往往寥寥数语便能拨动学生心弦，赢得学生的信赖和认可。例如，一位姓俞的老师，接了一个高三毕业班，首次见面发言道：“我姓俞。按《说文解字》讲，俞的本义是‘船’。我觉得我作为一个老师，就好比一条船，载着你们几十个同学一起在求知求真的大海中航行，抵达成功的彼岸，而我再回来送下一届……”风趣而形象的几句话，缩短了师生间的距离。没几天过教师节，俞老师收到学生们送的一张贺卡，上面写着：“献给我们敬爱的船长，祝您这次出航顺利、愉快！”下面署名是“您的四十三名乘客”。一个成功的发言沟通了感情，促进了师生关系融洽、和谐。

人与人如是，国家与国家之间更如是。1955年4月19日在万隆会议上，由于许多国家的代表对新中国还不了解，会议一开始便出现了对中国的怀疑，代表们吵吵嚷嚷，分歧加剧，眼看会议将陷入僵局。在这种情况下，周恩来总理当机立断，发表了一个著名的补充发言，表示中国代表团是来求团结而不是来吵架的，中国代表团是来求同而不是来立异的。发言内容虽简洁，但由于立意准确，发言一开始便抓住了与会代表的心，会场顿时鸦雀无声，代表们频频点头。发言结束后，代表们报以经久不息的掌声，向周恩来总理致敬！向新中国致敬！

（四）活跃气氛

课堂气氛沉闷不利于教学的有效开展。高明的教师总是善于运用独特的言语来活跃气氛，创造良好的教学氛围。例如，有一次上海特级语文教师钱梦龙老师给武汉地区近千名语文教育工作者上示范课。上课前气氛很严肃、紧张，这时，钱老师从容走上讲台，面带微笑，做了一个独特的发言：“我打个谜语给你们猜一猜，好不好？”经过霎时的惊愕，学生高兴地回答：“好！”“虽然发了财，夜夜想成才。打一人名。你们认识的人。”场上静得出奇。一会儿，一位女学生举手，回答道：“钱梦龙！”顿时，会场欢笑雀跃。简短的一个发言便使课前的紧张气氛扫除得一干二净。

三、发言的准备

发言不同于一般的讲话，要想发言成功就必须有所准备。主要包括准备腹稿和准备文稿。如果发言的内容比较简单，可以选择准备腹稿。腹稿的内容应先选择自己比较了解和熟悉的话题，然后，总结发言内容涉及的思想观点和论点，最后理清思路，把各个环节串联起来，按照思路和一定顺序展开，比如如何开头？如何展开？如何结尾？脑子里最好按顺序排列一下，先说什么，后说什么，等等。

如果发言的内容相对较复杂，就必须选择准备文稿。首先，要写一个提纲，分简单提纲和详细提纲两种。简单提纲就是按照思路简单扼要地列出发言要点，这种提纲用语简单，内容高度概括，不涉及具体材料和细节，只提示思路。如林肯做律师时，曾为一位烈士遗孀的抚恤金遭到勒索一事，向法院起诉。他的发言稿有一个简要提纲：并无合同——不应索取手续费——不合理的勒索——描述锻铁谷惨状——原告的丈夫——怒驳被告——结尾。详细提纲就是比简单提纲更为具体、细致，将事例、实物、证据、照片、引文等都一一列出来，使发言的基本内容和前后顺序都反映得比较明确。其次，要精心安排文稿结构，包括开场白、正文和结尾部分。开场白要新颖独特，引人入胜；正文要合理布局，条理清晰；结尾要出人意料，耐人寻味或简洁、明快。最后，调节好心理状态，配以体态语言，通过手势、面部表情、眼神等增强发言效果，突出发言作用。

四、两种主要表现形式

（一）即席发言

就是发言者对现场的人物、事件、情境有感而发，在无准备的情况下发表的临时性讲话，又叫即兴发言、即时发言。即席发言具有即兴、灵活、精悍的特征。即席发言主要应该把握好以下几个原则：

1. **冷静**。即席发言往往面对的是紧张严肃或气氛热烈的各种场面。发言者此时此刻，也多处于热血沸腾、情绪激昂的状态。这就要注意，发言者在发言之前，先要稳定自己的情绪，保持镇静。如果自己的心情忐忑不安，势必举止失当，言不由衷。要克服“怯场”，努力做到从容镇静。克服怯场心理，首先要增强自信、自我鼓励，相信自己能够成功。也可以通过深呼吸或慢喝水等办法来舒缓内心压力。

2. **准确**。发言时，语言的表达一定要准确。如果表达不准确或者不注意说错话了，不仅会引起哄堂大笑，使自己难以下台，还会造成不良的后果。所以，最好能事先打个腹稿，明确自己要说什么。新闻发言人的语言遣词造句就必须非常严谨、准确。例如教育部新闻发言人在一次发布会上指出，近几年来，我国的高等教育改革取得了显著成绩，这集中体现在：发展明显加快，质量稳步提高，特色显著加强。在党中央、国务院的正确领导下，近几年来，我国的教育事业形势喜人，各项改革陆续出台，发展态势健康平稳。发言人用了“发展明显加快，质量稳步提高，特色显著加强”十八个字来概括近几年来我国的高等教育改革取得的显著成绩，非常准确，不能增减一字。

3. **精练**。即席发言务求简短精辟，切忌漫无边际地离题空谈，否则，主题不明，絮絮叨叨，听者反感。言简意赅、深邃隽永的发言往往都能给人留下深刻的印象。例如，美国的莱特兄弟于1903年12月17日成功地驾驶有动力的飞机飞上了蓝天后不久，他们在法国的一次欢迎酒会上应邀发言，大哥盛情难却，即兴发言：“据我们所知，鸟类中会说话的只有鹦鹉，而鹦鹉是飞不高的。”发言虽然只有一句话，却博得了与会者长时间的掌声。无独有偶，美国演员珍惠曼在《心声泪影》中因扮演一个聋哑人而获得奥斯卡奖，在受奖时她说了一句话：“我因为一句话没说而得奖，我想我应该再一次闭嘴。”也令人回味无穷。

4. **含情**。即席发言要尽可能达到言者与听者感情上的交融，引起共鸣。在把握好分寸的基础上，还应尽可能地把话说得风趣些，使现场气氛活跃，能给人留下深刻印象。“感人心者先乎情”，饱含深情的发言更能够使听众动容，让人记得更久，效果最好。如一位老师在高三学生毕业典礼上发言的结尾说道：

同学们，你们的后面是“小小”的母校，你们的前面是整个世界。怎样走上这世界的光明大道去，这需要知识，需要理解——但尤其需要勇气和良知。同学们，愿你们心中永远飘扬着“人”字旗帜，以人道主义为橹，以理想主义为帆，驾着人生的航船，驶向那广阔壮丽的世界。至于我，只要我知道你们都快乐，我也会快乐的。再见了，亲爱的同学们，我将永远祝福你们。这种祝福只有在我生命结束时，才会终止。谢谢！

这位老师的发言饱含深情，寄托着对学生的祝福和希望，强调生命的意义，强调求学与做人的真谛，给人以深刻启迪，感染着每一位即将离校奔赴前面世界的学子。

（二）专题发言

专题发言也称专题讲话，是针对某一命题和内容，在有准备的基础上向听众发表有关某一事物的知识或对某一问题的意见的讲话，如教师在学校主题活动中被邀请所做的讲解或讲话。它主要有三个特点：

1. **针对性**。专题发言的命题一般都是事先确定的，发言者不能超出范围，要有针对性，有的放矢。跑题、顾左右而言他、前言不搭后语等都是专题发言的大忌。

2. **研讨性**。专题发言的命题或是具有争议性，或是具有知识性，能够引起与会各方的研究和探讨，研讨性较强。

3. **稳定性**。专题发言的内容因事先都提前确定，有所准备，所以它受时地的限制比较少，具有稳定性。

做专题发言时，要特别注意以下几个方面：

1. **言语要得体**。不同的专题具有不同的语境，不同的听众对发言者的言语也有不同的要求。比如，针对小说或政治学习做专题发言，发言者的言语就有所区别：小说具有生动形象，活泼有趣的特征，如果发言者语言生硬死板，干瘪乏味，听众就会乘兴而来败兴而归；政治学习应该严肃严谨，如果发言者语言过于俏皮诙谐，就会冲淡主题，达不到预期效果。再者，同样是小说的主题，面对不同的听众，发言者的语言风格也应有所区别。面对小学生时，言语选择应多诙谐有趣；面对青年人时，言语应多前卫新潮；面对成年人，应多考虑言语沉稳、专业。

2. **演练要充分**。无论是宣读式发言还是脱稿式发言，都应充分体现发言者的风度，因此发言者要重视正式发言前的学习和演练。一方面，演练可以对整个发言过程进行检验，从中发现问题，及时修正措辞、语气、手势等，选择恰当的发言技巧；另一方面，演练可以使发言者调整好心境和情绪，提前进入“角色”。

第四节　主持

主持是一门综合艺术，是在一定场合中对某项工作或活动的进行过程的掌握或处理。“主持”一词在《现代汉语词典》中的解释是“负责掌握或处理”，在英语里，“主持”是host，即主持人的意思。就一个集体而言，谁是这个单位的主导者，谁就是这个单位的主持人。如一个班集体，教师是这个集体的主导者，那么教师就是这个班级的主持人。在丰富多彩的校园文化生活中，教师往往在很多场合要担当主持人的角色，熟悉主持技巧和语言特点对于深化教育教学效果都将会大有裨益。

一、主持的分类

根据主持的内容，主持可以分为两类：会议主持和活动主持。

会议有程式性会议和非程式性会议之分。程式性会议的内容、主持人、发言人、发言顺序、发言内容等都是事先确定和安排好了的，主要是强调形式意义的会议，如开学典礼、代表大会的开幕式和闭幕式等。程式性会议的主持人一般不是主要领导人。非程式性会议则是根据会议的宗旨和议题发言，如研讨会、座谈会、办公会、民主生活会等。非程式性会议的进行主要靠主持人的随机控制，主持人一般是主要领导人。

活动主持包括讲演、论辩、竞赛、演出、联欢等文体、艺术和社交活动的主持。活动主持还可根据活动的规模、主持人的数量（单人主持、多人主持等）、主持和活动的关系（交替型、穿插型、综合型）进行分类。

二、主持的语言特点

中央人民广播电台的曹山老师在概括主持人的语言特点时，总结过四句话："没稿像有稿，有稿像没稿；貌似生活，高于生活。"这四句话概括主持人语言表达的特点是很贴切的。作为一个主持人，很多时候需要即兴表达，即兴地"说话"，这样，就会有思考的断续，不可能像念稿那样有连贯稳定的节奏，但这是直接思想的符号，这样的语言是鲜活的，也充满了活跃生动的感受。然而，这样的语言却又有可能太像生活的说话，缺少应有的美感。因此，主持者要能够把即兴发挥的语言表达得鲜活生动又规范准确，达到"没稿像有稿"的境界。育人润物无声的教师在引导学生求知求真的过程中也像一位主持人。教师课堂串讲词、引导语以及班会、诗会等主持词都具有主持人的语言特点。

口语化。相对于书面语而言，口语具有亲切自然、通俗平易、简洁明快、更加生活化的优点。有声语言有稍纵即逝的特点，它不像报纸那样的书面语言，看不懂的内容可以反复看，复杂的句子成分可以反复推敲，细细品味。所以主持人的语言应该是一听就懂，易于接受，符合受众收听收看的特点，能迅速拉近与受众的距离。请看下面这位"老师"是如何解释"邻居"一词的吧。

主持人倪萍的语言质朴通俗，深入浅出。一次以"邻里之间"为话题的《综艺大观》，串联词是这样写的："邻居是什么？是互相帮助的朋友，是你困难的时候，可以向他来求援的伙伴，是你生活中不可缺少的友情，是你生命中互相给予的人们。"倪萍觉得这段话缺乏特色，就改成了："邻居是什么？是你正在炒菜发现酱油瓶子是空的，于是便敲门要点酱油的那家人；是你出差了可以让他经常看看门锁是否被人撬开的那家人；是你家房子冒烟了，能第一个去打119的那家人。"倪萍像唠家常一样，把自己对"邻居"的真切感受化作具象的生活中的一幕幕场景，这样不仅更好地诠释了"邻居"的意义，而且邻里间亲如一家、互相信任、互相帮助的情意立刻荡漾在观众的心里。

规范化。主持人和教师的工作语言都是普通话，语言的规范性，就是指语音、词汇、语法等应符合普通话的规范。首先语音标准、吐字清楚是主持人普通话发音的基本要求。如果主持人的语音不规范，就会对受众产生误导。比如，有一个主持人在主持体育节目时竟将"力拔头筹"读成"力拔头等"。头筹是第一名，而头等则是第一级别，头等或许不止一名，本身含义不同，而且"筹"可以力"拔"，"等"怎么力"拔"呢？因传播媒介的不同，报刊读者可以查字典，而电视、电台的受众则只能误听误解了。其次，主持人的语言要用词恰当、简明清晰、表达准确，使受众在与主持人交流的过程中准确把握传播内容的实质，提高传播的有效性，避免生造词语、滥用简称、滥用方言和外来词等词汇误用现象。此外，主持人语言的语法也要规范。

个性化。“言为心声”，每个人的语言都会呈现出不同的特点，表现出不同的个性和认知世界的方式。节目主持人的语言会随着节目的不同要求而形成鲜明的个性特点，这正如教师口语具有不同的口语艺术风格。不同的广播电视节目要求主持人有不同的主持个性，节目的定位也与主持人的个性有着十分密切的关系。媒体往往根据主持人的鲜明个性和独特的语言表达方式为其量身定做节目，从而使主持人的个性化语言与节目风格相得益彰、更加鲜活。

鲜明性。广播电视节目是社会宣传的主流媒体，具有引导社会舆论、宣扬社会正气的作用，任何一个节目都要起到传递信息、表达观点的目的，因此主持人的语言具有旗帜鲜明的特点，不拖泥带水，不含含糊糊。

审美性。广播、电视节目要吸引受众，主持人的语言一定要富有美感，给人以美的享受。主持人语言的审美性主要体现在声韵美、辞采美和情感美上。声韵美是广播电视语言艺术性、审美性的重要方式，动听悦耳的声音和起伏有致的语流往往能够唤起人们的美感，主持人独特的嗓音也是给受众呈现出美的“第一印象”。辞采美也是主持人语言体现审美性的重要方面。主持人语言讲究口语化，要求亲切自然，通俗平易，但绝非不要体现文学性和逻辑性，既要简洁精练，又要俗中见雅，让人听起来亲切自然，声韵和谐。一位老师在讲授《果树园》一课时，也正像主持人一样用富有审美性的“主持词”拉开了《果树园》一课的帷幕：

当曙光冲破黑暗，大地刚从薄明的晨曦中苏醒过来的时候，蓦地，一轮红日跃出海面，将一片金辉洒向人间。于是，村舍、山峦、花草……大地上的一切宛如镀上了一层金色的薄光，偶尔闪光的露珠像甘霖一样沁人心脾，像醇酒叫人心醉，多美的清晨啊！晨光中的大地是美的，那么清晨的果园，果园的清晨又是一番怎样的美景呢？让我们随着作者丁玲的脚步去观赏一番《果树园》清晨美景吧！

三、主持的要求

主持者的语言应是汲取书面语的精粹口语，是强调规范性的大众口语，是讲究艺术性的宣传口语，是富有个性的正式口语，是应对得体的机智口语。主持者语言的要求主要有：语言基本层面的规范性、准确性；有声语言表达形式层面的明晰性、交流性、艺术性；语言内容组合层面的平易性、贴近性、沟通性、服务性、亲和力、个性化、幽默感等。“叙事能让人仿佛目睹，说理能让人心悦诚服，只言片语让人久而不忘，长篇大论可以听之不倦。”（吕叔湘语）

（一）精心准备

主持者通过口语串联活动或节目环节，驾驭进程，活动开场、推进、终结每个环节都要精心准备，讲究口语技巧。开场关键要引人入胜，一开始就要像一块巨大的磁石，牢牢地吸引住观众。主持人白岩松在《东方之子》的《学者系列——季羡林》的开场白中，以平和的语气讲述了一个令人感动的故事：

也许，了解季羡林可以从这样一个真实的故事开始：几年前，有一个北京大学的新生入学带了大量的行李，他看见路边有一个纯朴得像农民一样的老者，便以为是学校的工友，于是，他让这位老者替自己看行李长达半小时之久。这位老者欣然同意，并尽职尽责地完成了任务。过了几天，北京大学召开新生入学典礼，这位同学惊讶地发现，坐在主席台正中的北京大学副校长季羡林正是那天替自己看行李的老者。

这段白描化的口语，平常极了，但却在不经意间展现了这位老者可亲可敬的一面。这些语言具体而独特，有很强的吸引力。它是具象的，然而其意味却可以因观众不同程度的感受而显得十分丰富。假设主持人报简历似地罗列一番季羡林的成就和头衔，肯定是一副“公事公办”的面孔，干瘪、生硬。白岩松以讲故事的方式，产生了一种“先声夺人”的奇效，使季羡林的形象在观众面前有血有肉了，而且主持人对采访对象的崇敬之情也溢于言表，跟观众形成了亲切的沟通，有效地唤起了观众收看节目的兴趣和愿望。

主持者一个重要任务就是要串联起活动或节目，不断地做好铺垫，推进整个活动，使节目浑然一体。因此，主持者的语言要简洁，准确，能够承上启下，过渡照应。如在舞蹈《酥油飘香》和《蒙古人》之间，主持可以找准它们的异同点：都是少数民族舞蹈，所不同的是上一个节目以女孩为主，下一个节目以男孩为主。于是在国庆文艺晚会上，两者之间的串联词笔者是这样写的：

我们伟大的祖国是一个多民族国家，各具特色的民族文化如同璀璨的明珠，异彩纷呈，这不，藏族姑娘的酥油茶还没喝完呢，我们的范泽蓉老师又领着一群蒙古小伙子身着节日的盛装赶来了。

节目结束语也切忌粗疏草率，要巧于结尾，或掀起高潮，给人以鼓舞和欢笑；或波澜不惊，给人留下回味和思考。如一位主持人在一次庆功表彰会上的结束语是这样的：

庆功结束时我想到了一件事：有人问球王贝利哪个球踢得最好，回答是“下一个！”有人问著名导演谢晋哪部影片导得最好，回答是“下一部！”有人问一位著名演员哪个角色演得最好，回答是“下一个！”看来我们在庆功表彰中也应当牢记“下一个，下一部！”散会。

这位主持人以球王贝利、著名导演谢晋和著名演员的回答，巧妙地作为回应，这种表达有深刻的寓意，富有鼓动性，意思是希望继续努力，再创佳绩。结束语戛然而止，却产生了余音绕梁、回味无穷的作用。

（二）灵活应变

在正式主持活动的过程中，难免会遇到意想不到的情况，主持者要积极发挥自己的组织和引导作用，注意灵活控制气氛，机智应变，因势利导，既要避免冷场，又要防止场面过分热烈而失去控制，保证活动切实按预定程序进行。管金麟、梁遂主编的《演讲学教程》中，记载了这样一个生动的例子：

某大学举办演讲会，定于晚上在一楼大教室举行。7点整，主持人走上讲台。因为第一个演讲者的题目是《含笑的时代》，所以他事先准备了开场白："我今天很高兴，我看到大家也很高兴。我们都在笑！但是，一笑之后，我不禁要问：'这笑包含着什么？'作为今天演讲会的开始，我们就先请××同学来分析一下我们笑的内容吧。他的演讲题目是《含笑的时代》！"

但是，当主持人刚刚讲完开头两句"我今天很高兴，我看到大家也很高兴"时，教室的电灯突然全灭了。同学们哄堂大笑，闹翻了天，只好改在二楼教室里进行。这种意外情况打乱了主持人的计划，当他重新上台时，灵机一动，说道："现在我仍然很高兴。"台下又是"哄然大笑"，整个会场气氛一下子活跃起来。他接着说："好事多磨，在经过一场意外事故之后，还有这么多热情的听众，我怎么能不高兴呢？！我首先代表今天参加演讲的几位同学向大家表示衷心的感谢！"这时，群情激动，大家热情地鼓掌，演讲会顺利开始了。

这则例子很好地体现了主持人根据意外事故，随机应变，灵活串联，化被动为主动，显得自然得体。

（三）总结经验

善于总结经验，吸取教训，可以使人不断进步，对于主持人来说，每一次主持经历都是宝贵的经验，要随时对自己的主持效果进行认真总结，检查自己的不足或需要改进的地方，了解活动结束后的信息反馈，从而使自己的主持水平不断提高。

信息栏 12-4

担任主持人的要求

1. 敏锐的观察
2. 准确的记忆
3. 灵敏的应变
4. 得体的态势
5. 明快的表达

[资料来源] 国家教委师范教育司组织编写，教育部师范教育司组织修订：《教师口语训练手册》（修订本），首都师范大学出版社2008年，第217—219页。

【反思与探究】

一、一般口语交际有什么特点？

二、朗读的要求是什么？

三、演讲前，都需要做好哪些准备工作？

四、演讲中，如何运用好体态表达深化演讲效果？

五、即席发言应该把握好哪些原则？

六、主持人的语言有什么样的特点？

七、以“展望未来”为主题做5分钟的命题演讲。要求：运用所学内容，撰写演讲稿，注意开头、结尾的写法。

八、假如你被评为“年度十佳道德模范”，在颁奖现场，请你发表获奖感言。

九、主持召开一次“环保从自我做起”的主题班会。

【训练与提高】

一、综合运用朗读技巧朗读《再别康桥》。

徐志摩《再别康桥》

轻轻的 ‖ 我走了，→
正如 ‖ 我轻轻的来；↗
我轻轻的 ‖ 招手，→
作别西天的 ‖ 云彩。↘

那 ‖ 河畔的金柳，→
是夕阳中的 ‖ 新娘；↗
波光里的艳影，→
在我的心头 ‖ ↗荡漾。↘

软泥上的青荇，→
油油的 ‖ 在水底招摇；↗
在康河的柔波里，→
我甘心 ‖ 做一条水草！↘

那榆荫下的一潭，→
不是清泉，是天上虹；↗

揉碎在浮藻间，→

沉淀着‖↗彩虹似的梦。↘

寻梦？↗撑一支长篙，→
向青草更青处‖漫溯；↘
满载一船星辉，→
在星辉斑斓里‖↘放歌。↗

但我不能放歌，↘
悄悄↗是别离的笙箫；↘
夏虫也为我沉默，→
沉默‖↘是今晚的康桥！↗

悄悄的‖我走了，→
正如‖我悄悄的来；→
我挥一挥衣袖，→
不带走‖↗一片｜云彩。↘

二、熟读下面的演讲内容，注意把握演讲主题，综合运用语言技巧和态势语，先进行单独演练，然后公开试讲。

微笑本身就含有曙光

100年前他死了，但他的灵魂却是不朽的。他离开人世，满载着世间的成就及最光荣、最艰巨的责任，使人类的心灵得以充实、向善。他死时，被过去的人诅咒，为未来的人所祝福，然而这也是荣耀的两种最高表现，一方面为当代人及子孙歌功颂德，另一方面却也免不了因生前的追逐名利而招致憎恶。他不只是一个人，而是代表一个时代，由于他得以完成时代的使命，无疑地，借着上帝的意志，在命运及自然的法则下完成了他该做的工作。……

让我们在他的墓前鞠躬吧！让我们记取他的忠告吧！虽然他在100年前已死，但他的成就是不朽的，也让我们记取其他伟大的思想家的忠告吧！让我们停止流血事件吧！够了！够了！专制政治！野蛮主义早该消灭，让文明兴起吧！让18世纪来拯救19世纪！那些哲学家们都是真理的门徒，在独裁者欲发动战争之前，让他们宣布人类生命权及良知的自由权，还有理性的崇高、劳力的神圣、和平的祝福。既然王权表示黑暗，就让光明从那些死者的坟墓中射出来吧！

（节选自法国雨果在纪念18世纪启蒙思想家伏尔泰百年祭日时发表的演讲）

三、根据下列材料，做即兴发言。

如果你毕业后，分配到一所学校任教，在“欢迎新教师座谈会”上，校长请你发言，你怎么说？

提示：

第一，思维点要展开，否则三言两语就说完了，显得单薄。

第二，在讲的时候，要注意内容的中心和重点，不要“放野马”。

第三，要会“避”。在大量思维点中，众所周知的、自己知之不深的或有争议的问题，均宜避开，应全力抓住最有把握、最能体现主题或引起共鸣的东西讲。

四、学校召开欢迎新生演讲会，主题是“在大学你都应该做些什么”，邀请你做主持人，请你为这个演讲会设计一个开场白。

提示：设计时，尽量避免说教的企图，可以采用委婉曲折，含蓄入题或幽默风趣的方法开场，打开局面，导入议题，形成轻松活泼的会议基调。

五、以李白的《将进酒》和苏轼《水调歌头·明月几时有》两首旧体诗词为范本，进行朗读训练，注意朗读的节奏，掌握重音断连，通过朗读熟悉平仄特点等。

六、朗读俄国作家契诃夫《变色龙》，认真体会人物语言的刻画，综合运用声调、表情、停顿等朗诵技巧，根据作品提供的场合，把握人物心理、态度的变化，采取按角色的形式进行朗读训练。

七、模仿训练。

先观看一小段精彩的演讲录像，如《我有一个梦想》《最后一次讲演》等，细心揣摩演讲者语言表述的技巧，比如语调、语气、重音等；细心揣摩演讲者处理态势语言的技巧，比如身姿、手势、表情、目光等。

八、设计下面几场活动的主持人串场词并模拟主持。

1. 班级的班会
2. 班级学生干部会议
3. 班级之间的联欢会
4. 学校庆祝新年晚会
5. 学校诗歌朗诵会

第十三章　教师口语艺术风格

【学习目标】

理解教师口语艺术风格的内涵、意义，掌握教师口语艺术风格的表现与类型、形成因素和培养途径，学会赏析不同类型的教师口语艺术风格，并尝试训练培养自己独特的口语艺术风格。

【引　言】

捷克教育家夸美纽斯说，具有好的口语技巧的教师教起课来“既使人感到愉快”，又“教得彻底”。可见，独具风格的教师口语对教育教学工作起着十分重要的促进作用。教师口语艺术风格是教师教育教学风格形成的重要标志，教师口语风格一方面是教师口语艺术的高度凝练，另一方面也是教师成熟丰满的人格魅力的集中体现。“风格即人”，教师要实现“经师”与“人师”的完美统一，就必须培养自身独具个性的良好的口语风格。本章着重讨论教师口语艺术风格的表现与类型、教师口语艺术风格的培养及教师口语艺术风格的赏析等问题。

第一节 表现与类型

一、教师口语艺术风格概说

（一）教师口语艺术风格的内涵

“风格就是人”，不同的人有不同的风格。风格可以从一个人的言谈举止、音容笑貌上表现出来。从理论上讲，每个人的语言也都有自己的风格。正如王希杰先生所说的：“没有自己言语风格的人，是没有的。”[①]因而每位教师，无论是语文教师还是数学教师，小学教师还是中学教师，出色的教师还是普通的教师，他的教学语言也都有自己的风格色彩。不过，这种风格“有一般与典型之别，自成体系与否的差异”和“好的风格和坏的风格”之分。当然，人们一般关注的是典型的、自成体系的、好的风格，因为这是一个教师语言运用成熟的标志。

信息栏13-1

风格的定义

关于风格的定义，有各种各样的下法。在我国，下面两种说法是影响较大的。一种认为，风格是一种特殊的气氛和格调，“语言风格中的风格就是语言在不同的交际场合中被人们运用来进行适应这交际场合，达到某一交际目的时所产生的特殊的言语气氛或言语格调。”另一种认为，风格就是特点的总和，“语言风格，就是运用语言时所表现出来的各种特点的总和。”

［资料来源］傅惠钧:《教师口语艺术》，浙江教育出版社1999年，第256—257页。

我们这里只说教师的言语交际风格，并且限定在口头的言语交际，即教师职业口语的风格。因而，我们可以这样理解教师口语艺术风格的内涵，即教师在运用标准语言从事教育教学活动的过程中所展示的口语表达技巧并由此而形成的特有的言语气氛和格调。它是教师言语个性的重要体现。

（二）教师口语艺术风格的意义

教师是以“舌耕为业”的。教师口语艺术是实施教育教学工作最基本、最直接的手段，是开启学生智慧之门的钥匙。一名优秀教师的口语艺术风格的教育教学质效也容易达到最优，对学生的影响也最深刻。捷克教育家夸美纽斯曾说过，具有好的口语技巧的老师教起课来“既使人感到愉快”，又“教得彻底”。可见，独具风格的教师口语对教育教学工作起着十分重要的促进作用。

---

① 王希杰:《修辞学通论》，南京大学出版社1996年，第503页。

1. **提高教育教学的质量和效果**

苏霍姆林斯基在谈到教师的素养时指出：教师语言修养的优劣，很大程度上决定着学生在课堂上的脑力劳动的效率。优秀的教师口语，能化抽象为具体，化深奥为浅显，化平淡为神奇，激发兴趣、启迪心智、滋润心灵，从而提高教育教学质量与效果。优美动听的教学口语，是增强教学吸引力和感染力的重要因素。富有激励性、启发性、诱导性的教学口语能调动学生学习积极性、提高学生学习有效性。

2. **促进学生多方面能力的发展**

优秀的教师口语不仅影响教师教育教学任务的完成、效果的优化，而且直接影响学生多方面能力的发展。

（1）影响学生逻辑思维能力的发展

“语言是思想的直接现实”，教师口语水平的高低直接反映其逻辑思维能力的高低，有序严密的逻辑思维是艺术表达的前提。学生通过老师高超的口语艺术，获得教师思维进程的信息，学习到老师思考问题和解决问题的良好方法，体验到动脑思考的快乐，从而激发学习兴趣，提高逻辑思维能力。生动形象的教学语言会影响到学生的形象思维，理性概括的教学语言会影响到学生的抽象思维，机敏灵活的教育教学语言会影响学生思维的敏捷性与灵活性，严谨深邃的教育教学语言会影响学生思维的独立性和深刻性。爱因斯坦说过，一个人的智力发展和他形成概念的方法在很大程度上是取决于语言的。教师逻辑性强的语言对学生的思维品质有着不可低估的迁移作用。

（2）影响学生语言能力的发展

教师语言不仅用来授业解惑、教书育人，还对学生的语言表达起着示范榜样作用。教师优美动听的语音、生动准确的表达、侃侃而谈的风度、能言善辩的风采、出口成章的本领，都是学生学习的榜样。学生在教师言之有物、言之有理、言之动情、言之生趣的教育教学口语的潜移默化的熏陶下，会对语言产生浓厚的学习兴趣，产生学习的冲动与愿望。

（3）影响学生审美能力的发展

教师口语风格是教师口语艺术的高度凝练，如同其他艺术一样具有强烈的美感。特别是教学口语艺术，它既有日常口语的通俗平易、自然活脱的优点，又十分讲究得体、匀称和洗练。它接近书面语，是具有书面色彩的口头语，优秀教师会尽可能地摄取书面语的严谨、精确、典雅、形象生动和创新活用，使课堂语言充溢浓浓的书卷气，从而使学生获得深层次的审美感受，引发审美想象，丰富审美情趣，培养和锻炼学生的审美创造力。苏霍姆林斯基说过：“教师讲的话带有审美色彩，这是一把最精致的钥匙。它不仅开发情绪记忆，而且深入到大脑最隐蔽的角落。”

（三）教师口语艺术风格的主要特征

教师口语艺术风格，是教师在长期的教育生涯中刻苦磨炼、不断创造才逐步形成的带有某种稳定性、独创性和显著个人特征的语言风格。优秀教师口语艺术风格是和他们教学艺术的风格一致的，即带有明显的个体性特征、创造性特征和审美性特征。

1. **个体性**

人的语言风格的差异决定了教师口语艺术风格具有鲜明的个体特征，文如其人，话亦如其人，教师的口语表达更能真实地反映出一个人的本色。教师口语艺术风格的个体性不仅与性别、年龄和性格等先天因素有关，也与教师的审美情趣、文化学识、生活阅历、思维形式、教育教学理念等有着密切关系，换句话说，个体性实质上是这些因素综合作用的结果。

2. **创造性**

教育教学过程中学生个体的差异和各学科的不同规律以及教育教学过程中的不确定因素必然影响着教师口语的表达，因而，教师在教育教学过程中就得充分考虑学科特点，研究学生差异，结合自身的特征不断地、创造性地调整言语策略。在语词选择和语句组合方面、在用独特的语言形式灵活处理教学内容方面、在用机智语言巧妙应变课堂突发、偶发情境和教学矛盾方面都能很好地体现出教师口语艺术风格的创造性。

3. **审美性**

教师口语艺术风格具有丰富的审美效应。审美性表现在口语的两个方面：第一在内容上体现出语言的思想美和人性美，因为“教书育人”是教育的根本，且“情动于心而形于言”，这是教师口语的灵魂；第二在形式上体现出教师的语音美、语调美、节奏美、语言形象美和非言语表达美等。这两个方面相辅相成，缺一不可。

二、教师口语艺术风格的表现与类型

由于形成口语艺术风格的教师、学生及教育教学内容等主客观因素的纷繁复杂，教师语言艺术的多姿多彩和鉴赏角度的各不相同，决定了教师口语艺术风格的千姿百态，异彩纷呈。让我们从下面的示例谈起。

[示例1]

师：你看你，也算是考了个第一名，可惜是倒数的。你动不动脑子啊？

生：考最后一名也是我动脑筋考到的。

师：你还有理？你要把这歪脑筋用正道上就好了，死不要好。

生：你要好干吗在这乡下学校教书？神气什么？

[示例2]

师：这次好像又考砸了，看来数学真是你的弱项。你想不想改变这一穷二白的面貌啊？

生：当然想，可是……

师：想就有戏唱，老师愿意帮助你。这样，放学后你在教室里等我，我们来个不见不散，怎么样？

生：嗯，谢谢老师。

师：我们可要约法三章，吃小灶啦，那就只能进步，不许后退。接受挑战吗？

生：听老师的，请相信我！

上述两位老师的教育方法，你赞同哪一个呢？哪一个会取得理想的效果呢？不言而喻，当然是后者。这是因为后者说话讲究了口语艺术风格。

首先，这位教师有一颗爱护学生的心，不轻易伤害学生的自尊，其言语风格表现出的基调是友善型的，措辞得体，用了许多表示委婉语气的词，如“好像”“又”“看来”“真是”等等，既让学生感觉到问题的存在，同时又不失学生的“面子”。更让学生感到贴心的是：老师考虑到学习不好的学生到老师办公室可能会拘谨、紧张，因此老师诚恳地提出在教室补课。其次，老师在摸准对方想学好的心理后，趁热打铁，适时地提出了合作方案，明确目标，要求学生积极配合，“有戏唱”“愿意”“不见不散”“约法三章”“只能进步，不许后退”等言语充满了期望，让学生感到老师既亲切平和，又严肃认真。至此，老师取得了信任，学生树立了信心，教与学走上了良性循环。只有把握了教师口语艺术的人才会获得这样的成功。像第一位老师采取破坏性的言语策略，讽刺挖苦，当众揭短，导致学生自暴自弃，其结果是两败俱伤，容易形成教学的恶性循环。

那么，教师口语艺术风格究竟有哪些类型呢？我们根据教师口语体的表现特点，把教师口语艺术风格大致分为平实通俗型、生动鲜活型、简约严谨型、繁丰疏放型、庄重典雅型、幽默诙谐型共六种，以下分别加以说明。

信息栏13-2

教学口语艺术风格与教育口语艺术风格

1. 教学口语风格是指教师在长期教学活动中运用口语而逐步形成的相对稳定的言语格调。

2. 教育口语风格是指教师根据德育任务，在有目的地对学生进行思想品德教育过程中，运用口语而逐步形成的相对稳定的言语格调。

3. 根据教育口语的特点，我们把教育口语风格大致归纳为以下六种类型：

①循循善诱，耐心启发　②礼貌诚恳，平等友善

③切中肯綮，鞭辟入里　④含蓄委婉，幽默暗示

⑤激励鼓动，热情奔放　⑥刚柔相济，轻重得体

［资料来源］程培元主编：《教师口语教程》，高等教育出版社2004年，第340页，第356—362页。

（一）平实通俗型

教师在叙述、讲解、分析、议论时，平平常常、实实在在地道来，不加修饰，不做渲染，不事雕琢，辞达而已。语言朴实无华，通俗易懂，具有一种朴素美和纯真美。用词多是通俗晓畅的口语词、常用词；句法多用简短句、叙述句；辞格很少使用夸张、比拟、借代、反语等藻饰性辞格。这种风格以质朴平易、通俗自然、明白晓畅为特点。李白所谓的“清水出芙蓉，天然去雕饰”，正是这种风格所表现和追求的境界。

特级教师斯霞的口语艺术风格的显著特点就在于平实质朴，通俗自然。平实质朴不是乏味寡淡，通俗自然也非苍白无力。她的这种平实质朴、通俗自然的口语艺术即是一种提炼加工而显得极为纯净的富有表现力的艺术结晶。如她讲“能手”：

师：什么叫“能手”？

生：“能手”就是很能干，又可以叫“巧手”。

师：“能手”和“巧手”又有点不同，射箭能手在哪一方面能干，本事很好？

生：射箭方面本事很好，叫射箭能手。

师：假如这个人枪打得很好，叫什么？

生：射击能手，神枪手。

师：如果种棉花种得特别好，或是种水稻技术特别好，叫什么？

生：植棉能手，种水稻能手。

这样的语言，平实中见智慧，通俗中寓深意，化深为浅，化难为易。这样的平实体现了教师长期锤炼语言文字的功夫，看上去朴素、明朗，其实正是练达、老到和炉火纯青的标志。

（二）生动鲜活型

这是一种与平实通俗相对应的风格。这种风格以清新优美、形象生动、鲜灵活泼为特点，用语讲求辞采，注重修饰，而且情思丰富，色彩鲜亮。用词注重词语声音的和谐，多使用色彩鲜明的形容词；句式不拘一格，灵活多变；辞格运用上多用比喻、借代、比拟、拈连等富有形象性和生动性的辞格。

特级教师于漪的教学语言的底色就呈现出生动鲜活的风格。她在讲述《绿》时设计了这么一段导入语：

同学们都熟悉王安石的诗《泊船瓜州》，大家一起背诵：

京口瓜州一水间，钟山只隔数重山。春风又绿江南岸，明月何时照我还。

大家都知道这首诗第三句写得好，第三句中“绿”字用得最好。据说他为选用这一字煞费苦心，曾用过“到”“入”“过”“满”等十几个字。“绿”字用得妙，形容词动词化，有色有形，化静为动，一字用妥，尽得风流。我们今天将要学习的朱自清的散文，也以《绿》为题，表明他对绿的钟爱。绿是生命的象征，生命之树长青!《绿》这篇散文是一幅明丽诱人的图画，是一块纯洁温润的美玉，是一首情彩横溢的诗歌，是一曲幽雅动听的乐章，让我们一起来欣赏这绿的美吧。

这段话，一开始就以诗入题，轻松地引出了“绿”的主题，给人形象生动，鲜灵活泼的印象。运用排比、比喻的修辞格把《绿》这篇散文比作明丽诱人的图画，纯洁温润的美玉，情彩横溢的诗歌，幽雅动听的乐章，更是增添了“绿”的鲜亮色彩。这样的教学用语，诗中有画，画中有诗，怎能不让学生情思神往，趣味盎然。

（三）简约严谨型

顾名思义，这种风格用语形式简约，意蕴丰富严谨；讲究语句的斟酌，以尽可能少的语言表达尽可能多的意思，并做到严谨周密，略无疏漏；表达简练，力戒冗词赘语，有时也用一些诸如省略跳脱、短小的排比、精警的比喻等修辞手法。《学记》中所谓的

“约而达，微而臧，罕譬而喻”，实际上就是这样的一种语言风格，其特点是简明扼要、言少意周。叶圣陶先生也力倡教师的语言要简练周密。

历史教师郝陵生讲授《原始社会》有这么一段话：

原始社会分两个阶段：第一阶段是原始人群，主要有元谋人、蓝田人和北京人；第二阶段是氏族公社。前一时期是母系氏族公社，其典型，前期为山顶洞人，繁荣期是半坡氏族和河姆渡氏族。后一时期是父系氏族公社，其典型是大汶口文化中晚期。①

这段话概述“原始社会”的分期，提纲挈领，信息量大。用语极少使用虚词，没有一个冗词，句子主干突出，极少修饰，既言简意赅，又严密周至。

简约和严谨是相互联系的。简而不严，那是苟简。另外，简约严谨的风格往往也是平实通俗的，但简约严谨型更注重意蕴丰富、简练而周详的风格，平实通俗型则多质朴浅显，晓畅明白。

（四）繁丰疏放型

这是与简约严谨相对应的一种风格，以表述详尽、粗放不拘为特点。叙事说理，尽情发挥，随意铺陈，不避繁复，力求把话说深说细说全，且表达自如，不受拘束，注重细节表述，极尽铺排之能事；用词多同义联用，句式多用叠句、散句，辞格上常用排比、穷举等。

山东青年特级教师程翔在讲述《孔乙己》时说：

孔乙己就这样在人们的笑声中死去了。孔乙己静悄悄地死去了，他的死一点也没有惊动这个社会，他的死就像树上无声地落下一片叶子，就像荒野中悄悄枯死了一棵无名小草。孔乙己在笑声中出场，在笑声中度日，最后在笑声中死去。他活着的时候，封建社会公开地侮辱他、损害他，用封建意识毒害他、麻醉他。他盲目地挣扎了一辈子，被别人践踏，自己也践踏自己。这个可悲的下层小知识分子啊，被吃得干干净净；这个可悲的孔乙己啊，成了封建科举制度的一个牺牲品。②

这是程翔老师对孔乙己悲惨命运的描述，可谓挥洒自如，发挥尽情。不仅在笑声中死去了，还“静悄悄地”，“一点也没有惊动这个社会”，然后运用比喻，继续形容死得悲惨，不避繁复。控诉封建制度也如是，侮辱、损害、毒害、麻醉、践踏，都在语境中具有相似的意义，而程翔老师不受拘束，同义联用，随意铺陈，繁丰疏放的风格鲜明可见。

（五）庄重典雅型

这种风格体现在教师的教态上多是沉稳持重，庄重斯文。用语注重摄入书面语，句

---

① 王铎全主编：《名师授课录：中学历史》，上海教育出版社1993年，第4页。

② 程翔：《语文课堂教学的研究与实践》，语文出版社1999年，第44页。

式平稳，整句、长句出现频率略高，善于引用典故、诗词、成语、格言、警句等，典雅含蓄，优美精练，有着浓厚的“书卷气”。

湖北萧红耘老师上《醉翁亭记》有这么一段：

《醉翁亭记》中的“醉翁”可以看作一个人物形象，也是作者自我人格的真实写照。醉翁之“醉”大有深意，作者愁肠百结，郁闷万种，尽在一“醉”之中，这里的“醉”，是愤懑之情的排遣，是自得之志的宣泄，是待时而出的寄托。这一“醉”，深刻地揭示了一位封建文人既忧国忧民、守志直行，又忠君卫道的复杂思想感情。因此，今天我们读第一人称或第三人称写的散文时，要注意发掘其中人物形象的内蕴。①

这是萧红耘老师分析课文、概括文章的一段话，用语优美精练，句式平稳，斯文雅致，韵味醇厚，庄重典雅之风扑面而来。

（六）幽默诙谐型

这种风格的特点是机智风趣、奇巧生动、妙趣横生、益智明理、轻松活泼。教师讲课时谈笑风生，诙谐幽默，寓庄于谐，话语的语速较快，语流顺畅，妙语连珠，课堂里不时传来笑声。善于创造课堂幽默效果的教师，都善于利用语言的音变、形变、义变。由变异而形成的移时、拈连、歇后、析词都是常用的幽默手段。

幽默诙谐型的教师口语艺术风格是教师机智的表现。请看陈应生老师上《林黛玉进贾府》的精彩讲述：

师：现在要讨论的是，曹雪芹写这些贾府的“软件”所表达的“精神”，与院落房屋的“硬件”所表现的“显赫”，其作用是什么？

生：意在揭示一个封建大家庭的鼎盛繁荣。它的富贵尊荣，不仅是物质的，还有礼教的……

师：对！贾府的环境，有着丰富的文化内涵，我们得感谢“导游小姐”林黛玉，她让我们得以领略这种无从亲临参观的“历史风景”。当然，最终功劳还是曹雪芹的，是他一手“策划”了我们这次穿越“时间隧道”的“故国神游”。②

这是陈应生老师在引导学生分析了贾府院落房屋、规矩礼法的描写后说的一番话。他把贾府气势恢宏的院落和布置精妙的屋内陈设称为“硬件”，把林黛玉进贾府所感受到的“一种逼人的神魄”，亦即贾府的“规矩礼法”“繁文缛节”称为“软件”，把林黛玉称为“导游小姐”，另外还有“历史风景”“策划”“时间隧道”“故国神游”等词语，这些都是通过突破语言常规的变异，或曲用，或移时，使话语充满着幽默韵味，达到教学效果的。

---

① 萧红耘：《一半清醒一半醉》，《语文学习》1996年第1期，第27页。

② 傅惠钧：《教师口语艺术》，浙江教育出版社1999年，第280页。

第二节　艺术风格培养

一、形成因素

教师运用特定的口语表达艺术向学生“传道授业”，然后学生做出反应，教师再调整言语重新向学生答疑解惑，这样循环往复的过程便形成了教师口语艺术风格。由此可见，教师口语艺术风格的形成是多方面因素合力的结果，概括地讲，主要有表达主体（教师）、接受主体（学生）、表达对象（教育教学内容）和表达载体（语言本身）四个方面。

（一）表达主体——教师

教师是形成口语艺术风格的主观因素。风格总是属于人的。“言，心声也”“吐纳英华，莫非情性”“文如其人，人如其文”讲的都是这个道理。教师的性别、年龄、个性等先天因素和后天形成的品德修养、知识结构、思维品性等各方面的主观因素，对教师口语风格的形成都具有十分重要的影响。从某种意义上，我们可以说教师口语风格是教师“自我”在语言上的一种体现。

1. 影响教师口语艺术风格差异的先天因素

影响教师口语艺术风格差异的先天因素主要有性别、年龄和性格等。首先是性别，男教师和女教师在言语风格上有着明显的差异。男教师的言语风格以刚健、直接、朴实、自然、深沉、幽默见长，主要表现在语气、选词、语速、语势、音质诸方面。语气上显出刚健，选词上显出直接，语速上显出自然、朴实，语势上显出平易流畅，音质显出深沉、浑厚。女教师的言语风格则以温柔、委婉、激情、生动、含蓄、典雅多见，语气中显出温柔，选词上显出委婉、含蓄，语速语势变化显示激情、典雅。当然，以上区分也不是绝对的，现实中存在着交叉现象。年龄也是影响言语风格的要素之一。不同年龄的教师有不同的言语风格，同一教师在不同年龄阶段言语风格也有所变化。青年教师多显热情奔放，苦乐溢于言表；中年教师则显稳重、深沉；老年教师多显得耐心、朴素等。最后，性格也是构成教师言语风格的最重要的因素。性格不同，风格迥异。性格开朗、豪爽的教师，其语言往往具有刚健、率直、奔放、幽默的特点；性格沉稳、持重的教师，其语言往往具有严谨、朴实、含蓄、庄重的特点；性格温和、淳厚的教师其语言往往具有亲切、随和、平易、柔婉的特点；而性格干练、爽直的教师，其语言则往往具有简洁、明快、干脆、利落的特点。如魏书生老师疏放奇异的语言特点的形成，与他豁达开朗、趋新求异、兴趣广泛的个性特征是分不开的。

2. 制约教师口语艺术风格形成的后天因素

教师作为个体的人，通过后天的学习逐步形成的稳定的具有个人色彩的品德修养、知识结构和思维品性，是制约教师口语艺术风格形成的后天因素。

教师品德修养的差异，如教师道德感和责任感的不同，教师对教育工作和教育对象的态度的不同等，都直接制约着教师的语言运用，影响教师口语风格的形成。斯霞老师亲切、纯真、质朴的口语风格，显然与她对学生的爱是分不开的。她深深地热爱自己的学生，像母亲一样地对待自己的学生，这份挚爱体现于她的言语活动的各个方面，体现于她的整个教学生涯。毫无疑问，这是她富有个性的口语风格的重要成因。

教师知识结构的差异，如知识储存量的大小，知识内容的差别，知识广度、深度、新度的不同等，对教师口语风格的形成同样会产生影响。疏放的风格多属于那些知识储存量大、阅读面广的教师，如魏书生老师的言语表达收放自如、开合有致，这显然与他具有广博新异的知识是分不开的。一个知识偏狭、阅读面窄的教师与疏放的言语风格是无缘的，而典雅的风格则往往属于那些文学素养较高，尤其是古典文学功底较为深厚的教师。

教师思维品性的差异，如思维灵敏度的不同，偏重于形象思维抑或偏重于抽象思维的不同等，同样影响着教师口语风格的形成。长于抽象思维的教师往往具有严谨、平实、明快、简约的风格，而长于形象思维的教师则与典丽、鲜活、繁丰的风格有更多的联系。钱梦龙老师善于逆向思维，经常从反面、侧面切入思考问题，进行提问或讲授，在语言表达上常常出奇制胜，新奇成了他的语言风格的一个侧面。

（二）接受主体——学生

教育教学活动是师生双方的合作行为，为学生所理解接受，是风格形成的目的，是风格存在的价值。 所以，教师口语艺术风格在形成构建中一定要充分考虑学生这个接受主体，只有得到学生普遍认可的风格才是成熟理想的风格。学生的年龄特点和认知水平对风格的形成有引导和制约作用。

譬如，七八岁到十二三岁的小学生的心理特点还处于幼稚阶段，他们的思维以形象思维为主，逻辑思维能力还较弱；注意力还不够稳定，不易持久，容易被新异的刺激所吸引；知识面较窄，语言的理解和表达能力不强，词汇量小；感情易于外露，对教师依恋的情感很明显；等等。这些特点都制约着教师的语言运用，要求教师的语言具有更强的直观性、趣味性、浅易性、亲切性，从语气音调到遣词造句，从语言到态势语都富有稚气童真的韵味。再比如，处于少年向青年过渡时期的中学生，其心理特点由半成熟而趋于成熟，抽象思维开始占主要地位，注意力的稳定性、持久性加强，知识面逐渐拓宽，语言的理解和表达能力增强，语汇量扩大，等等。这些特点同样影响到教师的语言运用。中学生既喜爱教师形象、生动、浅显、有趣的语言，对教师富有理智性、抽象性、典雅性的语言也同样表示欢迎。就教师来说，这一阶段，在注意语言的形象性特点的同时，有意识地强化语言的抽象性、逻辑性，适当增加书面语成分，对培养学生的抽象思维能力、提高语言水平，是很有必要的。而这些正是理智型、典雅型等言语风格形成的基础。

（三）表达对象——教育教学内容

教育教学内容的性质特点直接影响教师语言的选择与运用。各学科特点的不同以及各年级内容的差异等都会直接影响风格的形成。文科教学内容具有很强的人文性，教材本身就有较为强烈的情感因素和形象色彩。教师不仅要教给学生有关的理性知识，还要通过情感的陶冶、形象的熏染以塑造学生的美好心灵。这种特定的教学内容和教学目标，要求文科教师的教学语言更多地具有情感性和形象性。数理化等学科的教学内容具有严密的科学性。它们是从自然现象中抽象概括出来的，由一系列概念、原理、公式、定律、法则构筑而成的知识体系。这种特定的教学内容，要求理科教师的教学语言更富有准确性、逻辑性和简洁性。

（四）表达载体——语言本身

虽然教师、学生、教育教学内容对语言风格的形成具有十分重要的作用，但是语言风格形成的物质基础，还是语言本身。任何一种风格的形成，都离不开语音、词汇、语法等语言要素，以及由这些要素组合而成的语言手段，如辞格、辞规等。

1. 语言要素

（1）语音要素。语音，作为语言的物质外壳，是语言风格赖以生成的重要物质材料。在教师口语中，汉语声韵调的不同特点，汉语音节的不同配置等因素自然也是表现风格的重要物质材料。需要指出的是，教师口语，作为口头语言，其语音是动态的、活的、立体的。不同的音质、音量、音速、语气、语调、停顿、节奏等，对风格的形成都具有一定影响。有的教师声音甜润优美，有的宏亮高昂，有的纤细柔和，有的则沉稳低缓，这就表现出各种不同的风格。魏书生老师疏放奇异的口语风格，与他对语音的个性化运用是密不可分的。

（2）词汇要素。词汇，作为语言的建筑材料，具有巨大的风格潜能。汉语词汇中的同义形式极其丰富，不同的形式往往蕴含着不同的风格色彩。如下面两组词语，其风格差异就十分明显：

故乡—桑梓　　知道—获悉　　打听—询问　　安排—部署

三天打鱼两天晒网——一曝十寒　　生米煮成熟饭—木已成舟

前一组通俗浅近，后一组则庄重典雅。再如“内心”“心中”“心情”等词，具有平易朴实的色彩，而“心坎”“心田”“心曲”等则具有形象藻丽的色彩。显而易见，教师对不同风格色彩的词语的选择和运用，是其语言风格的重要成因。请比较下面两段话：

a.蔚蓝的天空，没有一丝云。一条潺潺的溪水从卵石中间穿过，卵石在清澈的水中清晰可见。溪边端坐着一位长者，面庞清瘦，双目炯炯有神！

b.嚯，这天可真蓝哪！一点儿云彩也没有。有一条小河哗哗啦啦地流着。这水可清亮啦！水里有好些圆石头，像鸡蛋似的，人们都管它叫卵石，这些卵石在水里可以看得清清楚楚。在河边坐着一个老头儿，长得虽然瘦，可是挺结实，那双眼睛可有精神啦！

这两段话基本语意相同，但风格迥异。后一段是著名儿童教育家孙敬修根据前一段进行加工后说给儿童听的。与原文清丽雅致的语言相比，孙敬修的话则具有浅近、通俗、亲切的风格特点。这种差异主要是由不同色彩的同义词语的运用而形成的。如“清澈、清亮”“端坐、坐”“长者、老头儿”“清瘦、瘦”等，其风格差异是显而易见的。

（3）语法要素。不同的语法形式对语言风格的形成也具有重要的作用。以句法而言，汉语的句式丰富多彩，每种类型的句式都有其独特的表现功能，其中蕴含着不同的风格因素。如短句、松句，简洁活泼；长句、紧句，丰繁周致；省略句、设问句，含蓄婉转；完全句、直陈句，直接明快；常式句，平实质朴；变式句，奇巧生动；描写句，形象鲜明；感叹句，感情强烈；等等。教师根据表达的需要和各自的特点与习惯，对这些不同的句式进行选择和运用，都能体现出不同的风格色彩。另外，虚词的运用也能体现不同的风格。如少用关联词语，多用语气助词，选用口语化的虚词等，具有简明、通俗、平易、活泼的风格色彩。前引孙敬修先生的话语中，运用了叹词“嚯”，语气词“哪”“啦”，代词“这”“这些”“好些”，介词“管”等，这都是其独特的口语风格的重要成因。

2. 语言手段

语言手段，主要指辞格。运用比喻、比拟、借代、摹状、对偶、夸饰等辞格有助于形成典雅藻丽的风格；运用双关、拈连、比喻等辞格，有助于形成含蓄柔婉的风格；运用反复、排比、穷举、联用等辞格，有助于形成繁丰疏宕的风格；等等。魏书生老师善于运用贯口式排比、悬想式的示现、新奇的比喻，也常用奇问、奇设，有时还使用抑扬、图示、警策等。这些符合他个性特征的丰富多彩的修辞手段的运用，正是他疏放奇异风格的重要体现。

二、培养途径

虽然教师口语艺术风格形成的因素很多，但归根结底，教师口语艺术风格反映的是教师本人的教育理念、文化学识、修养品位、语言特色和性格品质。没有语言表达的主体，也就无所谓风格了。所以，提升教师自身的文化积淀、审美修养、整体素质以及驾驭语言的能力是培养教师口语艺术风格最有效、最直接的途径。

（一）修炼过硬的语言基本功

普通话是教师从事教育、教学的工作语言，是教师必备的基本功。只有“既知教之所由兴，又知教之所由废”，才是一个善教者，才能使教学语言成为一种艺术，形成一种风格。过硬的语言基本功，不仅仅是指普通话的规范使用、准确无误的表述，还包括生动风趣地驾驭口语，能够熟练掌握语言表达的技巧和开拓创造语言表达的艺术方式。语言表达的外部技能技巧包括吐字、发音、气息、共鸣、顿连、重音、节奏、语气语调等方面。熟练运用这些技巧，能使语言变得清晰流畅、生动传神，大大增强教师口语的表现力。语言表达艺术特点主要有趣味性、灵活性、针对性、抒情性、启发性等，这些特点直接影响风格的构成，因此教师要把握教师语言的特点，开创性地设计出各具特色的语言表达方式，学会积极地调动各种常见的修辞格，如比喻、拟人、夸张、对偶、排比、仿拟、回环、闪避等，多积累通俗易懂、活泼新奇的民间谚语、歇后语、惯用语和新词新语，以提高教育教学效果。

（二）培养科学创新的教育教学理念

首先，正确科学的教育观是风格形成的内核，它是形成优秀教师口语风格的舵盘，起着导向作用。大凡优秀的教师都具备先进的教育教学理念，具有良好的师德修养和高度的责任感，能面向每一位学生开展工作；能积极探索各具特色的教育教学方法，有“乐教”的精神；能运用得体的教师口语，出色地完成教育教学任务。其次，开拓创新是风格长存常新的必要前提和有效保障。教师口语风格形成是一个漫长的艰苦探索过程，必须要有脚踏实地、乐于奉献的开拓创新精神，创新是创造风格的前提条件，没有创新就没有未来。所以教师在探索中，既要博采众长、为我所用，又要根据自己的特点，独辟蹊径，独树一帜。周恩来总理说过：“艺术是一种创造性地劳动，用跟踪的办法是不能超越别人的。”教师要形成自己独特的风格，必须不断地超越别人，也要不断地超越自己，可以说形成独特口语风格的教师都是勇于向常规陋习挑战、突破窠臼并做出成就的人。

（三）培养积极健康的个性品质

教师个性品质的差异是形成教师口语风格的心理基础。稳定的心理素质、丰富的兴趣爱好、积极乐观的人生态度、诚信真挚的待人原则是构成积极健康真诚乐观的个性品质的重要内容。这些个性品质的综合反应就是教师的人格特征，它是教师口语风格的灵魂。教师口语艺术终究是对教师人格的折射，包括对思想教育观点的折射、对教师行为的折射，对科学文化信息的折射等，所以教师要充分考虑到自己的个性品质对学生的影响，积极追求教师的人格之美。只有具备高尚的人格美，才能创造美的教师口语风格。

（四）构建广博厚实的知识结构

广博厚实的知识结构直接决定着教师的思维品质（广度和深度），是语言艺术的源泉，是教师口语风格形成的基本条件之一。“问渠哪得清如许，为有源头活水来”，学者冯友兰说：“一个教师讲一本教科书，最好的教师对这门课的知识，一定需比教科书多许多倍，才能讲得头头是道，津津有味，信手拈来、皆成妙趣。如果他的知识和教科书一样多，讲来就难免结结巴巴，看来好像是不能畅所欲言，实际上他是没有什么可言；如果他的知识少于教科书，他就只好照本宣科，在学生面前唱催眠曲了。”所以教师首先要力求获得专业知识的广博与精深，学习本专业的知识以及与教育学科有关的知识。还要广泛涉猎，博览群书，不断完善、不断更新，为形成良好的口语风格做好充分的知识准备。

（五）提升高品位的审美修养

“没有一条富有诗意的、感情的和审美的清泉，就不可能有学生全面的智力发展”，教师口语无疑是这条清泉中的重要支流。教师应具有高品位的审美修养。它包括对美的感知能力、欣赏水准、评价能力和创造能力等方面。审美修养也意味着自信心和责任心的和谐统一；意味着自我为社会做出奉献后精神上得到无限愉悦感；意味着热爱生活，积极进取、昂扬向上；意味着对自我人生和社会他人的双重创造。对教师来说，审美修养是非常珍贵的心理品质。真正具有高品位审美修养的教师，能在他的举手投足、一言一行中透出卓尔不群的魅力去影响一代又一代的学生，使之受到感染和熏陶。

第三节 艺术风格赏析

我们在前面的内容已经谈到了根据教师口语的表现特点，可以把教师口语艺术风格大致分为平实通俗型、生动鲜活型、简约严谨型、繁丰疏放型、庄重典雅型、幽默诙谐型共六种。其实，教师口语艺术风格很难刻板地划为某一种类型，因为优秀教师的口语艺术风格往往会根据不同的教学内容、不同的教育情境和不同的教育、教学对象而有所变化，其风格是专一性与多样性的辩证统一和有机相融。下面，我们通过两篇《荷花淀》的课堂实录再来进一步体悟教师口语艺术风格的特点。

信息栏13-3

教师口语艺术风格赏析的一般原则

1. 普通话方面，看这些教师讲话为什么那么优美、动听，为什么听他们讲课是一种艺术享受；

2. 语言应用及修辞方面，看这些教师讲话如何的机智、幽默、精彩、动人，为什么令人叹服；

3. 教育教学方面，看这些教师的口语如何吸引、打动、征服教育教学对象的，以及如何影响学生的言行的。

［资料来源］秦海燕主编:《教师口语训练教程》，山东人民出版社2008年，第329—330页。

［示例1］①

师：同学们，刚才发下的讲义，都是有关战争题材的古代诗词。从这些诗词中，大家能否概括或提炼出关于“战争”的情形来？

生:（七嘴八舌）烽烟四起，荒凉萧瑟；白骨遍地，血流成河；你死我活，激烈悲壮……

师：诚然，战争是残酷的，血淋淋的，它是恐怖的源头，罪恶的温床，因此，文学作品中对战争情形的描述是属实的，也与大家刚才所表述的一致。今天我们将重温离我们不算太遥远的战争故事，那就是孙犁的《荷花淀》。这是一篇以战争为题材的短篇小说，看看与“常规战争”以及与讲义中的“战争印象”是否一致？不过，这是后话，暂且不表，现在我先简单介绍一下作者及其作品和基本风格。

孙犁，1913年出生于河北。从1939年开始，写了许多表现抗战时期冀中平原一带人民斗争和生活的短篇小说，后收在1958年出版的他的小说和散文结集《白洋淀纪事》中，其中写于1945年春的《荷花淀》是其代表作。这个结集显示了作家成熟的艺术风格：淡雅疏朗的诗情画意与朴素清新的泥土气息的完美统一。这一独特的风格对当代文学产生极大的影响，形成了一个数量相当可观的河北作家群，被当代文坛誉为“白洋淀派”，与赵树理风格的“山药蛋派”齐名。

① 选自浙江绍兴柯桥中学陈阿三教师的课堂教学实录。

本堂课我们将采用讨论的形式。4个小组，每组领受一个讨论题，然后再分成4人小小组；每个小小组按惯例推举一位最不愿发言的同学作为“新闻发言人”，阐述本组结论。

（投影公布讨论题）

一、本文为何用诗情画意的手法来表现血雨腥风的战争？

二、本文为何要选择一群荷花淀女人来作为战争的“主角”？

三、本文人物语言朴素自然、真实有趣，尤其是划船寻夫过程中的“妙语”令人忍俊不禁，请用“实话实说”的方法“译出”它们的“潜台词”。

四、小说最讲究细节，请找出文中有关的细节，并探究这些细节的作用。

（学生分组、分小小组讨论，教师巡视、指导。时间6分钟。）

师：下面咱们各个击破。请各小小组“新闻发言人”陈述，本组成员可做补充；外组成员可在了结一个讨论题之后发表看法。

生1：我们的理解是，既然诗情画意是孙犁小说的一贯风格，那么作为代表作的《荷花淀》也不应该例外。

（众学生笑）

师：请坐。其实这都是我的错——我真的不是故意的（学生笑）——要是我预先不讲孙犁小说的基本风格，你们小小组就不会有这现成的答案了。不过，你的理由也算成立，只是捡了个便宜。

生2：我们觉得这些诗情画意的描述，是在暗示着荷花淀青年妇女的美，美丽的外表和美丽的心灵，所谓“一方水土养一方人”；另外，美好的景致、美丽的家园，更能激起人们保家卫国的信念和斗志。（本小组成员鼓掌）爱，不仅仅是一种呵护，更是一份抗争！（全体鼓掌）

师：经典。为爱而恨，为美丽而流血，为呵护而抗争。还有补充吗？

生3：我们的意见基本也是如此，但我个人现在又有新的看法。残酷的战争与美丽的背景，造成一种强烈的反差，而这美的景色可以淡化战争的阴影，它让人们洋溢着乐观的必胜的信心，激发起人们打仗的欲望。（有学生发笑）

师：很有见地。如果去掉“打仗的欲望”，表述将更加精彩。毕竟，荷花淀的女人们不是好战分子。（学生放声笑）第一个讨论题以我个人的感觉已基本搞定，第一小组的阐述我觉得基本到位，为以后问题的解决开了个好头。Number 2。

生4：我们认为，女人的参战更充满生活的情趣，更能让战争变得不再恐怖。

师：此话怎讲？

生4：“三个女人一台戏。”（学生笑）她们没有经历过战争，因此一上场时时闹出笑话，不但自己相互取笑，也被丈夫取笑，是不是体现了乐观的精神面貌？

师：诸位意下如何？

众学生：好。

师：那就好。尽管真理往往掌握在少数人手里，但少数人还得服从多数，我也赞成你的观点。

生5：“天下兴亡，匹夫有责。”连女人们都上战场了，说明这战争已是相当危急。如果说“天下兴亡，匹夫有责”是爱国的表现，那么“天下兴亡，小女有责”是更深层次的爱国表现……

（教师带头鼓掌，学生掌声一片）

生6：女人上场，证明夫妻并肩，全民皆兵，万众一心，这样的战争，同仇敌忾，没有打不赢的，日本鬼子终将灭亡，所以证明了正义的战争必将最终取胜的真理。

师：理由之充分，论证之严密，结论之合理，非我辈所能比肩，后生可畏哪！（学生笑）下面进入第三关。（教师学央视主持人李咏主持《幸运52》中的“出拳”动作，学生大笑）

生7：这些对话的“潜台词”其实只有一句话，就是“几天没见，我真的好想他”。（学生会心而爽朗地大笑）

师：大家觉得有什么不对吗？我觉得他说的虽然是“普通话”，却隐含着“真理”在其中。不过只是说得简单了一些，也稍稍地随意了一点。有补充吗？

生8：我们觉得她们的谈话太落后了。语言虽然真实、有趣，总不大切合场合。（底下有学生议论纷纷，对上述说法提出异议）

生9：孙犁的小说就是真实和朴素，所谓的“落后”恰恰反映了这些年轻妇女的特有的羞涩，她们有血有肉有感情，这样塑造出来的人物形象真实可靠，非常具有人情味和女人味；（学生笑）况且，女人总比男人牵肠挂肚。

（有学生击桌叫好）

生10：我们为这些对话组织了一首打油诗，算是献丑了：一件衣裳一份情，一句话儿很要紧；快去快回不碍事，只怨婆婆不放心。（哄堂大笑，纷纷称妙）

师：你们倒是挺懂得挖掘和欣赏的。如果再“正经”一些，更会有诗情画意的效果。不过，你们确确实实地都理解了，也就不必过于注重表达的“俨然正色”。言外之意，弦外之音，正是语言的高级层次。现在，咱们做最后的冲刺，完成第四题。

生11：细节描写在本文有两处，一是水生嫂“吮手指”，一是众女人寻丈夫。“吮手指”表明水生嫂的吃惊和不安，寻丈夫表明她们对丈夫的担心和关心。

师：简洁明快，但“作用”似乎没有涉及。谁作补充？

生12：我们也认为主要是这两个细节。“吮手指”通过掩饰性的动作来掩盖水生嫂内心的震动，是她内心矛盾复杂的外在表现，似乎是软弱的表现，这是真实的；同时她也很快地挺过去了，又说明她的坚强和顾全大局。“寻丈夫的脸”同样写得很真实，也富有情趣，应该是营造了一种和谐的气氛，表现了乐观主义的精神。

师：言之有理，几乎是“标准答案”。

生13：我个人还认为那些女人们与丈夫的“掉包”也是一个传神的细节。一边把战利品扔到船上，一边把小包裹丢给丈夫，扔来扔去，很有生活气息，也是和谐的、乐观的。

师：好极了，“补充”正是“完整”的必要。夫妻的恩爱，并肩的战斗，还有什么最美的人情！还有什么打不赢的战争！风光美丽白洋淀，战火纷飞黑硝烟。保家卫国匹夫心，女子也敢上前线。（学生鼓掌）应该说，本堂课我们已经比较完美地完成了教学任务，这得感谢诸位的潜心投入、积极参与。四个讨论题，其实就是这篇小说的四个特点，下面有请语文课代表用四个短语表达这四个特点。准备1分钟——计时开始。（教师看表，倒计时）

生14：诗化的意境，美丽的女性，生动的语言，传神的细节。

师：说的比唱的还漂亮。但“美丽的女性”好像不应该是“特点”之一吧？请同桌发扬一下风格。

生15：诗化的意境，战斗的精神，生动的语言，传神的细节。

师：虽不如课代表说的美丽，但更朴素更贴切。让我也不自量力来一个概括：诗化的硝烟，乐观的情趣，美丽的谎言，可爱的细节。

其实，这篇小说传递给我们的不仅仅是这些有形的事物，它把“特别的战争”献给了爱好和平的人们。如果联系我们的写作，我们又得到另一种收获，那就是：文章的主题原来可以这样“反问”表现，人物的语言原来能够如此“有趣”地展示。

当我们轻松而愉快地学习并欣赏这篇小说，当我们为白洋淀诗情画意般的景色所陶醉，当我们为荷花淀上那些年轻的女子们纯朴的心灵和战斗的意志所感动，大家是不是觉得战争并不那么可怕，反而给人一种神往？实际上，小说想要告诉读者的是：战争是恐怖的可怕的，但恐怖可怕的战争并不能吓倒人们，保家卫国是人民永远的信念；充满乡土芬芳的《荷花淀》，带给我们的应该是积极乐观的抗日情绪，而不是悲观消极的没落思想。

（停顿半分钟，让学生静静地思考和感悟）

最后，我恳请同学们，为《荷花淀》重拟一个标题，既要反映小说的主题，又能体现小说的风格，不知诸位能否胜任？好，小小组继续活动。时间2分钟。

（学生继续活动）

生16：诗情画意的战争。

师：一语中的。

生17：战争和女人。（学生笑）

师：耐人寻味，但容易让人胡思乱想。（学生笑）

生18：硝烟里的红粉气息。

师：“红粉气息”太重，不够明确。

生19：战争，让女人上场！

（学生会心而满意地大笑）

师：有部电影叫《战争，让女人走开！》，反其意而为之，立意高远。——让我也凑一分子，毛主席有诗云“不爱红装爱武装”，我觉得用在此处也颇为贴切。

同学们，白洋淀是美丽的，《荷花淀》同样是美丽的。欣赏这样的小说，是我们的享受，也是我们的福分。感谢生活，感谢孙犁，也感谢我们的默契配合……下课。

[示例2]（节选）①

师：在中国现代作家中，孙犁是比较特殊的一个。如果说有些作家是皱着眉头看世界的话，孙犁则是带着微笑看人生的——即使在艰难困苦的战争年代，他也总能发现生活的快乐和美感，《荷花淀》就是如此。今天，我们就要通过对语言的理解，来体会这篇小说的美感。（板书：荷花淀　深入言语　体会美感）

…………

师：小说情节的各个阶段都用小标题概括好了。哪几个小标题跟课文的预习提示概

① 选自浙江宁波中学褚树荣教师的课堂实录。

括得一样啊？

生：夫妻话别、敌我遭遇、助夫杀敌。

师：这三个小标题跟其余标题概括的角度一致吗？如果角度要统一，该怎样改？

生：把“夫妻话别”改成“与夫话别”，把“敌我遭遇”改成“与敌遭遇”，“助夫杀敌”保持不变。

师：真不错。看来课文里的概括还不如你们的概括好呢。现在能根据这几个小标题把课文内容简单地复述一下吗？两百来个字就可以了吧。

生：月光下的水生嫂在编着席子等待水生，水生回来后说要到大部队去。第二天，水生他们就走了。没过几天，水生嫂她们跑到马庄找丈夫，可是水生他们刚离开。她们回来时遇到了日本鬼子，日本鬼子追到荷花淀，正中了水生他们的伏击圈。水生他们击沉了日本鬼子的船，便离开了。水生嫂她们谈论着感受，当年就配合子弟兵作战。

师：全面、概括，蛮不错的。但有两点意见供你参考，一是“他们”这个词出现的频率比较高，可不可以改成别的说法，让人听起来更清楚一些？二是如果能直接用上投影里的小标题，连成一段话就更好，当然这个要求比较高。看来同学们对小说情节比较熟悉了，现在我想把情节改动一下，砍掉“漫谈感受”和“迅速成长”这两个部分，行吗？

生：因为小说主要写一群青年妇女，不是着重写战争过程，所以必须要写妇女的内心感受和以后的成长。

师：那换个角度，先写水生这几位青年参加地区队，家属们送别，接下去写这几位青年参加军事训练，进入荷花淀埋伏，最后写伏击战，并意外遇到女人们，最后写他们与女人们告别，消失在白洋淀的烟波里，这样安排好吗？

生：像你这样改动就没有悬念了。小说这样安排是为了尊重女人，同时又吸引读者……怎么荷花淀里有游击队？这样安排才有悬念……（有些支吾）

师：我把你的话概括一下，课文这样安排，情节上有悬念，人物能突出青年妇女，是吗？

生：是的。

师：但是像我这样安排就没有悬念啦？

生：可能也有一点悬念，但作品主要是表现女人们在战争中的成长，如果照你那样去写，那么女人的表现就是一种陪衬了。

师：二位说得真好。但我还有一个疑问。一般说来，战争总是男人们的事情，但孙犁为什么要选这几个女的做主角呢？

生：因为这样写有代表性，抗战时期，不但水生他们投身抗战，连妇女最后也拿起武器，这样可以表现“全民抗战”这一主题。

师：不错，毛泽东说过，“全国妇女解放之日，就是中国革命胜利之时”。因此，通过妇女的生活和思想，描写他们从理解到支持，从支持到参战这一经历，来反映抗日根据地人民的生活和思想，来反映抗日战争在人们精神上引起的巨大变化，来反映“人人皆兵，全民抗战”的主题，这在众多的战争小说中，它的构思就显得新颖独到，别具一格。（板书：构思之美 新颖）小说除了构思新颖之外，情节安排还很有特点，哪位同学说说？

（依次引导学生体会、总结作品的情节之美、景物之美、语言之美）

……

如果说构思之美在新颖精巧，景物之美有诗情画意，对话之美富有个性，那么，细节之美呢？下面我改写了三个细节，你们来比较一下，效果如何。（教师板书：比较法。并依次呈现投影片，引导讨论）

改写“手指震动”：“哎唷！”随着一声叫喊，女人的手指明显地震动了一下，想是叫苇眉子划破了手。“让我看看。”“没什么。”女人把手指放在嘴里吮了一下。

改写“湖山捞菱”：顺手从水里捞上一根菱角，菱角还很嫩很小，乳白色。“去你的吧！”一个女人用力一甩，把那棵菱角丢到远处，那棵菱角又安安稳稳地浮在水面上了。

改写“水生丢纸盒”：“不是她们是谁？一群落后分子！”说完，把纸盒顺手丢在自己的船上。

生：第一处改了不好。因为水生嫂是劳动妇女，见一点血不会大惊小怪的；如果大呼小叫，也不符合水生嫂文静含蓄的性格。

师：分析得真好，从身份、性格两个方面批评了我的篡改。那么第二处呢？

生：书上说年轻人会很快忘记自己的不快，这也是性格；而且她们当时还在说笑呢，如果改成你这样，好像她们还在生很大的气。

师：不错不错，从性格、情景两个方面来否定我。那么第三处改得不错吧？（众笑）

生：纸盒丢错了。水生表面上批评，实际上还是疼爱她们的，这叫作打是亲，骂是爱！（众笑）

师：对，这就是细节的魅力，一个手指的震动，一棵小小的菱角，一个小小的纸盒，其中有身份，有情绪，有性格，有情景，有爱心。不点破，但我们有感觉。这就是含蓄传神的细节之美。（板书：细节之美 含蓄传神）这节课，我们用想象、比较、朗读等方法欣赏了荷花淀的美。扩而大之，任何一篇小说，我们都可以凭着多样化的手段鉴赏小说之美，这就是条条道路通罗马。下课。

示例1是浙江绍兴陈阿三教师的课堂教学实录，示例2是褚树荣教师的课堂实录。读完后，我们很容易感受到这两位教师的口语艺术风格的区别。当然这两种风格的区别也跟教学内容的欣赏角度有很大关系，示例1教学设计删繁就简，突出主干，围绕“诗化的硝烟”，提炼了四个问题组织学生进行讨论，深化《荷花淀》的主要艺术成就。示例2则将教学内容定位在“深入言语，体会美感”上，侧重学生感受作品的构思之美、景物之美、对话之美、细节之美，教学语言设计简约而严谨，层层深入。

示例1整堂课给人的总体感觉是生动鲜活、亦庄亦谐、畅快淋漓。教师语言时而简洁明朗，时而繁丰疏放，时而庄重典雅，时而诙谐幽默，口语艺术风格多样，很值得称道。最突出的特点是清新活泼，色彩鲜亮，机智幽默。借用、析词等辞格运用非常普遍，用词也常用一些变格转义的词语，变异词语用法，如“实话实说”“潜台词”“普通话”“真理”等等。其次是语言雅致，韵味醇厚，庄重典雅。如询问学生意见时用“此话怎讲？”“诸位意下如何？”等文言句式，在总结学生回答问题时索性就说“理由之充分，论证之严密，结论之合理，非我辈所能比肩，后生可畏哪！”既品味出了“书卷”气息，又感受到了教师的机智风趣。再如陈老师评价一个学生为《荷花淀》重拟的标题——《硝烟里的红粉气息》时说：“‘红粉气息’太重，不够明确。”用词一语双关，机智幽默。再次，陈老师总结小说最讲究细节时说，“夫妻的恩爱，并肩的战斗，还有什么最美的人情！还有什么打不赢的战争！风光美丽白洋淀，战火纷飞黑硝烟。保家卫国匹夫心，女子也敢上前线”。总体看还属于繁丰疏放的风格，因为作为结语其实完全不必使用押韵华美的词藻，但是教师有感而发，不受拘束，疏放发挥，更好地深化了作品主题。另外，“言之有理，几乎是‘标准答案’”“说的比唱的还漂亮”也体会到了平实通俗的味道；“诗化的硝烟，乐观的情趣，美丽的谎言，可爱的细节”能够全面地诠释作品的艺术特点，语言风格简约而严谨。

示例2总体面貌是沉稳、平实，简约、通俗。教师引导启发学生的语言严谨，设计得亦步亦趋。教师引导学生体会作品构思之美时总结说，“二位说得真好。但我还有一个疑问。一般说来，战争总是男人们的事情，但孙犁为什么要选这几个女的做主角呢？”作为教学语言平实通俗，但总结得很关键，很好地引导学生转换了审美的视角。另外，“一个美丽而透明的借口”“不错不错，从性格、情景两个方面来否定我。那么第三处改得不错吧？”等教学语言也呈现出诙谐幽默的艺术风格。

【反思与探究】

一、什么是教师的口语艺术风格？

二、教师口语艺术风格都有哪些类型？

三、如何培养教师形成优秀的口语艺术风格？

四、我国著名教师斯霞和魏书生的口语为人称道，试查阅相关资料、教案比较一下其语言艺术风格各有什么特点？

五、教师口语艺术风格有好坏之分吗？结合教学案例谈谈你对不同类型的教师口语艺术风格的理解。

【训练与提高】

一、请比较以下几位老师的口语艺术风格。

材料一：

师：同学们，你们看，谁来了？（出示带音乐的机器人）

师：对，机器人叮当想和我们共同学习，还给每个小组的同学带来了一篮礼物，想知道是什么吗？赶快打开看看，你认识什么，就告诉组里的同学，每个人都说说。

师：这么多学具中，你们能把“形状相同的”放在一起吗？小组同学共同试试看。

师：每种形状的物体它们都有个共同的名字，你们知道是什么吗？

师：圆柱、球滚动的方向一样吗？

师：圆柱只有放倒才能滚，并且朝前滚，而球站不住，向四周滚动。

师：长方体、正方体能滚动吗？为什么呢？

师：今天，我们一起认识了物体的图形。（板书：认识图形）它们是长方体、正方体、圆柱、球。

材料二：

这火柴同比生命还宝贵的党证放在一起，并“压”在“朱红的印章的中心”。一个“压”字，一字千钧，意味深长，这哪里是几根火柴！这分明是一个红军战士对党的事业无限忠诚的红心哪！红红的火柴头，朱红的印章，在一只抖抖索索的手里，犹如跳动的一团火焰，升起在天边的草地上，划破阴沉沉的天空，横扫荒凉肃杀的冷风，给人以光明、温暖和力量。

材料三：

诗中所描写的枫林是在一个秋天的很幽静的山上，山中有石头砌成的弯弯曲曲的小路，一直伸向山头。深山里白云缭绕，隐隐约约有几座茅屋。就在这样的背景上出现了一片枫林，严霜打得树叶红得像一团火，在夕阳的照耀下，枫叶流丹，层林如染，满山云锦，犹如彩霞一片。真是美极了！作者被吸引住了，他顾不得驱车赶路，停下车来，仔细欣赏，不禁立脱口赞美道：枫叶真美呀！它红得超过了江南二月的春花。

二、根据提供的文章，用你喜欢的教学口语风格设计得体的教学语言。

书

喻丽清

看完就抛开，走出书房。

假如它所说的正是你所想的，那是好书。

假如你的意思和它恰恰相反，别理它那密密麻麻的铅字。你总要对自己有点信心吧？

一本书，带你进入一个美好的世界。一本书给你一幅画的感觉，那还有什么好神游的？

书只是书，汲取来的智慧与学识才是你的。

书只是书，走出书在大自然里发现另一本无形的书，你才真懂得了书。

……

不一定人人要著书，但必定人人要看书。

书，使你看不曾看的，听不曾听的，想不曾想的。但书不是神明，不要崇拜且不可迷信。

书，使灵性升华。

而大自然尤其是一本好书。

你看：山雨来，溪云升，青山之上，有亭翼然，不是诗词吗？

你听：松风竹韵，海涛，蛙鸣，蝉声莺啾，不是歌赋吗？

你想：朝烟，夕岚，弄风研露，不是科学吗？

……

尽是书，不如无书。

且读书与大自然打成一片。

看完就抛开，走出书房。

第十四章　教师口语常见失误

【学习目标】

了解教师口语中存在的一些常见问题及其成因，及时发现并努力克服自己语言的不当之处，认真探究锤炼语言的最佳方法，并在语言实践过程中积极尝试，不断提高自己的口语表达能力。

【引　言】

古希腊历史学家色诺芬指出:“最好的教师是会运用语言的人。”“教师的语言，是什么东西也不可取代的感化学生心灵的一种手段。教育的艺术首先应该包括说话的艺术——跟人的心灵打交道的艺术。我坚信，学校里酿成大乱子的许多冲突，都含有教师不善于跟学生谈话这个根源。”苏联教育家苏霍姆林斯基也这样阐述语言表达对教师的重要性。但是在教育教学工作中，有的教师却忽视自己对良好语言习惯的养成和语言精准度的锤炼，不管上课下课，对于讲话这个关乎教育成败的大问题，根本不予重视，讲话前不做充分准备，讲话时信口开河，随性而言，结果严重影响了教育教学效果，甚至造成对学生心灵的严重伤害。所以教师口语表达中存在的问题，应该引起每一个有责任心、有上进心的教师的充分重视和极度关注。

第一节　失误成因

语言包括语音、语汇、语法三要素，而语音、语汇、语法又各成体系并各自有着严格的规范。在运用语言的过程中，有时会因为违反相关的语言规范而产生语病，如语音不准、语义不明、语法不当等。但在口语交际的过程中，语病不仅仅表现在运用语音、语汇、语法本身上，而是表现在更多的方面。它往往是一个人的性格、修养、说话习惯、知识结构、思维方式等多方面的反映。所以，只从语言构成要素的角度来分析教师口语语病显然是不够的，还应从语言运用的具体表现等多个方面来分析教师口语活动中存在的语言问题。分析这些问题的目的是为了更好地改正缺点、修正错误，使得我们的职业语言——教师口语更加规范、更加完美，更加符合职业的要求。

一、口语表达原理的阐释

口语交际中说话的过程是一个复杂的过程。人们有了交际动机，要把自己的思想感情传达给对方，首先就要在贮存于自己大脑的语言词汇库中选取恰当的词语，并按照一定的语义和语法规则把它们有机地编排起来，组成言语编码。在这一过程中，说话人要力求编码正确。编码完成之后，说话人要通过发送器把编好的言语编码发送出去。口语的发送器是肺、声带、舌头、口腔、鼻腔等发音器官。发音器官根据大脑的指令协调运动，发出声音。编码和发送过程就是说话人的口语表达过程，它们是密切联系的，不可能截然分开（除了只想不说）。多数情况下是一边编码一边发送，也就是我们通常所说的“边想边说”。这种“边想边说”的特点，决定了口语不像书面表达那样，先写出来再把错误的地方或效果不好的地方改过来之后才发表出来。特别是由于在口语交际中，“言”与“思”都来得较快，又来不及精细加工，因此出现口语表达上的各种失误也在所难免。

二、教师口语常见失误的成因

教师口语虽属口语范畴，但又不同于一般的口语，它是在教育教学实践中逐步形成的符合教育教学需要、适应教育对象心理特征、遵循语言规律的一种职业专业用语。因为它是一种规范的、科学的、文明的口语表达方式，所以教师口语表达中存在的问题及其原因也就显得更加错综复杂。

首先，在语言编码的过程中，有的人因为语言或知识贫乏，或因为对语言表达不够重视，导致语言单调、语言表达不严密甚至无话可说；有的人虽然语言或知识并不贫乏，也能够认识语言表达的重要性，但因心理、情绪或经验等因素的干扰，思维混乱，原本可以很好表达的内容也变得断断续续、反反复复甚至语无伦次。

其次，在把语言编码发送出来的过程中，由于说话习惯、个人性格、道德修养等方面的原因，往往产生一些问题：有的人口齿不清，语调呆板；有的人说话啰唆、并加有很多口头禅；有的人性格上属于“慢性子”，说话慢条斯理；有的人则是“急性子”，说话快如连珠；也有的人修养不够，随便说粗话和脏话。

以上种种情况，都会严重地影响教师口语的表达效果，所以必须根据具体情况，分析形成的原因，寻找解决的办法。

第二节　教学口语常见失误

“教师的语言修养，在很大程度上决定着学生在课堂上的脑力劳动的效率。”苏霍姆林斯基的经验之谈告诉我们，教师的教学效果和教育质量很大程度上取决于他的口语表达能力。准确、活泼、形象的语言，会使学生聚精会神、乐在其中，激发其想象力和创造性，收到很好的教学效果。而生涩难懂、语音不清、喋喋不休、单调乏味的语言，只能让学生昏昏欲睡，收获甚微。教师口语的特殊性和重要性，要求每一位合格的教师，必须重视课堂教学语言的运用，认真锤炼自己的语言。否则，就会出现以下问题：

一、语言啰唆、重复、枯燥，缺乏吸引力

有些教师由于备课、上课时，不注意课堂语言衔接的起承转合，不注意自己语言的准确生动，认为只要知识烂熟于心，就可以走上讲台，以致养成了如下不好的习惯：大多数语句以“哦”“嗯”开头；频繁使用“我们知道……”“就是说……”“再一个”等词语；语句结尾都带上“是不是？”“对吧？”“你们说是吗？”等语句；担心学生听不清楚，每句话都重复两遍，如“我们今天讲三个问题，嗯，三个问题”。

要克服并改正以上问题，首先必须在授课前认真准备，反复锤炼语言。特别是年轻教师，可以把教案写成课堂实录，反复练习，不断修改，这样可避免语意不清、表达不准造成话语啰唆重复的毛病，养成良好的语言表达习惯。其次请同事多听自己的课，并指出自己的口头禅和语病，并将其写在备课本上，备课、授课时放在一旁，提醒自己克服。

二、语速失调、失控，课堂效果差

年轻教师和急脾气的教师上课时往往出现讲话过快的现象。上课时说话过快，看起来滔滔不绝，口若悬河，但学生听课效果并不好。这是因为讲话过快，发送的信息频率太高，使听课人对收取的信息来不及处理，形成信息的脱漏、积压，导致信息传收活动的障碍甚至中止。而老年教师和性子慢的教师说话往往比较慢，如果过慢，不仅会浪费许多宝贵的教学时间，更坏的结果是导致学生精力涣散，降低听课的兴致与效果。

要克服这两种问题，讲话快的教师尽可能多听听学生的意见，如果是一般性的语速过快，就改变自己讲话的速度，讲课前提醒自己一个“慢”字；如果是备课时设计的知识点过多，担心讲不完造成语速过快，就要在备课时，讲究一个“精”字，关键是教给学生思考问题、解决问题的方法，这样就可以给自己节省讲话时间，自然放慢语速。讲话慢的教师也不要按照日常生活的语言习惯去讲课，要根据学生年龄和教学内容，确定最科学、最合理的讲话速度，提高学生的听课兴趣。

三、音高音量不当，造成听觉疲劳

有些老师讲课，不注意音高音量的调节。有的声音过低，不能让每个学生都听见；

有的声音过高，让人心情烦躁；有的声音过亮，让人感觉尖利、单薄，情味不浓。这些现象都容易造成听觉疲劳，从而导致学生精神涣散，精力不集中。这说明，声音的掌控能力虽然并不是教师技能的一个重要部分，但是一种不恰当不好听的声音却很可能阻碍教师事业的成功。

怎样解决这个问题呢？首先要做到音高音量适中、字字有声，保证声音能清楚地传到坐在教室最后一排的学生；其次要从表情达意的角度调节音高音量，用声以中音区为主，少用高音共鸣，多用中音或低音共鸣。声音的响度和亮度要在一定幅度内随表情达意的需要适度进行调节，做到高低适宜、和谐动听，达到捷克教育家夸美纽斯所说的效果："一个能够动听地、明晰地教学的教师，他的声音就该像油一样浸入学生的心里，把知识一道带进去。"

四、口齿不清，发音不准，造成知识传授的障碍

有些教师由于没有良好的语音基础和正确的发音习惯，造成讲课时不能口齿清楚地进行讲解，从而影响知识的传授。比如有的教师因发音器官运动不到位造成语音含混不清、表意不明；有的教师因语音发飘、不扎实，造成话语朦胧不清晰，使人听不明白；有的教师发音不准，造成歧义和语义表达的不准确。

要解决这些问题，首先要找准自己发不准的音，并认真纠正；其次经常大声朗读各种文体的文章，要求字音到位，字正腔圆；再次根据"清、准、快、连"的要求，由慢到快、由短到长地练习绕口令，做到吐字清楚，发音清晰。

五、思维混乱，造成语无伦次、语流不畅、语义不连、理解困难

有些教师，由于备课不充分，再加上没有很好的思维能力和字斟句酌的语言习惯，就容易形成下列问题：或讲话不顺畅，吞吞吐吐，时常有卡壳现象发生；或思维停滞，反应迟钝，讲了上句不知下句，急不择语、言不达意；或语义杂乱，语意跳跃，让人不得要领；或语无伦次、颠三倒四，随意插说，不着边际，东拉西扯，说话跑题。

要解决这些问题，首先一定要认真备课，明确自己的讲课思路和重难点，讲课前可以先写一个讲话提纲或先打好腹稿，讲课时尽可能想清楚了再说；其次可录下自己的几次讲课内容，再用文字整理出来，检查一下毛病在哪里，以便不断改正；第三可以常进行朗读训练，增加语感；第四多进行思维和即席讲话练习，提高思维素质和言语的瞬间组织能力；最后在实践中有意进行应急反应训练，增强对动态语境的适应能力。

六、话语干瘪、单调乏味，造成讲课枯燥无味

特级教师于漪曾经有这样一段话："教师的语言要善于激趣，巧于启智。要用新鲜、优美、风趣的语言步步引导，激发学生的求知兴趣，带领他们不断进入求知新境地。"但有些老师，由于缺乏语言积累，讲课时总是那几个词语翻来覆去地说，缺少新意；再加上不会运用同义词语的技巧和各种修辞表达方法，从而使表达不生动，不形象，使课堂像一潭死水，激不起学生一点儿兴趣和半点思维的涟漪，从而使课堂失去它应有的魅力。

解决这一问题的办法有：每次讲课前，一定要反复进行语言表达训练，推敲语言的精准度，尽最大努力做到语言表达的准确、生动和形象，不断提升自己的语言能力；多

读多写多听多说，增加自己的词汇量；经常进行同义词反复的技巧练习，并尝试用多种修辞方式进行语言表达，来增强口语表达的丰富性。

七、语调呆板单调、没有抑扬顿挫，缺少口语表达应有的表现力

语调不是字调，没有现成的、一成不变的公式。如果非要把千变万化的语调硬纳入某种简单的、刻板的语调公式中，那就无异于削足适履，使本来富有生命的语言变得毫无生气。有的教师由于没有讲课的欲望和激情，或多年来形成了怠惰的习惯，所以在讲课时，或总是一个调子，一个节奏，像一座毫无变化的刻板的时钟，让人昏昏欲睡；或拿腔使调，一个模式，没有内心感受，更谈不上语气和色彩，让人感觉言不由衷。

要解决这样的问题，首先必须端正态度，要怀有一颗热心、一颗爱心，献身教育事业，从而调动自己的能力，激发自己的潜能，让自己全身心投入到讲课中去，从而使语气语调充满生命力；其次可以通过朗读练习语气、语调、节奏、重音等技能技巧的运用，使口语表达自然而富有变化；此外，学会根据教学内容和教学情境，调节自己的语气语调，从而增加语言的抑扬顿挫的变化，使自己的课堂充满吸引力。

八、满堂灌、一言堂，导致学生失去探索知识的兴趣

蔡元培先生曾这样告诫我们：“我们教书，并不像注水入瓶一样，注满了就算完事。最重要的是引起学生的兴味。做教员的，不可一句句，或一字字的，都讲给学生听。最好使学生自己去研究，教员竟不讲也可以，等到学生实在不能用自己的力量了解功课时，才去帮助他。”但有些教师，备课时不考虑学生的实际水平和接受能力，采用老一套的教学模式，认为只要自己讲清楚了，学生就可以接受得很好，结果形成满堂灌、一言堂的吃力不讨好的局面。比如，有的教师采用目中无人讲授法，无提问，无启发，一讲到底；有的教师讲课时语气无间歇，话流似洪水，造成学生听力疲劳，使学生成为被动接受知识的容器，而不是学习的积极参与者，从而对学习失去兴趣。

解决这些问题的方法，首先是了解学生，掌握他们的知识水平和接受能力；在此基础上，深入理解教学内容，搞清楚哪些需要讲，哪些不需要讲，并使自己的语言表达简练、准确、清晰，用启发性的语言，有的放矢的引导学生自己解决问题；在讲课过程中，学会运用设问句、反问句及各种提问的方法，增加积极意义的师生互动，提高课堂趣味性。

九、话语过重、伤人自尊，挫伤学生上进心

有些教师，对教学缺乏耐心，对学生缺乏爱心，因此，对教学中学生出现的问题，不能采取合理合适的解决方法，而是用斥责的语言，发泄自己的不满，以致造成对学生的伤害。比如对思维慢、基础差的学生缺乏理解和同情心，出语欠思考，话语过重，说一些如“烦死了”“讨厌”“随你去”“去去去”“刚才说过了，怎么还问”的话；再如对学生的不足片面评价，不会委婉地表达自己的看法，如“错得一塌糊涂”“头脑简单、四肢发达”等；还有的讲脏话粗话，如“笨蛋”“呆子”“傻瓜”“神经病”“滚出去”“去死吧”等。这些语言都会深深伤害学生的自尊心，使他们变得更加缺乏自信和上进心。

要解决这一问题，第一，要尊重学生，把他们当作自己的孩子，自己的朋友一样爱

护和尊重；第二，要提高自身修养，多讲文明礼貌用语；第三，面对学生的错误一定要戒怒，多进行换位思考，替对方着想，想想如果自己听了这话会怎样？第四，学习委婉语、暗示语的表达技巧，学会用冷静、平和的心态来面对学生错误，用亲切、启迪的言语指出学生的不足。

第三节　教育口语常见失误

课外教育用语是指教师课外与学生谈心聊天、帮学生答疑、解惑或者批评、表扬学生等场合中用于解决学生思想问题的语言，它除了具有一般教师口语的特点外，还要更具艺术性。因为这是心灵与心灵的碰撞，情感与情感的沟通，所以更需要付出真情和爱心，更需要讲究技巧和方法。陶行知先生在《陶行知教育名篇》中曾这样说过："真教育是心心相印的活动，唯独从心里发出来的，才能打动到心的深处。"中国近代教育家陈鹤琴也说过："无论什么人，受激励而改过是很容易的，受责骂而改过，比较不大容易，而小孩子尤其喜欢听好话，而不喜欢听恶言。"这进一步说明，教育学生除了了解和爱护学生，还要懂得语言的艺术，才能达到好的教育效果。不尊重学生，不讲究说话方式，教育学生懂事成人只能是一句空话，甚至会适得其反，伤害学生的心灵，负面影响他的一生。所以教育口语出现的失误更是不容忽视。下面就简要列出教育口语中容易出现的失误，以便我们"有则改之，无则加勉"。

一、语言粗暴，恶语伤人

俗话说："金无足赤，人无完人。"是人就会犯错误，更何况是正在成长的学生。但有些教师却不能正确对待学生的错误，他们不是耐心地说服教育，而是采用非常简单粗暴的方式解决问题。他们或斥骂学生"你真是个老油条，总改不了你这德行！"；或指责学生"你这是流氓行为！你真岂有此理！"；或埋怨学生"你真没志气，总是给班级抹黑"；或挖苦学生"你没长脑子吗？你简直不可救药！"；等等。这样不仅不能帮助学生解决问题，反而容易伤害他们的心灵，形成师生的敌对情绪，不利于教育教学工作的开展。那么，怎样让学生既心平气和地认识自己的错误，又以积极的心态改正错误呢？我们首先应该真心热爱学生，平等对待他们，这样才能和风细雨地跟学生交谈，而不会让那些粗暴、斥责的语言随便出口。其次要提高自身修养，养成说话和气、谦和友好的习惯。正如英国教育家洛克在《教育漫话》中所说："做导师的人自己更应该具有良好的教养，随人、随时、随地，都有适当的举止和礼貌。导师自己如果任情任性，那么教育儿童克制感情便是白费力量的；自己如果行为邪恶，举止无理，则儿童的行为邪恶，举止无礼，也就无法改正。"

二、语言生硬，态度冷漠

有的老师发现学生的问题时，不是心平气和地沟通，而是过分严厉训斥，让学生难以接受，比如"你没有自尊心吗？""你怎么能做出这样的事呢？"还有的教师，在学生面前居高临下，盛气凌人，自以为是，比如"看你个熊样儿，你怎么努力也甭想超过某某同学”“我要怕你，就不当这个老师了！”“好！看看到底是你说了算，还是我说了算！”等等。这些语言，都很难让学生心服口服地接受，达不到很好的教育效果。

印度诗人泰戈尔说：“不是棒槌的敲击，而是水的载歌载舞，才造就了亮丽的鹅卵石。”所以在教育学生的过程中，我们要做到不要过分苛责学生，对学生要多鼓励，少打击。说话态度要文雅谦逊，和颜悦色。要多用美好的语言欣赏学生，而不是用伤人的言语责骂学生，他们才会变得更加美好。

三、语言直白，缺乏艺术性

有些教师在教育学生的过程中，不够含蓄，直来直去。比如“我算服了你了，真拿你没办法！”“这件事就是你的错！”“全校再也找不出你这样的学生！”还有的教师对学生进行全盘否定，比如“我看你是完了，啥也学不好，干脆回家算了”。这些打击性话语，不但起不到教育效果，反而会引起学生抵触情绪，甚至会引起学生反感，致使他们他们自暴自弃、破罐破摔。

苏霍姆林斯基在《给教师的100条建议》中这样说过：“在拟定教育性谈话内容的时候，你时刻也不能忘记，你施加影响的主要手段是语言，你是通过语言去打动学生的理智和心灵的。”这就要求我们做教师的在跟学生谈话时，要讲究技巧和策略，应该既有批评又有肯定，既有冷静的分析，又有热情的勉励和殷切的希望。语言要做到委婉、含蓄、富有启发性和启示性。

四、讽刺挖苦，话语失实

有的教师在批评教育学生时，不是就事论事，而是夸大其词，冷嘲热讽。比如“白吃了十几年饭，一点也不知害臊！”“你多厉害啊，你比老师聪明多了！”还有的教师以偏概全，不恰当地跟别人做比较，比如“你和某某同学相比，简直相差十万八千里！”“你和某某某一样没出息！”“你什么都不行，活着有什么意思？”这种说话方式，不注意学生承受程度，只能使学生感到委屈、内心不服，知错难改或知错不改。

所以我们教师在帮助教育学生时，讲话要注意实事求是，尊重事实，顾及学生自尊心，不能只看到一个人的缺点，也要看到每个人都有优点；批评时既要严肃认真，又要热情诚恳，措辞恰当又要有分寸，这样才能帮助学生树立信心，改正缺点。

五、讲话不注意场合、地点

有的教师在批评教育学生时，不注意场合、地点，在大庭广众下指责学生的不足或不当之处，使学生感到难堪下不了台。比如“你这种做法太没有教养了！”“这是一个学生该做的吗？”等。又如对一般学生来说，办公室是很好的谈话地点，而对一些内向胆小的学生来说，到办公室见着老师就会紧张、害怕，谈话就不会有好的结果。那些比较调皮的学生，也不要一有过失，就叫到办公室训一顿，因为来多了，他也就习以为常无所谓了，甚至还会产生对抗情绪，也不会有好的教育效果。

这些都说明，跟学生谈话要因人、因事、因地而异，要在尊重学生自尊心的基础上，尊重他的性格特点，才会取得好的效果。还有不管什么人，出现了错误都会紧张，所以尽量不要当众批评人。

六、大声训斥、情绪失控

有些教师，只要发现学生的错处和失误，不问青红皂白，就开始大声训斥，试图以声音压人。比如“谁干的好事，太不像话了，哪儿还像个学生的样子！”如果学生不服管教，有些教师就会情绪失控，说出一些不恰当的话，比如“你这样下去，早晚得进监狱！”“早晚得跟你算账，你等着瞧！”“走，到校长办公室去！”这种说话方式，只会使学生产生对立不满情绪，很难接受批评和教诲。

所以，做教师的一定要清楚，要解决问题，首先要心平气和地调查研究，了解原因，这样才能“对症下药”，才能更好地让学生认识问题，改正错误。大声呵斥，只能激化矛盾，无法解决问题。教育学生说话音高要适度，音量要根据情况适时调整，说话态度要耐心、诚恳，语言要文雅、真诚，这样学生才会认识到不足，改正错误。正如苏霍姆林斯基说的那样：“教育的不文明的现象常常表现于，一位教育者在用语言跟学生打交道时，往往只有三个目的：允许、禁止、斥责。而一位教育行家在跟学生打交道时，却有许多目的，其中最常见的目的之一是阐述道德真理、概念、规范。”

七、说教空洞、缺乏针对性

有些教师，不注意学习新的教育理念，教育学生就那么几个词语，不能与时俱进，如“要听老师的话，听家长的话”“要好好学习，遵守纪律”等。不管跟哪个学生谈话，就会讲那么几个大道理，比如“少壮不努力，老大徒伤悲”“我们要为祖国而学习！”等。这种说教只能被学生当作耳旁风，起不到任何作用。

所以作为一名教师，首先必须成为时代的先锋，要跟上时代前进的步伐，勇于接受新知识和新事物，了解学生的所思所想，说出的话符合时代的特点，符合学生的心理需求，才能恰如其分地做好学生的教育工作。其次要学会有针对性地跟学生进行交流，能走进学生的内心，了解他们真正需要什么样的鼓励，需要什么样的监督和批评。

八、揭人伤疤，不留面子

有些教师批评学生，不尊重学生的人格，嘲笑学生的生理缺陷，比如“看你胖得跟猪似的！”“看你瘦得跟猴儿似的！”“你的公鸭嗓子真难听！”还有的教师歧视自己不喜欢的学生，让学生抬不起头，比如“你一点儿不讨人喜欢！”“你真烦人！”“一块儿臭肉搅了一锅汤！”“几颗老鼠屎，带坏一锅粥！”等等。这些语言都会极大伤害学生的身心，造成恶劣的后果。

作为教师，必须有海一样博大的胸怀，能够尊重、包容每个人的个性及特点，只有这样才能在谈话时考虑到每个学生心理生理的差异，避免言语伤人事件的发生。另外还要学会公正对待每一个学生，只有从心里对所有学生一视同仁，才能在讲话中不对差生产生偏见，才会及时捕捉他们的“闪光点”，并适时鼓励、表扬，促使他们更快进步。

九、讲话过于理性，缺乏感情色彩

特级教师于漪曾说过这样一段话：“教师的语言要深于传情，语言不是无情物，情是教育的根。教师的语言更应该饱含深情。带着感情教，满怀深情说，所教的课，所讲的道理就能在学生中引起共鸣，从而师生心心相印。”有的教师在教育工作中，却不注意学生的情感需求，只是简单下命令，就像标语口号，比如“教室里不许吃瓜子儿！”“必须把卫生打扫干净！”“不承认错误，不许回家！”等。

教育心理学研究表明，富有情感的话比单纯表达理论的话，更能收到好的教育教学效果。因此跟学生说话时，我们要用满面春风的语态，带有浓郁情味的话语，以饱含激情的语气来引发学生的情感，使学生为之所感，为之所动，产生共鸣。苏联教育家加里宁说过：“教育不仅是科学的事业，而且是艺术的事业。”教师在教书育人过程中，只有在热爱学生的前提下，讲究谈话技巧，才能更有效地做好学生的教育工作，使他们健康快乐地成长。

【反思与探究】

一、你认为教师口语常见失误有哪些？应该怎样注意和纠正？

二、请根据自己学习经历中的所见所闻，搜集10—20条“教师忌语”，并在课堂上进行交流，研究如何才能避免在今后的教学实践中用到这些“忌语”。

三、在课堂上，注意教师正面的教学惯用语，并搜集10—20条进行交流。

四、周围同学在口语表达中存在什么问题？互相揭短，互相监督，一起纠正，共同提高口语交际水平，在同学中营造良好的口语交际环境。

【训练与提高】

一、指出下列事件中，班主任处事的失当之处，并重拟处理本事件的方案。

一天，六年级一个学生进教室关门时，因用力过猛，震坏了门上的一块玻璃。班主任知道后，当着全班同学的面，严厉地批评道：“你怎么破坏公物？”

“我哪里破坏公物了？”学生把“破坏”二字说得很重，但是未等说完，老师抢着说：“破坏公物还想狡辩？”老师显然火了。

“我就是没破坏公物嘛，跟你说明一下，怎么是狡辩？”学生不服气地说。

“破坏了公物还强词夺理，你给我放老实点儿！”老师说着用手在讲桌上狠狠地拍了一下。

“你到底想把我怎样？”学生挑战似地说。

“你不承认错误，我开除你！”

学生听后气愤地走出教室。

二、有比较才有鉴别，才能找到规律，下面是几组不同的教学口语，请对其优劣做出恰当评价。

1. 在一个整体学习水平不太高的班级——

教师a：我们班学习用功的人是不少，可“几块臭肉，搅了满锅汤”，总评分怎么能上得去呀?

教师b：甘心落后的学生是没有的。有的同学成绩不怎么好，可我相信那只是暂时的。加把劲儿，步子迈大点儿，就同大家齐头并进了!

2. 一位性格内向的女生又考得很差——

教师a：你永远是倒数第一，真没出息!

教师b：你是用了功的，我知道。这次没考好，恐怕是方法不对，改进了学习方法，我相信你会考好的。

教师c：不要苦恼，咱们暂时不同别人比，同自己比。你比上次考得好，向前跨了一步了。要继续努力，老师和全班同学都会为你加油的!

3. 教师辅导一位反应迟钝的学生——

教师a：唉！我从没见过像你这么笨的学生!

教师b：还没听懂？不能急躁，来，休息几分钟，过会儿咱们准听得明白!

教师c：你想问题比别人慢，但只要你动脑筋在想，慢一点儿没关系。你知道龟兔赛跑的故事吧？后来谁胜了呢?

4. 一位敏感，自尊心很强的学生回答问题后——

教师a：颠三倒四的，讲了些什么呀？坐下，好好听别人讲!

教师b：我听出来了，讲出了一些思路，只是说得有些乱，请坐！我们再请一位同学把这个问题讲清楚。

5. 一位理解力强、成绩好的学生答问以后——

教师a：回答得很不错，好，很好！请坐!

教师b：真聪明，脑子就是灵，老师问什么都难不倒，将来一定有出息!

教师c：他用几句话，就把问题说清楚了。不仔细看书，不认真思考，很难回答得这么好!

三、试比较两位教师批评学生的方式，说明为什么会产生两种不同的效果。

学校组织学生去春游。一个男孩儿乐得忘乎所以，忽然出队到马路中间跑了起来，差点儿让一辆摩托车撞着。一位老师看到后，气势汹汹地吼道:“你疯什么？多危险！撞着你，谁负责任？”那男孩儿瞪了这位老师一眼，又风也似地从马路中央往后跑。这时，另一位老师匆忙走到男孩儿身边，温和地对他说:“晓东，太危险了，快回到队伍里来，拉着我的手。”男孩儿甜甜地一笑，顺从地回到队伍里。

四、有位性格内向的学生在课堂上被指定背课文，他背得不流畅，结结巴巴，有些同学议论甚至嘲笑他，他很难过。下课后教师同他谈心，请设计一段话，给他以鼓励。

五、针对下列事件设计教育谈话并练说:(可以同位两人一组，互换角色进行练习)

1. 数学王老师提了一个问题，接连几个同学都回答不上来。李华自告奋勇地说:“我来！”站起来准确做了解答。王老师表扬了她，她得意地朝那几位答不上问题的同学撇撇嘴，课后还说:“和他们一个班听课，真是浪费时间……”作为老师，怎样让她认识到自己的不足?

2. 班上有位同学守纪律、爱学习、讲卫生，对师长也很有礼貌，可就是不太关心同学，很有点儿独善其身的感觉。为了帮助他克服弱点，全面进步，班主任决定单独找他谈话。

3. 有个学生经常不交作业，学习成绩很差，常和班里的同学打架。假如你是他的班主任，怎样对他进行批评教育？写出提纲，然后把想法说给班里同学听听，看谁的说法好。

后　记

2010年8月我们组织编写了本书的第一版，由高等教育出版社出版。这本教材出版后，获得了良好的社会反响，国内许多学校在把这本教材列为教材或参考书，有的学校依托本教材开设的课程建设成为视频公开课、在线课、慕课等，在国内产生了一定的影响。本教材的出版和使用迄今已经八年了，这段时间我国一直在深化教育改革，全面推进素质教育。为了与时俱进，今年在力求稳定的基础上我们进行了少量修订，出版了第二版。本教材第一版主编刘焕阳教授提出不再继续担任主编，他对本教材第一版的编写和出版付出了许多心血，制定了编写原则、思路、方法及要求，并统筹策划了全书框架，谨向他表示最衷心的感谢！

第二版由姜岚任主编，负责制定修改原则、思路、方法及要求，对全书进行审核和统稿工作。各章节具体分工不变（以章节的先后为序）：姜岚执笔绪论、第七章、第八章、第九章；李海英，执笔第一章、第二章；牟远，执笔第三章、第六章、第十四章；郭旭卿，执笔第四章、第五章；秦凤珍，执笔第十章、第十一章；杜永俐，执笔第十二章、第十三章。

本次修订主要是改错、补缺，各章节均有涉及，参考文献也重新进行了补充和调整。

作　者

2017年9月17号